COLLECTION
FOLIO CLASSIQUE

Richard Wagner

Ma vie

Traduction de Noémi Valentin et Albert Schenk,
revue par Jean-François Candoni

Choix et édition de Jean-François Candoni

Gallimard

PRÉFACE

Peu de musiciens ont laissé autant de commentaires sur leur œuvre et leur vie que Richard Wagner. L'existence d'une autobiographie rédigée de façon aussi précise et méticuleuse que Ma vie est une chance exceptionnelle pour la postérité, qui dispose ainsi d'un document de première main, même si sa fiabilité est parfois sujette à caution. Certes, le récit ne couvre qu'une partie du parcours artistique, politique et intellectuel du compositeur : il commence avec sa naissance à Leipzig en 1813 et s'arrête en 1864, au moment où le roi Louis II de Bavière lui accorde sa protection. Il lui reste alors encore presque vingt années à vivre, qui se révéleront particulièrement riches. Ni la rencontre avec Louis II, seulement annoncée à la fin du livre, ni l'amitié et la brouille avec Nietzsche, ni la création du festival de Bayreuth ne sont ainsi évoquées dans cette autobiographie : il faut, pour en apprendre plus sur ces sujets, se reporter au journal de Cosima Wagner. En revanche, elle propose une fresque haute en couleur, riche en événements et d'une grande précision sur les cinquante premières années de la vie du compositeur ; elle permet d'entrer dans l'intimité de la genèse de son œuvre, de ses premiers émois amoureux, de vivre avec lui sa rocambolesque fuite de Riga, ses difficiles séjours à Paris, sa participation à la révolution de 1849 à

Dresde et son long exil suisse dans les années 1850. Le parcours de Wagner fourmille de rencontres exceptionnelles, puisqu'on croise notamment dans le livre la cantatrice Wilhelmine Schröder-Devrient, Franz Liszt, Felix Mendelssohn-Bartholdy, Giacomo Meyerbeer, Hector Berlioz, Gaspare Spontini, Hans von Bülow, Eduard Hanslick, Ludwig Tieck, Franz Grillparzer, Heinrich Laube, Mikhaïl Bakounine, mais aussi, plus subrepticement, Francesco de Sanctis, Tolstoï, Napoléon III et la reine Victoria...

Wagner n'était pas seulement musicien et chef d'orchestre, il possédait aussi une culture littéraire et philosophique considérable, c'était un homme d'une curiosité insatiable, un infatigable voyageur et un homme d'une énergie indomptable, en dépit de sa constitution physique fragile. Il a ainsi acquis une position d'observateur privilégié du monde artistique et intellectuel de son temps, ce qui fait tout l'intérêt de son autobiographie. Elle nous offre un véritable panorama de l'histoire culturelle et politique de la première moitié du XIXᵉ siècle, marquée par d'incommensurables bouleversements sociaux, techniques et de civilisation, et nous permet de voyager, au gré des emplois occupés par le compositeur-chef d'orchestre et des mésaventures qui l'ont à plusieurs reprises contraint de fuir devant ses créanciers, à travers la Confédération germanique — celle-ci s'étendait alors de Vienne à Hambourg, de Karlsruhe à Königsberg en passant par les régions rhénanes, Berlin, Munich, Weimar, Dresde et Leipzig, autant de centres essentiels pour la vie musicale et artistique de l'époque. Mais le reste de l'Europe est bien présent également puisque le tumultueux parcours de Wagner le conduit aussi à Londres, Paris, Bordeaux, Zurich, Venise, Moscou et Saint-Pétersbourg. Ma vie nous aide ainsi à mieux mesurer l'importance d'une œuvre musicale et dramatique située au cœur de l'histoire culturelle du XIXᵉ siècle européen.

Autobiographie romantique et réécriture de l'histoire

L'idée qu'une œuvre d'art puisse s'expliquer par le biais de la biographie de son auteur peut sembler aujourd'hui bien naïve, et cette approche interprétative est désormais tombée dans un discrédit quasi complet. Elle était pourtant très répandue au XIXᵉ siècle et trouve son origine — en partie du moins — dans la philoso- phie romantique de l'art. Le romantisme allemand, dont se nourrit toute la pensée wagnérienne, n'a de cesse de réaffirmer la place centrale du sujet et de son imagination dans la création artistique: à l'universa- lité factice des conventions formelles et de la rhétorique musicale, les romantiques opposent l'unicité de l'œuvre d'art, émanant d'un sujet particulier et irremplaçable qui en garantit l'authenticité, et qui est généralement perçu comme un élu. Cette conception de l'art, largement partagée par Wagner, accorde une place essentielle aux données personnelles et biographiques, présentées par- fois sous une forme hagiographique. À une époque où se popularise la notion de religion de l'art, les récits des vies d'artistes se substituent dans l'imaginaire collectif à ceux des vies de saints.

À cela s'ajoute, dans le cas qui nous préoccupe ici, le fait que l'art wagnérien est essentiellement un art de la communication: le drame musical est la «réalisa- tion d'une intention poétique supérieure[1]» qui doit

---

1. *Opéra et Drame* (*Oper und Drama*, dans *Sämtliche Schriften und Dichtungen*, Leipzig, Breitkopf & Härtel / C.F.W. Siegel, 1914, t. 4, p. 54).

être «*entièrement communiquée aux sens du spectateur*[1]». *Ces principes étant admis, l'effet produit sur le
spectateur est pour le compositeur plus important que
la forme et la cohérence interne de l'œuvre ; l'œuvre
d'art a principalement une fonction de médiation
entre le sujet créateur et le spectateur, elle est porteuse
d'un message qui la dépasse et ne constitue pas un
objet autonome, d'où la polémique engagée par
Wagner contre ce qu'il appelle l'«œuvre d'art absolue»,
c'est-à-dire l'œuvre d'art détachée de tout contexte
social, historique ou humain. D'ailleurs, le terme de*
communication *revient dans cesse, de manière quasi
obsessionnelle, dans ses textes : non seulement il craignait d'être mal compris, mais il cherchait à contrôler
jusque dans les moindres détails la réception de son
œuvre. On comprend dès lors que Wagner ne souhaitait pas laisser à d'autres le soin de faire le récit de sa
vie et qu'il ait jugé indispensable de rédiger lui-même
sa biographie.*

   Dans l'avant-propos à Ma vie, *le compositeur présente son autobiographie comme un récit d'une «véracité sans fard». Le lecteur averti, qui connaît sa
réputation de manipulateur et d'histrion, propagée
notamment par Nietzsche*[2], *ne prendra pas cet avertissement pour argent comptant, même s'il aura parfois
l'impression, à la lecture du texte, que le compositeur
ne s'épargne pas lui-même et n'hésite pas à rapporter
certaines mésaventures qui le montrent sous un jour
peu avantageux. Ses difficultés financières et son rapport désinvolte à l'argent, en particulier, y sont exposés
sans pudeur. Mais l'impression d'absence de complai-*

---

1. Lettre à Franz Liszt du 20 novembre 1851.
2. Voir Friedrich Nietzsche, *Le Cas Wagner*, Paris, Gallimard,
coll. «Folio essais», 1980, § 5 et § 7.

sance se révèle rapidement trompeuse : à chaque fois que Wagner nous autorise à rire de lui, c'est uniquement en raison de sa naïveté ou de son idéalisme maladroit, des travers pour lesquels le lecteur ne peut avoir que de l'indulgence, et non de défauts moralement condamnables. Il apparaît le plus souvent comme la victime d'intrigues malveillantes, et lorsqu'il est exceptionnellement question de manœuvres menées en sa faveur (par exemple le jour où une claque est recrutée pour forcer le succès de Tannhäuser *à Dresde), c'est toujours le fait d'amis bien intentionnés qui ont agi sans son consentement. L'autobiographie, certes, ne comporte guère de falsifications grossières ou d'erreurs de chronologie manifestes. On y constate toutefois de nombreux infléchissements, plus ou moins importants, dans la restitution de la réalité. La comparaison avec d'autres documents, notamment sa correspondance ou les mémoires des personnes qu'il a fréquentées, les rend manifestes.*

Il suffit par exemple d'entrouvrir la correspondance passionnée entre Wagner et Mathilde Wesendonck pour comprendre que cette dernière, appelée froidement, et un peu ridiculement, «notre voisine» dans Ma vie, *fut en réalité le grand amour de sa vie. L'écart entre l'intensité de leur amour et la version édulcorée qu'en donne Wagner s'explique sans doute par le fait que sa passion pour Mathilde s'est progressivement éteinte après leur séparation forcée et l'achèvement de la composition de* Tristan et Isolde, *ce qui ouvre la porte à toutes les hypothèses, même les plus folles, sur les relations entre l'œuvre et la biographie, et sur la façon dont la seconde a pu être inconsciemment instrumentalisée pour que la première soit menée à bien. Évidemment, la présence de Cosima, à qui Wagner dicte le texte de* Ma vie, *explique aussi que le compositeur ait*

*cherché à minorer l'importance des autres femmes
ayant traversé sa vie, ce qui vaut également pour Minna*[1].
*Là encore, il faut se reporter aux lettres envoyées par
Wagner à sa femme depuis Berlin en janvier 1844, au
moment des représentations berlinoises du* Vaisseau
fantôme, *pour comprendre qu'il lui était à cette époque
encore réellement et tendrement attaché : il y a là une
sincérité de ton qui ne trompe pas, et on a du mal à
croire que leur couple ne se maintenait que par la
force de l'habitude et par la nécessité de préserver les
convenances.*

*D'autres épisodes relèvent de façon encore plus
évidente de la subjectivité, sinon de l'imagination de
Wagner, sans qu'on puisse y trouver une explication
extérieure. Lorsqu'il raconte par exemple le rêve somnambulique de La Spezia, au cours duquel lui serait
venue l'inspiration musicale du début de* L'Or du Rhin,
*le compositeur met en scène l'étincelle créatrice ini-
tiale d'une manière qui relève plus de la fiction poétique que de l'exposé de faits concrets et authentiques.
Curieusement en effet, cet événement majeur n'est pas
évoqué dans la correspondance de l'époque. Il faut
attendre en fait plus d'un an pour que Wagner y fasse
allusion, sous une forme plus sobre et moins poétique,
dans une lettre à Julie Ritter du 19 décembre 1854 — il
vient juste de se passionner pour un texte de Schopenhauer évoquant le lien entre les rêves somnambuliques
et la création artistique. La coïncidence est trop forte
pour relever du simple hasard. Tout porte à croire que
l'événement a été inventé* a posteriori, *d'autant plus
que le récit présente d'étonnantes similitudes avec un
modèle littéraire fameux, les* Épanchements d'un moine

1. Voir sa notice biographique, p. 491.

épris des arts *(1797) de Ludwig Tieck et Wilhelm Hein-*
rich Wackenroder. Ce texte raconte comment le peintre
Raphaël, en quête d'un modèle de visage de madone
idéal introuvable dans son entourage, le voit finale-
ment apparaître au cours d'un rêve somnambulique.
La parabole a pour objectif de valider le principe de
l'inspiration romantique (tout en récusant le précepte
de la mimêsis*): «comme on trouve si peu de belles*
femmes, je me sers d'une certaine image mentale qui
apparaît dans mon âme», aurait dit Raphaël dans une
lettre au comte Castiglione. Wagner conclut quant à
lui l'épisode de La Spezia par cette phrase: «c'était en
moi-même que je devais chercher la source de vie, et
non au-dehors». On notera au passage un détail inté-
ressant: les Épanchements *d'un moine épris des arts*
étaient l'un des livres de chevet de Schopenhauer et ils
ont joué un rôle important dans la constitution de sa
philosophie de l'art.

    Peu importe au fond que Wagner brouille les pistes
et qu'il permette — ou recherche — une certaine poro-
sité entre fiction et réalité qui n'est pas sans rappeler
les récits d'E.T.A. Hoffmann. Le produit de l'imagina-
tion romantique est à sa façon plus authentique que la
banalité des faits réels, et une biographie n'est pas un
protocole scientifique. Le poète romantique Novalis
n'affirmait-il pas déjà dans Heinrich von Ofterdingen
qu'«un historien doit aussi être un poète», car «il y a
plus de vérité dans les contes [de ce dernier] que dans
les chroniques savantes[1]»? On en apprend assuré-
ment bien plus sur le compositeur, sur ses motivations
et sur sa vision de l'art à travers l'image qu'il cherche
à donner de lui-même en réinventant la réalité que s'il

---

1. Novalis, *Heinrich von Ofterdingen*, première partie («L'attente»),
chapitre 5.

*s'en tenait strictement à un vécu sans doute plus
banal.*

*Si le principe même de toute écriture autobiogra-
phique consiste à (re)construire a posteriori le parcours d'une existence,* Ma vie *présente toutefois un
caractère téléologique particulièrement marqué. Comme
d'autres textes de Wagner (*Une communication à mes
amis, Opéra et Drame*) l'autobiographie est une fable
édifiante au cours de laquelle la vérité de l'homme et
de l'œuvre se révèle progressivement, comme si les événements passés n'accédaient à leur propre vérité que
lorsque le cours de l'histoire arrive à son terme. C'est
la fin du récit, en l'occurrence l'intervention de la Pro-
vidence sous les traits du ministre du roi Louis II de
Bavière, qui permet de donner après coup un sens à ce
qui a eu lieu. Le but du parcours était de rendre possible la création de «la grande œuvre d'art commune
de l'avenir[1]», et tous les événements vécus, tous les
actes du compositeur, toutes les personnes rencontrées
en chemin n'étaient que des instruments entre les
mains de l'esprit universel (le* Weltgeist *hégélien), leur
fonction était de permettre la réalisation de l'œuvre
titanesque — ou parfois aussi de faire obstacle à son
avènement. Mais, en admirateur inconditionnel du*
Faust *de Goethe, Wagner a toujours cru en «cette force
qui veut toujours le mal et toujours fait le bien[2]», il
était convaincu de la positivité du négatif et savait au
fond de lui que même ses ennemis, réels ou fictifs, servaient finalement sa cause en l'aidant à affermir sa foi
en sa propre mission.*

---

1. *L'Œuvre d'art de l'avenir,* dans *Sämtliche Schriften und Dichtungen, op. cit.,* t. 3, p. 63.
2. Johann Wolfgang Goethe, *Faust I,* «Cabinet d'étude I»,
v. 1335-1336.

Le cours de l'histoire lui-même semble n'avoir d'autre fonction dans la vie de Wagner que de permettre à l'œuvre d'éclore et de trouver son public. On en vient parfois à se demander si les convictions révolutionnaires du compositeur lors des événements de 1849 ne sont pas au fond motivées principalement par le désir d'assister à l'avènement d'un monde où son projet artistique pourra trouver la place qui lui revient. C'est ainsi que, le 12 novembre 1851, il écrit à Theodor Uhlig : «*une* représentation *[de* L'Anneau du Nibelung*] ne sera imaginable qu'*après la révolution*, seule la révolution pourra m'apporter les artistes et les auditeurs nécessaires, la prochaine révolution devra nécessairement mettre un terme à toute notre* économie théâtrale».

Quoi qu'il annonce dans son avant-propos, Wagner n'a donc pas conçu Ma vie *comme un récit factuel et positiviste, mais plutôt comme une interprétation du réel permettant d'en reconstituer le sens* a posteriori. *Il voit même dans cette écriture réflexive une aptitude typiquement allemande puisque, nous dit-il, «on retrouve le mot "deutsch" dans le verbe "deuten" [interpréter[1]]». Par ailleurs, le compositeur a lu les plus grands historiens de son temps, et il a appris en les fréquentant que les faits n'ont pas d'existence objective hors de la mémoire de celui qui les raconte et que l'histoire, fût-ce la sienne propre, n'existe que dans son écriture, voire dans sa réécriture. Sans doute partageait-il avec l'historien Gustav Droysen, dont il admirait les textes, l'idée que «tout souvenir, tant qu'il n'est pas fixé sur un support extérieur, continue de*

---

1. Richard Wagner, *Qu'est-ce qui est allemand?* (1865) (*Was ist deutsch?*, dans *Sämtliche Schriften und Dichtungen, op. cit.*, t. 10, p. 37).

vivre et de se transformer avec l'ensemble des représen-
tations de celui qui le porte[1]». (Notons qu'on a là une
définition possible du leitmotiv wagnérien.) Plus récem-
ment, l'historien américain Hayden White[2] a tenté de
démontrer, à la lumière de l'historiographie allemande
du XIXᵉ siècle, que l'écriture de l'histoire reprenait de
façon implicite de nombreux éléments de la rhétorique
et des figures narratives littéraires, prouvant ainsi que
la frontière entre chronique historique et fiction poé-
tique n'est pas aussi nette qu'on le pense générale-
ment. À l'évidence, Hayden White aurait pu ajouter
l'autobiographie de Wagner au nombre de ses exemples,
tant celui-ci écrit l'histoire de sa vie en recourant à des
modèles littéraires qu'il est relativement aisé de repérer.

Wagner narrateur

Comme son contemporain Robert Schumann, Wagner
pense que la musique et la littérature ne sont que dif-
férents moyens d'exprimer une même vérité poétique
commune à toutes les formes d'art. Il se perçoit donc
lui-même avant tout comme un poète, étant convaincu
que la poésie se manifeste aussi bien dans les mots que
dans les notes. Cela explique une certaine porosité
entre l'écriture de livrets, de poèmes, de nouvelles, ainsi
que les troublantes ressemblances stylistiques et thé-
matiques entre certaines lettres envoyées à Mathilde
Wesendonck et le livret de Tristan et Isolde *: l'activité*
autobiographique ou épistolaire n'est au fond qu'une

---

1. Johann Gustav Droysen, *Précis de la théorie de l'histoire*
(*Grundriß der Historik*, éd. Frommann, Iéna, 1858, p. 12).
2. Hayden White, *Metahistory: The Historical Imagination in*
Nineteenth Century Europe, Baltimore, Johns Hopkins UP, 1973.

variante *de l'écriture littéraire. Les modèles narratifs et les traces intertextuelles qui transparaissent en filigrane dans le récit de* Ma vie *sont nombreux et variés. À juste titre, Martin Gregor-Dellin a attiré l'attention sur les affinités entre l'autobiographie, qui fait se succéder les « années de formation » (jusqu'à la fuite de Riga en 1839) et les « années d'errance », et la structure de* Wilhelm Meister, *le grand roman de formation goethéen*[1].

Si l'on analyse dans le détail le texte de Wagner, on repère la présence sous-jacente d'autres formes littéraires connues. Les pages consacrées à Spontini, où l'ironie se mêle à une évidente tendresse pour le personnage, relèvent du genre, très prisé par les écrivains de la Jeune Allemagne, du « portrait caractéristique » destiné à présenter une image critique de personnages célèbres dans lesquels se reflétaient les grandes tendances de l'époque — le passage reprend d'ailleurs une partie de l'hommage rédigé lors de la mort de Spontini en 1851. On trouve également de nombreux épisodes relativement clos, qui constituent des sortes d'îlots au milieu du récit, dans lesquels interviennent des personnages qui disparaissent ensuite totalement. Wagner s'inspire à l'évidence du principe du cycle de nouvelles boccacien, qu'il connaissait notamment à travers* Les Frères de Saint-Sérapion *d'E.T.A. Hoffmann. D'ailleurs, le compositeur n'hésite pas à intégrer dans son autobiographie l'épisode du chien volé à Paris, déjà relaté dans la nouvelle* Un musicien étranger à Paris, *auquel il imprime un caractère inquiétant et quasi fantomatique (sans toutefois franchir la limite imposée par la nécessité de la vraisemblance). La figure tuté-*

---

1. Voir Martin Gregor-Dellin, *Richard Wagner*, Paris, Fayard, 1981, p. 47 *sq*.

laire d'E.T.A. Hoffmann est omniprésente dans Ma
vie, *que ce soit lorsque le compositeur s'approprie sa
vision de la musique comme art romantique par excellence ou bien lorsqu'il présente des rencontres ou épisodes ayant marqué sa jeunesse comme s'ils étaient
directement issus des récits de son illustre modèle.*

L'étrange comportement et le physique original de
Flachs, mélomane rencontré en 1829 à Leipzig, sont
ainsi explicitement mis en rapport avec Johannes
Kreisler, le héros excentrique des Kreisleriana, *tandis
que les visions du jeune Richard Wagner dans la
demeure de Jeannette Thomé semblent faire écho à
celles de Traugott dans* La Cour d'Arthur. *Quant au
pittoresque personnage du harpiste, croisé lors d'un
voyage en Bohême, «le pays romantique de sa jeu-
nesse¹», personne ne pourra jamais vérifier que
Wagner l'a vraiment rencontré, mais le lecteur a quant
à lui l'étrange impression d'avoir déjà croisé son
double dans* Les Pérégrinations de Franz Sternbald
de Ludwig Tieck, *à moins que ce ne soit dans son*
Phantasus. *Bien des années plus tard, la périlleuse
excursion dans les montagnes suisses avec le guide
méphistophélique de l'Hospice du Grimsel éveille chez
le lecteur de lointains souvenirs du deuxième chapitre
des* Élixirs du diable *d'E.T.A. Hoffmann. On pourrait
multiplier les exemples, mais une chose apparaît de
manière évidente: le monde réel semble perçu par Wagner
à travers le prisme de ses grands modèles littéraires.*

Le compositeur de Tristan et Isolde *n'a certes pas
l'étoffe d'un grand auteur de nouvelles ou de romans.
C'est avant tout une question de style. Les innombrables répétitions, l'imprécision dans l'emploi des*

1. *Journal de Cosima,* 23 juillet 1880.

*adjectifs et, surtout, la syntaxe particulièrement
embarrassée — qu'on qualifie outre-Rhin d'allemand
administratif (*Kanzleideutsch*) — trahissent l'écrivain dilettante. Il avait, paraît-il, hérité ce style de son
oncle et mentor Adolf Wagner. En revanche, la pesanteur stylistique — que la traduction cherche à atténuer
sans l'effacer complètement — est largement compensée par un sens inné de la narration et par une
science de l'effet dramatique qui sont par ailleurs la
marque caractéristique de ses livrets. Le récit du départ
clandestin de Riga et du périple qui conduit les époux
Wagner sur les côtes norvégiennes avant que les fugitifs parviennent à gagner les côtes anglaises, non sans
avoir essuyé plusieurs violentes tempêtes, possède
ainsi un véritable souffle épique (p. 150-167). Cette
accumulation spectaculaire d'épisodes périlleux, qui
sont autant de coups du destin contraire, se lit avec
d'autant plus d'intérêt que l'on devine que de cette
expérience naîtra la musique du* Vaisseau fantôme*,
composée quelques mois après.*

*Si les arrière-plans autobiographiques sont parfois
décelables dans ses drames musicaux, Wagner aime
relater certains épisodes de sa vie comme s'ils étaient
tout droit sortis d'un opéra. L'épisode dans lequel le
compositeur raconte les deux représentations de* La
Défense d'aimer *qui se terminent, chacune à leur façon,
dans la confusion générale, est un modèle du genre :
les répétitions chaotiques qui conduisent à un emballement incontrôlable du spectacle lors de la première
et s'achèvent sur un véritable vaudeville lors de la
seconde représentation donnent au récit des allures de
finale endiablé d'opéra-comique (p. 129-130). Dans un
tout autre registre, la description des exactions estudiantines auxquelles le jeune Richard participe à
Leipzig en 1830 (p. 88-90) rappelle étrangement les pre-*

mières et les dernières scènes de La Défense d'aimer*:*
on peut évidemment supposer que le livret a puisé son
inspiration dans l'expérience vécue, mais il est fort
possible aussi que, plus de trente ans après les événe-
ments, le narrateur se souvienne de ces moments à
travers le prisme de l'image stylisée qu'il en donne
dans son opéra.

Le phénomène est encore plus frappant dans les pages
consacrées à la révolution à Dresde en 1849 (p. 308-
309). L'arrivée inespérée des troupes venues de l'Erzge-
birge le 7 mai est observée du haut d'une tour et décrite
de façon très théâtrale: on entend d'abord dans le loin-
tain les accents de La Marseillaise, *puis on voit les*
troupes émerger peu à peu de la brume avant d'entrer
dans la ville de Dresde, sous un magnifique lever de
soleil, avec leurs fusils étincelants. Les effets semblent
tellement étudiés qu'on a l'impression d'assister davan-
tage à un grand opéra historique qu'à un véritable
soulèvement révolutionnaire. En relatant cet épisode,
Wagner s'est manifestement souvenu de son esquisse
d'opéra intitulée La Noble Fiancée, *envoyée à Eugène*
Scribe en août 1836 dans l'espoir de se faire connaître
à Paris. L'arrivée finale des troupes françaises chan-
tant La Marseillaise *lors du dénouement de l'intrigue*
ou le serment des insurgés devant un splendide lever
de soleil dans le finale du deuxième acte, accompagné
dans le lointain de la musique des troupes françaises,
y prennent des allures de prémonition du spectacle
auquel le compositeur assistera dans les rues de Dresde
treize ans plus tard.

Mais le cas le plus surprenant est sans doute celui
de Tannhäuser *puisque le scandale des représenta-*
tions parisiennes semble déjà préfiguré à l'intérieur du
livret lui-même, et plus précisément dans ce deuxième
acte qui était au cœur du litige entre Wagner et les

auteurs d'un mémorable chahut. On connaît les faits. La tradition parisienne voulait qu'un ballet soit placé au deuxième acte de tout opéra présenté sur la scène du Grand Opéra. Alléguant que la subtile progression dramatique du deuxième acte était incompatible avec l'insertion d'un intermède dansé, le compositeur proposa de placer l'incontournable ballet au début du premier acte, pensant ainsi rendre plus vivante la scène du Venusberg qui lui semblait un peu froide dans la version originale de l'œuvre. L'argument avancé pour refuser d'introduire un intermède dansé au milieu du deuxième acte paraît toutefois discutable : la scène du concours de chant, avec toute sa pompe festive, se serait sans doute prêtée sans difficulté à l'insertion d'un ballet, par exemple après la célèbre marche d'entrée des convives — le concours de chant situé au troisième acte des Maîtres chanteurs *n'est-il d'ailleurs pas précédé d'intermèdes mimés et dansés ? Cette solution aurait été d'autant plus envisageable que le deuxième acte, construit comme un grand tableau scénique permettant de visualiser le conflit en train de se nouer, apparaît largement inspiré de l'esthétique du grand opéra français.*

On se prend ainsi à penser que le comportement de Wagner face au public parisien n'était en fait guère différent de celui de Tannhäuser face aux invités de la Wartburg lorsque celui-ci ne peut s'empêcher de chanter l'hymne à Vénus et de heurter ainsi les convictions morales de l'assemblée en provoquant un scandale sans précédent. Dans l'attitude de Tannhäuser, qui se prête au jeu du concours de chant pour mieux en dénoncer l'imposture, comme dans celle de Wagner, qui se bat pour être reconnu à Paris mais juge les critères esthétiques en vigueur à l'Opéra totalement obsolètes, se mêlent paradoxalement volonté de recon-

naissance et provocation délibérée. Il ne saurait pour-
tant ici être question de réécriture de l'histoire, puisque
de nombreux documents offrent un témoignage fiable
de ce qui s'est réellement passé. Et d'ailleurs, Wagner
pouvait-il deviner en écrivant Tannhäuser *pour Dresde*
qu'il provoquerait des années plus tard à Paris un
scandale comparable à celui qu'il mettait en scène
dans son opéra ? Rien n'interdit en revanche de penser
que, par son obstination, il a plus ou moins consciem-
ment voulu cette bataille de Tannhäuser.

Tandis que les épisodes centraux de Ma vie, *qu'il*
s'agisse des séjours parisiens ou bien de la révolution
à Dresde, s'achèvent sur une impression d'échec, les
toutes dernières pages du texte aboutissent à un mira-
culeux lieto fine, *digne d'un conte. Là encore, la drama-*
turgie opératique transparaît clairement en filigrane
derrière le récit des événements. On pense plus particu-
lièrement au dénouement traditionnel de l'«opéra à
*sauvetage» (*Rettungsoper*), genre très en vogue à la fin*
du xviiie *et au début du* xixe *siècle, dont le* Fidelio *de*
Beethoven est l'exemple le plus fameux. Le ministre du
roi Louis II de Bavière, qui apparaît à la toute fin tel
un deus ex machina, *engage une course contre la*
montre afin de sauver à temps le compositeur du
désespoir : la scène de leur rencontre à Stuttgart rap-
pelle évidemment l'irruption du ministre de Fidelio,
venu rétablir la justice du bon souverain, proclamer la
bonne foi des innocents et punir le scélérat de ses viles
intrigues. Tandis que Wagner, poursuivi par d'ignobles
créanciers, fait figure de victime dans Ma vie, *c'est*
Meyerbeer qui endosse le rôle du scélérat et prend
structurellement la place de Don Pizarro, l'infâme
intrigant beethovénien : l'annonce de sa mort coïncide
avec l'arrivée salvatrice du ministre Pfistermeier. Le
compositeur avait sans doute conscience de l'artifice,

et même du mauvais goût de ce rapprochement : c'est sans doute pour cela que la scène se résout dans un éclat de rire grotesque du compositeur Weissheimer, ce qui permet à l'auteur de créer un effet de distanciation un rien embarrassé. En même temps, cette scène est une façon de conclure l'autobiographie en reprenant, sur un mode allusif, l'opposition fondamentale entre Paris, la ville conquise par Meyerbeer, et l'Allemagne, le pays des contes qui s'ouvre à Wagner.

Si la construction générale du récit obéit indiscutablement à un schéma téléologique dans lequel tout tend vers la « rédemption » du compositeur, on relève également de nombreux éléments structurels empruntés au mythe, qui s'appuie comme on sait sur la réitération et la variation de quelques grands événements originels dont l'importance se révèle progressivement. Le récit s'organise en effet autour de plusieurs mythes fondateurs. Le premier événement archétypal de l'autobiographie est la rencontre avec Carl Maria von Weber, figure tutélaire dont Wagner se voulait l'héritier — la cérémonie organisée pour célébrer le rapatriement de ses cendres et l'incroyable discours pendant lequel l'orateur semble se dédoubler permettent le passage de témoin. La figure bienfaisante de Weber est accompagnée dans l'imaginaire de Wagner de son double négatif, le castrat Sassaroli. Ce dernier est décrit comme un personnage monstrueux et effrayant, qui éclate à tout propos d'un rire sonore et terrifiant ; il n'est pas sans rappeler le diabolique Coppelius dans L'Homme au sable *d'E.T.A. Hoffmann. C'est une façon subtile de signifier le caractère contre nature de l'opéra italien et la nécessité pour l'héritier de Weber de ne pas se laisser séduire par cette facilité qui lui ouvrirait certes les portes du succès, mais le détournerait de sa noble mission. Peut-être Wagner a-t-il perçu ensuite dans le séduisant professeur napolitain Francesco De Sanctis (futur grand historien de la littérature italienne), son rival auprès de Mathilde Wesendonck, une sorte de redoutable réincarnation du diabolique Sassaroli, venue se placer en travers de son chemin au moment où sa passion amoureuse lui inspire son chef-d'œuvre absolu,* Tristan et Isolde.

Mais le mythe fondateur central de la jeunesse de Wagner est sans aucun doute celui de la découverte de la Neuvième Symphonie *de Beethoven, l'œuvre qui lui semble renfermer « le secret de tous les secrets » et qui lui fait découvrir le pouvoir qu'a la musique de dire l'indicible. Si ses remarques sur Beethoven reprennent en substance le célèbre compte rendu d'E.T.A. Hoffmann sur la* Cinquième Symphonie[1] *en les transposant à la* Neuvième Symphonie, *Wagner apporte toutefois un élément nouveau : parce qu'elle met en musique un poème de Schiller, l'ultime symphonie du maître de Bonn marque le dépassement de la musique instrumentale pure dans la musique poétique et constitue ainsi une sorte de prémonition de l'œuvre d'art totale. La* Neuvième Symphonie *l'accompagnera tout au long de sa vie et c'est elle qu'il choisira d'interpréter en 1872 pour marquer le caractère solennel de la pose de la première pierre du Festspielhaus de Bayreuth. Car elle semble bien renfermer, pour reprendre son expression, « le mystérieux son fondamental de [sa] propre vie ».*

Une autre rencontre déterminante est elle aussi liée à l'œuvre de Beethoven : c'est celle de Wilhelmine Schröder-Devrient. La cantatrice qui créera les rôles

---

1. Publié initialement en 1810 dans l'*Allgemeine musikalische Zeitung*, ce texte fondateur du romantisme musical est ensuite repris sous une forme remaniée dans les *Kreisleriana*.

d'Adriano dans Rienzi, *de Senta dans* Le Vaisseau
fantôme *et de Venus dans* Tannhäuser *impressionne
Wagner car elle est tragédienne avant d'être chanteuse.
De nombreux témoignages nous disent d'ailleurs
qu'elle devait sa gloire à son génie dramatique plus
qu'à ses qualités vocales. Son art incarne à merveille
l'idée, chère à Wagner, que l'opéra doit être la réalisation du drame et non un simple divertissement musical.
Et son jeu correspond à la perfection au modèle du
«chanteur-acteur» (*Sing-Schauspieler*) tel qu'il est
décrit dans l'essai* Acteurs et Chanteurs. *Mais une
fois encore, l'image que Wagner a voulu donner de lui
à la postérité nécessitait une réécriture de l'histoire :
on sait aujourd'hui qu'il a très probablement entendu
la Schröder-Devrient pour la toute première fois dans
un opéra italien,* I Capuleti e i Montecchi *(Les Capulet
et les Montaigu, on disait alors* Roméo et Juliette*) de
Bellini — ce qui n'est pas conforme au schéma de
l'opposition entre la frivolité superficielle d'un opéra
italien (où seule compte la musique) et la profondeur
d'un opéra allemand qui renoue avec les exigences de
la tragédie grecque. Il fallait, pour la beauté de la
démonstration, que le mythe soit né dans un opéra
allemand, et c'est donc au prix d'une légère distorsion
chronologique que Wagner affirme — et croit sans
doute sincèrement — avoir découvert son interprète
fétiche dans* Fidelio *de Beethoven. Il pouvait ainsi
faire se rejoindre son admiration pour la cantatrice et
son enthousiasme pour Beethoven — mais il oubliait
ce faisant que le livret de* Fidelio *est l'adaptation d'un
opéra-comique français !*

Wagner entre l'Allemagne et la France

Le destin du compositeur est, dès sa naissance, sym-boliquement lié non seulement à celui de son pays natal, mais aussi aux aléas des relations entre la France et l'Allemagne : Richard Wagner vient au monde à Leipzig le 22 mai 1813, au début des «guerres de libération» menées contre l'armée française afin d'expulser du ter-ritoire l'envahisseur napoléonien. Quelques mois plus tard, du 16 au 19 octobre, Leipzig est le théâtre de cette «Bataille des nations» qui restera gravée dans la mémoire collective allemande non seulement comme une grande défaite de Napoléon, mais également comme l'éveil de la conscience nationale. C'est à cette époque que se développe dans la presse et dans les milieux artistiques et intellectuels d'outre-Rhin un fort senti-ment national doublé d'une rancœur antifrançaise que l'on retrouvera ensuite, sous d'autres formes et avec d'importantes variations d'intensité, dans le sinueux parcours politique du compositeur.

Lire le récit de la vie de Richard Wagner, c'est un peu lire l'histoire de l'Allemagne au XIXᵉ siècle à travers le regard d'un artiste en prise avec les réalités poli-tiques et les grands débats intellectuels de son temps. Le compositeur avait certainement conscience des implications historiques de son témoignage, et ce n'est certainement pas un hasard s'il construit dans Ma vie un antagonisme opposant le monde germanique à la France (réduite pour l'essentiel à sa capitale).

Parmi les nombreux séjours effectués à Paris, il en est deux dont le récit est plus longuement développé, non seulement en raison de leur durée objective, mais aussi parce qu'ils sont associés à d'immenses attentes. «Paris n'est pas la capitale de la France seule, mais

bien de tout le monde civilisé[1]», affirmait Heinrich
Heine en 1833 — Wagner lui-même qualifie la ville
dans Ma vie, non sans une pointe d'ironie, de «capitale du monde». La métropole française représente
pour un jeune Allemand vivant dans une petite ville
provinciale à l'époque du Vormärz, cette longue période
de réaction politique qui s'étend du Congrès de Vienne
en 1815 à la révolution de 1848, le fascinant théâtre où
se déroule l'histoire universelle, et la découverte de
cette dernière est indissociablement liée au nom de
Paris dans l'esprit du jeune Richard Wagner. C'est précisément en 1830, au moment où, pour gagner de
l'argent de poche, il relit les épreuves d'une encyclo-
pédie historique éditée par son beau-frère Brockhaus,
qu'il entend parler, en lisant la presse, de la révolution
de Juillet. Un monde nouveau s'ouvre alors à lui : «Ce
jour-là marqua pour moi le commencement du monde
historique», commente-t-il. Mais dès l'origine, l'histoire de France éveille en lui un sentiment ambigu où
se mêlent l'envoûtement et la répulsion : c'est en effet
également la première fois qu'il entend parler des
crimes de la Terreur, symbole des perversions entraî-
nées par le fanatisme politique.

La fascination pour la capitale française ne fait que
croître au cours des années suivantes, car cette dernière est pour un jeune artiste ambitieux l'unique lieu
où l'on peut accéder à la gloire internationale. Alors
que l'Allemagne est divisée en trente-neuf petits États
autonomes (lesquels composent la Confédération germanique) dont les moyens sont nécessairement limités,
parfois indigents, Paris représente aux yeux de Wagner
tout ce que sa patrie ne possède pas : elle est une métro-

---

1. Heinrich Heine, *De la France*, Paris, Renduel, 1833, p. 82.

*pole au rayonnement international, un centre culturel
où les idées bouillonnent et qui attire tous les artistes
d'envergure ; elle possède des orchestres brillants, capables de jouer Beethoven mieux qu'aucun orchestre
allemand, et offre des moyens de mise en scène incomparables.*

    *Malheureusement, les deux tentatives de conquérir
Paris se soldent par une succession d'échecs et d'humiliations : en 1841, Wagner rentre en Allemagne sans
avoir pu faire jouer ses œuvres et après avoir vécu
presque trois années de vaines privations — afin d'obtenir son aide, Minna en est même venue à faire croire
à leur ami Laube que son mari avait fait de la prison
pour dettes. En 1861, au cours de son second long
séjour parisien, ses rêves de grandeur s'effondrent une
nouvelle fois avec l'affront qui lui est fait lors de la
cabale montée par la presse et par le Jockey-Club
contre* Tannhäuser. *La fascination pour Paris va se
transformer en dépit, puis en haine. Et pourtant, même
si le compositeur le tait et se complaît dans son rôle de
victime, cette nouvelle expérience parisienne n'aura
pas été vaine, bien au contraire. La chute de* Tannhäuser *eut en effet des retombées indirectes particulièrement fructueuses : ce scandale est à l'origine de la
légende de Wagner, génie incompris en avance sur son
époque, et surtout, il marque le point de départ du
wagnérisme français, qui devint l'un des phénomènes
littéraires et culturels majeurs de la fin du XIXᵉ et du
début du XXᵉ siècle. De tout cela, il n'est pas question
dans* Ma vie. *Et l'on regrette que le Wagner des décen-
nies 1860-1870, alors même qu'il compose des œuvres
d'une incroyable modernité esthétique, s'intéresse plus
dans ses écrits au passé culturel de l'Europe qu'à son
présent ou à son avenir : on s'étonne, en lisant son
autobiographie, de la place anecdotique accordée à*

Baudelaire, dont l'importance littéraire semble totale-ment sous-estimée. Mais Baudelaire n'est pas un cas isolé : Nietzsche, dont il n'a jamais réellement mesuré l'apport philosophique, Renoir, qui peint son portrait à Palerme en 1882, et Verdi, qu'il ignore complète-ment, subiront le même sort.

L'Allemagne, et avec elle l'ensemble du monde ger-manique (Zurich et les montagnes suisses en font partie pour Wagner), apparaît dans Ma vie *comme le pôle opposé à Paris, capitale d'une civilisation frivole du divertissement, symbole d'un capitalisme triomphant qui rabaisse l'art au rang de marchandise et trans-forme l'être humain en rouage d'une monstrueuse et impitoyable machine responsable de son aliénation. Les retours en Allemagne par lesquels débutent les deuxième et quatrième parties mettent en scène de façon ostensible l'irruption d'un monde dominé par une nature bénéfique et un passé médiéval légendaire dans lequel Wagner prétend retrouver sa propre iden-tité et œuvrer à la réalisation du « purement humain »* (das rein Menschliche*).*

Au début de la deuxième partie de Ma vie*, au centre de laquelle se trouve la période passée à Dresde, Wagner franchit « pour la première fois le Rhin allemand aux mille légendes » et y voit, alors qu'il tourne le dos à Paris, « un lourd présage ». Associé dans la mémoire collective aux Nibelungen et, plus généralement, à la mythologie germanique, le Rhin apparaît dans la Tétralogie comme le symbole d'une nature originelle non souillée par la civilisation capitaliste ; il est associé aux origines mythiques du monde. Tout cela, Wagner ne l'avait sans doute pas en tête en 1841 ; en revanche, lorsqu'il rédige, autour de 1870-1871, la deuxième partie de* Ma vie*, il insère la nature dans une construc-tion idéologique précise, exposée par ailleurs dans plu-*

*sieurs de ses écrits (*Acteurs et Chanteurs *et* Qu'est-ce
qui est allemand*?), qui oppose le génie de l'art allemand, à la fois populaire et proche de la nature — et
donc authentique — au talent des artistes français,
dont la virtuosité cache mal la superficialité et l'artifi-
cialité : le premier trouve son accomplissement dans le
mythe éternel, le second est un produit éphémère de
l'histoire et marque le triomphe tyrannique de la
mode.*

*Wagner associe ses deux retours dans sa patrie à un
autre haut lieu de la mythologie allemande moderne,
la fameuse Wartburg. Vestige du Moyen Âge, qui fut
l'âge d'or imaginaire de la culture romantique, théâtre
de la «guerre des chanteurs» du deuxième acte de
Tannhäuser, la Wartburg est avant tout, dans l'imaginaire collectif des Allemands, cette forteresse où
Luther, en conflit avec le pape, a traduit le Nouveau
Testament — et, ce faisant, «a créé la langue allemande», comme nous dit Heinrich Heine[1]. Héros de
l'identité nationale allemande, Luther est en outre le
promoteur de cette culture de l'intériorité chère à l'Allemagne protestante, qui trouve son accomplissement
le plus parfait dans la musique. En insistant sur la
vision de la Wartburg qui, telle une divinité tutélaire,
se dresse sur son chemin lorsqu'il se détourne de Paris
(en 1841, puis en 1861), Wagner suggère qu'il fait le
choix symbolique d'une culture de la profondeur, de
l'intériorité et de l'authenticité contre celui d'une civilisation du divertissement superficiel et de la mode
éphémère.*

*Cette Allemagne hors du temps semble toutefois
emprisonnée dans les glaces de l'immobilisme et de la*

---

1. Heinrich Heine, *Histoire de la religion et de la philosophie en
Allemagne* (1834).

réaction politiques. C'est en tout cas ce que suggèrent Heinrich Heine dans son cycle poétique Allemagne, un conte d'hiver *(1844) et le peintre Caspar David Friedrich dans sa saisissante* Mer de glace *(1824) lorsqu'ils évoquent le* Vormärz*. L'impression que l'Allemagne est restée en marge du grand mouvement de l'histoire universelle est partagée par de nombreux intellectuels qui, en même temps, aspirent à faire entrer leur propre nation dans le cercle des acteurs de cette histoire. C'est ainsi que le philosophe Friedrich Theodor Vischer, qui fut par ailleurs le tout premier, plusieurs années avant Wagner, à émettre l'idée d'un cycle d'opéra sur les Nibelungen, lance un appel aux artistes du monde germanique : « Nous voulons avoir de nouveau une histoire, et c'est pour cela que nous nous nourrissons de l'histoire qui a eu lieu. Il est vrai pour les Allemands plus que pour quiconque que leur défaut fondamental et leur péché originel est leur caractère* non historique. *Nous qui sommes un peuple de l'intériorité et de la transcendance n'avons pas encore su faire des* expériences *[historiques] ; nous étions partout et nulle part chez nous, nous regardions les oiseaux voler pendant qu'on retirait la chaise sur laquelle nous étions assis. Nos yeux commencent enfin à se dessiller et nous étudions l'histoire*[1]. »

La réponse apportée par Wagner à ce problème est Rienzi, *par lequel il tente d'introduire en Allemagne l'esthétique du grand opéra historique français. De fait, le genre du grand opéra marque symboliquement le triomphe d'une culture bourgeoise de la communication universelle à laquelle aspire une Allemagne*

---

1. Friedrich Theodor Vischer, *La Situation de la peinture aujourd'hui* (*Zustand der jetzigen Malerei* [1842], dans *Kritische Gänge V*, éd. Meyer & Jessen, Berlin, 1922, p. 40).

divisée en petits États, cloisonnée selon un modèle féodal. Dans une perspective d'histoire culturelle, on peut affirmer que le grand opéra, avec ses sujets histo-riques et politiques, est envisagé par Wagner comme un moyen pour la nation allemande de se réapproprier symboliquement l'histoire et le politique, et donc de faire enfin partie du concert des nations. C'est pour-quoi le compositeur et librettiste multiplie les projets allant en ce sens : La Noble Fiancée, La Sarrasine *et, dans une certaine mesure,* Lohengrin *sont conçus dans la mouvance du grand opéra historique. Il est d'ailleurs aisé de trouver des parallèles entre l'action de* Rienzi, *où le héros tente de restaurer l'unité et la grandeur de Rome en surmontant les divisions internes, et la situation de l'Allemagne des années 1840 telle que la percevait Wagner.*

Lors du soulèvement de 1849, Wagner croit que l'heure d'entrer dans l'histoire, comme il l'a rêvé dans ses opéras, a enfin sonné pour l'Allemagne et, voyant que les ouvriers de l'Erzgebirge se sont décidés à se lancer dans la bataille et à prendre leur destin en main, il s'exclame : « Ce que j'avais si longtemps regretté chez le peuple allemand, l'élément dont l'absence m'avait si longtemps chagriné, se présentait soudain à mes regards sous ses plus vives couleurs » (p. 308-309). Malheureusement, l'échec de la révolution, l'exil en Suisse et l'humiliation liée aux représentations de Tannhäuser *à Paris vont transformer son enthou-siasme politique en pessimisme, voire en une amer-tume qui s'exprimera parfois sous une forme haineuse.*

On ne saurait évoquer le parcours politique et intel-lectuel de Wagner sans s'arrêter un instant sur l'épi-neuse question de son rapport au judaïsme. Même s'il est difficile d'expliquer ce qui relie les deux phéno-mènes, on constate que l'émergence de l'antisémitisme

de Wagner coïncide chronologiquement avec l'échec
de la révolution et le repli sur un passé mythique qui
exclut l'histoire et voit dans le politique la racine de
tous les maux — cette problématique est exposée dans
l'essai Opéra et Drame, *publié en 1851, cinq mois à
peine après* Le Judaïsme dans la musique. *S'il ne se
manifeste pas de manière aussi scandaleuse que dans
ce dernier essai, l'antisémitisme de Wagner apparaît
néanmoins de façon assez choquante en plusieurs
endroits de* Ma vie. *Il est sans doute lié, pour ce qui est
de l'aspect biographique, à un certain ressentiment
éprouvé face à des compositeurs reconnus institution-
nellement et à l'abri du besoin (Mendelssohn et Meyerbeer) au moment où le compositeur se débat avec les
pires difficultés matérielles, ainsi qu'aux humiliations, présumées ou réelles, que lui aurait fait subir
Maurice Schlesinger lors de son premier séjour parisien. On sait pourtant que Meyerbeer l'a réellement
soutenu (c'est grâce à son intercession que Wagner a
été joué à Dresde et à Berlin).*

   *L'antisémitisme de Wagner est essentiellement
dirigé vers deux cibles : le capitalisme et les journalistes. Développant un antisémitisme de gauche, dans
la mouvance de celui de Karl Marx, Wagner associe le
judaïsme au monde de la finance et de la banque, ce
qui explique peut-être aussi son attitude envers Meyerbeer, fils d'un grand banquier berlinois, qui, selon lui,
devrait son succès d'une part à sa capacité à acheter la
presse, et d'autre part à la décadence des goûts d'un
public pour lequel l'opéra n'est qu'une marchandise
comme une autre. La seconde cible de son antisémitisme est le monde du journalisme, qui se serait ligué
contre lui et aurait juré sa perte. De ce point de vue, il
paraît évident que le tout-puissant critique viennois*

Eduard Hanslick[1] *a joué un rôle de catalyseur — mais il serait évidemment absurde de prétendre, comme le sous-entend Wagner de façon assez odieuse, que tous les journalistes antiwagnériens seraient juifs. Notons toutefois, sans entrer dans toutes les implications du problème, que l'objectif du compositeur était la conversion et la rédemption des juifs (le sujet est évoqué en 1880 dans l'essai* Religion et Art*) et qu'il n'a jamais été question dans aucun de ses textes d'un quelconque recours à la violence. Cela ne saurait cependant en aucune manière relativiser le caractère scandaleux et impardonnable de ce qui est écrit dans* Le Judaïsme dans la musique *ou de certaines remarques qu'on peut trouver dans* Ma vie.

*

Avec ses excès et ses zones d'ombres, mais également avec l'extraordinaire volonté et l'irrésistible force de conviction qui la sous-tendent, la biographie de Wagner demeure, à l'image de son œuvre dramatique et musicale, un formidable témoignage sur la vie artistique et intellectuelle du XIXe *siècle en Allemagne et en Europe.* Ma vie *permet surtout de se familiariser avec quelques-unes des multiples facettes d'un homme qui, parce qu'il refusait d'être cantonné dans un domaine particulier et s'est voulu tout autant homme de théâtre, chef d'orchestre, écrivain et penseur que compositeur, a pu être accusé de dilettantisme. Mais après tout, le refus de la professionnalisation artistique n'est-il pas le pendant romantique de la critique moderne de cette*

---

1. De façon étonnante, Eduard Hanslick se défend des attaques de Wagner en prétendant ne pas avoir d'origines juives, alors qu'on sait que sa mère était juive.

division du travail qui, selon Karl Marx, conduit à
l'aliénation de l'homme ? Ce qu'on a qualifié de dilettantisme était en réalité le refus de se laisser enfermer
dans un système mécanique faisant obstacle à l'épa-
nouissement de facultés humaines. Le parcours de
Wagner démontre son étonnante versatilité. En tant
qu'artiste polymorphe, il a épousé toutes les tendances
de son siècle et il en résume toutes les contradictions,
puisque se côtoient chez lui cosmopolitisme et nationalisme, enthousiasme révolutionnaire et nostalgie
d'un passé révolu, goût de la provocation et soif de
reconnaissance sociale, amour du prochain et pulsions
racistes, mysticisme religieux et sensualisme militant,
goût pour le monumental et fascination pour le détail.
On pourrait multiplier à l'infini ces antinomies qui
laissent perplexe le lecteur du XXIᵉ siècle, mais la lecture de Ma vie peut aider à mieux cerner cette personnalité à la fois excessive et fascinante, et à comprendre
de quelle manière tous ces paradoxes peuvent s'articuler entre eux.

JEAN-FRANÇOIS CANDONI

NOTE SUR L'ÉDITION

Cette édition reprend la première traduction française du texte, par Noémi Valentin et Albert Schenk, parue en 1911 chez Plon. Voir à ce sujet la Notice, p. 466.

Les coupes effectuées dans le texte sont signalées par des crochets droits [...]. Les épisodes non retenus sont résumés en italique, entre crochets.

Les mots en français dans le texte original figurent ici en italique.

Des notices biographiques sur les personnages de *Ma vie* se trouvent p. 472-493. Un astérisque, signalant la première apparition de ces personnes dans le texte, invite le lecteur à s'y reporter.

MA VIE

Les notes rassemblées dans ces volumes ont été consignées, au cours de plusieurs années et sous ma dictée, par ma femme et amie, désireuse d'entendre de ma propre bouche l'histoire de Ma vie. Plus tard, le désir de voir ces mémoires conservés à notre famille et à quelques amis fidèles, de même que le souci de préserver de la destruction l'unique manuscrit qui les contient, nous décida tous les deux à les faire imprimer à nos frais en un nombre très restreint d'exemplaires. La valeur du récit autobiographique ne résidant que dans sa véracité sans fard — sa seule raison d'être, dans ces circonstances —, j'ai dû y mettre des dates et des noms exacts. En admettant qu'il offre de l'intérêt à nos descendants, il ne saurait donc être question de le publier avant qu'un certain laps de temps ne se soit écoulé après ma mort. Je compte bien laisser à cet égard des dispositions testamentaires à mes héritiers. Si, toutefois, nous ne refusons point à quelques amis sûrs d'en prendre connaissance dès à présent, c'est que nous supposons que le sujet leur inspirera une sympathie assez pure pour leur faire paraître coupable toute révélation à des personnes qui ne seraient pas animées des mêmes sentiments à notre égard.

RICHARD WAGNER

Première partie
1813-1842

Né le 22 mai 1813, à Leipzig, sur le Brühl, au deuxième étage de l'auberge « Zum roten und weißen Löwen », j'ai été baptisé, deux jours plus tard, en l'église Saint-Thomas, sous le nom de Wilhelm Richard. À ma naissance, mon père, Friedrich Wagner, était secrétaire à la direction de la police de Leipzig. Il avait l'espoir de devenir directeur, quand il mourut au mois d'octobre de cette même année. Surmené par l'énorme travail que lui valurent les affaires résultant des troubles de ce temps-là et de la bataille de Leipzig[1], sa constitution ne put résister à la fièvre typhoïde, alors épidémique. Il y succomba. Son père, ainsi que je l'appris plus tard, appartenait à la petite bourgeoisie de Leipzig. Il avait rempli les modestes fonctions de percepteur d'octroi à la porte de Randstadt et s'était distingué des gens de sa classe en faisant donner une solide éducation à ses fils. L'aîné, mon père Friedrich, étudia la jurisprudence ; le cadet, Adolf*, la théologie. Mon oncle acquit par la suite une influence considérable sur mon développement moral ; nous le verrons intervenir à une époque décisive de ma jeunesse. Mon père, que je devais perdre si tôt, s'était de son vivant épris de poésie et de littérature ; il portait au théâtre, très prisé par les classes cultivées d'alors, un intérêt passionné. Ma

mère m'a raconté, entre autres choses, qu'étant allée
avec lui à Bad Lauchstädt pour la première de *La
Fiancée de Messine*, il lui montra Goethe et Schiller
se promenant ensemble, et lui reprocha avec véhémence de ne pas connaître ces grands hommes. Il
paraît même qu'il n'était pas sans éprouver de galantes
inclinations pour les actrices. Ma mère se plaignait,
en plaisantant il est vrai, d'avoir dû souvent l'attendre pour les repas, alors qu'il rendait visite à une
actrice célèbre, Madame Hartwig[1]. Et quand elle le
sermonnait à ce sujet, il prétendait avoir été retardé
par l'étude de ses dossiers ; comme preuve à l'appui,
il montrait ses doigts, tachés d'encre, prétendait-il,
mais en les examinant on constatait qu'ils étaient
parfaitement propres. Il témoigna ouvertement de
son grand attachement au théâtre en choisissant pour
ami intime l'acteur Ludwig Geyer. Si, dans le choix
de cette amitié, mon père fut surtout guidé par son
amour de la scène, il eut en même temps la chance
d'introduire dans son foyer le plus noble des bienfaiteurs : par la suite, cet artiste modeste, profondément
ému du décès si rapide et imprévu de son ami Wagner,
consacra sa vie à élever et à instruire la nombreuse
progéniture que celui-ci avait laissée en mourant.
Auparavant déjà, tandis que le secrétaire de police
passait ses soirées au théâtre, l'excellent homme le
remplaçait auprès de sa famille où il paraît qu'il eut
souvent à rassurer l'épouse qui, à tort ou à raison, se
plaignait de la légèreté de son mari. Geyer, éprouvé
par l'existence, et n'ayant ni patrie ni foyer, devait
aspirer à connaître une atmosphère familiale, car il
épousa la veuve de son ami un an après la mort de
celui-ci. Il fut un père plein de sollicitude pour les
sept orphelins. Une amélioration de sa situation
matérielle, qui survint peu après, lui fut d'un grand

secours dans la lourde tâche qu'il allait assumer : il fut appelé auprès du tout nouveau Hoftheater de Dresde[1] pour y jouer les rôles de caractère. C'était une position avantageuse, respectable et stable. De plus, son talent de peintre, auquel il avait eu recours pour se maintenir à flot au temps de sa plus grande misère, alors qu'il avait été forcé de renoncer à ses études universitaires, fut remarqué à Dresde. Bien qu'il regrettât, plus encore que ses critiques, de ne pas avoir eu de formation académique, il possédait des dons si exceptionnels, notamment pour le portrait, que les commandes affluaient. Mais cette double activité de peintre et de comédien l'épuisa avant l'âge. Lors d'une tournée qu'il fit à Munich, au Hoftheater, des membres de la famille royale lui demandèrent, grâce à la recommandation de la cour de Saxe*, tant de portraits qu'il crut bon de devoir interrompre ses représentations, puis d'y renoncer définitivement. Geyer avait aussi la fibre poétique. Après quelques pièces de circonstance, rédigées en vers élégants, il écrivit plusieurs comédies. L'une de ses pièces, *Le Massacre des Innocents*, en alexandrins rimés, fut régulièrement représentée ; elle fut même imprimée et lui valut un amical éloge de Goethe. Cet homme distingué, sous la conduite duquel ma famille alla s'établir à Dresde dès ma deuxième année, et dont ma mère eut ensuite une fille, Cäcilie, s'occupa de mon éducation avec autant de soin que d'affection. Désirant m'adopter tout à fait, il m'inscrivit sous son nom lorsque j'entrai à l'école, de sorte que, jusqu'à l'âge de quatorze ans, j'ai été Richard Geyer pour mes camarades de Dresde. Ce fut seulement plusieurs années après la mort de mon beau-père, lorsque ma famille retourna à Leipzig, que je repris, dans le lieu de mes origines familiales, le nom de Richard Wagner.

Mes plus anciens souvenirs de jeunesse se rat-
tachent à ce beau-père et me conduisent naturellement vers le théâtre. Je me rappelle distinctement
qu'il aurait aimé voir un talent de peintre se développer en moi ; son atelier, avec son chevalet chargé
de toiles, n'était pas sans m'impressionner. Ainsi je
me souviens que je m'appliquai avec une ardeur tout
enfantine à copier un portrait du roi de Saxe Frédéric-Auguste. Mais dès qu'on essaya de remplacer
ce coloriage naïf par un enseignement sérieux du
dessin, j'abandonnai crayon et pinceau ; peut-être
aussi ai-je été rebuté par les méthodes rigides de
mon professeur, un cousin fort ennuyeux. [...]
À cette époque, le théâtre commença à exercer un
grand empire sur mon imagination. Je n'y pénétrais
pas seulement comme enfant spectateur ayant sa
place dans la loge mystérieuse communiquant avec
la scène, ou comme habitué des coulisses admirant
les costumes extraordinaires et les déguisements
caractéristiques qu'on y rencontre, j'y entrais aussi
comme acteur. J'avais déjà assisté à *L'Orpheline et le
Meurtrier*, aux *Deux Galériens* et à d'autres drames
sombres qui me comblaient d'effroi et où mon beau-
père tenait les rôles de scélérat, quand il me fallut
paraître moi-même sur la scène dans quelques comédies. Dans *Le Vignoble des bords de l'Elbe*, pièce
montée à l'occasion du retour de captivité du roi de
Saxe et mise en musique par le Kapellmeister Carl
Maria von Weber, je jouais un ange, complètement
emmailloté, avec des ailes au dos, et je figurais dans
le tableau vivant en une position gracieuse que j'avais
apprise avec les plus grandes difficultés. Je me souviens aussi avoir reçu dans cette circonstance un
gros bretzel au sucre que le roi, affirma-t-on, m'avait
destiné tout spécialement. Enfin, je me rappelle encore

avoir tenu un rôle très bref dans une pièce d'August von Kotzebue, *Misanthropie et Repentir*, et m'être servi à l'école, pour m'excuser de ne pas avoir appris ma leçon, du prétexte qu'il me fallait mémoriser un rôle important dans *Des hommes hors du commun*.

Mon beau-père s'occupait cependant de mon éducation d'une façon sérieuse. Dès que j'eus atteint mes six ans révolus, il m'envoya en pension à Possendorf, près de Dresde, chez un pasteur de campagne, où je devais recevoir une éducation de qualité, solide et saine, en compagnie d'autres jeunes garçons de bonne famille. Quoique fort court, ce séjour m'a laissé bien des souvenirs sur les premières impressions que me fit le monde. Le soir, le pasteur Wetzel[1] nous racontait les aventures de Robinson et faisait suivre son récit de remarquables discussions pédagogiques. La lecture à haute voix d'une biographie de Mozart m'intéressa vivement ; les articles de journaux et d'almanachs sur les événements de la guerre d'indépendance que menaient alors les Grecs provoquèrent en moi une violente émotion. Mon amour pour la Grèce qui, plus tard, se tourna avec enthousiasme vers la mythologie et l'histoire de l'ancienne Hellade, naquit pour ainsi dire de la sympathie passionnée et douloureuse que m'inspiraient des faits alors contemporains. Je me rappelle qu'en étudiant la lutte des Hellènes contre les Perses, je retrouvais les sentiments que j'avais éprouvés en suivant les péripéties de la révolte des Grecs modernes contre les Turcs.

Mon séjour à la campagne avait à peine duré un an, quand un messager vint prier le pasteur de me reconduire à Dresde où mon père adoptif se mourait. Nous arrivâmes en ville après trois heures de marche, et j'étais si fatigué que je ne compris guère pourquoi ma mère était en larmes. Le lendemain, on me mena

au chevet de mon père; l'extrême faiblesse avec
laquelle il me parla, toutes les mesures désespérées
que l'on prit pour combattre sa pleurésie aiguë, me
produisirent l'effet de vivre un cauchemar. L'étonnement et l'effroi étaient si grands en moi qu'ils m'empêchèrent de pleurer. Dans la bonne intention, sans
doute, de distraire un peu le malade, ma mère m'invita à jouer dans la chambre voisine ce que j'avais
appris au piano. Je jouai la mélodie «*Üb' immer Treu'
und Redlichkeit*[1]», et mon père demanda alors à sa
femme: «Aurait-il des dispositions pour la musique?»
Le jour suivant, aux premières lueurs de l'aube, ma
mère entra dans la grande chambre à coucher des
enfants, s'approcha du lit de chacun de nous, et
annonça en sanglotant que notre père était mort. En
guise de bénédiction, elle nous rapporta ses dernières paroles. Et elle me dit: «Il aurait voulu faire
quelqu'un de toi.» L'après-midi, le pasteur Wetzel
me ramena à la campagne. Nous fîmes de nouveau le
voyage à pied et n'atteignîmes Possendorf qu'à la
tombée de la nuit. En route, j'interrogeai longuement mon compagnon sur les étoiles et, pour la première fois, il me donna une explication rationnelle
des astres. Huit jours après, nous vîmes apparaître le
frère du défunt. Venu d'Eisleben pour l'enterrement,
il avait promis de faire son possible afin d'aider notre
famille, qui se voyait de nouveau sans ressources, et
avait accepté de prendre en charge mon éducation.
Je pris donc congé de mes jeunes camarades et de
l'aimable pasteur. Je ne devais revenir à Possendorf
que quelques années après, pour ses obsèques. Beaucoup plus tard, j'y retournai une nouvelle fois, au
cours d'une de ces excursions que je faisais souvent
à pied, lorsque j'étais chef d'orchestre à Dresde. Je
fus tristement ému de ne plus retrouver l'ancienne

maison du pasteur, remplacée par une construction moderne plus cossue ; j'en fus tellement affecté que, depuis lors, je ne dirigeai jamais plus mes pas de ce côté-là.

Mon oncle m'emmena, en voiture cette fois, à Dresde, où je trouvai ma mère et mes sœurs en grand deuil. Je me souviens que, pour la première fois, je fus accueilli avec une effusion dont nous n'étions pas coutumiers dans la famille ; cette effusion se manifesta encore au moment où je partis pour Eisleben avec mon oncle. Ce frère cadet de mon beau-père y était orfèvre. Un de mes frères aînés, Julius[1], se trouvait déjà en apprentissage dans son atelier ; resté célibataire, il avait pris chez lui la vieille grand-mère. Comme on prévoyait la mort prochaine de celle-ci, on lui cacha le décès de son fils aîné et l'on m'enjoignit de n'en rien trahir non plus. La domestique enleva soigneusement le crêpe de deuil de ma manche, en expliquant qu'elle le mettait de côté pour le jour où la grand-mère mourrait, ce qui ne tarderait pas à arriver. Bien souvent, il me fallut parler de mon père à la vieille dame ; je n'eus pas de peine à garder le secret de sa mort, car je n'avais pas moi-même clairement conscience de cette perte. Ma grand-mère vivait dans une chambre sombre, donnant sur une cour étroite, et elle aimait à voir des rouges-gorges voleter joyeusement autour d'elle ; elle avait toujours pour eux des rameaux verts, gardés au frais près du poêle. Le chat ayant mangé ses rouges-gorges, je réussis à lui en attraper quelques autres dans un piège à oiseaux. Elle s'en réjouit fort et, par reconnaissance, s'occupait de mon linge et de ma toilette. Comme on s'y attendait, elle ne tarda pas à mourir et l'on put porter ouvertement le deuil à Eisleben ; et la petite chambre aux rouges-gorges et aux bouquets verts cessa d'exister pour moi. Je devins bientôt l'intime d'une famille de savonniers à qui appartenait la maison et qui aimait à m'entendre raconter des histoires. On m'envoya dans une école privée, dirigée par un magister nommé Weiss. J'ai gardé de lui l'impression d'un homme sérieux et digne. À la fin des années 1850, j'ai lu avec attendrissement, dans une revue musicale, le compte rendu d'un concert donné à Eisleben, et dans lequel on avait joué des extraits de *Tannhäuser*. L'article mentionnait que le vieux maître Weiss avait tenu à y assister, en souvenir de son ancien élève, qu'il n'avait pas oublié.

En rêve, j'ai revu souvent, et pendant longtemps, l'antique petite ville avec la maison de Luther et tout ce qui se rattache à mon séjour dans ses murs. J'ai toujours désiré y retourner afin de vérifier la netteté de mes souvenirs ; il est bizarre que je ne sois jamais parvenu à réaliser ce souhait. Nous demeurions place du marché. Cette place m'offrait souvent des spectacles singuliers, tels que cette représentation d'acrobates qui se promenaient sur une corde tendue entre deux tours, ce qui éveilla en moi une fascination durable pour ce genre de prouesses. Aidé du balancier, je réussis même à marcher assez adroitement sur des cordes tressées entre elles que j'avais tendues dans la cour. Il m'est resté de ce temps-là un certain goût pour les exercices d'acrobatie, et il m'arrive de m'y adonner. Mais la fanfare d'un régiment de hussards en garnison à Eisleben avait à mes yeux une importance bien plus grande. Un des morceaux qu'elle jouait le plus souvent faisait sensation par sa nouveauté : c'était le «Chœur des chasseurs» du *Freischütz*, qui venait d'être représenté à Berlin. Mon oncle et mon frère Julius m'assaillirent de questions sur le compositeur que je devais certainement

avoir vu dans la maison de mes parents, quand Weber*
était chef d'orchestre à Dresde. Vers la même époque,
il se trouva que les jeunes filles d'une famille amie
jouaient et chantaient sans cesse le «Chœur des demoiselles d'honneur[1]». Ces deux airs remplacèrent dès
lors dans ma faveur la *Valse d'Ypsilanti*[2], dans laquelle
je voyais jusqu'alors la plus merveilleuse de toutes
les mélodies. Il m'est resté encore de cette époque le
souvenir de bien des bagarres avec les gamins de
l'endroit, chez qui ma casquette carrée suscitait de
constantes moqueries. J'avais aussi le goût des vaga-
bondages aventureux dans les rochers des berges de
l'Unstrut.

Le mariage de mon oncle, qui fonda enfin un foyer,
amena, semble-t-il, un grand changement dans ses
rapports avec ma famille. Au bout d'un an, il me
reconduisit à Leipzig où je fus confié pour quelques
jours à des parents de mon père (Wagner). Ces
parents étaient mon oncle, Adolf Wagner, et sa sœur,
ma tante Friederike Wagner. Cet homme très intéressant exerça plus tard sur moi une influence de
plus en plus stimulante. Je le vois encore tel qu'il
m'apparut pour la première fois dans son singulier
entourage. Ma tante et lui avaient noué des relations
très amicales avec une vieille demoiselle bizarre,
Jeannette Thomé, copropriétaire d'une grande maison
sur la place du marché dont, si je ne me trompe, les
deux étages principaux avaient été loués et aménagés
par les princes de la famille royale de Saxe qui,
depuis l'époque d'Auguste le Fort, y descendaient
quand ils venaient en séjour à Leipzig. À ma connaissance, Jeannette Thomé possédait tout le deuxième
étage, dont elle n'habitait qu'une modeste partie donnant sur la cour. Mais, comme le roi n'occupait ses
appartements d'apparat que quelques jours par an

tout au plus, Jeannette Thomé s'y tenait d'ordinaire
avec les siens, et c'est dans une de ces pièces somptueuses que l'on me fit coucher. L'aménagement de
ces lieux datait du temps d'Auguste le Fort ; les magnifiques meubles rococo étaient recouverts de lourdes
étoffes de soie, mais le tout était fort usé. Je me plai-
sais énormément dans ces grands salons fantastiques
d'où l'on apercevait le marché, si animé, de Leipzig ;
les cortèges d'étudiants, qui défilaient en se déployant
sur toute la largeur de la rue, vêtus des anciens costumes de leurs corporations, me fascinaient complètement[1]. Mais, dans ces salons, on voyait, suspendus
aux murs de vieux portraits, et ces portraits, surtout
ceux de nobles dames en robe à panier, aux visages
jeunes et aux cheveux poudrés, me déplaisaient particulièrement. Ils me produisaient l'effet de revenants qui s'animaient aussitôt que je me trouvais
seul dans la pièce où je dormais. Et j'en avais une
peur horrible. Coucher dans l'antique lit d'apparat
d'une de ces chambres isolées où je n'avais d'autre
compagnie que celle d'un de ces portraits inquiétants, c'était pour moi quelque chose d'atroce. Je
m'efforçais certes de dissimuler ma frayeur à ma
tante lorsqu'elle me mettait au lit, une lumière à la
main ; mais il ne se passait pas de nuit sans que je ne
me réveille baigné d'une sueur froide et le cœur
battant, en proie à d'horribles visions de revenants.
    Les trois habitants de cet étage étaient bien faits
pour augmenter encore l'impression fantastique que
me produisait ce séjour. Jeannette Thomé était très
petite et très grosse ; elle portait une perruque blonde
à la Titus et semblait se complaire dans le souvenir
de ses grâces disparues. Ma tante, sa fidèle amie et
garde-malade, vieille fille comme elle, se distinguait
par sa haute taille et son extrême maigreur. La bizar-

rerie de son visage, très sympathique au demeurant, était aggravée par un menton étonnamment pointu. Mon oncle Adolf avait une fois pour toutes établi son cabinet de travail dans un triste réduit donnant sur la cour. C'est là que je le vis pour la première fois de Ma vie, entouré d'un amas de livres, vêtu d'un costume d'intérieur sobre qui n'avait rien de particulier, hormis un haut bonnet de feutre pointu, semblable à celui du clown de la troupe de funambules que j'avais vu à la foire d'Eisleben. Un grand besoin d'indépendance lui avait fait choisir ce singulier asile. Il s'était d'abord destiné à la théologie, dont il s'était ensuite détourné pour se vouer entièrement à l'étude de la philosophie et de la philologie. Sa grande aversion pour le métier d'enseignant dans une université ou un lycée le porta, de bonne heure, à chercher sa modeste subsistance dans des travaux littéraires. Il paraît que ses talents d'homme du monde, sa belle voix de ténor, l'intérêt qu'il témoignait aux choses du théâtre ainsi que la réputation qu'il s'était acquise dans les lettres lui avaient valu de nombreux amis dans sa jeunesse et procuré, à Leipzig, un cercle de relations étendu. Lors d'une excursion à Iéna, où il s'était laissé convaincre, avec un ami de son âge, de prêter son concours à des « académies » de musique et de déclamation, il rendit visite à Schiller. Il fut introduit chez le poète grâce à une lettre dont l'avait chargé la direction du théâtre de Leipzig, qui désirait obtenir le droit de faire représenter *Wallenstein*[1], achevé récemment. Mon oncle m'a décrit plus tard l'impression extraordinaire que produisit sur lui le grand poète à la taille noble et élancée, aux yeux bleus irrésistibles. Mais il regrettait de s'être trouvé devant le grand homme dans un embarras on ne peut plus pénible à cause du tour que, dans une bonne intention, son ami lui avait joué. Ce dernier était en effet parvenu à remettre à Schiller, peu avant la visite, un cahier de vers d'Adolf Wagner. Le malheureux jeune poète fut donc forcé d'entendre de la bouche de Schiller des éloges qu'il savait ne devoir qu'à la bienveillante générosité du célèbre écrivain. Plus tard, mon oncle se consacra presque exclusivement aux études philologiques. Un de ses ouvrages les plus connus dans ce domaine est l'édition du *Parnasso italiano*, qu'il dédia à Goethe en l'accompagnant d'une poésie en italien. Des connaisseurs m'ont assuré que ces vers étaient écrits en une langue inusitée et emphatique. Cela n'empêcha pas Goethe de lui envoyer une belle lettre de remerciements, avec une timbale en argent dont le poète s'était servi personnellement. L'effet que me fit mon oncle lorsque, âgé de huit ans, je le vis la première fois dans le cadre évoqué précédemment, était totalement étrange et énigmatique.

Cependant, au bout de quelques jours, je fus de nouveau soustrait à ces influences et ramené à Dresde auprès des miens. Sous la direction de ma mère, veuve pour la seconde fois, ma famille avait cherché pendant ce temps à se relever tant bien que mal. Mon frère aîné, Albert, tout d'abord destiné à la médecine, avait suivi le conseil de Weber, qui vantait sa voix de ténor, et embrassé la carrière théâtrale à Breslau. Luise, la deuxième de mes sœurs, le suivit bientôt et se voua également à la scène. L'aînée, Rosalie, était déjà parvenue à une situation estimable au théâtre de Dresde et c'est autour d'elle que se réunirent les jeunes membres de la famille ; elle fut en même temps le principal soutien de notre mère, accablée de soucis. Je retrouvai cette dernière dans le vaste et agréable appartement que mon beau-père avait aménagé peu de temps auparavant. Quelques chambres superflues en avaient été sous-louées à des étrangers, et c'est ainsi qu'un jour Spohr* devint notre locataire. Grâce à l'énergie de ma mère, à diverses circonstances heureuses et à la bienveillance de la cour qui, en souvenir de mon beau-père, lui facilita bien des choses, notre famille put mener une existence acceptable et mon éducation ne fut négligée en aucune façon.

Ma troisième sœur, Clara, qui avait une voix exceptionnellement belle, s'étant décidée à suivre la trace de ses aînées, ma mère s'employa de toute son énergie à empêcher que le même penchant pour le théâtre ne se développe en moi. Elle s'était toujours fait des reproches d'avoir laissé mon frère Albert monter sur les planches, et comme d'autre part Julius, mon second frère, ne montrait pas d'autres aptitudes que celles nécessaires au métier d'orfèvre, elle avait maintenant à cœur de voir se réaliser le vœu de mon beau-père et de «faire de moi quelqu'un». Quand j'eus atteint l'âge de huit ans, on m'envoya faire mes humanités au lycée, à la Kreuzschule de Dresde. Je commençai modestement mes études classiques, car j'étais le plus jeune élève de la dernière classe. Ma mère suivit avec beaucoup d'attention l'apparition des premiers signes témoignant de dons ou aptitudes intellectuelles.

Le caractère de cette femme étonnait tous ceux qui faisaient sa connaissance, il offrait un singulier mélange de dynamisme dans la tenue de sa maison et de grandes capacités intellectuelles, en dépit d'une éducation très incomplète. Jamais elle ne voulut donner à ses enfants des renseignements précis sur ses origines. Née à Weissenfels, elle prétendait que ses parents y avaient été boulangers. Même en ce qui concernait son nom, elle manifestait un étrange

embarras ; elle prétendait s'appeler « Perthes », tandis
que nous savions fort bien qu'elle se nommait « Pätz ».
Curieusement, elle avait été élevée dans un des meilleurs pensionnats de Leipzig et les frais de son éducation avaient été payés par un prétendu « ami
paternel haut placé ». Elle nous dit plus tard que cet
ami était un prince de Weimar qui, paraît-il, s'était
montré très généreux envers sa famille à Weissenfels. L'éducation de ma mère dans ce pensionnat
semble avoir été interrompue par la mort subite de
ce protecteur. Elle était encore adolescente quand
elle fit la connaissance de mon père. Celui-ci, fort
mûr pour son âge, avait déjà acquis une situation
quand il l'épousa. Les traits principaux de son caractère étaient sans doute l'esprit, la drôlerie et la bonne
humeur. Il est peu probable que seul le sentiment du
devoir envers la famille d'un ami décédé, et non
point une véritable inclination pour sa veuve, ait
poussé l'excellent Ludwig Geyer à s'unir à celle qui
n'était plus une toute jeune fille. Un portrait que
Geyer a peint d'elle à l'époque de son premier
mariage la représente avec un physique très avantageux. Aussi loin que mes souvenirs me permettent de
remonter, des maux de tête l'obligeaient à porter
sans cesse un bonnet, de sorte que je n'ai pas gardé
d'elle l'impression d'une mère jeune et gracieuse. La
fatigue et les soucis causés par une famille nombreuse (j'en étais le septième enfant vivant), la difficulté de se procurer le nécessaire et, en dépit de
moyens très restreints, le goût d'un certain apparat,
étouffaient en elle les doux épanchements de la tendresse maternelle. Je ne me rappelle guère avoir
reçu d'elle une caresse ; toute effusion affectueuse
était, de manière générale, bannie du sein de notre
famille. En revanche, il y avait dans nos relations

quelque chose de vif, d'assez brusque, de bruyant, qui nous semblait naturel. Dans ce contexte, un souvenir particulier est resté gravé dans ma mémoire : un soir qu'on me portait au lit tout endormi, je levai en pleurnichant les yeux vers ma mère, et je vis qu'elle me contemplait avec satisfaction tout en parlant de moi sur un ton de véritable tendresse à un visiteur. Ce qui me marqua le plus, chez elle, c'était l'étrange ardeur avec laquelle elle s'exprimait, sur un ton presque pathétique, à propos du beau et du sublime dans l'art. Il est vrai qu'en ma présence, elle prétendait toujours ne pas parler de l'art théâtral, mais seulement de poésie, de musique et de peinture ; et elle me menaçait souvent de sa malédiction si jamais je voulais devenir acteur. Ajoutez à cela qu'elle était très religieuse ; fréquemment, elle nous déclamait de vrais sermons, pleins de pathos et d'émotion, sur Dieu et sur ce qui est divin en l'homme, mais il lui arrivait aussi de s'interrompre brusquement et, changeant tout à coup de ton, de nous adresser une remontrance pleine d'humour. Chaque matin, en particulier depuis la mort de mon beau-père, elle rassemblait la famille autour de son lit, où elle se faisait apporter son café. Cependant elle n'y touchait point avant que l'un de nous eût lu un cantique dans son livre de prières. Elle ne s'inquiétait guère du choix du cantique, et il arriva qu'un jour ma sœur Clara se mit par distraction à nous déclamer d'une façon tout à fait émouvante une prière intitulée : *Pour conjurer les calamités de la guerre.* Ma mère lui coupa brusquement la parole en disant : « Tais-toi donc ! Dieu me pardonne, nous ne sommes pourtant pas en temps de guerre ! »

Malgré la difficulté que nous éprouvions à joindre les deux bouts, nous organisions de temps à autre

des réceptions dont l'atmosphère était joyeuse, et
que mon esprit enfantin trouvait brillantes. Les dernières années de sa vie, mon beau-père avait joui
d'une telle vogue comme portraitiste que ses revenus avaient atteint des sommes considérables pour
l'époque. Aussi nous étions-nous fait des relations
agréables dans la meilleure société, et plus tard ces
connaissances se réunissaient parfois encore chez
ma mère. Des membres du Hoftheater, en particulier, formaient alors des cercles où se manifestaient
une affabilité et un esprit que je n'ai ensuite jamais
retrouvés à Dresde. Ils appréciaient tout particulièrement les parties de campagne dans les beaux environs de la ville, il y régnait un sentiment de joyeuse
confraternité entre artistes. Je me rappelle une de
ces excursions à Loschwitz : on avait dressé une sorte
de camp bohémien dans lequel Carl Maria von
Weber fut chargé de remplir les fonctions de cuisi-
nier. La musique aussi était à l'honneur dans notre
maison ; ma sœur Rosalie jouait du piano et Clara
commençait à chanter. Autrefois, à l'occasion des
anniversaires de naissance de mes parents, on organisait en cachette, pour les surprendre, des représentations théâtrales qui exigeaient de grands préparatifs.
À l'époque dont je parle, je ne me souvenais plus que
vaguement de ces fêtes. Une seule était restée gravée
dans ma mémoire. On avait monté une parodie de
Sappho de Grillparzer*[1], dans laquelle je faisais partie
du chœur des gamins chantant devant le char triom-
phal de Phaon. J'essayai de raviver mes réminiscences
à l'aide d'un beau théâtre de marionnettes, que je
trouvai dans les choses laissées par mon beau-père et
dont il avait peint lui-même les décors. Voulant faire
à ma famille la surprise d'une brillante représentation sur cette scène, je sculptai, avec beaucoup de

maladresse, diverses poupées que j'habillai sommairement de pièces de tissu dérobées à mes sœurs ; puis je m'occupai d'élaborer un drame chevaleresque dont je comptais faire apprendre les rôles à mes poupées. Mais j'avais à peine achevé la première scène que mes sœurs en découvrirent le manuscrit et en rirent à gorge déployée. Longtemps après, elles s'amusaient encore à déclamer sur un ton grandiloquent cette phrase de mon héroïne inquiète : « j'entends caracoler déjà mon chevalier », ce qui provoquait immanquablement mon courroux.

Ma famille n'ayant, comme je l'ai dit, jamais cessé d'être attachée au théâtre, je m'y sentis de plus en plus attiré moi-même. Le *Freischütz* agit tout particulièrement sur mon imagination, mais surtout en raison de son sujet fantastique. Le sentiment d'épouvante et la peur des revenants devinrent des facteurs importants dans le développement de Ma vie affective. Dès ma plus tendre enfance, certains faits mystérieux et inexplicables exercèrent sur moi un empire exagéré. Je me souviens que, lorsque je restais longtemps seul dans ma chambre, il me semblait que des objets inanimés, notamment des meubles, prenaient vie, et j'étais alors saisi d'une telle terreur que je me mettais à pousser des cris perçants. Jusqu'à mon adolescence, il ne se passa pas de nuit que je ne m'éveille en criant parce que des revenants m'apparaissaient en rêve. Je ne me calmais pas avant qu'une voix humaine ne m'eût imposé le silence. Une violente gronderie, et même une punition corporelle, me faisaient alors l'effet d'une délivrance. Aucun de mes frères et sœurs ne voulait plus dormir dans mon voisinage, et l'on s'ingéniait à m'isoler des autres, sans songer que ma peur des spectres n'en devenait

que plus forte et plus bruyante. On finit pourtant par
s'habituer à cette calamité nocturne.

Ce qui me fascinait au théâtre, et j'entends par là
aussi bien la scène, les coulisses et les loges que la
salle de spectacle, c'était moins le besoin de distraction et d'amusement recherché par le public d'aujourd'hui que la délicieuse excitation provoquée
par un milieu tout différent de celui où j'évoluais
habituellement, un monde fantastique, attrayant et
effrayant tout à la fois. Un décor, par exemple une
toile peinte représentant un buisson, un costume ou
même seulement une partie caractéristique de celui-
ci me semblaient venir d'un autre monde, celui des
fantômes, et devenaient des sortes de points d'appui
à partir desquels je m'élançais de la plate réalité du
quotidien vers un monde fantasmagorique envoûtant.
De sorte que tout ce qui avait rapport à une représentation théâtrale possédait pour moi un attrait
mystérieux et enivrant. Si, avec mes camarades, je
m'efforçais d'imiter les représentations du *Freischütz*
en fabriquant avec entrain des costumes et en pei-
gnant des masques grotesques, je ressentais vivement
aussi le charme subtil qui se dégageait des toilettes et
accessoires que mes sœurs se confectionnaient souvent de leurs mains à la maison. J'éprouvais de violents battements de cœur rien qu'à les toucher. Bien
que dans notre famille nous ne fussions point, je l'ai
déjà dit, accoutumés à nous prodiguer des marques
de tendresse, l'entourage tout féminin dans lequel je
me trouvais influençait puissamment mon émotivité.
Et c'est peut-être précisément parce que ces relations à mon entourage étaient agitées, voire violentes, que tous les attributs de la féminité, dans la
mesure où ils étaient liés au monde fantastique de la

scène, exerçaient sur moi un charme qui me plongeait dans un état de ravissement.

L'intensité de ces sensations qui, tour à tour, provoquaient en moi l'effroi ou l'attendrissement, était heureusement atténuée par l'influence sérieuse et tonifiante de l'école, et par le contact de mes maîtres et de mes condisciples. Au lycée aussi, je m'intéressais surtout à ce qui relève de l'imagination. Je ne sais si j'avais, comme on dit, une tête bien faite, une prédisposition pour les études ; je crois que je comprenais et retenais facilement ce qui me plaisait, tandis que j'essayais à peine de m'appliquer à étudier ce qui était éloigné de mon univers. Cela valait en particulier pour le calcul et, plus tard, pour les mathématiques. Dans ces deux matières, je ne réussissais même pas à me concentrer un instant sur les problèmes qu'on nous donnait à résoudre. Les langues anciennes non plus n'excitaient guère ma curiosité ; je n'y consacrais que la stricte attention nécessaire à la compréhension de sujets dont j'avais envie d'avoir une représentation précise. J'étais attiré par le grec, car la mythologie grecque fascinait tellement mon imagination que j'aurais aimé être capable d'entendre ses héros s'exprimer dans leur propre langue pour mieux satisfaire mon désir de me familiariser avec eux. Mais on comprendra aisément que la grammaire n'était pour moi qu'un obstacle incommode et une branche de la science peu captivante en elle-même. C'est sans doute parce que je n'ai jamais abordé rigoureusement l'étude des langues mortes qu'il me fut si facile d'y renoncer complètement par la suite. Je n'y trouvai d'intérêt véritable que des années plus tard, après en avoir saisi la dimension physiologique et philosophique révélée aux germanistes modernes grâce aux méthodes développées

par Jacob Grimm*. Mais il était trop tard alors pour
que je pusse me consacrer sérieusement à cette étude,
que j'aimais enfin, et il ne me reste plus qu'à exprimer
le regret que cette nouvelle manière d'enseigner n'ait
point été pratiquée au temps de ma jeunesse. [...]

Tourné vers la vie, je me montrais turbulent dans
mes rapports avec mes camarades et disposé aux
équipées aventureuses. J'éprouvais constamment une
amitié passionnée pour un élu quelconque, et la
durée de mon affection dépendait en général de la
part que prenait l'ami du moment à mes marottes.
Tantôt j'écrivais et faisais des vers, tantôt j'organi-
sais des représentations théâtrales, d'autres fois je
me laissais aller à mon goût pour le vagabondage et
les facéties. Sur ces entrefaites, au moment où j'attei-
gnais ma treizième année, il se produisit un grand
changement dans notre famille. Ma sœur Rosalie,
qui subvenait à nos besoins, obtint un engagement
avantageux au théâtre de Prague, de sorte qu'en
1826 ma mère et mes sœurs, abandonnant complètement leur domicile dresdois, allèrent s'installer avec
elle dans cette ville. Moi seul je restai à Dresde, afin
de poursuivre mes études à la Kreuzschule jusqu'à
mon entrée à l'université. On me mit en pension dans
la famille Böhme que je connaissais bien, car le fils
était un de mes amis d'école. Les débuts de ce qu'on
appelle l'âge ingrat coïncidèrent chez moi avec mon
entrée dans cette famille remuante, peu regardante
sur les expédients auxquels elle recourait pour suppléer à une situation matérielle précaire. L'habitude
du travail tranquille et l'influence apaisante exercée
par mes sœurs s'effacèrent peu à peu. Je devins
turbulent, querelleur et bagarreur. D'un autre côté,
pourtant, l'élément féminin prit sur moi un empire
que j'ignorai jusqu'alors. Des filles déjà grandes et

leurs amies remplissaient souvent ce logement étroit et misérable. C'est vers cette époque que je fus amoureux pour la première fois. Une jeune fille très belle et fort bien élevée qui, si je ne me trompe, se nommait Amalie Hoffmann, venait, les rares fois où elle en avait la possibilité, nous voir le dimanche. Lorsqu'elle entrait dans la pièce, élégamment vêtue, je demeurais toujours muet d'étonnement un long moment. Je me souviens d'avoir plusieurs fois simulé un sommeil irrésistible afin d'obliger les jeunes filles à me porter, avec toutes les précautions que réclamait mon état, jusque dans ma chambre, car je m'étais aperçu un jour avec surprise et émotion que cette situation favorisait un contact immédiat et troublant avec le corps féminin.

Pendant cette année où j'étais séparé des miens, je fis un bref voyage à Prague dont je conservai une profonde impression. Ma mère arriva à Dresde en plein hiver et m'emmena pour huit jours. Elle avait une façon à elle de voyager : au lieu de se servir de la diligence, commode et rapide, elle préféra tout au long de sa vie les déplacements plus aventureux en voiture de location. Aussi mîmes-nous trois jours entiers, par un très grand froid, à faire le trajet de Dresde à Prague. La traversée des montagnes de Bohême me parut souvent parsemée de dangers. Après avoir surmonté toutes sortes d'obstacles, nous arrivâmes sains et saufs à Prague, où je me trouvai soudain transplanté dans un milieu absolument nouveau. Venant de Saxe, je goûtai doublement le charme poétique de la Bohême et surtout de Prague, qui me laissa une impression durable. La nationalité différente, l'allemand étrange de la population, certaines coiffures de femmes, le vin du pays, les joueuses de harpe et les musiciens, les insignes catholiques répandus partout, les nombreuses chapelles, les images de saints, tout cela me grisa singulièrement. J'étais influencé sans doute par l'importance que prenait en mon esprit tout ce qui s'éloignait des habitudes bourgeoises et affectait un caractère théâtral. La beauté de Prague, l'antique magnificence de cette ville sans pareille produisirent sur mon imagination une impression indélébile. Dans le cadre familial également, je découvris des choses qui m'étaient étrangères. Ma sœur Ottilie, de deux ans seulement plus âgée que moi, avait gagné la vive affection d'une famille noble, celle du comte Pachta[1]. Deux des filles du comte, Jenny et Augusta, dont la beauté fut longtemps célèbre à Prague, témoignaient une tendresse exaltée à ma sœur. Ces relations et ces personnes m'enchantèrent par leur nouveauté. De plus, notre maison était devenue le lieu de réunion de quelques beaux esprits de Prague, et parmi ceux-ci se trouvait W. Marsano, un homme aussi beau qu'aimable. Les contes d'E.T.A. Hoffmann*, qui avaient paru peu de temps auparavant et qui avaient fait grande impression, formaient alors le sujet passionnant de toutes les conversations. Je fis ainsi la connaissance, superficielle il est vrai, de cet écrivain fantasque dont les idées me hantèrent par la suite, au point de me jeter dans une agitation bizarre qui me faisait concevoir la vie sous un jour singulier.

Au printemps suivant, en 1827, je fis une nouvelle visite à Prague. Cette fois j'y allai à pied, en compagnie de mon camarade Rudolf Böhme. Le voyage fut plein de péripéties. Au sortir de Teplice, où nous étions arrivés le premier soir, nous fûmes forcés de prendre une voiture, car nos pieds meurtris par la marche se dérobaient. Mais à Lovosice, déjà, il nous fallut la quitter, faute d'argent. Par un soleil brûlant, à demi morts de faim et de soif, nous suivîmes des chemins de traverse et errâmes jusqu'au soir dans une contrée absolument inconnue. Enfin, nous avions retrouvé la grand-route. Une élégante berline arrivait à notre rencontre. Je trouvai la force de me faire passer pour un pauvre compagnon ouvrier et de demander l'aumône aux nobles voyageurs, tandis que mon camarade se tenait caché craintivement dans le fossé. Après avoir choisi, pour nous reposer, une auberge de bonne apparence au bord de la route, nous nous demandâmes s'il était préférable de dépenser l'aumône reçue pour un repas ou pour un gîte : nous décidâmes de manger d'abord, puis de passer la nuit à la belle étoile. Pendant que nous nous restaurions, nous vîmes entrer dans l'auberge un singulier voyageur. Sur la tête il avait un béret de velours noir, avec pour cocarde une lyre en métal, et sur le dos il portait une harpe. Gaiement il se débarrassa de son instrument, se mit à son aise et commanda un bon souper en manifestant l'intention de passer la nuit à l'auberge, pour se mettre le lendemain en route vers Prague, où il habitait. L'air jovial de cet aimable personnage, qui venait de Hanovre et qui, à tout propos, plaçait son mot favori : *non plus ultra*, éveilla ma confiance et ma sympathie. Nous eûmes vite fait de lier connaissance et le musicien ambulant répondit à mon affection par une amitié véritable. Il fut décidé que, le lendemain, nous ferions route ensemble. Il me prêta un peu d'argent et inscrivit dans son carnet l'adresse de ma famille à Prague. Ce succès personnel me causa un plaisir délicieux. Mon harpiste devint de plus en plus gai, on but beaucoup de vin de Žernoseky ; il chanta et joua comme un enragé, répétant à chaque instant son *non plus ultra*. Enfin, totalement ivre, il s'affaissa sur la paille qu'on nous avait

préparée dans la salle même de l'auberge. Lorsque le
soleil parut, il n'y eut pas moyen de le réveiller et
il nous fallut nous décider à partir sans lui, avec
l'espoir toutefois que cet homme vigoureux nous rat-
traperait dans le courant de la journée. Mais nous
l'attendîmes vainement sur la route, ainsi que pendant tout notre séjour à Prague. Au bout de plusieurs
semaines, cet original se présenta enfin chez ma
mère, moins pour réclamer son prêt que pour recevoir des nouvelles de ses jeunes amis ; il se montra
attristé de ne pas nous trouver là. Le reste de notre
voyage coûta bien des fatigues à nos membres juvéniles. Aussi ma joie fut-elle indescriptible quand, du
haut d'une colline, j'aperçus enfin Prague, à une heure
de marche. En approchant des faubourgs, nous rencontrâmes une nouvelle voiture élégante : les deux
belles amies de ma sœur Ottilie s'y trouvaient. Elles
poussèrent des exclamations d'étonnement, car elles
me reconnurent malgré mes traits horriblement défi-
gurés par le hâle, ma vareuse de toile bleue et mon
bonnet de calicot rouge vif. Plein de confusion et le
cœur battant, je leur répondis à peine et hâtai le pas
vers le logis maternel où je m'occupai avant tout de
soigner mon visage, brûlé par le soleil. Je consacrai
deux jours entiers à me faire des compresses de
persil ; au bout de ce temps seulement, je m'adonnai
de nouveau aux plaisirs de la société. Quand, sur le
chemin du retour, je revis Prague du haut de la
même colline, j'éclatai en sanglots ; je me jetai sur le
sol et mon ami étonné eut le plus grand mal à me
décider à continuer la route. Je demeurai grave et
cette fois nous n'eûmes aucune aventure jusqu'à
Dresde.

[Au cours de l'été 1827, le jeune homme fait une grande excursion à Leipzig avec un groupe de lycéens.]

Depuis ma première visite, à l'âge de huit ans, je n'avais revu Leipzig qu'une fois en passant. La maison Thomé m'avait alors produit la même impression de bizarrerie mais, comme j'étais plus avancé dans mes études, j'avais été mieux à même de profiter de la société de mon oncle Adolf. J'avais appris avec une joyeuse surprise que la bibliothèque remplie de livres qui se trouvait dans la grande antichambre était un legs de mon beau-père et m'appartenait. Tout de suite, j'en avais examiné les volumes avec mon oncle et choisi quelques auteurs latins, dans la belle édition de Zweibrücken, ainsi que d'autres ouvrages de belles-lettres. Je les avais tous fait expédier à Dresde. Lors de cette nouvelle visite, je m'intéressai particulièrement aux us et coutumes des étudiants ; leurs fanfaronnades, comme on les appelait alors, excitèrent mon imagination au même titre que les impressions laissées par le théâtre et par Prague. Les étudiants avaient fait subir une transformation complète à leur costume. Ceux que j'avais vus dans ma première enfance m'avaient frappé avec leur vieux costume national allemand : béret de velours noir, cou dégagé, col de chemise rabattu et cheveux longs[1]. Mais, depuis lors, les persécutions politiques avaient fait disparaître les corporations estudiantines (les *Burschenschaften*) qui se vêtaient ainsi : elles avaient été remplacées par d'autres associations tout aussi typiques de l'esprit allemand. Les nouveaux étudiants s'habillaient suivant la mode, en l'exagérant même ; ils se distinguaient des bourgeois par leurs vêtements bigarrés, et surtout par l'étalage des couleurs héraldiques de leur association. Le *Komment*, ce manuel qui prescrivait de manière pointilleuse les règles de comportement auxquelles ils se soumettaient dans le but de préserver jalousement leur esprit de corps face aux autres classes de la société, avait aussi ses côtés extravagants, comme c'est le cas du reste de tous les travers philistins de la bourgeoisie allemande. À mes yeux, ce code représentait l'émancipation par rapport à l'école et à la famille. Mon désir de devenir étudiant coïncida malheureusement avec le dégoût de plus en plus prononcé que j'éprouvais pour les études arides du lycée, et aussi avec la passion qui me prit de rimailler. Les conséquences de cet état d'esprit se remarquèrent bientôt à l'obstination que je mis à vouloir changer de voie.

À ma confirmation, qui eut lieu le jour de Pâques 1827, cet esprit d'indiscipline se manifestait déjà par le peu de respect que m'inspiraient les pratiques religieuses. L'enfant qui, peu d'années auparavant, fixait des regards de douloureuse extase sur l'autel de la Kreuzkirche de Leipzig, qui, dans ses élans mystiques, souhaitait se voir crucifié à la place du Rédempteur, ce même enfant avait perdu le respect dû au pasteur chargé de le préparer à la confirmation. Il se joignait volontiers à ceux qui raillaient l'ecclésiastique et ne se gênait même pas de dépenser pour des friandises une partie du denier de la confession en compagnie de vauriens auxquels il s'alliait pour l'occasion. Au moment de la communion, pendant que je me dirigeais vers l'autel au milieu du cortège des communiants et que résonnaient l'orgue et les cantiques, je me rendis pourtant compte de l'état de mon âme, et je fus presque terrifié. Le frisson que je ressentis lors de la réception du pain et du vin marqua mon souvenir de manière si indélébile que, depuis lors, je n'ai plus jamais participé à la communion : je craignais de ne plus éprouver les sentiments de la première heure. Ce renoncement m'a été rendu possible par le fait que le culte protestant n'impose aucune obligation dans ce sens.

Bientôt, je me servis d'un prétexte pour rompre avec la Kreuzschule et obtenir de force que ma famille consente à mon départ de Dresde. Le vice-recteur Baumgartner-Crusius, pour lequel j'avais par ailleurs une grande vénération, m'avait infligé une punition qui me paraissait injuste. Afin d'y échapper et de parvenir en même temps à quitter immédiatement le lycée, je prétendis vis-à-vis du recteur que ma famille me rappelait subitement à Leipzig. Depuis trois mois déjà, j'avais quitté la maison Böhme et j'habitais seul une petite mansarde que m'avait louée la veuve d'un garde de l'argenterie royale. À toutes les heures du jour, elle m'apportait une tasse de ce célèbre café saxon, clair comme de l'eau, et qui constituait à peu près mon unique nourriture. Dans cette mansarde, je n'ai absolument rien fait que des vers ; c'est là aussi que j'ai conçu l'esquisse de la gigantesque tragédie qui jeta plus tard ma famille dans la consternation. Cette indépendance prématurée m'avait fait tomber dans un tel désordre que ma mère, qui s'en inquiétait, me permit sans difficulté d'aller à Leipzig, d'autant plus qu'une partie de notre famille dispersée s'y était déjà réunie.

Mon désir d'habiter Leipzig avait son origine dans les sensations extraordinaires que j'y avais éprouvées et dans l'intérêt que m'inspirait la vie des étudiants. Mais depuis peu j'avais encore un autre motif d'y aller. Ma sœur Luise, qui avait alors vingt-deux ans et que je connaissais à peine, car elle nous avait quittés peu après la mort de mon beau-père pour entrer au théâtre de Breslau, venait d'accepter un engagement à Leipzig. En passant, elle s'était arrêtée quelques jours à Dresde et j'avais eu un plaisir infini à retrouver cette sœur inconnue. L'affection qu'elle me témoigna, son caractère vif et enjoué me firent une impression délicieuse. J'étais enchanté à l'idée d'habiter près d'elle, d'autant plus que ma mère et ma sœur Ottilie devaient la rejoindre aussi pour quelque temps. C'était la première fois qu'une de mes sœurs me démontrait de la tendresse. Je me crus donc au paradis lorsque, à la Noël de cette même année (1827), je me retrouvai à Leipzig, où m'avait devancé ma mère avec Ottilie et Cäcilie, ma demi-sœur. Toutefois, à mon arrivée, j'y découvris un grand changement : Luise s'était fiancée à un homme riche et considéré, l'éditeur Friedrich Brockhaus*. Et bien que ce prétendant, un homme au grand cœur, n'eût jamais prononcé une parole laissant entendre que la nombreuse famille de la jeune fille sans fortune pût lui être une charge, Luise elle-même semble avoir eu cette crainte et se montra bientôt sous un jour tout nouveau et déconcertant. La volonté de faire bonne figure dans les cercles de la haute bourgeoisie modifia sensiblement la manière d'être de cette sœur autre-fois si gaie et si primesautière. Je réagis à ce chan-gement avec un ressentiment qui, avec le temps, m'amena à me brouiller complètement avec elle. Je ne tardai malheureusement pas à lui donner une occasion de blâmer ma conduite d'une façon bles-sante. C'est de mon arrivée à Leipzig que datent la ruine totale de mes études et mon renoncement à toute formation scolaire sérieuse. Peut-être faut-il en rechercher la cause dans le dogmatisme et la suffi-sance de mes maîtres.

Il existe deux lycées à Leipzig : le plus vieux est la Thomasschule, l'autre la Nikolaischule. Le premier avait à l'époque une réputation moins bonne que le second. C'est donc à la Nikolaischule que je devais entrer. Or, il advint que le corps enseignant, après m'avoir fait subir un examen au début de l'année 1828, décréta que la réputation de l'établissement exigeait que je retournasse en troisième, bien qu'à Dresde j'eusse déjà suivi les cours de seconde. Un dépit indescriptible s'empara de moi lorsque je dus me séparer d'Homère, dont j'avais déjà traduit douze chants par écrit, pour me remettre aux prosateurs grecs faciles ; mon état d'esprit en fut profondément affecté. Je me conduisis en conséquence de telle sorte que je ne parvins jamais à gagner l'amitié d'aucun de mes professeurs. On comprend que, dans ces conditions, l'obligation de fréquenter cette école me parut d'autant plus pénible que divers autres motifs, liés à mon évolution personnelle, me poussèrent à la révolte : d'un côté, l'exemple des étudiants, que je voyais quotidiennement affirmer leur insoumission ; de l'autre, plus sérieusement, une personne qui me conforta dans mon mépris pour le pédantisme scolaire. Je pense ici à l'influence qu'exerça sur moi, sans le savoir, mon oncle Adolf Wagner. Sa fréquentation joua un rôle majeur dans mon éducation d'adolescent.

Mon goût pour le surnaturel ne provenait absolument pas d'un besoin de distraction superficielle, autrement je ne me serais jamais attaché si fortement à ce parent sérieux et érudit. Il est vrai que sa conversation était des plus captivantes. Sa curiosité allait avec une égale ardeur de la philologie à la philosophie et à la littérature, et l'étendue de son savoir impressionnait favorablement ceux qui s'entretenaient avec lui. Malheureusement il était affligé d'un défaut qui affaiblissait d'étrange manière son autorité de savant et le rendait presque ridicule : il ne

savait pas écrire. Dans les polémiques auxquelles il
se mêlait, ses adversaires avaient beau jeu de railler
ses phrases totalement incompréhensibles et grandi-
loquentes. Pour moi, ce travers n'avait rien de rédhi-
bitoire, car je me trouvais alors dans une phase de
confusion intellectuelle dans laquelle la boursouflure
littéraire me semblait d'autant plus profonde que je
ne la comprenais pas. En outre, je m'entretenais plus
avec mon oncle que je ne lisais ses œuvres. Lui-
même semblait prendre plaisir à la société du jeune
homme enthousiaste et attentif que j'étais. Il lui arrivait malheureusement d'oublier, dans le feu d'un
discours non exempt d'infatuation, que les expressions qu'il employait dépassaient ma jeune intelligence. J'allais tous les après-midi le prendre pour sa
promenade aux portes de la ville, et j'imagine que,
plus d'une fois, les personnes de notre connaissance
que nous croisions n'ont pu s'empêcher de sourire
en entendant les discussions profondes et souvent
animées de l'oncle et du neveu. Celles-ci portaient
généralement sur tout ce qui, dans le domaine du
savoir, est sérieux et élevé. Sa riche bibliothèque
m'avait ouvert tous les horizons, de sorte que je
passais fiévreusement d'un domaine de la littérature
à l'autre sans arriver à rien approfondir. Mon oncle
avait trouvé en moi un auditeur complaisant pour
ses lectures de tragédies classiques ; il se flattait avec
raison d'être, après Tieck*, dont il était l'ami, l'un
des meilleurs lecteurs qu'il y eût alors. Lui-même
avait traduit *Œdipe roi*, et je le revois encore, installé
à son pupitre, me lisant une tragédie grecque sans
montrer le moindre dépit quand je m'endormais, fei-
gnant ensuite de ne pas l'avoir remarqué. L'aimable
accueil que me réservait sa femme m'incitait également à passer toutes mes soirées chez lui. Il faut

savoir que, depuis que j'avais fait sa connaissance dans la maison Thomé, de grands changements étaient intervenus dans la vie de mon oncle. L'hospitalité qu'avec sa sœur Friederike il avait trouvée chez Jeannette Thomé, leur amie, lui avait imposé des obligations qui lui étaient devenues insupportables à la longue. Ses travaux littéraires lui assurant, d'autre part, un modeste revenu, il avait jugé conforme à sa dignité de fonder enfin un foyer. Pour cela, il choisit une amie dont l'âge était en rapport avec le sien; c'était la sœur de Wendt[1] de Leipzig, un spécialiste d'esthétique jouissant d'une certaine notoriété. Sans souffler mot à Jeannette de ses projets matrimoniaux, il sortit un jour comme pour sa promenade habituelle et se rendit à l'église avec l'élue de son cœur. Il se hâta de faire célébrer son mariage, puis il rentra et annonça qu'il partait et que le jour même il enverrait chercher ses effets. Il sut garder un calme affectueux devant la consternation et peut-être les reproches de sa vieille amie et, jusqu'à la fin de sa vie, il fit chaque jour sa visite à «Mam'selle Thomé», dont la tendresse, bien que souvent boudeuse, ne se démentit pas. C'est à la pauvre Friederike qu'on fit, semble-t-il, payer l'inattendue infidélité du frère.

Ce qui m'attirait beaucoup chez mon oncle, c'était le mépris, cassant mais plein d'humour, qu'il professait pour le dogmatisme étriqué qui régnait alors dans l'État, l'Église et l'école. Malgré la modération qu'il affichait par ailleurs dans sa conception de la vie, il me faisait l'effet d'un libre-penseur. Son dédain pour l'étroitesse d'esprit scolaire me remplissait d'enthousiasme. Comme j'étais entré un jour sérieusement en conflit avec les professeurs de la Nikolaischule, ma conduite fut l'objet d'une plainte sérieuse que le recteur lui-même adressa à mon oncle, l'unique membre de la famille de sexe masculin. Celui-ci m'emmena me promener autour de la ville, ainsi que de coutume, et me demanda, familier et souriant, comme s'il s'adressait à un ami de son âge, ce que j'avais fait à ces gens du lycée. Je lui contai l'histoire et lui expliquai la punition à laquelle j'étais condamné et qui me paraissait imméritée. Il me calma, me prêcha la patience et, en guise de consolation, me cita le proverbe espagnol : *Un rey no puede morir*, qui pour lui signifiait qu'un potentat d'école n'avoue jamais avoir eu tort.

Cette façon de me traiter en présumant trop de mon jugement d'enfant devait avoir de fâcheuses conséquences, dont il finit par se rendre compte avec effroi. Bien qu'un jour où je lui demandais de lire avec moi le *Faust* de Goethe, il m'eût vexé en me répondant que je ne le comprendrais pas, il m'avait rendu familiers, par ses causeries, nos grands poètes, ainsi que Shakespeare et Dante ; si familiers, me semblait-il, que je m'occupais depuis longtemps d'achever secrètement la grande tragédie dont j'avais conçu le plan à Dresde. Depuis ma brouille avec mes maîtres, je vouais à cette œuvre toute la force de travail que j'aurais dû consacrer à mes études. Ma sœur Ottilie, alors demeurée seule avec moi auprès de notre mère, fut mon unique confidente dans cette entreprise secrète. Je me souviens de la perplexité et de l'effroi que causa à cette bonne âme l'annonce de ce grand projet littéraire. Elle supporta cependant avec complaisance la torture que je lui infligeais par mes lectures secrètes et passionnées de l'œuvre, à mesure que celle-ci avançait. Un jour où je lui en lisais une des scènes les plus effroyables, un violent orage éclata. Le tonnerre grondait et la foudre tomba dans le voisinage ; ma sœur me supplia de cesser ma lecture ;

mais voyant qu'elle n'arriverait pas à m'arrêter, elle se soumit avec une résignation touchante à son sort.

Un orage bien plus grave se formait à l'horizon de Ma vie. Au lycée, mon incurie avait atteint son comble ; une rupture devenait inévitable. Si ma bonne mère ne se doutait encore de rien, moi, je voyais approcher la catastrophe avec moins d'inquiétude que d'impatience. Afin de parer dignement le coup, je résolus d'y préparer ma famille en lui faisant part de l'achèvement de ma tragédie. Ce grand événement devait lui être annoncé par mon oncle car, eu égard à la concordance de nos manières de juger des choses et de la vie, de la science et des arts, je tenais pour acquis qu'il approuverait ma résolution de devenir poète. Je lui envoyai donc le volumineux manuscrit, accompagné d'une lettre détaillée où je lui disais mon opinion sur la Nikolaischule, et où je lui faisais part de ma ferme résolution de ne plus me laisser entraver dans mon développement par le dogmatisme scolaire. Je pensais lui causer un grand plaisir par ma déclaration. Il en advint autrement. Il fut consterné. Mon oncle, parfaitement conscient de sa part de responsabilité, se présenta chez ma mère et chez mon beau-frère. Tout en s'excusant de l'influence néfaste qu'il avait pu avoir sur moi, il annonça le malheur qui frappait la famille. À moi, il m'écrivit une lettre sévère, pleine de blâme, et aujourd'hui encore je ne comprends pas pourquoi il montra si peu d'humour dans sa façon de juger mes erreurs. Chose curieuse, au lieu de me faire voir avec bonhomie de quelle manière je m'étais fourvoyé, il m'exprima ses regrets d'avoir contribué, par ses conversations, à me brouiller la cervelle.

Ainsi que je l'ai dit, le crime de l'adolescent de

quinze ans, c'était d'avoir composé une grande tragédie intitulée : *Leubald et Adélaïde.*

J'en ai malheureusement perdu le manuscrit, mais
j'en ai gardé en mémoire un souvenir précis : l'écriture en était des plus affectées, et les très grandes
lettres penchées à gauche par lesquelles j'essayais de
me donner une apparence d'originalité rappelaient,
selon l'un de mes professeurs, les caractères cunéi-
formes des Perses. [...]

Il est temps maintenant que je dise où j'en étais au
point de vue musical. Commençons par le début.

Dans ma famille, deux de mes sœurs étaient musi-
ciennes : Rosalie, l'aînée, jouait médiocrement du
piano ; la seconde, Clara, était plus douée. Elle possédait, en plus d'un toucher nuancé et d'un sentiment artistique prononcé, une voix étonnamment
belle et expressive. Son développement musical fut si
précoce et si remarquable, qu'élève du célèbre professeur de chant Mieksch[1], Clara débutait à seize ans
dans le rôle-titre de *La Cenerentola* de Rossini*,
comme prima donna du théâtre italien de Dresde.
Soit dit en passant, ce développement prématuré fut
nuisible à la voix de ma sœur, et la malheureuse en
souffrit toute sa vie. La musique était donc représentée chez nous par mes deux sœurs. La profession
de Clara amena chez nous à diverses reprises le
Kapellmeister Carl Maria von Weber, et ses visites
alternaient avec celles du colosse Sassaroli*, célèbre
sopraniste. Entre ces deux représentants de la musique
allemande et de la musique italienne, se trouvait le
professeur Mieksch. Enfant, je les entendis discuter
de musique allemande et de musique italienne, et
j'appris alors qu'il fallait se tourner vers la seconde
pour être en faveur à la cour. Ce fait avait pour notre
famille une signification bien concrète. L'opéra alle-

mand et le théâtre italien s'étaient disputé le talent
de Clara tant que sa voix resta belle. Je me souviens
qu'en ce qui me concerne, j'avais dès le début pris
parti pour l'opéra allemand. Peut-être étais-je influencé
dans mon choix par l'aspect physique particulier des
deux artistes Sassaroli et Weber. Le sopraniste italien,
un géant ventru, m'épouvantait par sa voix de femme
aiguë, sa volubilité et son rire perçant, toujours prompt
à résonner. Malgré sa grande bonhomie et la popularité dont il jouissait, surtout dans notre famille, il
m'était aussi odieux qu'un revenant. Parler et chanter
en italien me semblait être l'œuvre infernale de cette
machine effrayante. Et comme, à la suite de l'infor-
tune de ma pauvre sœur, j'entendis souvent parler
d'intrigues et de cabales italiennes, il se forma en
moi une telle aversion contre cet élément étranger
qu'après bien des années je la ressentais comme au
premier jour. Les rares visites de Weber, en revanche,
semblent avoir déposé en moi les germes de la sympathie qu'il m'inspira toute Ma vie. Comparée au
physique rebutant de Sassaroli, la personne frêle,
délicate et presque immatérielle de Weber me char-
mait jusqu'à l'extase. Son visage fin, émacié, aux
yeux vifs mais souvent voilés, me fascinait. Son pas
fortement claudicant, que j'entendais sous nos fenêtres
quand le maître rentrait à midi de ses fatigantes
répétitions, symbolisait, dans mon imagination, le
grand artiste et en faisait pour moi un être extraordinaire, surhumain. J'avais neuf ans quand je lui fus
présenté ; il me demanda ce que je voulais devenir.
Musicien, peut-être ? Ma mère répondit que, sauf
mon engouement pour le *Freischütz*, elle n'avait encore
rien remarqué en moi qui laissât entrevoir quelque
talent musical. L'observation de ma mère était juste,
rien ne me transportait comme la musique du

Freischütz. J'essayais par tous les moyens de faire
renaître en moi les impressions que me produisait
cette musique ; mais, chose curieuse, sans songer à
apprendre à jouer moi-même d'un instrument. Il me
suffisait d'écouter mes sœurs en exécuter des extraits.
Ma passion pour cet opéra devint si forte que je me
souviens avoir éprouvé une sympathie extraordinaire à l'égard d'un jeune homme du nom de Spieß
pour la seule raison qu'il savait jouer l'ouverture du
Freischütz. Je lui demandais de la jouer chaque fois
que je le voyais. Et c'est l'enthousiasme que m'inspiraient les mesures introductives de cette ouverture
qui me poussa à essayer de la rendre à ma façon sur
le piano, sans que j'eusse jamais pris de leçons. Il est
étonnant que je sois le seul des enfants de la famille
auquel on n'ait point enseigné cet instrument. Ma
mère craignait sans doute que cette forme de pratique artistique pût m'inspirer le goût du théâtre.
Cependant, vers ma douzième année, elle engagea
un précepteur, nommé Humann, qui me donna des
leçons de piano régulières, bien que fort imparfaites.
Je possédais à peine mon doigté que déjà je voulus
étudier des ouvertures à quatre mains, car jouer
celles de Weber était mon souhait et mon rêve.
Lorsque je fus parvenu à exécuter celle du *Freischütz*
tout seul, quoique avec des fautes, je ne sentis plus la
nécessité de continuer à travailler méthodiquement
le piano. J'en avais suffisamment appris pour ne plus
être dépendant des autres en matière d'exécution
musicale et j'essayais de jouer par moi-même, même
si c'était de façon incorrecte, les œuvres que je
voulais connaître. C'est ainsi que je me mis au *Don
Juan* de Mozart, mais sans le trouver à mon goût. Le
texte italien m'en faisait paraître la musique frivole,
futile et sans force, et je me souviens que lorsque

j'entendais ma sœur chanter l'air de *Zerline :* «*Batti,
batti, bel Masetto !*», cette musique me répugnait par
son caractère mou et efféminé.

   Cependant, mon goût pour la musique se développait de plus en plus et je m'efforçais d'assimiler mes
morceaux favoris en les copiant. Je me rappelle l'hésitation que montra ma mère à me remettre l'argent
nécessaire à l'achat des premières feuilles de papier
à musique sur lesquelles je copiai, pour commencer,
La Chasse de Lützow de Weber. Cette occupation toutefois demeura secondaire, jusqu'à ce que la nouvelle de la mort de Weber et mon désir d'entendre
Oberon viennent donner un élan nouveau à mes aspirations. Les concerts de l'après-midi dans le Großer
Garten, à Dresde, où l'orchestre municipal, dirigé
par Zillmann, exécutait souvent avec virtuosité mes
morceaux préférés, satisfaisaient ainsi mon appétit
musical. À présent encore, j'éprouve une jouissance
voluptueuse à me rappeler l'enchantement que j'éprouvais en me postant à proximité immédiate de l'orchestre. Le moment où les instruments s'accordaient
suffisait à me plonger dans une excitation mystique,
et je me souviens en particulier que les quintes des
violons me semblaient être un salut venu d'un autre
monde — j'ajoute au passage qu'il faut entendre ce
que je dis là dans un sens absolument littéral. Tout
petit enfant, le son de ces quintes renvoyait précisément pour moi à cette crainte des spectres qui me
tourmenta de tout temps. Ainsi je ne passais jamais
sans inquiétude devant le palais du prince Anton, au
bout de l'Ostra-Allee, car c'est là que, pour la première fois de Ma vie, j'entendis accorder un violon,
et l'événement se renouvela ensuite régulièrement.
Je me figurais que ce son provenait des statues de
pierre qui décorent ce palais et dont quelques-unes

portent des instruments de musique. (Devenu chef
d'orchestre à Dresde, j'allai voir un jour le premier
violon Morgenroth, un vieux monsieur qui demeurait depuis de longues années vis-à-vis du palais
princier, et j'éprouvai une sensation singulière à constater à cette occasion que l'origine de ces quintes,
qui avaient si fortement frappé mon imagination
enfantine, n'avait absolument rien de mystique ou de
fantomatique). Très jeune, j'avais vu le tableau bien
connu dans lequel un squelette joue du violon à un
vieillard mourant, et l'aspect surnaturel de ces sons
s'était gravé d'autant plus profondément dans mon
âme d'enfant. Quand, adolescent rêveur, j'allais presque
chaque après-midi au Großer Garten écouter l'orchestre de Zillmann, on peut se figurer avec quel
voluptueux effroi je m'imprégnais de toutes les sonorités chaotiques produites par des instruments qu'on
accorde : le *la* prolongé du hautbois, qui semble
éveiller les autres instruments comme l'appel d'un
esprit, ne manquait jamais de provoquer en moi une
tension nerveuse fébrile. Étant donné que l'*ut* en
crescendo de l'ouverture du *Freischütz* suffisait à me
donner l'impression que j'étais entré de plain-pied
dans le royaume surnaturel de l'effroi, quiconque
m'eût observé alors aurait pu comprendre ce que
représentait pour moi la musique, malgré ma façon
exécrable de jouer du piano.

Une autre œuvre encore exerça bientôt un grand
attrait sur moi : il s'agit de l'ouverture en *mi majeur*
de *Fidelio*, dont l'introduction surtout me plaisait. Je
pris des renseignements sur Beethoven* auprès de
mes sœurs, et j'appris qu'il était mort depuis peu. Le
chagrin que me causa le décès de ce compositeur,
qui venait d'entrer dans mon existence d'une façon
si vivante, vint s'ajouter à l'émotion extraordinaire-

ment douloureuse où m'avait plongé la mort de
Weber, et j'en éprouvai un effroi qui n'était pas sans
rapport avec le frisson que provoquait en moi le
son des quintes de violon. Dès lors, je voulus mieux
connaître les œuvres de Beethoven. En arrivant à
Leipzig, je trouvai sa musique pour *Egmont* sur le
piano de ma sœur Luise ; je cherchai tout de suite à
me procurer ses sonates. Enfin, j'entendis au Gewandhaus de Leipzig une symphonie du maître, celle en *la
majeur*, qui me produisit un effet indescriptible[1]. Le
portrait de Beethoven, rendu populaire par une litho-
graphie fort répandue, vint renforcer cette impression ; j'appris sa surdité, la vie retirée qu'il avait
menée, et je me formai de lui une image sublime et
surhumaine à laquelle rien ne pouvait être comparé.
Cette image et celle de Shakespeare se confondirent
dans mon esprit ; je les retrouvais tous deux dans
mes rêves extatiques, je les voyais, je leur parlais et,
au réveil, j'étais baigné de larmes. — C'est à cette
époque que j'entendis aussi le *Requiem* de Mozart, et
cette audition fut le point de départ de mon enthousiasme pour ce maître que je me décidai, à cause de
son second finale de *Don Juan*, à faire entrer également dans le monde des esprits. [...]

À l'été 1829, suite à des changements intervenus
dans ma famille, je restai assez longtemps seul, entièrement livré à moi-même, dans notre appartement
de Leipzig. Mon exaltation musicale atteignit son
apogée à cette époque. J'avais pris secrètement des
leçons d'harmonie chez un bon musicien de l'orchestre de la ville, Gottlieb Müller[2], qui devint plus
tard organiste à Altenburg ; mais, outre que le paiement de ces leçons devait me valoir de nouveaux
ennuis familiaux, je ne pouvais même pas dédommager mon maître de l'argent que je lui devais en lui

donnant le plaisir de constater mes progrès. Ses leçons, et les devoirs qui les complétaient, me parurent arides et je les pris en aversion. La musique était pour moi quelque chose de démoniaque, une monstruosité mystique et sublime : tout ce qui était règle me semblait la dénaturer. Je cherchai dans les *Fantaisies à la manière de Callot* de Hoffmann une éducation artistique qui me sembla bien préférable à celle de mon musicien d'orchestre. C'est à cette époque de *Ma vie* que je pénétrai vraiment dans le monde fantastique de ses récits. La tête pleine de Kreisler, de Krespel[1] et des autres personnages chimériques de mon auteur favori, je crus avoir rencontré enfin dans la réalité même un de ces originaux. Ce musicien idéal, dans lequel je me figurais trouver tout au moins un second Kreisler, était un certain Flachs. Grand, extraordinairement maigre, la tête très fine, avec une singulière façon de marcher, de se tenir et de parler, cet homme avait attiré mon attention. Je le voyais dans tous les concerts en plein air, qui étaient mon unique source de culture musicale. Il se tenait toujours près de l'orchestre et parlait avec une précipitation bizarre à l'un ou à l'autre des instrumentistes. Tous semblaient le connaître et avoir de l'amitié pour lui. Je ne sus que beaucoup plus tard, à ma confusion, qu'ils se moquaient tout simplement de lui. Je me rappelai avoir déjà vu ce personnage singulier à Dresde et, en écoutant ses conversations, je constatai qu'il y connaissait aussi tous les musiciens. Cette particularité suffisait à me le rendre intéressant, mais ce qui me fascinait surtout en lui, c'était sa manière d'écouter la musique. Ses hochements de tête convulsifs, ses joues qu'il gonflait comme en un soupir étaient pour moi des signes certains d'une extase démoniaque. Remarquant, de plus, qu'il ne fréquentait aucune société et se déplaçait en fonction des lieux où jouait l'orchestre, je l'identifiai tout naturellement au Kapellmeister Kreisler. Je voulus faire sa connaissance, et j'y parvins. Comment décrire mon bonheur quand, la première fois que j'allai le voir, je découvris dans son logis des monceaux inimaginables de partitions ! Jamais encore je n'avais vu de partition ! À ma vive déception, cependant, je m'aperçus qu'il n'en possédait aucune de Beethoven, de Mozart ou de Weber ; mais il avait une quantité innombrable d'œuvres, de messes et de cantates de compositeurs qui m'étaient totalement inconnus, tels que Staerkel, Stamitz, Steibelt, etc. Flachs m'en sut dire tant de bien que ses discours, joints au respect que j'éprouvais pour tout ce qui s'appelle « partition », me consolèrent de ne rien trouver de mes maîtres aimés. J'appris par la suite que le pauvre Flachs était devenu propriétaire de toutes ces partitions par la friponnerie de marchands sans scrupules, qui profitaient de sa faiblesse d'esprit pour lui vendre à prix d'or cette musique sans valeur. Mais c'étaient des partitions, et cela me suffisait. Flachs devint mon compagnon de tous les instants. Partout on vit dès lors le mince adolescent de seize ans et la longue perche branlante qu'était Flachs. Mon logis solitaire reçut souvent cet hôte singulier qui, tout en mangeant du fromage et du pain, était obligé d'entendre mes compositions. Un jour, il fit d'un de mes airs un arrangement pour instruments à vent qui, à mon grand étonnement, fut joué par une fanfare dans le chalet suisse « Chez Kintschy[1] ». Je ne me rendais pas compte que cet homme se trouvait dans l'impossibilité absolue de m'apprendre la moindre chose. J'étais tellement persuadé de son originalité qu'il lui suffisait, pour m'en donner la preuve, d'écouter avec patience mes élucubrations passionnées. Quelques connaissances de mon ami s'étant peu à peu jointes à nous, je fus bien forcé de reconnaître que tout le monde traitait mon bon Flachs en imbécile et en fou. J'en étais attristé. Mais un événement singulier devait me convertir enfin à l'opinion générale. Flachs possédait un peu de fortune et c'est pourquoi une jeune personne peu recommandable, de qui il se croyait vivement aimé, chercha à le prendre dans ses filets. Un beau jour, il me ferma sa porte au nez et je compris avec stupéfaction que c'était par jalousie. Le caractère étrange et incompréhensible de ce genre de relations, que je découvrais ainsi pour la première fois, me remplit d'une horreur indéfinissable. La folie de mon ami me parut plus violente qu'elle n'était sans doute en réalité, et j'eus une telle honte de mon aveuglement que, pendant assez longtemps, je n'osai plus me montrer aux concerts publics, par crainte de rencontrer mon faux Kreisler.

[Après une absence de six mois, Wagner fréquente de nouveau le lycée, mais se désintéresse totalement de l'enseignement proposé.]

Puisque, comme je l'ai déjà dit, l'enseignement musical que je recevais ne portait pas non plus ses fruits, je poursuivais, à ma manière, mon éducation artistique en copiant les partitions de mes maîtres bien-aimés. À cette occupation, j'acquis une écriture élégante et lisible, souvent admirée par la suite. Je crois savoir qu'on garde encore comme souvenir mes copies des symphonies de Beethoven, de celle en *ut mineur* et de la *Neuvième*. Cette *Neuvième Symphonie* était devenue le point d'attraction mystique vers lequel convergeaient toutes mes pensées musicales. Elle

éveilla tout d'abord ma curiosité, parce que, de l'opinion générale des musiciens et non seulement de ceux
de Leipzig, Beethoven l'avait composée dans un état
proche de la folie. Elle était considérée comme le *nec
plus ultra* du genre fantastique et incompréhensible.
C'en était assez pour me pousser à explorer avec
ferveur cette œuvre d'un démiurge. Après m'en être
procuré à grand-peine la partition, je n'eus qu'à y
jeter les yeux pour me sentir attiré par une force fati-
dique : les longs accords de quintes du début me rappelaient les sons surnaturels qui avaient joué un rôle
si important dans mon enfance. Ils m'apparaissaient
là comme le mystérieux son fondamental de ma propre
vie. Cette symphonie renfermait certainement le
secret de tous les secrets, et mon premier soin fut de
m'en approprier la musique en la copiant méticuleu-
sement. Je me souviens qu'après une nuit passée à ce
travail, je fus surpris par les lueurs troubles de l'aube ;
dans ma surexcitation, j'en éprouvai une telle frayeur
que je me mis à crier comme à la vue d'un spectre et
que je me cachai sous la couverture de mon lit. [...]

Vint alors l'époque où la passion du théâtre s'empara de nouveau de moi avec violence. L'intendant
du Hoftheater de Dresde avait pris l'administration
du théâtre de Leipzig en charge pour trois ans et,
sous ses auspices, une nouvelle troupe de comédiens
avait été constituée dans ma ville natale. Ma sœur
Rosalie en faisait partie, de sorte que, par elle, j'eus
toujours mes entrées aux représentations. Ce qui m'y
avait attiré lorsque j'étais enfant, la curiosité et l'amour
du fantastique, était devenu un sentiment raisonné et
profond. *Jules César, Macbeth, Hamlet*, les pièces de
Schiller et enfin le *Faust* de Goethe m'enthousias-
mèrent au plus haut degré. À l'Opéra eurent lieu les
premières du *Vampire* et du *Templier et la Juive* de

Marschner*. La troupe d'opéra italienne arriva de
Dresde et charma le public de Leipzig par ses productions d'une virtuosité extraordinaire. Entraîné moi-
même par l'engouement dont la ville entière était
saisie, j'étais sur le point d'oublier les impressions
d'enfance que je devais au signor Sassaroli, quand
une autre merveille, qui nous vint également de
Dresde, donna soudain à mes sentiments artistiques
une orientation nouvelle et décisive que je devais
garder toute Ma vie. —

Wilhelmine Schröder-Devrient* fit une courte
tournée à Leipzig. Jeune, belle, pleine de feu, elle
était alors à l'apogée de sa carrière. Je ne devais plus
revoir sur la scène de femme qui lui fût comparable.
Elle se produisit dans *Fidelio*[1].

En portant mes regards en arrière, je ne trouve
dans toute Ma vie guère d'événement qui ait eu sur
moi une influence aussi forte que cette représentation. Quiconque a vu l'admirable artiste à cette période
de sa carrière, n'a pu oublier la chaleur presque
démonique répandue par son jeu, à la fois si humain
et si extatique. Après la représentation, je me préci-
pitai chez un de mes amis afin d'écrire une courte
lettre dans laquelle je déclarais à la grande cantatrice qu'à partir de cette date Ma vie avait trouvé son
sens, et que si jamais mon nom devait un jour
acquérir une certaine notoriété dans le monde des
arts, elle voulût bien se souvenir qu'elle seule aurait
alors fait de moi ce que je jurais de devenir. Je
déposai cette lettre à son hôtel, et je m'enfuis dans la
nuit comme un fou. Lorsque, en 1842, j'allai m'installer à Dresde pour débuter avec mon *Rienzi*, je fus
souvent reçu dans la maison de cette artiste, toujours
aimable et bienveillante à mon égard. Un jour, elle
me surprit en me récitant mot à mot cette lettre

qui l'avait touchée, semble-t-il, puisqu'elle l'avait conservée.

*[Afin de gagner de l'argent de poche, Wagner est chargé par son beau-frère Brockhaus de relire les épreuves d'une nouvelle édition de l'*Histoire univer-selle à l'intention des enfants et des enseignants *(1801-1805) de Karl Friedrich Becker.]*

À l'école, je n'avais été attiré que par l'histoire de la Grèce classique : Marathon, Salamine et les Ther-mopyles étaient en résumé ce qui avait fixé mon attention. J'appris donc à mieux connaître le Moyen Âge et la Révolution française, car je fis ce travail au moment où l'on s'apprêtait à mettre sous presse les deux volumes consacrés à ces mêmes époques. Je me souviens que la description de la Révolution me rem-plit d'aversion pour ses héros. Ignorant absolument ce qu'avait été l'Ancien Régime, je m'indignai, par pure compassion humaine, contre les horreurs com-mises par les révolutionnaires, et ce sentiment pure-ment humain m'a dominé si longtemps que je dus faire plus tard un véritable effort pour m'attacher à la signification strictement politique de ces événe-ments prodigieux[1].

Quelle ne fut donc pas ma surprise de me voir un jour pour ainsi dire mêlé directement à des événe-ments politiques analogues à ceux que racontaient mes feuillets d'épreuves. Les éditions spéciales de la *Leipziger Zeitung* annoncèrent tout à coup que la révolution de Juillet venait d'éclater à Paris. Le roi de France était chassé de son trône. La Fayette, ce même La Fayette qui venait de traverser mon imagi-nation ainsi qu'un personnage de conte historique, parcourait de nouveau les rues de Paris à cheval,

acclamé par le peuple. Une nouvelle fois, les gardes
suisses avaient été défaits devant les Tuileries et le
nouveau souverain ne trouvait rien de mieux, pour
conquérir la faveur populaire, que de se déclarer
favorable à la République. La conscience de vivre soudain à une époque où s'accomplissaient de pareilles
choses devait naturellement produire une impression profonde sur un jeune homme de dix-sept ans.
Ce jour-là marqua pour moi le commencement du
monde historique ; et je pris naturellement fait et
cause pour la révolution de Juillet qui était à mes
yeux une lutte populaire courageuse et victorieuse,
exempte des excès atroces de la première révolution
française[1]. Des émeutes plus ou moins graves ayant
bientôt éclaté un peu partout en Europe, et les pays
allemands en ayant été secoués aussi, je restai longtemps dans l'attente fiévreuse de leurs suites. Pour la
première fois, je fus rendu attentif aux causes de ces
mouvements qui étaient pour moi l'expression d'une
lutte entre un passé obsolète et les espoirs d'une
humanité nouvelle. La Saxe ne fut pas épargnée. À
Dresde éclatèrent de véritables combats de rue. Ils
amenèrent un changement immédiat de régime : le
futur roi Frédéric fut institué régent du royaume et
dut accorder une Constitution. Cet événement me
jeta dans un tel état d'exaltation que je conçus le plan
d'une «Ouverture politique[2]». L'introduction devait
dépeindre les ténèbres de l'oppression ; elle était
suivie d'un thème sous lequel, pour plus de clarté,
j'écrivis les mots : «Frédéric et Liberté». Ce thème
devait se développer en gagnant progressivement de
l'ampleur jusqu'au triomphe final. J'espérais assister
au succès de mon œuvre dans un des prochains
concerts du Großer Garten de Leipzig.

Mais avant que j'eusse réussi à exécuter mon projet

de musique politique, des troubles éclatèrent à Leipzig ; ils me poussèrent à délaisser le domaine de l'art pour entrer dans l'arène de l'action politique. À Leipzig, ce combat politique se réduisait à un antagonisme entre les étudiants et la police. La police était l'ennemi odieux sur lequel s'exerçait l'esprit libertaire de la jeunesse. Dans une échauffourée, quelques étudiants avaient été arrêtés ; il s'agissait de les délivrer. La jeunesse universitaire, en effervescence depuis un certain temps, se réunit un soir sur la place du Marché. Les corporations étudiantes régionales (les *Landsmannschaften*) se rassemblèrent et firent cercle autour de leurs « anciens ». Ce mouvement s'opéra avec une solennité inspirée du *Komment* qui produisit sur moi un effet extraordinaire. Puis, tout en chantant le *Gaudeamus igitur*[1], ils se constituèrent en cortège et tout ce qui, en fait de jeunes gens, prenait parti contre la police, se joignit à eux. Sérieux et décidés, ils se dirigèrent de la place du Marché vers l'université, où se trouvaient les geôles réservées aux étudiants, afin d'en forcer les portes et de délivrer les prisonniers. Une agitation incroyable faisait battre mon cœur tandis que je marchais avec eux à l'assaut de cette nouvelle Bastille. Mais les choses se passèrent d'une façon tout inattendue. Notre imposante troupe fut arrêtée dans la cour du Paulinum[2] par le vénérable recteur Krug qui nous attendait, tête découverte. Un tonnerre d'applaudissements éclata lorsqu'il annonça qu'à son instigation les détenus avaient été relâchés. L'affaire semblait donc terminée.

Mais l'agitation provoquée par l'attente d'une révolution avait été trop forte, il lui fallait une victime. Soudain le bruit se répandit qu'on allait faire justice d'un établissement de mauvaise réputation, situé dans une rue mal famée et qu'un membre des auto-

rités détestées avait pris, disait-on, sous sa protection spéciale. Je suivis la foule et, quand j'arrivai à
l'endroit indiqué, je trouvai une maison envahie dans
laquelle on se livrait à toutes sortes de violences. Je
me rappelle avec horreur l'influence enivrante qu'eut
sur moi la vue de ces actes incompréhensibles et bar-
bares. Sans le moindre motif personnel, dans une
rage de forcené, je m'unis aux jeunes vandales et,
avec eux, je fracassai en fou furieux tout ce qui,
meubles ou ustensiles, me tomba sous la main. Je ne
crois pas qu'en agissant ainsi j'étais guidé par le
motif initial de cette émeute, bien qu'il s'agît de
punir une grave atteinte à la moralité publique. Je
pense plutôt que j'étais entraîné, comme en un tourbillon, par ce que ces fureurs populaires ont de diabolique. Je devais apprendre aussi que de tels accès
de rage ne se calment pas facilement et que, conformément à une sorte de loi naturelle, ils ne prennent
fin qu'après avoir dégénéré en frénésie. À peine
l'ordre de nous diriger vers une autre maison de ce
genre eut-il retenti, que déjà je me trouvais entraîné
dans le courant qui se précipitait vers l'autre bout de
la ville. On y renouvela les mêmes prouesses et les
mêmes dévastations ridicules. Je ne me souviens pas
que l'abus de boisson ait contribué à mon ivresse et
à celle de mes compagnons; je sais seulement que
je me trouvai finalement dans l'état qui résulte de
l'ébriété.

*[Après avoir réussi à faire exécuter au théâtre de
Leipzig son ouverture en si majeur (aujourd'hui perdue),
dans laquelle des coups de timbales incongrus ont
provoqué l'hilarité du public, Wagner décide de reprendre
des études musicales et s'inscrit, à l'été 1831, auprès
de Theodor Weinlig*.]*

Theodor Weinlig, cantor et organiste à l'église Saint-Thomas de Leipzig, occupait les fonctions musicales traditionnellement les plus importantes de la ville, précédemment occupées par Johann Gottfried Schicht et, autrefois, par Jean Sébastien Bach lui-même. Par sa culture musicale, Weinlig appartenait à la vieille école italienne et avait été, à Bologne, élève du Padre Martini[1]. Il s'était fait connaître en particulier par des compositions de musique vocale, dans lesquelles on vantait un beau traitement des voix [...]. De constitution faible et maladive, il refusa tout d'abord de me prendre comme élève, lorsque ma mère me conduisit chez lui. Cependant, après avoir résisté longtemps à nos instances, il finit par prendre pitié de moi quand il eut, à la lecture d'une fugue que j'avais apportée, constaté les lacunes de ma formation musicale. [...] Il me fit venir chez lui un matin à sept heures pour construire sous ses yeux la charpente d'une fugue. Il me consacra toute sa matinée, étudiant chaque mesure que j'écrivais, me faisant ses observations et me conseillant. À midi, il me laissa partir et me donna pour tâche d'achever le travail à la maison en réalisant les voix secondaires. Lorsque je lui rapportai la fugue terminée, il me demanda de la comparer à celle qu'il avait faite sur le même thème. L'étude commune de cette fugue fut le point de départ d'une féconde amitié entre le professeur et l'élève. À partir de ce moment, les leçons devinrent pour lui comme pour moi un véritable plaisir. J'étais étonné de voir le temps passer si vite. Deux mois après, j'avais composé un certain nombre de fugues complexes et j'avais assimilé rapidement les plus difficiles développements du contrepoint. J'apportai alors à mon maître une fugue à deux sujets très éla-

borée. Je restai interdit quand il me déclara que je
pouvais être fier de cette composition et que je n'avais
plus rien à apprendre de lui ; elle ne m'avait coûté
aucune peine et, par la suite, je me demandai souvent
si j'avais réellement une solide formation de musicien. Weinlig lui-même ne paraissait pas attacher
grande importance à ce que j'avais appris chez lui. Il
me disait : « Vous n'écrirez sans doute jamais ni fugues
ni canons, mais ce que vous avez appris, c'est *l'auto-
nomie*. Vous pouvez maintenant voler de vos propres
ailes, et vous avez conscience de votre capacité à
réaliser s'il le faut les choses les plus complexes. »

L'aspect le plus positif de son influence était de
m'avoir inculqué le goût de cette clarté et de cette
fluidité dont il m'avait lui-même fourni l'exemple. La
fugue dont j'ai parlé, j'avais dû l'arranger pour le
chant sur un texte donné, et cela avait éveillé mon
penchant pour la musique vocale. Pour me maintenir
sous son autorité affectueuse et rassurante, Weinlig
m'avait demandé à la même époque d'écrire une
sonate. Par amitié pour lui, je dus la composer sur
des bases thématiques et harmoniques très simples.
Il m'avait donné comme modèle une des plus enfan-
tines sonates de Pleyel. Ceux qui connaissaient ma
dernière ouverture ont dû s'étonner que j'aie pu me
forcer à composer cette sonate telle qu'elle vient
d'être rééditée par l'indiscrétion de la maison Breitkopf et Härtel[1]. Il faut savoir qu'afin de me récom-
penser de ma sobriété, mon maître s'était fait le
plaisir de recommander à ces éditeurs cette œuvre si
simplette. À partir de ce moment, il me laissa la main
absolument libre. J'eus la permission de composer à
mon gré une fantaisie pour piano en *fa dièse mineur*[2],
dans laquelle je me laissai aller au récitatif mélodique. Outre la satisfaction qu'elle me procura, cette

œuvre me valut les éloges de Weinlig. Trois ouvertures qui parurent ensuite obtinrent de même son
affectueuse approbation. J'arrivai, l'hiver suivant
(1831-1832), à en faire exécuter la première, en *ré
mineur*, dans un concert au Gewandhaus de Leipzig[1].

Une atmosphère bon enfant régnait alors dans cet
établissement ; les pièces pour orchestre étaient jouées
sans chef d'orchestre. Le premier violon Heinrich
August Matthaï les dirigeait de son pupitre. Mais dès
qu'on exécutait une œuvre vocale, intervenait le gros
Pohlenz*, son imposant bâton bleu à la main. C'était
le type même du chef d'orchestre sympathique, et on
l'aimait beaucoup à Leipzig. La *Neuvième Symphonie*
de Beethoven qu'on jouait chaque année dans cette
ville donna lieu ainsi à l'une des exécutions les plus
singulières auxquelles j'aie assisté. Les trois premiers mouvements avaient été joués tant bien que
mal sans chef d'orchestre, à la manière d'une symphonie de Haydn. Pohlenz parut alors pour diriger,
non pas comme d'ordinaire un air italien, un quatuor
vocal ou une cantate, mais bien pour relever l'un des
défis les plus difficiles pour un chef d'orchestre :
diriger le quatrième mouvement, cette composition
extraordinairement complexe dont l'introduction
instrumentale en particulier est fragmentée de façon
énigmatique. Je n'oublierai jamais l'impression que
me fit, à l'une des premières répétitions, le début de
ce quatrième mouvement, le sentiment d'anxiété produit par l'irruption du cri sauvage de la fanfare dans
une mesure à trois temps. Sous la lourde battue de
Pohlenz, ce ne fut qu'un galimatias au rythme singulièrement boiteux. Il prenait ce tempo pesant afin de
permettre aux contrebasses de le suivre de leur mieux
dans leur récitatif, mais elles n'y réussirent jamais.
Pohlenz suait sang et eau. On n'arrivait pas à mettre

en place le récitatif. Et je finis par me demander avec
inquiétude si Beethoven n'avait vraiment pas écrit là
quelque chose d'absurde. Le contrebassiste Temmler,
un vétéran de l'orchestre, franc et rude, exhorta finalement Pohlenz à se débarrasser de son bâton ; de
cette manière on put enfin exécuter le récitatif. Mais
depuis que j'avais entendu ce dernier mouvement
dans de telles conditions, alors inexplicables pour
moi, un doute humiliant avait germé dans mon esprit :
je ne savais plus si j'avais compris ou non cette
œuvre si étrange. Je cessai cependant de me creuser
la cervelle à ce sujet et, sans aucun état d'âme, je me
tournai vers une musique plus claire et plus rassurante. Mes études de contrepoint surtout me por-
tèrent à admirer la façon légère et fluide dont Mozart
résolvait les plus difficiles problèmes techniques. Je
considérais surtout le dernier mouvement de sa
grande *Symphonie en ut majeur* comme un modèle à
imiter. Mon *Ouverture en ré mineur*, encore fortement influencée par celle du *Coriolan* de Beethoven,
avait été bien accueillie par le public et avait amené
le premier sourire d'espoir sur les lèvres de ma mère.
Je me présentai alors avec une autre ouverture, en *ut
majeur*, s'achevant sur un fugato qui faisait, pensai-je,
honneur à mon nouveau modèle de manière insur-
passable.

[*Parallèlement à son activité de compositeur, Wagner
prend fait et cause pour l'insurrection polonaise de
1830-1831 et se lie d'amitié avec un réfugié polonais,
le comte Vincenz Tyszkiewicz. Pendant l'été 1832, il
obtient de sa mère l'autorisation de partir en voyage à
Vienne, où il s'enthousiasme pour* Zampa *d'Hérold,
puis en Bohême à Pravonín, où il vit ses premiers
émois amoureux auprès de Jenny et Augusta Pachta,*

*les filles de son logeur. Il passe l'automne à Prague, où
il renoue avec ses ambitions littéraires.]*

Quant à mon travail d'écrivain, c'était le canevas
d'un sujet tragique d'opéra que j'achevai à Prague
sous ce titre : *Les Noces*. Je l'écrivis en cachette, et ce
n'était pas chose aisée. Les premiers froids étant venus
et ma petite chambre d'hôtel se révélant inchauf-
fable, j'étais forcé, pour travailler, de m'installer
dans le logis de Moritz[1], où je passais mes matinées.
Je me rappelle avoir maintes fois caché précipitamment mon manuscrit derrière le canapé quand mon
hôte entrait à l'improviste.

Le choix du sujet de cette œuvre dramatique s'était
fait dans un contexte particulier. Plusieurs années
auparavant, j'avais lu dans l'ouvrage de Büsching[2]
sur la chevalerie le bref récit d'un événement tragique que depuis je n'ai trouvé relaté nulle part. Une
dame noble a été attaquée de nuit par un homme qui
l'aime d'une passion secrète. Luttant pour défendre
son honneur, elle a la force de le précipiter depuis le
balcon dans la cour du château, où il s'écrase. Sa
mort demeure une énigme jusqu'à l'heure des funérailles. La noble dame y assiste aussi. Soudain, au
moment de la prière, elle s'affaisse pour ne plus se
relever. Ce récit imposa à mon imagination l'empreinte ineffaçable de la puissance mystérieuse d'un
sentiment passionné et renfermé en lui-même. Sous
l'influence de la manière de Hoffmann, qui a traité
de semblables sujets dans ses contes, je traçai les
grandes lignes d'une nouvelle dans laquelle j'introduisis le thème du mysticisme musical, qui m'était
alors si cher. L'action se déroule dans le domaine
d'un riche amateur d'art. On va célébrer le mariage
d'un couple d'amoureux. L'ami du fiancé, un jeune

homme mélancolique, taciturne et intéressant, est
invité à la noce. Un vieil organiste étrange se trouve
intimement mêlé à cette société. Les liens mystérieux
qui unissent le vieux musicien, le jeune homme
mélancolique et la fiancée devaient se révéler par le
dénouement du drame, qui devait conduire à des
événements semblables à ceux que rapporte Büsching. Le jeune homme ayant été tué d'inexplicable
façon, on expose son cadavre dans le cercueil. La
fiancée de son ami expire alors à ses côtés tout aussi
mystérieusement. Et le vieux musicien qui joue de
l'orgue lors de cette saisissante cérémonie est retrouvé
mort à son tour sur son clavier, tandis que résonne
un accord parfait prolongé à l'infini. Je n'étais pas
arrivé à achever cette nouvelle, mais comme il me
fallait le texte d'un opéra, je repris ce sujet sous sa
forme primitive. J'en gardai les traits principaux et
je construisis l'action dramatique suivante.

Deux grandes familles avaient longtemps vécu
dans une profonde inimitié ; elles avaient pourtant
fini par faire le serment de paix, et à l'occasion du
mariage de sa fille avec un de ses fidèles partisans, le
chef vénérable d'une des familles invite le fils de son
ancien ennemi à la cérémonie, associant ainsi à
l'événement une réconciliation officielle. Les invités
arrivent donc, mais ils sont remplis de défiance et ils
craignent une trahison. Leur jeune chef est saisi
d'une passion farouche pour la fiancée de son nouvel
allié. Son regard sombre touche le cœur de la jeune
fille. Accompagnée d'un brillant cortège, celle-ci est
conduite à la chambre nuptiale. Elle attend l'arrivée
de son bien-aimé. Tout à coup, à la fenêtre de la
haute tour de son logis, elle aperçoit fixé sur elle ce
même regard de passion insensée. Elle a l'intuition
subite qu'il y va de sa vie. Déjà l'intrus s'est élancé

vers elle, et l'étreint d'une ardeur folle. Mais elle
réussit à le repousser et à le précipiter dans le vide,
par-dessus la balustrade du balcon. Dans le fossé du
château, on découvre le cadavre fracassé. Croyant à
une trahison, les frères d'armes du mort s'attroupent
aussitôt et crient vengeance. Un tumulte formidable
emplit la cour du château. Les fêtes nuptiales, si tra-
giquement interrompues, sont près de se transformer
en une nuit sanglante. Par ses objurgations, le vieux
chef de famille parvient cependant à détourner le
malheur. Il envoie des messagers prévenir les parents
de la victime ; en expiation de cet inexplicable accident, on fera au mort des obsèques d'un éclat inusité
et tous les membres de la famille suspecte y pren-
dront part. Au cours de la cérémonie funèbre, un
jugement de Dieu révélera peut-être le coupable.
Pendant les préparatifs des funérailles déjà, la jeune
mariée donne des signes de folie. Elle fuit son époux,
refuse de le recevoir et s'enferme, inaccessible, dans
sa tour. Elle ne se montre qu'à la cérémonie, qu'on
célèbre de nuit et avec magnificence. Pâle et silencieuse, suivie de ses dames d'honneur, elle vient
assister à la messe mortuaire, dont la lugubre gravité
est interrompue par l'annonce de l'arrivée des troupes
ennemies. Les parents du mort, accourus pour venger
la prétendue trahison, assaillent le château, pénètrent
dans la chapelle et réclament le meurtrier. Le châte-
lain épouvanté leur désigne sa fille qui vient de
tomber morte à côté du cercueil, le visage détourné
de celui de son fiancé.

   Je composai pour ainsi dire noir sur noir ce tableau
nocturne aux tons les plus sombres, où l'on percevait
des échos ennoblis de *Leubald et Adélaïde*. J'avais refusé
d'y introduire le moindre rayon de lumière ou la
moindre des fioritures qu'on trouve habituellement à

l'opéra. Quelques tendres sentiments y affleuraient
cependant. Weinlig, auquel j'avais pu, dès mon retour
à Leipzig, montrer les premières pages de mon œuvre,
me fit des éloges très encourageants sur la clarté de
l'introduction du premier acte et les qualités mélodiques qui se révélaient dans un adagio pour septuor
vocal où s'exprimaient simultanément la réconciliation des familles ennemies, les sentiments des fiancés
et la sombre ardeur de l'amant secret. Mais j'avais
surtout à cœur d'obtenir l'approbation de ma sœur
Rosalie. Elle ne goûta pas mon poème. Elle y regrettait précisément ce que je n'y avais pas mis, presque
volontairement, et aurait désiré y voir plus de fioritures, ainsi que des situations plus variées et moins
lugubres. Ma décision fut prompte : je saisis sereinement mon manuscrit et je le détruisis sans qu'il en
restât la moindre trace.

Ce n'est pas l'amour-propre blessé qui m'avait
poussé à ce geste. Je tenais réellement à prouver à
ma sœur que je n'étais pas autrement enchanté de
mon œuvre et, par-dessus tout, je voulais lui montrer
quel prix j'attachais à son jugement. Si Rosalie jouissait auprès de ma mère et de mes frères et sœurs
d'une estime et d'un amour particuliers, c'était en
grande partie parce que, depuis de nombreuses années,
c'était pratiquement elle seule qui entretenait notre
famille. Les appointements assez élevés que lui valait
son métier d'actrice étaient la principale source de
revenus de notre famille. Aussi avait-elle mainte pré-
rogative dans la maison. La partie de l'appartement
qu'elle occupait était meublée avec un confort spécial
et toujours entourée de la tranquillité nécessaire à
l'étude de ses rôles ; les jours de marché, quand, nous
autres, nous devions nous contenter d'une nourriture frugale, elle seule avait droit aux mets plus raf-

finés auxquels elle était habituée. Mais ce qui la distinguait de ses frères et sœurs, c'était une gravité bienveillante, un langage choisi et une réserve délicate, qui tranchait le plus souvent sur le comportement bruyant de notre famille. Sans aucun doute, c'est moi qui ai occasionné le plus de soucis à cette sœur maternelle aussi bien qu'à notre mère. Durant la mauvaise période de Ma vie d'étudiant, j'avais souffert du froid qui s'était glissé dans nos relations fraternelles et j'avais été agréablement ému lorsqu'elle s'était remise à espérer en moi et à porter intérêt à ma vocation. Obtenir l'estime véritable et la confiance de cette sœur qui m'avait cru perdu était donc devenu l'aiguillon de mon ambition. J'éprouvais pour elle une affection tendre, presque exaltée, dont l'ardeur et la pureté n'étaient comparables qu'aux sentiments les plus nobles qui puissent exister entre un homme et une femme. La nature distinguée de Rosalie n'y était sans doute pas pour rien. Elle n'avait pas de talent particulier, même pour la scène ; on trouvait généralement son jeu étudié et manquant de naturel. Mais par sa grâce physique, la pureté et la dignité de son caractère, cette femme attirait l'estime chaleureuse de tous, et je me souviens encore des nombreux témoignages de respect qu'elle recevait. Cependant, ces marques d'attention ne furent jamais telles que Rosalie eût pu en tirer l'espoir d'une union prochaine. Un destin qui, à l'heure actuelle, m'est encore incompréhensible, amena ma sœur jusqu'à un âge où une femme contracte difficilement un mariage avantageux. Je croyais avoir perçu chez Rosalie les signes de la peine que lui causait son sort. Je n'oublierai jamais l'avoir entendue, un soir, dans sa chambre obscure, où elle pensait être seule, se répandre en soupirs et en lamentations désolées. Sa

douleur m'émut tellement que, m'étant discrètement
éloigné, je me jurai de lui complaire en tout et de
m'efforcer de lui donner la joie de mes succès. Mon
beau-père Geyer l'avait affectueusement surnommée,
lorsqu'elle était encore fillette, «Geistchen» («petit
elfe»), et elle méritait cette gracieuse épithète. Si elle
n'avait pas un talent dramatique de premier ordre,
elle n'en possédait que plus d'imagination et de sentiment artistique pour les choses élevées. C'est d'elle
que j'ai entendu les premières effusions d'enthousiasme sur tout ce qui m'émut plus tard moi-même.
Elle était toujours entourée d'un petit cercle de personnes de valeur, épris de ce qui est beau et noble, et
jamais la moindre affectation ne gâta leurs rapports.

Au retour de ma longue absence, je trouvai un nouveau venu dans ce cercle. C'était Heinrich Laube*. Il
avait été accueilli aimablement dans ma famille et
dans l'entourage de Rosalie.

C'était l'époque où l'influence de la révolution de
Juillet commençait à se faire sentir dans l'esprit de
certains «Jeunes Allemands» comme Laube, qui
commençait à faire parler de lui. Jeune encore, il
était venu de Silésie à Leipzig, centre allemand de
l'édition et du commerce du livre, afin d'établir les
contacts qu'il lui fallait pour se rendre à Paris, où
Börne[1] avait rédigé des lettres ayant fait sensation,
même auprès de notre famille. Laube avait eu ainsi
l'occasion d'assister à la représentation d'une pièce
de Ludwig Robert: *La Force des circonstances*. Il en
fit paraître dans le *Leipziger Tageblatt* une critique
qui, par son ton vif et tranchant, produisit un tel effet
qu'on offrit immédiatement au jeune écrivain la
rédaction de la *Zeitung für die elegante Welt*[2], ainsi
que diverses collaborations littéraires. Dans notre
maison, on le considérait comme un talent brillant.

Son style incisif, laconique et parfois mordant, qui toutefois avait quelque peine à laisser s'exprimer l'élément poétique, lui valut une réputation d'originalité et de hardiesse. Sa droiture et sa franchise un peu rude rendaient sympathique ce caractère trempé par les épreuves d'une jeunesse difficile. L'impression que me fit Laube fut des plus stimulantes et je fus presque étonné de la spontanéité avec laquelle il se prononça en ma faveur. Après la première audition de ma symphonie à Leipzig[1], il ne craignit pas d'affirmer dans son journal la valeur de mon talent musical.

Cette exécution eut lieu au début de l'année 1833, à la « Schneiderherberge ». La société philharmonique « Euterpe » s'était retirée dans ce vénérable local, et c'est dans une salle laide, étroite et chichement éclairée que ma symphonie fut présentée au public de Leipzig par un orchestre médiocre. Cette soirée est restée dans ma mémoire comme un affreux cauchemar. Je fus d'autant plus surpris de l'accueil bienveillant que Laube fit à mon œuvre. C'est donc plein d'espoir que j'attendis l'exécution suivante, qui devait avoir lieu dans la salle du Gewandhaus. Là, tout se passa en effet de la façon la plus brillante et la plus satisfaisante. L'accueil du public fut favorable, tous les journaux parlèrent de moi, aucun n'écrivit de méchanceté caractérisée, quelques-uns se montrèrent même encourageants, et Laube, devenu très rapidement célèbre, déclara vouloir me céder un livret d'opéra qu'il avait destiné à Meyerbeer*. Cela m'effraya. Je ne songeais nullement, il est vrai, à me poser en poète, et je n'avais d'autre intention que d'écrire un livret d'opéra à mon gré. Mais, précisément, ce que devait être ce livret, je le savais seul, d'instinct et sûrement. Lorsque Laube, plein d'assu-

rance, me confia le sujet du sien, je fus conforté dans
mes convictions. Il avait l'ambition d'élaborer un
livret de grand opéra à partir de la vie de Tadeusz
Kościuszko[1], ce qui redoubla mes craintes. Je devinai
immédiatement que Laube se méprenait complètement sur ce que doit être une action dramatique.
Quand je demandai à l'écrivain en quoi consisterait
cette action, il fut très surpris de ce que je réclamais
autre chose que l'histoire extraordinairement mouvementée du héros polonais, dans laquelle se reflé-
tait le malheur de tout un peuple. Au demeurant,
il avait prévu d'introduire parmi les personnages
une Polonaise amoureuse d'un Russe, ce qui devait
permettre d'introduire des situations tragiques. Je
déclarai immédiatement à ma sœur Rosalie ne rien
vouloir composer sur ce sujet ; elle m'approuva et
me pria seulement de différer le moment de le dire
à Laube. Mon départ pour Würzburg, qui survint bientôt après, me facilita l'annonce de mon refus. Je fis
savoir à Laube ma décision par écrit. Il supporta
avec bonne humeur cette petite blessure d'amour-
propre, mais il ne m'a jamais pardonné d'écrire mes
livrets moi-même.

Son dédain se manifesta particulièrement quand il
apprit le sujet que j'avais préféré à son brillant scénario politique. Je l'avais tiré d'un conte dramatique
de Gozzi : *La Donna serpente*, et je l'avais arrangé sous
le titre : *Les Fées*. J'empruntai le nom de mes personnages à des poèmes d'Ossian et à des œuvres du
même genre. En voici la trame. Mon héros, le prince
Arindal, est aimé de la fée Ada, qui le retient loin de
son royaume, dans une contrée enchantée. Les fidèles
sujets du prince partent à sa recherche et finissent
par le retrouver. Pour le décider au retour, ils lui
annoncent que son pays, tombé dans la désolation,

est maintenant aux mains de ses ennemis. Seule la capitale résiste encore. La fée amoureuse le renvoie elle-même dans sa patrie, car un arrêt du destin la condamne à rester fée jusqu'à ce que son amant ait triomphé des épreuves ardues qu'elle doit lui imposer. S'il en sort victorieux, elle aura le droit de renoncer à son immortalité pour partager le sort des hommes et devenir la femme aimante d'un mortel. Le prince rentre dans son royaume dévasté. Déjà découragé par le retour dans son royaume en ruine, le prince est confronté, en ce moment de profonde détresse, à l'apparition de la fée qui essaie d'ébranler sa foi en leur amour par des actes d'une cruauté inouïe. Sous l'effet conjugué de toutes ces horreurs, Arindal s'imagine être la victime d'une méchante enchanteresse qui l'a séduit sous les traits d'Ada. Pour se soustraire à sa puissance néfaste, il la maudit. Folle de douleur, la malheureuse fée s'effondre en dévoilant à celui qu'elle vient de perdre pour toujours leur sort commun : pour avoir bravé la sentence des fées, elle sera changée en pierre (c'est ainsi que j'avais modifié la transformation en serpent de Gozzi). Arindal s'aperçoit alors que toutes les abominations évoquées par la fée n'étaient que des illusions. La victoire sur les ennemis, le retour du royaume à la prospérité se réalisent avec une rapidité magique. Cependant, Ada est entraînée par les fées chargées d'exécuter l'arrêt fatal et Arindal reste seul, en proie à la démence. Ses souffrances ne suffisent pas encore aux cruelles fées. Elles veulent l'anéantissement absolu de celui qui les a bravées et elles l'invitent à les suivre aux Enfers, sous le faux prétexte de lui montrer les moyens de délivrer Ada. Ce qui était conçu comme un piège a pour effet de transformer la folie d'Arindal en une magnifique ardeur. Il suit les traî-

tresses, non sans s'être d'abord muni des armes et
instruments enchantés que lui a remis un magicien
fidèle à la maison royale. Les fées sont frappées d'étonnement et d'effroi en voyant Arindal vaincre l'un après
l'autre les monstres infernaux. Elles le conduisent
dans un caveau dans lequel elles lui montrent une
pierre ayant forme humaine et reprennent espoir de
voir succomber le téméraire intrus : il lui faut défaire
le sortilège de cette pierre dans laquelle Ada est
enfermée, faute de quoi il subira le même destin que
sa bien-aimée. Arindal, qui n'a jusque-là utilisé que
l'épée et le bouclier fournis par le magicien, s'em-
pare maintenant du troisième objet, dont il ignorait
encore l'utilité : la lyre. À l'aide de cet instrument, il
exprime sa douleur, son remords et son indicible
désir. La magie opère et la pierre s'attendrit. Ada est
délivrée, et la splendeur du royaume des fées s'ouvre
aux deux amants. Si Ada, à cause de sa désobéissance, ne peut devenir mortelle, Arindal, qui s'est
rendu maître du plus puissant des enchantements, a
mérité de vivre, immortel, à ses côtés.

Tandis que, dans l'intrigue des *Noces*, j'avais
renoncé à tout enjolivement et présenté le sujet dans
ses couleurs uniment sombres, j'introduisis dans le
livret des *Fées* toute la variété possible. À côté du
couple idéal, il y avait celui des amants plus réels,
ainsi qu'un troisième, constitué d'un écuyer et d'une
soubrette, relevant du comique populaire. Quant à la
forme et aux vers, je procédai avec une négligence
presque voulue. Je ne tenais nullement à satisfaire
mon ancien désir de gloire poétique ; à présent, j'étais
« musicien » et « compositeur », et je voulais rédiger
un livret à ma convenance. Je me rendais alors compte
que personne d'autre que moi ne pouvait le faire : le
livret d'opéra est en effet une chose tout à fait parti-

culière qu'un poète ou un littérateur n'est pas
capable de réaliser.

Je quittai Leipzig en janvier 1833, avec l'intention
de mettre ce livret en musique. Je me rendis à Würzburg pour voir l'aîné de mes frères, Albert, alors
attaché au théâtre de cette ville. Il me semblait que le
moment était venu de mettre en pratique mes capacités de musicien. Mon frère devait m'en procurer
l'occasion dans le petit théâtre de Würzburg. Par Hof,
j'arrivai en voiture de poste à Bamberg où je passai
quelques jours dans la société d'un jeune homme
nommé Schunke qui, après avoir été corniste, était
devenu acteur. J'appris à Bamberg l'histoire de Kaspar
Hauser[1] qui m'intéressa fort; elle y faisait encore
sensation et, si ma mémoire est bonne, on me montra
même le personnage. Le costume original des femmes
du marché m'amusa et l'endroit me plut spécialement parce que c'est là qu'ont été conçus les *Tableaux
nocturnes* de Hoffmann. Puis, grelottant de froid, je
continuai mon voyage jusqu'à Würzburg en compagnie d'un certain Hauderer. Mon frère Albert, que je
connaissais peu, s'efforça de me faire une place
agréable dans son intérieur plutôt modeste, et se
réjouit de ne pas me trouver aussi excentrique que le
laissait supposer la lettre que je lui avais envoyée
quelque temps auparavant et qui l'avait effrayé. Il
me procura à titre exceptionnel un poste de chef de
chœur du théâtre, ce qui me rapportait dix florins
par mois. Je consacrai ainsi le reste de l'hiver à
m'exercer dans l'art de diriger la musique. Il s'agissait de répéter en peu de temps deux grands opéras
dans lesquels le chœur joue un rôle important: *Le
Vampire* de Marschner et *Robert le Diable* de Meyerbeer. J'eus au début l'impression d'être un parfait
débutant dans mon emploi de directeur de chœur.

Et, de plus, il me fallut commencer par une partition qui m'était totalement inconnue : *Camilla* de Paër[1]. Aussi ai-je conservé le souvenir d'avoir occupé en véritable dilettante des fonctions auxquelles je n'aurais pas dû accéder. Cependant l'œuvre de Marschner finit par m'intéresser assez pour que je trouve dans son étude la récompense de mon travail ardu ; mais celle de Meyerbeer fut une vraie déception. Les comptes rendus des journaux m'en avaient fait attendre des merveilles pleines d'originalité et de nouveautés excentriques. Je n'en trouvai pas trace dans cette œuvre inconsistante. Et il m'était impossible de placer au même niveau que mes modèles favoris un opéra contenant un finale aussi médiocre que celui du deuxième acte. Seule l'idée de la trompette à clefs semblant venir des entrailles de la terre pour représenter la voix sépulcrale de la mère au dernier acte me fit quelque impression. Chose étrange, je finis pourtant par subir l'influence corruptrice qu'eut sur moi la fréquentation de cet opéra. Mon antipathie à l'encontre de cette œuvre plate, totalement inintéressante et repoussante, surtout pour un musicien allemand, s'effaça progressivement derrière l'intérêt que j'étais bien obligé d'éprouver pour la réussite de la représentation et je n'entendis plus dans ces mélodies vides, affectées, reproduisant servilement les maniérismes modernes, que ce qui pouvait nous valoir des applaudissements. Comme il s'agissait, en somme, de ma future carrière de chef d'orchestre, mon frère, inquiet de mon avenir, vit d'un bon œil la facilité avec laquelle je me détournais de mes classiques. C'est ainsi que se prépara une décadence progressive de mon goût qui devait durer quelque temps.

*[De retour à Leipzig en janvier 1834, Wagner tente en
vain d'y faire jouer* Les Fées, *dont il vient d'achever la
partition. Il retrouve ensuite un ami d'enfance, l'écrivain Theodor Apel, avec qui il entreprend un voyage en
Bohême, « la terre bénie de [sa] jeunesse romantique ».]*

Un beau matin, j'abandonnai mon ami pour aller
déjeuner solitairement à la « Schlackenburg » et je
profitai de cette occasion pour noter dans mon carnet
l'esquisse d'un nouvel opéra. Je m'étais emparé d'un
sujet emprunté à *Mesure pour mesure* de Shakespeare.
Suivant ma disposition d'esprit d'alors, je transformai
très librement la pièce en un livret d'opéra auquel
je donnai le titre de *La Défense d'aimer*[1]. La *Jeune
Europe* de Laube et l'*Ardinghello* de Heinse[2], com-
binés à la singulière antipathie que j'éprouvais pour
la musique d'opéra classique, donnèrent le ton fondamental de mon projet. Le livret, dirigé surtout
contre le puritanisme hypocrite, était une glorification
hardie de la « libre sensualité ». Je m'efforçai d'interpréter dans ce sens le grave sujet de Shakespeare. Je
n'y voyais qu'un sombre et austère gouverneur s'épre-
nant d'une passion folle pour une jeune novice au
moment où elle le supplie de lui accorder la grâce de
son frère condamné à mort pour délit d'amour. La
belle ardeur de la jeune fille entraînée par l'humanité de son sentiment fraternel allume une flamme
coupable dans le cœur du rigide puritain. Je ne tenais
absolument pas compte du fait que Shakespeare n'a
développé si richement ces puissants motifs que pour
qu'ils aient plus de poids dans la balance de la justice.
Moi, je ne voulais qu'une chose : dénoncer l'immora-
lité de l'hypocrisie et ce qu'il y a de contre nature
dans la cruelle rigidité des lois morales. C'est pourquoi je renonçai complètement à tout souci de mesure

et de pondération, afin que seul l'hypocrite fût puni, victime de la vengeance de l'amour. Au lieu de placer l'intrigue dans la Vienne imaginaire de Shakespeare, je la situai dans la capitale de la brûlante Sicile où un gouverneur allemand, indigné de la liberté des mœurs de la population, impose une réforme puritaine qui échoue pitoyablement. Je m'inspirai sans doute de *La Muette de Portici* ainsi que des souvenirs que je gardais des « Vêpres siciliennes[1] ». Quand je songe, en outre, que le doux Sicilien Bellini lui-même influença en un certain sens ma composition, je ne puis m'empêcher de sourire de l'étrange quiproquo qui résultait de tous ces malentendus. [...]

Ma famille avait attendu mon retour [de Bohême] avec impatience pour m'annoncer qu'on m'offrait la place de chef d'orchestre de la troupe du théâtre de Magdebourg. La compagnie se trouvait alors dans la ville d'eaux de Bad Lauchstädt pour sa tournée estivale. Le directeur n'arrivait pas à s'en sortir avec le chef d'orchestre incapable qu'on lui avait fourni. Dans son embarras, il s'était adressé à Leipzig afin d'obtenir promptement quelqu'un de mieux. Le Kapellmeister Stegmayer, qui n'avait nulle envie de répéter en plein été, comme il l'avait pourtant promis, la partition de mes *Fées*, me recommanda vivement pour cette place. De cette manière, il pensait se débarrasser du jeune compositeur importun. J'étais en effet fortement tenté d'accepter cette offre car, tout en désirant me lancer sans entraves dans le tourbillon de la vie d'artiste, je ressentais le besoin de devenir indépendant. Or, cela ne m'était possible qu'en gagnant Ma vie moi-même. Mais un pressentiment me disait que je ne pourrais jamais trouver à Bad Lauchstädt de quoi satisfaire sérieusement mes ambitions. Et puis, il était dur de me laisser prendre de mon plein gré au piège qu'on me tendait pour se débarrasser de l'obligation de représenter mes *Fées*. Je décidai donc de faire une brève visite à Bad Lauchstädt pour me rendre compte de la situation.

Cette petite ville d'eaux avait acquis un très grand renom au temps de Goethe et de Schiller. Le théâtre, construit en bois, avait été érigé d'après les plans de Goethe. C'est là qu'avait eu lieu la première de *La Fiancée de Messine* de Schiller. Mais j'avais beau me répéter tout cela, cette ville me produisit une impression négative. J'allai à la recherche de la maison du directeur. Il était sorti, et ce fut un petit garçon malpropre qui me conduisit au théâtre, où je devais trouver son père. Nous le rencontrâmes en chemin. C'était un homme d'un certain âge, portant une robe de chambre et un bonnet. Il me salua avec joie. Mais il interrompit sur-le-champ ses démonstrations pour se plaindre d'un grave malaise auquel il ne put remédier qu'en envoyant son fils lui chercher un schnaps à la taverne la plus proche, et il lui mit, avec une certaine ostentation, une pièce blanche dans la main. Ce directeur, c'était Heinrich Bethmann, veuf de la célèbre actrice Friederike Bethmann qui, à la grande époque de la scène allemande, avait obtenu une telle faveur auprès du roi de Prusse que son époux continua d'en bénéficier longtemps après son décès. Bethmann touchait une pension confortable de la cour de Prusse, et continuait de jouir de cette haute protection malgré sa vie aventureuse et dissolue. À l'époque où je le rencontrai, ses fonctions de directeur de troupe l'avaient mené à une totale déchéance. Son langage et ses manières conservaient l'empreinte de la distinction doucereuse d'une époque révolue, mais tout ce qu'il faisait et tout ce qui l'entourait témoignait d'une lamentable décadence.

Il me ramena chez lui et me présenta à «Madame la directrice». Celle-ci, paralysée d'une jambe, était étendue sur un étrange canapé. À ses côtés était assis un vieux chanteur — une basse — qui fumait sa pipe. Bethmann se plaignit à moi sans aucune pudeur des assiduités de ce visiteur. Puis le directeur m'emmena chez son régisseur, qui habitait la même maison que lui. Nous le trouvâmes en grande conférence avec son assistant, un vieux squelette édenté. Ils étaient en train de s'occuper du répertoire. Bethmann me laissa avec le régisseur, Monsieur Schmale, en le chargeant de me mettre au courant. Celui-ci sourit en haussant les épaules et m'expliqua que c'était bien l'habitude du directeur de lui mettre tout sur les bras et de ne s'occuper de rien. «Voilà une heure que je suis là, dit-il, à discuter avec Kröge de ce que l'on pourrait bien jouer dimanche prochain. J'aurais voulu annoncer *Don Juan*, mais comment arranger une répétition puisque la musique municipale de Merse-burg, qui compose l'orchestre, ne veut pas venir répéter le samedi?» Et tout en parlant, Schmale passait le bras par la fenêtre ouverte vers une branche de cerisier, cueillait des cerises qu'il mangeait et en recrachait les noyaux avec un bruit abominable. C'est ce qui détermina ma décision car, chose bizarre, j'ai toujours eu une aversion pour les fruits. Je déclarai au régisseur que ce n'était pas la peine qu'il se préoccupe du *Don Juan* du dimanche suivant car, de mon côté, même si le directeur avait compté sur moi pour le diriger, j'étais forcé de contrarier ses projets et de retourner tout de suite à Leipzig pour mettre mes affaires en ordre. Cette façon polie de refuser la position que j'étais décidé à ne pas accepter, m'obligea à quelque dissimulation. Je dus donc m'oc-cuper à Bad Lauchstädt de différentes choses qui étaient parfaitement inutiles, puisque j'avais décidé de ne pas y revenir. On se proposa de m'aider à me trouver un logis. Un jeune acteur, dont j'avais fait par hasard la connaissance à Würzburg, entreprit de me servir de guide. En nous dirigeant vers la meilleure maison qu'il connût dans la ville, il m'expliqua qu'en dehors de ses autres avantages elle possédait celui d'avoir comme locataire la plus aimable et la plus jolie fille qu'il y eût à Bad Lauchstädt en ce moment; c'était la jeune première de la troupe, Mademoiselle Minna Planer*, dont j'avais certainement déjà entendu parler.

Le hasard voulut que nous rencontrions justement cette jeune personne sur le pas de la porte. Son air et sa tenue contrastaient d'une façon singulièrement agréable avec tout ce que j'avais vu du théâtre en cette funeste matinée. D'aspect gracieux, pleine de fraîcheur, la jeune actrice se distinguait par une grande réserve dans ses manières et une assurance calme dans ses mouvements et son comportement. Cela donnait à l'expression souriante de son visage une dignité aimable et attrayante. Sa mise soignée et discrète complétait l'impression de surprise que m'avait causée cette rencontre inattendue. Je lui fus présenté dans le vestibule comme étant le nouveau directeur musical. Elle me toisa avec étonnement en entendant ce titre conféré à un si jeune nouveau venu. Puis elle me recommanda aimablement à la propriétaire et, d'un pas tranquille et fier, elle traversa la rue pour se rendre à la répétition. Sur l'heure, je louai l'appartement, je m'engageai à diriger *Don Juan* le dimanche suivant et, regrettant de ne pas avoir apporté mes bagages restés à Leipzig, je me dépêchai d'aller les chercher et de retourner à Bad Lauchstädt avec plus de hâte encore.

Le sort en était jeté. Le sérieux de la vie se manifestait maintenant au travers d'expériences lourdes de
sens. À Leipzig, il me fallut faire à Laube des adieux
pleins de gravité. Sur les réclamations de la Prusse,
on l'avait expulsé de Saxe et il devinait quelles seraient
les conséquences de cette mesure. La réaction contre
les mouvements libéraux du début des années 1830
était ouvertement en marche. Tout d'abord, les mesures
policières prises contre Laube nous parurent incon-
cevables : il n'avait été mêlé à aucune entreprise politique et son activité littéraire ne s'était exercée que
dans le domaine esthétique[1]. La façon odieusement
évasive avec laquelle les autorités répondaient aux
questions qu'il leur adressait pour apprendre la cause
de son expulsion remplit bientôt Laube d'inquiétude
quant au sort qui l'attendait. D'autre part, Leipzig
étant un lieu particulièrement propice à son activité
littéraire, il tenait à ne pas trop s'en éloigner. Mon
ami Apel[2] possédait en territoire prussien, à quelques
heures de Leipzig, une belle propriété seigneuriale ;
s'il pouvait y trouver l'hospitalité, Laube serait à
l'abri de toute poursuite. Mon ami, qui était en mesure
de fournir cet asile au persécuté sans risquer de
froisser les autorités, s'empressa d'accéder à notre
demande. Mais le lendemain, ayant parlé à sa famille,
il nous avoua qu'il craignait de s'attirer des désagréments en recevant Laube. Celui-ci se contenta de
sourire, avec une expression que je n'oubliai jamais
et que, par la suite, j'ai senti souvent aussi passer sur
mes propres traits. Il nous dit adieu, et quelque
temps après nous apprîmes qu'à la suite d'une nouvelle enquête ouverte contre d'anciens membres de
la « Burschenschaft », on l'avait arrêté et incarcéré
dans une prison de Berlin, la « Stadtvogtei ». Je venais
de faire là deux expériences qui pesèrent sur mon

cœur comme du plomb. Je m'empressai de faire ma
modeste valise ; je pris congé de ma mère et de ma
sœur et, bravement, j'entrai dans ma carrière de
chef d'orchestre. —

Pour pouvoir habiter à demeure la petite chambre
au-dessous de l'appartement de Minna, il me fallait
donner des gages de bonne volonté à la troupe de
Bethmann. On ne tarda pas en effet à donner *Don
Juan*, car le directeur, qui se piquait de politesse
envers ses collègues, avait jugé cet opéra parfaitement approprié pour les débuts d'un jeune artiste
ambitieux de bonne famille. Bien qu'en dehors de
mes propres compositions instrumentales je n'eusse
encore jamais dirigé d'orchestre et encore moins
d'opéra, les répétitions et la représentation se déroulèrent convenablement. Seuls les récitatifs de Donna
Anna manquèrent quelquefois de précision. Mais cela
ne me valut aucune marque d'hostilité, et lorsque je
me fus montré actif et infatigable dans *Lumpazivagabundus*[1], qu'il me fallut faire répéter entièrement,
tout le monde témoigna pleine confiance à la nouvelle recrue. Si je ne montrais aucune amertume et
faisais même preuve de bonne humeur dans cet
emploi peu digne de mes qualités musicales, je le
devais plus à mes rapports avec Minna Planer qu'à la
décadence de mon goût dans ces années que je qua-
lifierais d'âge ingrat de Ma vie artistique. Elle tenait
dans la féerie burlesque de Nestroy le rôle de la fée
Amorosa. Et vraiment, elle semblait être véritablement une fée dans ce torrent de frivolité et de vulgarité. On se demandait comment elle avait pu tomber
dans ce tourbillon, qui cependant ne l'entraînait pas
et semblait à peine l'effleurer. Tandis que les autres
actrices, surtout celles de l'opéra, n'étaient que ces
caricatures grimaçantes que l'on trouve souvent

parmi les comédiennes, la belle Minna tranchait sur son entourage par son sérieux sans affectation, son élégante dignité ainsi que par l'absence de toute préciosité théâtrale ou d'enflure histrionique. [...]

La fréquentation de mon aimable voisine me devint au bout de peu de temps une habitude délicieuse. Minna Planer répondait avec un étonnement bienveillant et une absence complète de coquetterie aux avances naïvement impétueuses du chef d'orchestre de vingt et un ans. Il y eut bientôt entre nous des rapports amicaux et familiers. Un soir que je rentrais assez tard dans mon rez-de-chaussée et qu'ayant oublié ma clef, je passais par la fenêtre, Minna fut attirée par le bruit et se pencha à sa fenêtre, qui s'ouvrait juste au-dessus de la mienne. Debout sur l'appui de ma fenêtre, je lui demandai la permission de lui dire bonsoir. Elle n'y vit pas d'inconvénient, mais il fallait que ce fût du dehors, car elle faisait toujours fermer sa porte à clef par ses logeurs, afin que personne ne pût entrer chez elle. Et se penchant vers moi, elle me tendit amicalement sa main, que je pus saisir. Lorsque, peu de temps après, je fus pris d'un érysipèle, maladie dont j'avais fréquemment à souffrir, et que, le visage boursouflé et déformé, je me terrai dans ma triste chambre, Minna vint me voir souvent. Elle me soignait et prétendait qu'un visage enflé ne lui répugnait pas du tout. Une fois guéri, j'allai la voir et je me plaignis d'un bouton à la lèvre qui m'était resté de l'éruption. Je la priai de m'excuser de me présenter chez elle dans cet état. Cette fois encore, elle m'assura que cela n'avait point d'importance. Alors je lui demandai si elle consentirait à me donner quand même un baiser, et aussitôt elle me prouva que cela non plus ne l'effarouchait point. Et dans tous ses actes, elle conservait une affectueuse tranquillité qui avait quelque chose de maternel et ne permettait nullement de conclure à la légèreté ou à l'insensibilité.

[Malgré les difficultés qu'il rencontre pour obtenir le paiement de ses gages, Wagner suit la troupe de Beth-mann à Rudolstadt, où il éprouve pour la première fois des sentiments de jalousie envers un prétendant de Minna et se dispute avec elle. Puis la troupe établit ses quartiers d'hiver à Magdebourg.]

Ce commencement d'année (1835) devait marquer encore un tournant critique dans mon existence. Depuis que nous avions, Minna et moi, rompu nos relations à Rudolstadt, nous nous étions à peu près perdus de vue. Quand nous nous retrouvâmes à Magdebourg, nos rapports demeurèrent volontairement rares et froids. J'appris que l'année précédente, à ses débuts dans cette ville, elle avait fait sensation par sa beauté et que maintenant elle était encore fort appréciée par quelques jeunes aristocrates et ne se montrait pas insensible à l'honneur que représentaient leurs visites. Bien que, grâce à sa conduite toujours sérieuse et convenable, sa réputation ne fût pas atteinte, j'éprouvais une grande aversion pour ce genre de fréquentations, peut-être en souvenir des souffrances que j'avais endurées dans la famille Pachta à Prague. Minna avait beau m'assurer que la tenue de ces messieurs était infiniment plus réservée et plus décente que celle des amateurs de théâtre issus de la bourgeoisie, et en particulier celle de certains jeunes directeurs de la musique, elle ne réussissait pas à adoucir l'amertume et à calmer l'humeur querelleuse où me jetait sa manière d'agir. Nous passâmes ainsi trois mois fâcheux qui nous éloignèrent

de plus en plus l'un de l'autre. Pour me consoler, je
cherchais à me persuader que je trouvais du plaisir à
fréquenter la société la plus mal choisie et me laissai
aller à un tel relâchement de mœurs que Minna,
dans sa pitié, en éprouva une inquiétude sérieuse
pour moi. Elle me l'a dit plus tard. Bien entendu, le
personnel féminin de l'Opéra ne manquait point de
témoigner des attentions équivoques au jeune chef
d'orchestre. Une jeune femme surtout, à la réputation plus que douteuse, avait visiblement jeté son
dévolu sur moi. Tout cela poussa Minna à prendre
une résolution décisive. J'avais eu l'idée d'inviter la
singulière élite de notre troupe d'opéra à venir passer
le réveillon de la Saint-Sylvestre dans ma chambre.
Je voulais leur offrir des huîtres et du punch. Les
maris étaient conviés avec leurs femmes et j'étais
curieux de voir si je pourrais décider Mademoiselle
Planer à venir aussi. Très simplement, elle accepta
l'invitation et apparut, comme toujours, convenable
et soignée, dans ma garçonnière. On y fit bientôt un
tapage d'enfer. J'avais prévenu le propriétaire qu'il y
aurait quelques débordements dans sa maison et
l'avais tranquillisé d'avance sur l'indemnisation des
éventuels dégâts que subirait son mobilier. Ce que le
champagne avait commencé, le punch l'acheva. Le
mince vernis de convenance dont mes comédiens
cherchaient habituellement à recouvrir leur tenue
dans le monde vola en éclats et il régna bientôt dans
mon logement une atmosphère de franche cordialité
à laquelle nul ne résista. On put s'apercevoir alors
par quelle royale dignité Minna se distinguait de
toutes ses collègues. Elle ne se départit pas un instant
d'une contenance parfaite, et avec elle personne ne
hasarda une familiarité ; aussi l'effet fut-il extraordinaire et presque dégrisant lorsqu'on vit Minna

répondre sans s'effaroucher à mes témoignages d'affection. Elle semblait vouloir démontrer par là à toute la compagnie la nature particulière de nos relations. Nous eûmes alors la singulière satisfaction de voir la jeune femme de mauvaise réputation, qui avait des vues sur moi, laisser éclater au grand jour le dépit qu'elle éprouvait.

À partir de ce moment, mes rapports avec Minna redevinrent très affectueux. Je ne crois pas qu'elle ait jamais éprouvé pour moi d'inclination passionnée, qu'elle ait ressenti à mon égard l'ardeur du véritable amour, ni même qu'elle ait, dans l'absolu, été capable de la ressentir. Ses sentiments consistaient en une affection des plus cordiales, un désir des plus sincères de me voir réussir et prospérer, une sympathie des plus amicales et un plaisir véritable à découvrir en moi des qualités qui la remplissaient souvent d'admiration — ces sentiments se transformèrent finalement pour elle en une habitude confortable. Elle avait sans nul doute une très haute opinion de mon talent et mes succès rapides la surprenaient autant qu'ils la captivaient. Ma nature excentrique, qu'elle modérait de très agréable manière par son calme enjoué, la poussait à exercer continuellement sur moi un pouvoir qui flattait son amour-propre. Si elle ne me montra jamais ni désir, ni flamme, ni transports, elle n'opposa pourtant pas de froideur à mon ardeur.

[La saison 1835 est aussi l'occasion d'une nouvelle rencontre avec une artiste d'importance majeure pour Richard Wagner, la cantatrice Wilhelmine Schröder-Devrient.]

L'événement principal de cette saison théâtrale ne devait cependant avoir lieu que vers sa fin. J'avais su

persuader Madame Schröder-Devrient, qui se trouvait à Leipzig, de faire une tournée jusque chez nous.
J'eus donc la grande satisfaction et l'émotion enthousiaste d'entamer une collaboration artistique avec
elle et de diriger deux fois des opéras dans lesquels
elle chantait. Elle interpréta les rôles de Desdémone
et Roméo[1] : dans ce dernier rôle surtout, elle déchaîna
l'enthousiasme et me remplit de nouveau de feu et
d'ardeur. J'appris aussi à mieux la connaître personnellement, et son amabilité, sa bienveillance furent si
grandes qu'elle m'offrit spontanément son concours
pour un concert que je devais donner à mon bénéfice
et pour lequel elle reviendrait exprès à Magdebourg.
Ce concert était pour moi d'une importance capitale
et, avec la présence de cette artiste, j'étais en droit
d'en attendre beaucoup. Les honoraires, en soi fort
modestes, que je devais recevoir de la direction de
Magdebourg étaient devenus illusoires, dans la mesure
où ils ne m'étaient jamais payés qu'en petits acomptes
irréguliers. De sorte que, pour subvenir à mes besoins
et pour recevoir régulièrement mon étrange cénacle
de chanteurs et de musiciens, j'avais dû contracter
un grand nombre de dettes. Je ne savais pas au juste
à combien elles se montaient mais, comme je croyais
pouvoir compter sur une recette importante à mon
bénéfice, ces deux incertitudes s'équilibraient. J'apaisai
mes créanciers par la perspective de cette recette
fabuleuse. Je les paierais, dis-je, le lendemain du
concert, et je leur donnai rendez-vous à tous le matin
de ce jour heureux à l'hôtel où je venais de m'installer. Avec le concours de la grande artiste, admirée
de tous, j'étais naturellement en droit de compter sur
un bénéfice très important : aussi déployai-je tout le
luxe musical possible en engageant pour la circonstance un orchestre fourni et de grande qualité et en

organisant de nombreuses répétitions, sans m'inquiéter des frais que cela m'occasionnerait. Malheureusement personne ne voulut croire que la célèbre
cantatrice, dont le temps était un capital précieux,
referait le long voyage de Magdebourg pour les beaux
yeux d'un petit chef d'orchestre. On s'imagina que
l'annonce de son retour, faite à grand renfort de publi-
cité, n'était qu'une manœuvre mensongère et, dès
lors, on s'indigna du prix élevé des billets. Aussi,
lorsque mon aimable protectrice se trouva là, comme
je n'en avais jamais douté, il lui fallut entrer en scène
devant une salle à moitié vide, ce qui ne lui était sans
doute jamais arrivé. Pour elle surtout, je fus désolé
de ce manque d'auditeurs. Du moins, elle conserva
sa bonne humeur (plus tard, j'ai appris que c'était
pour des raisons qui ne me regardaient nullement).
Elle chanta merveilleusement, entre autres, l'*Adélaïde*
de Beethoven et je l'accompagnai moi-même au piano,
à mon propre étonnement. Mais le choix que j'avais
fait des morceaux d'orchestre se révéla aussi malen-
contreux que possible : le bruit qu'ils faisaient était
insoutenable dans cette petite salle excessivement
réverbérée de l'hôtel « Zur Stadt London ». Mon ouverture pour *Christophe Colomb*[1], avec ses six trompettes,
avait déjà rempli d'épouvante tous les auditeurs
quand, pour le bouquet, je fis exécuter *La Bataille de
Vittoria* de Beethoven. Comptant fermement que mon
énorme recette me dédommagerait de tout, j'avais
engagé des effectifs orchestraux d'un luxe inouï. Les
canonnades et les fusillades, du côté anglais aussi
bien que du côté français, furent exécutées à l'aide
de machines coûteuses fabriquées spécialement pour
l'occasion ; les tambours avaient été doublés, les clai-
rons triplés, et la bataille qui se livra dans cette petite
salle fut d'une sauvagerie telle que, rarement sans

doute, on en entendit de semblable dans un concert.
L'orchestre, dans toute sa puissance, se jeta avec une
telle furie sur le maigre public que celui-ci abandonna toute résistance et prit littéralement la fuite.
Par amitié pour moi, Madame Schröder-Devrient
était restée dans une des premières rangées, afin
d'assister au reste du concert ; mais, quoiqu'elle eût
sans doute déjà éprouvé plus d'un effroi de ce genre,
elle se sentit incapable de supporter celui-ci. À une
nouvelle attaque désespérée des positions françaises
par les Anglais, elle prit elle aussi ses jambes à son
cou. Ce fut le signal d'un vrai mouvement de panique.
Tout le monde se précipita hors de la salle et je
demeurai en tête à tête avec l'orchestre pour fêter la
victoire de Wellington. — C'est ainsi que s'acheva
ce mémorable festival. Madame Schröder-Devrient
repartit bientôt et, tout en regrettant l'échec qu'avait
subi sa bonne volonté, elle m'abandonna à mon sort.
J'allai chercher quelque consolation auprès de ma
bien-aimée, très affectée elle aussi et, m'étant armé
de courage pour la bataille prochaine qui, selon
toute apparence, ne s'achèverait pas en une triomphale symphonie, je regagnai ma chambre d'hôtel le
lendemain de bonne heure. Il me fallut traverser la
double haie des messieurs et des dames auxquels
j'avais donné rendez-vous à cette heure matinale
pour recevoir leurs réclamations. Je me réservai le
droit de choisir parmi mes visiteurs ceux avec qui
j'allais m'entretenir d'abord. Pour commencer, j'em-
menai dans mon appartement le second trompette
de l'orchestre qui s'était occupé des musiciens et de
la caisse. D'après ses calculs, je pus constater que
j'avais d'abord à payer de ma poche quelques thalers
et groschens pour contenter les musiciens auxquels,
dans mon généreux enthousiasme, j'avais promis de

magnifiques honoraires. Il en avait été convenu ainsi, je devais donc m'acquitter. Je priai alors Madame Gottschalk, une juive de toute confiance, de m'aider de ses conseils dans ces affaires pressantes. Elle déclara qu'un secours extraordinaire était nécessaire et que sans doute mes connaissances riches de Leipzig ne me le refuseraient pas. En attendant, elle entreprit fort adroitement de calmer mes autres créanciers, dont la venue intempestive lui paraissait ridicule ; mais ce ne fut pas sans peine qu'elle réussit à rendre praticable le corridor qui menait à ma chambre.

La saison théâtrale était achevée, la troupe de chanteurs et d'acteurs allait se disperser et, pour moi, j'étais libéré de mon poste. Le directeur du théâtre était passé de la faillite chronique à la faillite aiguë. En guise de paiement, il distribuait du papier, c'est-à-dire des liasses entières de billets d'entrée pour les représentations qui, assurait-il, auraient lieu plus tard. Minna, toujours économe et prévoyante, réussit fort habilement à tirer quelque parti de ces singuliers bons du trésor. Puisque seule la troupe d'opéra était dissoute et que les membres de la comédie (dont elle était) continueraient de jouer à leur compte, elle resta à Magdebourg et me laissa partir pour Leipzig, en souhaitant amicalement me revoir bientôt. Elle me promit de m'y rendre visite lorsque, à son congé, assez prochain, elle irait voir ses parents à Dresde.

Au commencement du mois de mai, je me réfugiai donc une fois de plus dans ma famille, et cette première tentative pour acquérir une situation indépendante n'ayant guère réussi, je dus m'inquiéter tout d'abord de me procurer l'argent nécessaire à l'acquittement des dettes laissées à Magdebourg. Un petit chien marron, très intelligent, qui m'avait suivi fidèlement et que je confiai aux soins des miens, était le seul bien que j'avais emporté avec moi. Toutefois, comme je m'étais montré parfaitement capable de diriger un orchestre, ma mère et Rosalie y voyaient un signe encourageant pour ma future carrière. Je ne pouvais cependant m'habituer à l'idée de reprendre mon ancienne vie de famille, et mes relations avec Minna me poussaient à relancer le plus tôt possible ma carrière interrompue. Je m'aperçus surtout du changement qui s'était accompli en moi lorsque, se rendant à Dresde, Minna s'arrêta quelques jours à Leipzig. L'abandon, la cordialité de ses manières me firent sentir que je n'étais plus fait pour vivre dans la dépendance patriarcale de la famille. Je discutais avec elle de mon réengagement au théâtre de Magdebourg et lui promis une visite prochaine à Dresde. Puis j'organisai une rencontre avec ma mère et ma sœur. J'avais obtenu de ces dernières l'autorisation de l'inviter un soir à venir prendre le thé chez nous. Rosalie, à cette occasion, s'aperçut de mes sentiments, mais elle se contenta de me taquiner à ce sujet. Elle ne voyait là rien de fort sérieux. Les choses revêtaient pour moi une tout autre importance, car ce penchant amoureux coïncidait avec mon besoin d'indépendance et mon désir de me faire une place dans le monde artistique. — [...]

J'attendais avec impatience des nouvelles de Magdebourg, non que je craignisse de ne pas obtenir un nouvel engagement — je savais que j'étais une « bonne acquisition » pour Bethmann —, mais parce que tout ce qui devait me rapprocher de Minna n'allait jamais assez vite à mon gré. À peine eussé-je reçu les lettres nécessaires que je me rendis à mon poste. Je voulais pouvoir faire des propositions permettant d'assurer une brillante saison d'opéra à Magdebourg. Le malheureux directeur, en faillite permanente, venait d'obtenir un nouvel ultime secours du roi de Prusse, dont la faveur était inépuisable, et la gestion de ces subsides, une somme assez respectable, avait été confiée par le souverain à un comité de notables de Magdebourg. On conçoit mieux ce que cela signifiait pour moi et l'attrait que présentaient à mes yeux les conditions de travail à Magdebourg lorsqu'on sait l'état misérable dans lequel végètent nos théâtres de province.

[Afin de préparer la nouvelle saison de l'opéra de Magdebourg, Wagner entreprend, au cours de l'été 1835, une série de déplacements à Karlsbad, Nuremberg, Francfort et Wiesbaden dans l'espoir de recruter de nouveaux talents pour la troupe.]

Je m'employais infatigablement à trouver des moyens d'élever notre scène au-dessus du niveau habituel de nos théâtres de province, mal organisés en général, et je m'attirai l'inimitié de Bethmann en renforçant l'orchestre, car il devait payer les musiciens. Mais je regagnai sa faveur en doublant les chœurs et la musique de scène, qui ne lui coûtaient rien : j'avais en effet réussi à obtenir le concours des musiciens du régiment et des chanteurs militaires excellemment formés de l'armée prussienne ; en dédommagement, ils se contentaient de billets de galerie gratuits pour les membres de leur famille. Nos représentations devinrent si brillantes que les abonnements et la fréquentation du théâtre prirent un essor tout à fait extraordinaire. C'est ainsi que dans la *Norma* de Bellini je parvins à réunir l'importante musique de scène qu'exige la partition et, pour l'*unisono* du chœur d'hommes de l'introduction, qui me faisait alors grande impression, j'eus à ma dispo-

sition une quantité de voix masculines que même les
plus grands théâtres ont du mal à réunir. Plus tard, à
Paris, me trouvant en compagnie de Monsieur Auber*,
avec lequel je prenais souvent des glaces au café
Tortoni, je pus lui raconter que le chœur des militaires
révoltés qui, dans son *Lestocq*, se laissent entraîner à
une conspiration, avait été chanté, sous ma direction, par une compagnie entière de soldats. Il m'en
remercia avec un étonnement joyeux.

Ces conditions encourageantes dans lesquelles je
travaillais me donnèrent aussi de l'entrain pour
achever ma *Défense d'aimer*. Je décidai que la première en aurait lieu à l'occasion de la représentation
à bénéfice qui m'avait été promise en dédommagement de mes frais de voyage. Je travaillais donc en
même temps à ma gloire future et à une amélioration, attendue avec non moins d'impatience, de ma
situation pécuniaire. Avec une ardeur inouïe, je consacrai à ma partition les quelques heures que je passais
en compagnie de Minna. Cette application émut la
mère de mon amie. Depuis l'été, elle vivait auprès de
sa fille et lui tenait son ménage. Mais elle voyait notre
liaison d'un œil soucieux et sa présence avait donné
à nos relations un caractère plus sérieux qu'autrefois. La question de savoir à quoi allait aboutir notre
amour se posait naturellement. J'avoue que la pensée
d'un mariage me remplissait d'inquiétude, ne fût-ce
qu'à cause de ma grande jeunesse ; sans m'adonner
précisément à des réflexions ou à des considérations
de raison, un secret instinct m'empêchait de prendre
une décision si grave pour Ma vie entière. À cela
s'ajoutait l'inquiétante incertitude quant à nos ressources ; Minna elle-même devait souhaiter une amélioration de notre situation avant de songer à s'unir
à moi. Il lui fallut bientôt s'en occuper sérieusement

en raison des contrariétés qu'on lui fit subir au théâtre de Magdebourg. On lui avait imposé dans les rôles qui étaient de son ressort une concurrente très dangereuse, car c'était la femme du régisseur en chef, qui avait tout pouvoir de décision. Comme Minna avait reçu au début de l'hiver des offres avantageuses de la direction du très prospère Königsstädter Theater[1] de Berlin, elle profita de l'occasion pour rompre complètement avec Magdebourg sans tenir compte de notre situation, ce qui me plongea dans la plus grande inquiétude. Je ne pus l'empêcher d'aller se produire à Berlin au mépris du contrat qui la liait encore à Magdebourg. Quand elle partit, elle me laissa empli de douleur et de doutes réels quant aux vrais motifs de sa conduite. Dans mon inquiétude et mon agitation d'esprit, je lui écrivis des lettres passionnées, la suppliant de revenir et, afin de la persuader de ne pas séparer nos destinées, je lui fis une demande en mariage en règle.

[Touchée par cette demande, Minna accepte de revenir à Magdebourg, où Wagner parvient à la faire réengager en mettant en avant les injustices dont elle a été victime.]

Notre vie commune, qui avait été momentanément interrompue, devint de plus en plus unie, et j'achevai vers le nouvel an de 1836 la partition de ma *Défense d'aimer*. Mes projets d'avenir se fondaient en grande partie sur le succès de cette œuvre. Minna aussi semblait encline à partager mes espoirs. Nous avions pourtant bien des raisons d'être inquiets sur la tournure que prirent les choses au tout début du printemps, période toujours funeste à ces compagnies théâtrales en situation précaire. Malgré les subsides accordés par le roi et l'ingérence d'un comité spécial dans l'administration, notre valeureux directeur était constamment au bord de la faillite et il était devenu impossible de sauver son entreprise de quelque manière que ce fût. Dans ce contexte, la représentation de mon opéra, avec la très bonne troupe que j'avais à ma disposition, était censée me permettre de sortir de cette situation critique dans laquelle je me trouvais. J'avais droit à une soirée donnée à mon bénéfice pour me rembourser des frais de mon voyage de l'été précédent. Bien entendu, je choisis mon opéra pour cette représentation et je m'efforçai de rendre la faveur qu'on m'accordait aussi peu onéreuse que possible à la direction. Pour couvrir les quelques frais causés par la mise en scène de la nouvelle pièce, je convins même de lui céder les recettes de la première représentation et de ne prétendre qu'à celles de la seconde. Le fait que les répétitions de l'opéra fussent renvoyées à la fin de l'hiver ne me paraissait pas précisément défavorable, car j'espérais que les dernières soirées d'une troupe si souvent acclamée par le public seraient accueillies avec une sympathie toute particulière. Malheureusement nous n'atteignîmes pas du tout le terme prévu pour la fin de la saison. Il était fixé au mois d'avril ; mais en mars déjà, les membres les plus appréciés de l'opéra, las de l'irrégularité dans le paiement de leurs gages et sachant qu'ils pouvaient trouver ailleurs de meilleures conditions, donnèrent leur démission. La direction, totalement insolvable, n'avait pas les moyens de les retenir. J'étais alors très inquiet : il me paraissait peu probable que ma *Défense d'aimer* pût être montée. Seule ma popularité auprès des chanteurs les décida non seulement à rester jusqu'à la fin du mois de mars, mais encore à prendre la peine d'étudier mon œuvre en si peu de temps, ce qui représentait un effort considérable. Il fallait donner les deux représentations dans les plus brefs délais, de sorte que nous n'avions plus que dix jours pour toutes les répétitions. Cette entreprise était absolument téméraire car, malgré le caractère léger de la musique, il ne s'agissait pas d'un simple *Singspiel*, mais d'un grand opéra[1] avec de nombreux morceaux d'ensemble d'une certaine difficulté. Les chanteurs, par amitié pour moi, travaillaient du matin au soir. Je pouvais bien compter sur le bon résultat de leurs efforts, mais ne pouvais guère m'attendre à ce que leur mémoire fût sûre. Il ne me restait plus que l'espoir d'un miracle opéré par le talent de chef d'orchestre que j'avais acquis depuis quelque temps. Je le prouvai dans nos quelques répétitions avec orchestre par la manière dont j'aidai les chanteurs à se maintenir artificiellement à flot, malgré leur flagrant manque de sûreté. Je parvins, à force de leur souffler le texte, de leur chanter la partition à voix haute et de les interpeller lorsqu'ils devaient agir, à maintenir l'ensemble sur les rails, si bien que l'on pouvait penser que les choses allaient finalement se dérouler de manière acceptable. Mais nous ne tenions pas compte du fait que tous ces expédients utilisés pour faire fonctionner la machine dramatique et musicale se réduiraient, en présence du public, aux indications de ma baguette et aux mimiques de mon visage. Et en vérité les chanteurs, les hommes surtout, étaient si peu sûrs de leur texte que du commencement à la fin un trouble extrême paralysa leur jeu. Le ténor Freimüller, qui était celui qui avait le moins de mémoire, avait essayé de donner un caractère animé et nerveux à son rôle de jeune écervelé, Luzio, par le métier qu'il avait acquis en interprétant *Fra Diavolo* et *Zampa* et,

surtout, en jouant de son énorme panache multico-
lore. On conçoit donc que l'action, entièrement chantée,
demeura complètement incompréhensible au public,
d'autant plus que la direction n'était pas arrivée à
faire imprimer les livrets. À l'exception de quelques
airs des cantatrices, accueillis favorablement, tout le
reste, qui nécessitait une diction et des mouvements
énergiques et rapides, demeura un jeu d'ombres
chinoises sur lequel l'orchestre déversait son flot de
musique incompréhensible et souvent trop bruyant.
[...]
    La censure s'offusqua du titre de l'œuvre qui, si je
ne l'avais pas changé, aurait fait échouer tous mes
projets de représentation. Nous nous trouvions dans
la semaine précédant Pâques et il était interdit de
donner au théâtre des pièces comiques ou légères
pendant cette période. Fort heureusement, le fonctionnaire chargé de la censure avec lequel je devais
négocier n'avait pas pris connaissance du livret et,
comme je lui certifiai qu'il s'agissait de l'adaptation
d'une œuvre très sérieuse de Shakespeare, on se
contenta de remplacer ce titre subversif par celui de
La Novice de Palerme, qui n'avait rien de répréhensible et qui ne donna lieu à aucune autre objection
quant à sa conformité. — À Leipzig, peu de temps
après, les choses se passèrent tout autrement. J'avais
voulu essayer de glisser ma nouvelle pièce à la place
des *Fées*, que j'avais sacrifiées. Pour gagner à ma
cause le directeur Friedrich Ringelhardt, j'avais
essayé de le flatter en destinant le rôle de Marianne
à sa propre fille, qui débutait à l'Opéra. Mais Ringelhardt trouva dans le caractère tendancieux du sujet
un bon prétexte pour refuser mon œuvre. Il prétendit
que, même si les autorités de Leipzig toléraient cette
représentation, ce dont il leur faisait l'honneur de

douter, il ne permettrait en aucun cas à sa fille d'y paraître, et ce en vertu de ses devoirs de père. —

À Magdebourg, le caractère licencieux de mon livret ne me causa aucun tort, car le sujet avait complètement échappé au public tant la réalisation scénique était restée confuse. De ce fait, et comme il n'y eut aucune protestation contre le contenu de la pièce, une seconde représentation put avoir lieu sans que s'élève d'objection : cela n'intéressait absolument personne. J'avais bien senti que mon opéra n'avait fait aucune impression et qu'on ne s'était absolument pas rendu compte de ce que j'avais voulu dire. Mais je comptais sur le fait qu'il s'agissait de la dernière représentation de notre troupe pour encaisser un bénéfice important, sinon exceptionnel, et je ne songeai même pas à proposer une réduction des prix d'entrée. J'ignore si, au lever du rideau, il se trouvait quelques spectateurs dans la salle ; je sais seulement qu'un quart d'heure avant le commencement de l'ouverture, je ne vis aux premiers rangs d'orchestre que Madame Gottschalk et son mari, ainsi qu'un juif polonais en costume national très voyant. J'espérais toutefois que le public finirait par arriver, quand soudain une scène inouïe éclata dans les coulisses. Monsieur Pollert, le mari de ma prima donna (laquelle interprétait le rôle d'Isabella), se mit à frapper le second ténor, Schreiber, un fort joli garçon qui chantait Claudio ; depuis un certain temps le mari nourrissait contre lui une haine secrète provoquée par la jalousie. Il semble que l'époux de la cantatrice, ayant constaté avec moi par le trou du rideau de scène que la salle était déserte, avait jugé le moment propice pour se venger du courtisan de sa femme sans pour cela nuire aux intérêts du théâtre. Il administra une volée de coups à Claudio, de sorte que le malheureux dut se réfugier dans sa loge le visage en sang. On prévint Isabella qui, désespérée, essaya de calmer son époux furieux; mais n'obtenant de celui-ci que des bourrades, elle fit une crise de nerfs. Alors la confusion ne connut plus de bornes; tout le monde s'en mêla, prenant parti pour l'un ou pour l'autre, et il s'en fallut de peu que la scène ne devînt un véritable champ de bataille. On aurait pu croire que chacun choisissait cette malheureuse soirée pour régler ses comptes personnels. Le couple auquel Monsieur Pollert avait si rudement intimé la « défense d'aimer » n'étant plus en état de se présenter en scène, le régisseur dut paraître devant le rideau pour prévenir mon mince public, si singulièrement composé que, en raison de circonstances imprévues, il n'y aurait pas de représentation. —

C'est ainsi que se termina à Magdebourg ma carrière de compositeur et de chef d'orchestre; elle avait commencé pleine de promesses et au prix de sacrifices assez importants. Dès lors, l'insouciance de l'artiste disparut de Ma vie, il ne me resta plus que les soucis de l'homme. Il fallait que je reconsidère ma situation, qui ne m'offrait aucune perspective réjouissante. Tous les espoirs que Minna et moi nous avions fondés sur la réussite de mon œuvre s'étaient envolés sans retour. Mes créanciers, qui avaient compté sur cette recette, doutèrent de mon talent et s'en prirent à ma personne civile; ils essayèrent de rentrer dans leurs fonds en se hâtant de déposer des plaintes en justice contre moi. Si bien que mon petit logis du Breiter Weg me devint insupportable: chaque fois que je rentrais, je trouvais une citation d'huissier clouée à ma porte. J'évitai donc d'y retourner, d'autant plus que mon petit chien marron, qui apportait à cet asile un peu de gaieté, avait disparu. Cette perte fut à mes yeux le présage de l'écroulement total de ma situation. Minna, par sa fermeté et son assurance, fut vraiment ma seule consolation et mon salut dans ces temps de désolation. Prévoyante comme toujours, elle s'était déjà occupée de son avenir : elle était sur le point de conclure un contrat assez avantageux avec la direction du théâtre de Königsberg. Il s'agissait donc de me procurer dans ce même théâtre une place de chef d'orchestre. Or, il n'y en avait point de disponible. Mais l'intendant du théâtre de Königsberg, ayant sans doute remarqué à notre correspondance que l'engagement de Minna dépendait du mien, laissa entrevoir qu'un poste de chef d'orchestre se libérerait dans un proche avenir et qu'il serait prêt à me le confier. Nous convînmes donc que Minna se rendrait dans un premier temps seule à Königsberg, afin de me préparer le terrain. En attendant, nous vécûmes des jours pleins de gros soucis dans les murs de Magdebourg. Je fis quelques tentatives du côté de Leipzig en vue d'améliorer ma situation, notamment en essayant, comme je l'ai déjà mentionné, d'entrer en pourparlers avec le directeur du théâtre à propos de mon dernier opéra. Mais je m'aperçus bientôt qu'il ne m'était plus possible de rester ni dans ma ville natale, ni auprès de ma famille, dont la proximité m'oppressait et dont un vague sentiment d'inquiétude me poussait à m'éloigner. Mon humeur inquiète, mélancolique et renfermée avait frappé les miens, et ma mère me supplia, quoi qu'il arrive, de ne pas, au nom du ciel, me laisser entraîner à me marier si jeune ! Je ne répondis rien. Quand je partis, Rosalie m'accompagna jusque sur le palier ; j'assurai que je reviendrais très prochainement, dès que j'aurais réglé quelques affaires importantes, mais elle prit ma main, me regarda longuement dans

les yeux et me dit : « Dieu sait quand je te reverrai ! »
J'en eus le cœur serré, mais ma mauvaise conscience
seule semblait atteinte ; je compris plus tard seulement que ma sœur avait eu le pressentiment de sa
mort prématurée. Deux ans après, et sans que je l'eusse
revue, j'appris la nouvelle de son décès subit. —

Je passai encore quelques semaines avec Minna,
retiré du monde, à Magdebourg. Elle faisait son possible pour me soutenir dans ma détresse. En attendant une séparation dont nous ignorions la durée,
nous ne nous quittions presque plus et notre unique
délassement était de faire des promenades aux environs de la ville.

*[Tandis que Minna part s'installer à Königsberg,
Wagner se rend pour la première fois à Berlin en mai
1836, où il retrouve Laube, en attente de son procès, et
découvre* Ferdinand Cortez *de Spontini. Ses négociations pour faire représenter* La Défense *d'aimer au
Königsstädter Theater échouent à cause des manœuvres du directeur, Cerf (surnom de Karl Friedrich
Hirsch), dont il donne un portrait peu flatteur. Il part
ensuite pour Königsberg, où il parvient finalement à se
faire engager comme chef d'orchestre et se résout à
épouser Minna.]*

Je connaissais assez la vie et le caractère de Minna
pour pouvoir me rendre compte des profondes divergences qu'il y avait entre nos différentes natures,
mais je n'avais à l'époque pas acquis la maturité
qui m'aurait permis d'avoir suffisamment de discernement avant de prendre un tel engagement. — Celle
que j'allais donc épouser venait d'une famille pauvre
et laborieuse originaire d'Oederan, dans l'Erzgebirge
saxon. Son père, homme étrange d'une grande vitalité,

donna plus tard des signes inquiétants de dérange-
ment cérébral. Dans sa jeunesse, il avait été trompette-
major. C'est en cette qualité qu'il avait pris part à la
campagne de France et participé à la bataille de
Wagram. Puis il s'était tourné vers la mécanique et
avait construit des cardeuses à laine dont il avait per-
fectionné la fabrication, ce qui lui permit, à un
moment donné, de faire d'assez bonnes affaires. Un
jour, il reçut d'un grand industriel de Chemnitz une
importante commande à livrer avant la fin de l'année :
ses enfants, dont les petits doigts étaient particulièrement adroits, furent obligés d'aider jour et nuit leur
père dans son travail. Il les encourageait en leur promettant un Noël exceptionnel, car il comptait sur un
gros bénéfice. Mais au moment de percevoir l'argent,
on apprit la faillite du client. Ce qu'on avait déjà livré
de la marchandise était perdu et il était impossible
d'écouler le reste. La famille ne se remit jamais des
difficultés dans lesquelles cette catastrophe les avait
plongés. Ils vinrent se fixer à Dresde dans l'espoir
que le père y trouverait du travail ; il était bon méca-
nicien et connaissait bien la construction des pianos,
dont il fabriquait des pièces détachées. Il emporta à
Dresde des stocks importants du mince fil de fer
destiné aux cardeuses, et essaya de les vendre aussi
avantageusement que possible. Minna, alors une fillette de dix ans, fut chargée d'aller proposer ce fil de
fer aux modistes pour la fabrication de fleurs artifi-
cielles. Elle se mettait en route le matin avec une
lourde corbeille pleine de fil de fer et elle était si
adroite dans l'art de persuader les acheteuses qu'elle
eut bientôt écoulé tout le stock à un bon prix. Dès ce
moment, elle éprouva le désir d'aider par son travail
sa famille qui s'appauvrissait de plus en plus, et de se
rendre indépendante pour ne plus être à la charge de

ses parents. En grandissant, son physique charmant devint d'une grande beauté, et elle attira de bonne heure le regard des hommes. Un certain Monsieur von Einsiedel, qui s'était violemment épris de cette enfant ingénue, réussit à la séduire en profitant d'un moment d'inattention de ses parents. Il arriva à ses fins en utilisant à la fois la force et la séduction. Et le malheur entra dans la famille. Mais seules la mère et la sœur aînée apprirent l'affreuse situation dans laquelle Minna s'était retrouvée. Le père, dont on craignait la colère violente, ignora toujours que sa fille, à peine âgée de dix-sept ans, avait donné naissance à une petite fille dans des conditions qui avaient mis sa propre vie en péril. N'ayant aucun moyen de faire valoir ses droits vis-à-vis de son séducteur et d'en obtenir du soutien, Minna sentit alors doublement la nécessité de quitter la maison paternelle et d'assurer son indépendance. Grâce à des connaissances, elle était entrée dans une troupe de théâtre. À l'une des représentations, elle fut remarquée par des comédiens du Königliches Hoftheater et surtout par le directeur du théâtre de Dessau. Celui-ci lui offrit immédiatement un engagement. Ce fut avec joie qu'elle accepta ce moyen de sortir de sa situation pesante ; elle espérait peut-être en même temps, grâce à une brillante carrière théâtrale, pouvoir un jour venir en aide à sa famille. Elle n'éprouvait pas de véritable passion pour le théâtre, n'était ni frivole ni coquette, et voyait surtout dans le métier de comédien la possibilité de pouvoir rapidement subvenir et convenablement à ses besoins. Elle n'avait pas reçu l'éducation et la culture lui permettant de développer une véritable sensibilité artistique, et le théâtre était pour elle avant tout une entreprise composée d'acteurs. Plaire ou ne pas plaire pouvait jouer un rôle décisif dans l'acquisition d'une situation matérielle confortable; aussi employait-elle tous les moyens pour y parvenir, à la façon d'un marchand qui considère comme indispensable d'exposer ses articles dans sa devanture de la façon la plus attrayante possible. S'attirer l'amitié du directeur, du régisseur, des membres les plus influents de la troupe lui semblait relever d'une sagesse élémentaire; les habitués qui, par leurs jugements ou leurs goûts, influençaient l'opinion du public, et par là le directeur, étaient pour elle des êtres dont dépendait l'accomplissement de ses plus chers désirs. Il lui paraissait d'autant plus naturel de ne pas s'en faire des ennemis qu'elle n'était retenue, pour gagner leurs bonnes grâces, par aucun sentiment de dignité personnelle. Elle s'était forgé une sagesse pratique assez spéciale: d'un côté, il lui fallait toujours sauver les apparences, mais de l'autre, elle ne craignait pas de se faire remarquer, lorsqu'elle croyait ne pas mal agir. Il en avait résulté dans sa conduite un mélange de contradictions dont elle ne voyait pas les conséquences fâcheuses. Il est certain que la véritable délicatesse d'âme lui faisait défaut; elle la remplaçait par une sorte de sentiment des convenances qui était pour elle «le bon ton», et elle ne comprenait pas que celui-ci ne pouvait suppléer l'absence de tact. Manquant totalement d'idéalisme, elle n'avait aucun sens artistique, ni aucun talent pour la scène. Elle plaisait car elle avait un physique charmant. Je ne sais si, avec le temps, le métier eût fait d'elle une «bonne» comédienne. La singulière attraction qu'elle exerçait sur moi ne provenait donc en aucune façon des charmes d'une nature idéale qui, d'ordinaire, agissaient fortement sur moi; bien au contraire, cet attrait avait sa source dans la simplicité du caractère de Minna et son sens pratique:

ils étaient pour moi un point d'appui et un contre-
poids nécessaire aux errements auxquels je me laissais aller dans ma quête d'idéal. Son calme naturel
m'offrait un point de repère nécessaire lorsque mes
pensées désordonnées erraient à la recherche de
mon idéal. Je m'étais accoutumé très tôt à ne pas lui
faire part de mes rêveries ; elles étaient du reste si
vagues encore que je ne m'y arrêtais pas moi-même,
me contentant d'en sourire et d'en plaisanter genti-
ment. Je ne me montrais que plus sensible aux inquiétudes que me faisaient éprouver certains aspects de
la nature féminine dont Minna crut pouvoir, involontairement, tirer d'emblée un ascendant bienveillant à
mon égard. La singulière tolérance qu'elle montrait
pour certaines privautés de la part de ceux qu'elle
considérait comme les protecteurs du théâtre me
blessait au plus haut degré, et j'étais hors de moi
quand, à mes reproches, elle prenait une mine gravement offensée. Le hasard me fit découvrir les lettres
que Schwabe[1] avait écrites à Minna au cours d'une
liaison que j'ignorais et dont je n'avais eu le premier
soupçon qu'à Berlin ; j'appris ainsi des détails qui
me stupéfièrent. Toute la jalousie qui s'était accu-
mulée en moi s'ajouta aux doutes que j'avais sur le
caractère de la jeune fille et me fit prendre la prompte
résolution de l'abandonner. Il y eut entre nous une
scène violente et passionnée qui devint le prototype
de toutes celles qui se succédèrent par la suite. J'avais
sans doute eu une réaction excessive en traitant,
comme si j'avais des droits sur elle, une femme que
ne liait à moi aucun amour passionné, qui ne m'appartenait pas et qui s'était contentée de répondre
avec bienveillance à mes avances. Pour me plonger
dans la plus grande confusion, il suffit à Minna de faire
allusion aux avances avantageuses (au sens matériel

du terme) qu'elle avait refusées afin de pouvoir répondre avec tendresse et dévouement à la fougue du jeune homme sans fortune, sans position et qui n'avait pas encore donné au monde des preuves de son talent. Mais ce qui me nuisit le plus, ce fut la brutalité de mes paroles ; je l'offensai, je l'outrageai si profondément qu'il ne me resta plus, lorsque je rendis compte d'avoir été trop loin, qu'à avouer mes torts et à lui demander pardon. Cette dispute, comme toutes celles qui suivirent, se termina par une apparente victoire du côté féminin. Mais notre bonne entente était définitivement rompue, et la répétition fréquente de tels incidents finit aussi par transformer totalement le caractère de Minna. Au fil du temps, ma façon de concevoir l'art, laquelle lui demeurait hermétique, la plongea dans une perplexité croissante qui se traduisit par un manque d'assurance pathologique en matière de jugement esthétique. De même, ma manière de voir, si différente de la sienne, dans le domaine de la délicatesse d'âme et de la morale, la déstabilisa progressivement, d'autant plus qu'elle n'était pas en mesure de comprendre et d'approuver certaines de mes idées les plus libérales. Cela finit par donner à ses propos une véhémence à l'origine totalement absente de son être si placide. Cette véhémence, qui augmenta avec les années, se manifestait sur le ton habituel aux personnes ayant été éduquées dans les milieux inférieurs de la bourgeoisie. Il n'y avait là rien d'étonnant, car la pauvre femme n'avait reçu aucune éducation et ne s'était approprié qu'un mince vernis de bonnes manières. Mais devant les explosions de ce caractère devenu violent, tout ce qui m'avait attiré si longtemps en la personne de Minna disparut peu à peu, de sorte que notre vie commune finit par devenir une véritable torture. — À l'époque dont je parle, je n'éprouvais qu'un vague pressentiment de ce que notre union aurait de malheureux. Le caractère agréable et apaisant de Minna agissait encore sur moi d'une manière si bienfaisante que je fis taire, avec toute la légèreté qui me caractérisait, la voix intime qui me prédisait un profond désastre. J'étais également victime de cet entêtement qui me faisait ignorer tous les signes d'avertissement.

Depuis que j'étais à Königsberg, j'avais rompu toute relation avec ma famille, c'est-à-dire avec ma mère et Rosalie. Je ne fis part à personne de la décision de me marier. En suivant les conseils énergiques de mon vieil ami Möller[1], je vins à bout des difficultés qu'opposait la loi à l'acte du mariage. Selon le code prussien, l'homme majeur qui veut se marier n'a pas besoin du consentement de ses parents. Mais, d'après ce même code, je n'avais pas encore atteint ma majorité. Je m'appuyai donc sur la législation saxonne, dont je dépendais par ma naissance, et aux termes de laquelle j'étais devenu majeur à vingt et un ans. Il était nécessaire de publier nos bans dans le lieu où nous avions élu domicile l'année écoulée. Cela se fit sans obstacle à Magdebourg. Les parents de Minna n'ayant pas, d'autre part, refusé leur consentement, il ne nous restait plus qu'à nous rendre ensemble chez le pasteur de la paroisse de Tragheim afin que tout fût réglé. Cette visite ne fut point banale. C'était l'après-midi juste avant la représentation qui devait être donnée à notre bénéfice. Minna devait jouer le rôle mimé de Fenella dans *La Muette de Portici*, mais son costume n'était pas prêt et il y avait encore un tas de choses à commander et à arranger. Une pluie froide de novembre gâta notre entrain et notre mauvaise humeur devint de l'exaspération quand nous

nous vîmes condamnés à attendre sans raison en plein courant d'air dans le corridor du presbytère. Une discussion s'éleva entre nous à propos d'un rien ; elle dégénéra rapidement en dispute et des paroles haineuses furent échangées, si bien que nous étions sur le point de décamper chacun de notre côté quand le pasteur, qui avait entendu nos éclats de voix, ouvrit la porte et, d'un air embarrassé, nous pria d'entrer. Il nous fallut donc faire bonne figure, et la singularité de la situation nous rendit notre gaieté. Nous tranquillisâmes le pasteur et le mariage fut fixé au lendemain à onze heures.

L'installation de notre intérieur nous valut d'autres accès de mauvaise humeur qui se terminèrent souvent en violentes querelles. Je voulais autant que possible donner à ce foyer un caractère plaisant et confortable qui nous garantirait le bonheur paisible tant attendu. Les invitations raisonnables de ma fiancée à la modération économique provoquaient mon impatience. Je trouvais nécessaire de symboliser le début d'une longue suite d'années prospères par un confort domestique approprié. Nous achetâmes donc à crédit, avec un paiement échelonné des traites, des meubles, des ustensiles et tout le nécessaire. Bien entendu, il ne fut pas question de dot ou de trousseau et de toutes ces choses qui, dans les milieux bourgeois les plus simples, font du mariage la base de l'aisance future. Témoins et convives furent choisis parmi les acteurs qui se trouvaient par hasard au théâtre de Königsberg. L'ami Möller nous offrit un sucrier en argent auquel vint se joindre une petite corbeille à gâteaux, en argent aussi ; c'était le cadeau d'un autre mécène, un jeune homme original et, si je me souviens bien, tout à fait intéressant, nommé Ernst Castell. *La Muette de Portici*, jouée la veille à notre bénéfice, et que

j'avais dirigée avec flamme, avait bien marché et
avait rapporté la recette espérée. À l'issue de la soirée
de la veille des noces, qui nous trouva calmes et fati-
gués, je pris possession de notre nouvelle demeure.
Mais je ne me couchai pas dans le lit conjugal déjà
tout apprêté ; je passai la nuit sur un canapé fort dur.
Très peu couvert, je claquais des dents en attendant
le bonheur du jour suivant. Le matin, l'arrivée des
malles et des corbeilles renfermant les effets de Minna
provoqua en moi une joyeuse surexcitation. La pluie
avait complètement cessé et le soleil brillait dans un
ciel dégagé. Malheureusement, on ne parvint pas à
chauffer notre salle à manger et je dus endurer les
interminables reproches de Minna, qui prétendait
que j'avais mal surveillé le chauffage. J'endossai le
costume neuf que je m'étais fait faire pour l'occasion,
un habit bleu sombre à boutons dorés et, quand la
voiture fut là, je passai prendre la fiancée. La sérénité du ciel avait agi sur nous et je trouvai Minna
d'humeur joyeuse, habillée de la somptueuse robe
que j'avais choisie pour elle. Elle m'accueillit, les
yeux animés d'une tendresse et d'une joie authentiques. Considérant le beau temps comme un heureux
présage, nous nous mîmes en route pour la cérémonie
qui, tout à coup, nous parut extrêmement enjouée.
Nous eûmes la satisfaction de voir l'église aussi bondée
que le théâtre pour une brillante représentation, et
nous eûmes grand-peine à nous frayer un passage
jusqu'à l'autel où nous attendaient nos témoins, dont
les costumes de théâtre contribuaient à cette atmosphère bien peu sacrée. Parmi tout ce monde, il n'y
avait pas un visage ami, car même notre vieil original de Möller manquait : nous n'avions pas trouvé
de dame qui pût l'accompagner. Le manque de convivialité et la superficialité de cette assemblée donna

involontairement à l'ensemble de la cérémonie un ton qui me mit mal à l'aise. J'entendis comme dans un rêve l'allocution du pasteur. Celui-ci avait autrefois, à ce que j'appris par la suite, plus ou moins fait partie de l'ancienne coterie de bigots qui avait infesté Königsberg. Quelques jours plus tard, on me raconta le bruit qui courait en ville : on disait que j'avais déposé une plainte contre le pasteur à cause de certains passages grossièrement offensants de son discours. Je ne compris pas ce qu'on voulait dire et je supposai que ces rumeurs exagérées faisaient allusion à un passage qui m'avait surpris, en effet. Pour nous préparer aux temps d'épreuve auxquels nous n'échapperions sûrement pas, l'ecclésiastique nous avait conseillé de nous adresser à un ami que nous ne connaissions encore ni l'un ni l'autre. Quelque peu intrigué de savoir qui était ce puissant et mystérieux protecteur s'annonçant à nous de cette façon originale, je levai avec curiosité les yeux vers le pasteur : il nous déclara alors en accentuant ses paroles d'un ton de réprimande que cet ami inconnu se nommait... Jésus. Je ne fus nullement offensé, ainsi qu'on se le figura, mais fort désappointé, et je pensai que de telles recommandations étaient prévues par le rite observé dans ces occasions. Ma distraction était si grande pendant cette cérémonie, dont je ne comprenais pas la portée profonde, qu'au moment où le pasteur nous tendit le missel fermé pour y recevoir nos anneaux, Minna dut me pousser du coude pour me faire suivre son exemple. J'eus à ce moment la vision de ce qu'était Ma vie : il me sembla que j'étais pris entre deux courants contraires et superposés ; celui de dessus m'entraînait vers le soleil, comme dans un rêve, celui de dessous emprisonnait ma nature dans une angoisse incompréhensible. La

légèreté incroyable avec laquelle j'écartais la sensation aiguë du double sacrilège dont je me rendais
coupable trouvait son excuse dans l'affection réelle
et cordiale que j'éprouvais pour cette jeune fille,
vraiment unique et remarquable quand on songeait
au milieu d'où elle sortait et qui, sans arrière-pensée,
unissait sa destinée à celle d'un jeune homme sans
position ni soutien sérieux. C'était à onze heures du
matin, le 24 novembre 1836 ; j'étais âgé de vingt-
trois ans et six mois. — Au retour de l'église, ma
bonne humeur chassa toute préoccupation. Minna se
mit immédiatement en devoir de recevoir nos invités ;
la table était mise et un opulent repas dédommagea
les convives du froid persistant qui se faisait sentir
dans la pièce et dont la jeune maîtresse de maison
n'arrivait pas à se consoler. L'énergique promoteur
de notre mariage, Abraham Möller, se trouvait là lui
aussi, malgré son léger mécontentement de ne pas
avoir été invité à la cérémonie religieuse. [...]

    L'insuccès de ma *Défense d'aimer* m'ayant donné à
réfléchir, je résolus de créer une œuvre théâtrale
dans laquelle le travail que j'exigerais des chanteurs
et des choristes serait réduit à la juste proportion de
ce qu'on pouvait attendre des acteurs des théâtres de
province, les seuls auxquels je pouvais prétendre. Un
récit original, tiré des *Mille et Une Nuits*, me fournit
le sujet d'une semblable composition, de facture plus
facile. Comme titre, ce récit portait, si je ne me trompe :
Les hommes sont plus rusés que les femmes[1]. De
Bagdad, je transportai l'action dans nos contrées et
l'habillai de costumes modernes. Une jeune femme
voit sur l'enseigne d'un joaillier la devise citée ci-
dessus. Sa susceptibilité en est froissée. Soigneusement voilée, elle entre dans la boutique et, parlant
avec le jeune orfèvre, elle lui dit qu'ayant admiré

l'élégance de ses bijoux, elle s'est sentie prise de confiance en son bon goût et vient lui demander son avis sur la beauté des différentes parties de son corps. Elle découvre son pied, sa main et, voyant le trouble qu'elle fait naître, elle finit par ôter le voile qui cache son visage. Elle confie alors au joaillier, ravi par sa beauté, que son père la tient jalousement enfermée et écarte tous les prétendants en expliquant que sa fille est un monstre de laideur, sans doute pour éviter de lui procurer une dot. Le jeune homme jure de ne pas se laisser décourager par les objections insensées du père et de lui demander sur-le-champ la main de sa fille. Aussitôt dit, aussitôt fait. Le vieil original accorde son enfant en mariage au trop confiant prétendant. Mais lorsque, après la signature du contrat, on amène au fiancé la fille véritable, il découvre sa laideur repoussante et comprend que le père n'avait point menti. Alors la belle jeune fille réapparaît et, après s'être délectée du spectacle du fiancé désespéré, elle lui offre son aide pour le tirer de ce mauvais pas, à condition qu'il enlève la devise de son enseigne. À partir d'ici, j'inventai une variante nouvelle du motif principal : alors que le joaillier, hors de lui, s'apprête à arracher la fatale enseigne, une singulière apparition l'arrête dans son dessein. Sur la route arrive un montreur d'ours qui fait danser l'animal pataud et, au premier coup d'œil, le pauvre amoureux reconnaît en lui son père, dont un étrange destin l'avait séparé. Il cache toutefois l'émotion que lui cause cette découverte car, avec la rapidité de l'éclair, il a conçu un projet qui le libérera de sa malheureuse union avec la fille du vieil homme obsédé par ses origines nobles. Il invite le montreur d'ours à venir le soir même dans le jardin où l'on célébrera les fiançailles et où sera réunie une brillante société.

Il explique à sa belle adversaire qu'il laisse encore provisoirement son enseigne en place, car il espère bien prouver la justesse de sa devise. Tous les invités sont là. Je les imaginais appartenant à la fine fleur des orgueilleux aristocrates français qui avaient émigré au temps de la Révolution. On procède à la lecture du contrat de mariage, dans lequel le jeune homme s'est affublé d'un tas de titres nobiliaires de son invention. Soudain, on entend le fifre du montreur d'ours : il entre dans le jardin avec sa bête en train de danser. Mécontents déjà de ce divertissement trivial, les invités sont pris d'une stupéfaction indignée lorsqu'ils voient le jeune homme donner libre cours à son amour filial et se jeter au cou du montreur d'ours. En pleurant de joie, il déclare qu'il a retrouvé son père. Mais la stupeur augmente encore lorsque l'ours lui-même enlace le jeune homme censé appartenir à la vieille noblesse ; l'ours en effet n'est autre que son propre frère. Après la mort du véritable ours, il est entré dans la peau de celui-ci, pour ne pas perdre l'unique gagne-pain qui fût resté à ces malheureux. La révélation publique de cette basse origine annule immédiatement le mariage, et la belle jeune femme, vaincue par la ruse masculine, dédommage le fiancé libéré de ses engagements en lui accordant sa propre main. Je donnai à ce sujet sans prétention le titre de *L'Heureuse Famille de l'ours*[1], et je l'agrémentai d'un dialogue qui eut plus tard toute l'approbation de Holtei[2]. Je m'apprêtai donc à composer sur ce livret une musique légère dans le style de la musique française moderne. Mais les soucis de plus en plus sérieux que me causait ma situation m'empêchèrent de mener à bien ce travail.

[Wagner s'impose rapidement comme chef d'orchestre à Königsberg, mais il est de nouveau confronté aux difficultés financières chroniques du théâtre. Minna fait venir auprès d'elle sa fille Natalie* (âgée de onze ans), la faisant passer pour sa jeune sœur auprès du voisinage. Les relations entre les époux se détériorent rapidement : Wagner soupçonne Minna d'entretenir une relation extraconjugale avec un riche commerçant nommé Dietrich. Elle finit par aller se réfugier auprès de ses parents à Dresde puis, après une brève et fragile réconciliation, elle prend la fuite avec Dietrich. Entre-temps, Wagner obtient un engagement comme chef d'orchestre au théâtre de Riga, établissement prospère dirigé par l'écrivain Karl von Holtei. Il y retrouve le chef d'orchestre Heinrich Dorn*, qui avait encouragé ses premiers pas de compositeur à Leipzig en 1830. Grâce à l'intercession de sa sœur Amelie Planer, excellente cantatrice engagée par Wagner à Riga, Minna se rapproche de son époux et lui écrit une touchante lettre dans laquelle elle reconnaît son infidélité et lui demande pardon. Ils reprennent leur vie commune.]

Au commencement, la satisfaction d'avoir recouvré mon bonheur conjugal, si précocement troublé, agit d'une façon positive sur mon activité artistique. La sécurité matérielle de notre entreprise théâtrale me procurait aussi la tranquillité d'esprit requise et j'obtins quelques résultats vraiment remarquables au point de vue musical. Le théâtre lui-même était de dimensions très réduites. On ne pouvait songer à déployer un grand luxe de décors sur sa scène minuscule, pas plus qu'il ne pouvait être question de faire jouer des effectifs orchestraux importants dans sa fosse exiguë. Nous nous heurtions des deux côtés à des limites étroites. Malgré cela, je parvins à placer peu à peu des musiciens supplémentaires dans cet espace calculé seulement pour un quatuor d'instruments à cordes composé de deux premiers et deux seconds violons, deux altos et une contrebasse. Mais ces efforts, couronnés de succès, me valurent le courroux de Holtei. Nous eûmes bientôt un bon ensemble d'opéra. Je fus particulièrement stimulé par la réussite de notre travail sur *Joseph en Égypte* de Méhul[1]. Le style noble et simple de cette musique émouvante et saisissante influença favorablement mon goût musical, sérieusement gâté par ma fréquentation du répertoire des théâtres de l'époque. Je fus heureux de sentir mon goût pour les œuvres sérieuses se réveiller en moi à l'audition de ce drame musical mêlé de déclamation. Je me souviens tout particulièrement d'une représentation du *Roi Lear* dont j'avais suivi avec grand intérêt non seulement les représentations, mais également les répétitions. — Ces impressions stimulantes n'eurent cependant pour résultat immédiat que de me rendre de plus en plus malheureux dans l'exercice de mes fonctions. D'un côté, les membres de la troupe me devenaient toujours plus antipathiques, et de l'autre, les choix artistiques de la direction me causaient un dépit croissant. M'étant défait de cette vieille mauvaise manie, que j'avais conservée à Magdebourg, de ne pas choisir mes fréquentations, je fis alors, en ce qui concerne le personnel du théâtre, la désagréable expérience du vide, de la vanité et de l'impudent égoïsme propre à cette sorte de gens ignorants et dévergondés. Il ne se trouva bientôt presque plus de membres de notre opéra avec qui je ne fusse brouillé à cause de l'un ou l'autre de ces traits de caractère. Ce qu'il y avait de plus triste, c'est que dans ces luttes, où je n'étais mû en

vérité que par mon désir d'améliorer les performances
artistiques de notre ensemble, je n'étais jamais secondé
par le directeur Holtei. Bien au contraire, je m'atti-
rais ainsi son inimitié. Il se crut bientôt obligé de me
déclarer ouvertement que notre théâtre prenait un
caractère beaucoup trop sérieux à son goût, et il
tâcha de me faire comprendre que de bonnes productions théâtrales ne s'obtiennent qu'avec une bande
de dévergondés. De même qu'il considérait que le
concept de dignité de l'art dramatique était un non-
sens de pédant, de même il prétendait que le vaudeville seul, pour partie frivole et pour partie émouvant,
était digne d'intérêt. Il détestait le sérieux du grand
opéra et surtout l'éclat des grands ensembles musicaux ; mes exigences à ce sujet ne recueillaient que
son ironie et de perfides fins de non-recevoir. J'allais
bientôt comprendre avec effroi le singulier rapport
qu'il y avait entre ses choix artistiques et ses pen-
chants dans le domaine des mœurs. Pour le moment,
je me sentais suffisamment révolté par l'antipathie
qu'il professait pour le genre sérieux, et je me laissais aller à ma répulsion croissante contre tout le
milieu théâtral. Certes, plusieurs bonnes représentations que je pus donner dans des conditions conve-
nables au grand théâtre de Mitau, où notre troupe se
rendit pour quelques semaines en début d'été, me
procurèrent encore un certain plaisir ; mais, chose
curieuse, ce fut précisément pendant ce séjour, que
je consacrai principalement à la lecture des romans
de Bulwer, que je pris la résolution intime de briser
définitivement la relation au théâtre telle qu'elle
m'avait été imposée jusque-là.

Rienzi, dont j'avais achevé le livret dans les premiers temps de mon arrivée à Riga, devait m'ouvrir
les portes du monde grandiose dont je rêvais. J'avais

déjà renoncé à l'exécution de *L'Heureuse Famille de
l'ours*, parce que son caractère facile m'aurait forcé
à m'adapter aux conditions théâtrales mesquines
que j'abhorrais ; j'éprouvais maintenant un apaisement stimulant à travailler à mon *Rienzi* en y déployant
des moyens artistiques d'une richesse sans limites.
Si je désirais voir mon œuvre jouée un jour, je ne
pouvais me satisfaire des conditions proposées par
les petits théâtres et il me fallait chercher à entrer en
relation avec une grande maison. Après notre retour
de Mitau, au milieu de l'été 1838, j'entamai la composition, et ce travail me mit dans un état de véritable enthousiasme qui contrastait singulièrement
avec la situation dans laquelle je me trouvais et ressemblait fort à la gaieté d'un désespéré. Ceux à qui je
parlais de mon projet comprenaient tout de suite, à
la simple annonce du sujet, qu'une rupture de mon
engagement actuel était inévitable, car il était impossible de faire représenter un tel opéra à Riga. Aussi
me trouvait-on à la fois arrogant et étourdi. [...]

Peu de temps après ma réconciliation avec Minna,
je reçus la nouvelle de la mort de ma sœur Rosalie.
Pour la première fois de Ma vie, j'éprouvai la sensation liée à la perte d'un être tendrement chéri. La
mort de cette sœur me bouleversa comme un intense
et profond coup du destin. C'est pour Rosalie que
j'avais jadis renoncé aux débordements de ma jeunesse, c'est pour obtenir son amour et son estime
que je m'étais lancé avec ferveur et sérieux dans mes
premiers grands travaux. Lorsque le souci de vivre
s'était violemment emparé de moi et m'avait brusquement éloigné de la maison familiale, c'est elle qui
avait lu dans mon cœur troublé et prononcé cet adieu
lourd de pressentiments à mon départ de Leipzig. À
l'époque où j'avais disparu, quand la nouvelle de

mon mariage et de ma triste mésaventure domestique parvint à ma famille, elle fut la seule à ne jamais
perdre confiance en moi et, comme me le raconta
ma mère plus tard, elle fut la seule à conserver toujours l'espoir que je réussisse à développer les facultés
qui étaient en moi et à en faire quelque chose de
valable. À la nouvelle de son décès, la signification
de son adieu m'apparut avec une clarté soudaine.
Mais je ne compris réellement toute la valeur de nos
relations et l'influence de cette sœur sur moi que
bien plus tard, lorsque, après mes premiers grands
succès, ma mère regrettait en pleurant que Rosalie
ne fût plus là pour y assister. La reprise des relations
avec ma famille me fit le plus grand bien. Ma mère et
mes sœurs avaient de leur côté appris mes mésaventures ; mais les lettres que je recommençais à recevoir de leur part m'émurent profondément, car elles
ne renfermaient aucun reproche sur ma conduite
obstinée et apparemment si peu affectueuse. Au
contraire, elles n'exprimaient que de la sympathie et
une sincère sollicitude. Elles avaient aussi reçu des
renseignements favorables sur ma femme, ce qui me
fut particulièrement agréable, car ainsi je pus m'épargner la pénible besogne d'excuser son inqualifiable
conduite envers moi. Après cette période de si violente
agitation intime, j'éprouvais donc un calme intérieur
bienfaisant. Tout ce qui m'avait poussé avec tant de
fougue à ce mariage imprudent et prématuré, tout
ce qui ensuite m'avait tourmenté et affligé, semblait
s'apaiser et se résoudre dans la paix. Même s'il me
fallut endurer pendant des années encore les soucis
matériels les plus odieux et les plus pesants, l'adou-
cissement de cette inquiétude provoquée par mes
désirs d'adolescent me permit, en attendant mon
indépendance artistique, de diriger toutes les aspira-

tions de ma nature vers le but idéal qui, du jour où je
conçus le projet de *Rienzi*, influença toutes les décisions importantes de Ma vie.

Je ne me rendis compte de la nature de mon existence à Riga que bien plus tard, lorsqu'on me rapporta la remarque d'un habitant de cette ville : il
s'étonnait des succès d'un homme dont nul n'avait
soupçonné la valeur pendant les deux ans qu'il avait
passés dans la cité livonienne, qui n'était pourtant
pas particulièrement grande. Je n'y ai jamais rencontré, même de loin, le moindre personnage intéressant. Je ne pouvais compter que sur moi-même et
je restai étranger aux autres. Comme je l'ai déjà dit,
je me tenais, avec une répulsion croissante, à distance du personnel du théâtre. Lorsque donc, après
le second hiver passé à Riga, à la fin du mois de mars
1839, la direction me signifia mon congé, j'accueillis
avec satisfaction cette obligation de modifier mes
plans d'avenir, même si, pour d'autres raisons, j'en
fus surpris.

[Obligé de quitter Riga pour éviter un scandale de
mœurs, Holtei propose à Heinrich Dorn, dont Wagner
découvre alors la duplicité, de prendre les fonctions de
directeur de la musique. Le compositeur se retrouve
maintenant dans une situation matérielle précaire.]

Je dois dire à l'honneur de Joseph Hoffmann, le
nouveau directeur du théâtre de Riga, qu'il prit à
cœur la trahison commise à mon encontre. Il me
déclara que la nomination de Dorn ne comptant que
pour un an, il ne renouvellerait pas son contrat et
que, au moment donné, il me rappellerait immédiatement. En outre, des amateurs de musique de Riga
vinrent me proposer des leçons, l'organisation de

concerts, etc., afin de me dédommager de la perte de
mon traitement de directeur pendant cette année.
Quoique ces témoignages d'estime me fussent précieux, j'avais un trop vif désir de rompre définitivement avec le monde du théâtre tel que je le connaissais
pour ne pas me servir de ce prétexte et abandonner
ma carrière actuelle afin d'en choisir une totalement
nouvelle. De façon assez habile, je profitai de l'émoi
et de l'amertume ressentis par ma femme à l'encontre de la trahison dont j'étais victime pour l'habituer à mon projet excentrique d'aller nous installer à
Paris. Par l'ampleur que je donnais à mon *Rienzi*, je
ne pouvais le représenter que sur les plus grandes
scènes. Je résolus donc de me tourner directement
vers la capitale européenne de l'opéra sans passer
par les stations intermédiaires. À Magdebourg déjà,
j'avais élaboré à partir du roman de Heinrich König,
La Noble Fiancée, le sujet d'un grand opéra en cinq
actes, correspondant à l'ample construction du modèle
français. J'en fis traduire en français le scénario
complet et, de Königsberg, je l'envoyai à Scribe*, à
Paris. J'y joignis une lettre dans laquelle je donnais
au célèbre librettiste le droit de s'approprier mon
esquisse, à condition qu'il me procurât la commande
de la musique pour l'Opéra de Paris. Afin de lui prouver mes capacités à composer un opéra pour Paris,
je lui expédiai en même temps la partition de ma
Défense d'aimer. J'écrivis aussi à Meyerbeer pour
l'avertir de mon dessein et lui demander sa protection.
Je ne me tourmentai point de ne recevoir aucune
réponse ; il me suffisait de pouvoir me dire que j'étais
déjà «en relation avec Paris». Et, en effet, lorsque
j'entrepris à Riga d'exécuter mon plan hardi, j'avais
déjà un point de repère à Paris et mes projets
n'étaient pas tout à fait bâtis sur du sable. Ma sœur

cadette, Cäcilie, était fiancée à un éditeur de la
maison Brockhaus, Eduard Avenarius, et celui-ci
dirigeait la succursale parisienne de la maison allemande. C'est à lui que je m'adressai pour qu'il allât
relancer Scribe et lui demander une réponse à mon
offre, qui datait maintenant de plusieurs années. Avenarius fit donc une visite à Scribe, qui lui confirma
avoir reçu mon envoi et lui dit se souvenir du sujet :
il y avait entre autres une «joueuse de harpe» mal-
traitée par son père. Puisque seul cet élément acces-
soire lui était resté en mémoire, j'en déduisis qu'il
n'avait pris connaissance que du premier acte, dans
lequel se déroulait cet épisode. Quant à ma partition,
il dit seulement qu'il s'en était fait jouer quelques passages par un élève du Conservatoire. Je ne pouvais
donc pas me vanter d'être entré en relations étroites
avec lui. Cependant, lorsque j'eus entre les mains la
lettre que Scribe écrivit à mon sujet à Avenarius, je
crus tenir la preuve palpable que l'écrivain français
s'était occupé de moi et que tout de même nous
étions en relation. Cette lettre de Scribe fit aussi une
impression profonde sur la nature généralement peu
enthousiaste de ma femme, au point même qu'elle
réussit à surmonter l'inquiétude que lui causait l'idée
d'une aventure à Paris. Nous décidâmes donc pour
finir qu'à la fin de la seconde année de mon engagement à Riga, c'est-à-dire l'été 1839, nous irions directement à Paris, où je tenterais de faire fortune comme
compositeur d'opéra.

L'achèvement de *Rienzi* acquérait ainsi une importance toujours plus grande. Avant notre départ,
j'avais déjà achevé la composition du deuxième acte.
J'y intercalai un ballet héroïque de dimensions extravagantes. Alors je me dis qu'il me fallait apprendre
rapidement le français que, pendant mes classes de

lycée, j'avais laissé de côté avec un dédain superbe. Comme il ne me restait que quatre semaines pour rattraper le temps perdu, je pris des leçons chez un bon professeur français. Mais je m'aperçus bientôt que, dans ce court espace de temps, je ne pourrais pas arriver à un résultat bien fameux. Je mis donc ces leçons à profit pour faire faire par mon maître, sous prétexte d'exercice, une traduction en prose de mon texte de *Rienzi*[1]. Je la notais immédiatement à l'encre rouge sur la partition des passages déjà composés afin de pouvoir, dès mon arrivée à Paris, soumettre une partie de l'œuvre au jugement des critiques français.

Il me semblait avoir, de cette façon, préparé intelligemment mon entreprise. Pour la réaliser, il ne me restait plus qu'à me procurer de l'argent. C'est là que résidait la grosse difficulté. La vente de notre petit mobilier, les recettes d'un concert et quelques petites économies eussent suffi tout juste à payer les créanciers de Magdebourg et de Königsberg, qui me poursuivaient en justice à Riga. Si j'employais à cela mes modestes fonds, il ne me resterait pas le moindre sou. Il fallait donc trouver un expédient et notre vieil ami de Königsberg, Abraham Möller, se trouva là à point nommé pour nous donner un conseil à sa façon (parfois sujette à caution). Il était venu nous faire, à cette époque critique, une seconde visite à Riga. Je me plaignis auprès de lui de ma situation difficile et des obstacles qui se mettaient en travers de mon départ pour Paris. Il me conseilla alors de garder tout bonnement mes économies pour notre voyage et de n'indemniser mes créanciers que lorsque mes succès parisiens m'en auraient donné les moyens. Pour faciliter la réalisation de mon projet, il nous offrit de nous faire passer la frontière russe dans sa

voiture particulière et de nous conduire jusqu'à un
port de Prusse orientale. Nous devions effectuer ce
passage de la frontière russo-prussienne sans passe-
ports, car les nôtres avaient été confisqués par nos
créanciers étrangers. Möller nous dépeignit ce plan,
très risqué, comme la chose la plus facile du monde
à réaliser. Tout près de la frontière, en territoire prussien, se trouvait la propriété d'un de ses amis, et
celui-ci nous donnerait certainement le coup de
main nécessaire. Mon désir ardent de sortir à tout
prix de ma situation actuelle afin d'arriver le plus
rapidement possible là où pourraient se réaliser mes
souhaits ambitieux m'aveugla sur tous les dangers
que nous courions à exécuter ce plan. Le directeur
Hoffmann, qui se sentait des devoirs envers moi, me
facilita les choses en autorisant mon départ quelques
mois avant l'expiration de mon contrat. Après que
j'eus dirigé les représentations de la saison théâtrale
de juin à Mitau, nous entreprîmes dans le plus grand
secret, sous la protection de Möller et dans sa berline,
ce voyage dont nous ne devions atteindre le but,
Paris, qu'après avoir vécu les pires tribulations.

   Le sentiment de bien-être que me procura le trajet
en voiture à travers la fertile Courlande pendant le
luxuriant mois de juin, et que renforçait la pensée
d'avoir abandonné une carrière détestée pour me
diriger vers de tout nouveaux horizons fut troublé,
dès le début, par les ennuis que nous causa notre
chien Robber, un grand terre-neuve que nous emme-
nions avec nous. Ce magnifique animal, qui avait
appartenu à un marchand de Riga, manifestait à
mon endroit un attachement inhabituel pour cette
race de chiens. Pendant le séjour assez long que
j'avais fait à Mitau, Robber, resté à Riga, n'avait pas
cessé de monter la garde devant notre logis inhabité,

et cette fidélité du chien avait tellement ému le propriétaire et les voisins qu'ils me l'avaient expédié par
l'entremise du conducteur de la diligence. Je l'accueillis avec une véritable émotion et me jurai de ne
plus l'abandonner désormais, quel qu'en fût le prix à
payer. Quoi qu'il pût arriver, cet énorme animal devait
donc nous accompagner à Paris. Mais le faire entrer
dans la voiture paraissait impossible. En route, j'essayai en vain par tous les moyens de lui trouver une
place, et ce fut une torture pour moi de voir le pauvre
chien à la lourde fourrure nordique trotter toute la
journée derrière la voiture par une chaleur torride.
Enfin, pris de compassion pour son épuisement, je
trouvai un moyen ingénieux de caser tant bien que
mal la bête épuisée dans la berline pleine. Nous arrivâmes ainsi à la frontière russo-prussienne au soir
du deuxième jour. L'inquiétude de Möller sur la
façon dont nous allions la franchir secrètement nous
fit comprendre quelle entreprise hasardeuse nous
risquions là. Comme convenu, l'ami prussien de notre
protecteur était venu à notre rencontre ; il nous prit
dans sa petite voiture, Minna, moi et Robber, et nous
conduisit par des chemins détournés, en évitant la
grand-route, jusqu'à un endroit où il nous fallut poursuivre à pied pour atteindre une maison de très
louche apparence. Puis il nous confia à un guide et
nous quitta. Nous dûmes attendre là jusqu'après le
coucher du soleil et nous eûmes le temps de nous
rendre compte que nous étions tombés dans un véritable repaire de contrebandiers. La taverne se remplit
peu à peu de juifs polonais à l'aspect des plus sor-
dides. Enfin, on nous invita à suivre notre guide. À
quelques centaines de pas environ, au pied d'une
colline, courait le fossé qui longe toute la frontière
russe, constamment surveillé par des sentinelles

cosaques très rapprochées les unes des autres. Il
fallait profiter des quelques minutes où les faction-
naires étaient occupés à relever la garde pour descendre la colline en courant, traverser le fossé,
regrimper du côté opposé, puis courir encore jusqu'à
ce qu'on fût hors de portée de fusil, car les cosaques
avaient l'ordre, s'ils nous apercevaient, de nous tirer
dessus, même au-delà de la frontière. Malgré ma terrible inquiétude pour Minna, j'observai avec plaisir
le comportement intelligent de Robber. Il semblait
flairer le danger et se serrait silencieusement contre
nous ; aussi je perdis bientôt la crainte qu'il pût nous
causer des ennuis au moment le plus critique. Enfin,
nous retrouvâmes notre fidèle Prussien, il était si
ému qu'il nous serra dans ses bras avec impétuosité.
Puis il nous reprit dans sa voiture et nous conduisit à
l'auberge de la première ville frontière prussienne.
L'ami Möller était malade de crainte mais, en nous
voyant, il sauta hors de son lit en sanglotant et en
poussant des cris de joie. Je me rendis compte alors
du danger auquel je m'étais exposé avec la pauvre
Minna et je pris conscience de l'erreur que j'avais
commise à cause de l'ignorance dans laquelle l'in-
souciant Möller m'avait laissé quant aux difficultés
inouïes de ce passage en fraude de la frontière. Je ne
trouvai pas de paroles pour exprimer tout mon
repentir à ma malheureuse femme exténuée.

Et pourtant, les obstacles que nous venions de surmonter n'étaient que le prélude aux désagréments
qui allaient surgir dans ce voyage aventureux, si décisif
pour Ma vie entière. Le lendemain, pendant que nous
roulions le cœur rasséréné à travers la riche plaine
de Tilsit, nous dirigeant vers Arnau, près de Königsberg, nous convînmes de nous rendre d'abord à
Londres et de prendre un bateau dans le port prus-

sien de Pillau. Nous choisîmes cette solution à cause
de notre chien : c'était pour lui le seul moyen de transport envisageable. Il n'y avait pas encore de chemin
de fer et nous ne pouvions songer à lui faire faire en
voiture de poste le voyage de Königsberg à Paris. De
plus, nos réserves d'argent nous obligeaient à économiser le plus possible : tout notre avoir, réuni au
terme d'un rude labeur, consistait en cent ducats à
peine, qui devaient nous permettre de subvenir non
seulement aux frais du voyage, mais encore au séjour
à Paris, en attendant que je parvienne à gagner un
peu d'argent. Après nous être reposés quelques jours
dans l'auberge d'Arnau, nous nous remîmes donc en
route, toujours accompagnés de Möller, en utilisant
un véhicule du pays qui ressemblait assez à un chariot
à ridelles. Nous prîmes de mauvaises routes par des
localités inconnues, afin d'éviter Königsberg, et nous
arrivâmes au petit port de Pillau. Ce trajet relativement court ne s'accomplit pas, lui non plus, sans
incident. Notre malheureuse voiture se renversa dans
la cour d'une ferme, et Minna fut si durement éprouvée
par des douleurs internes qu'il me fallut la traîner
péniblement, à demi paralysée, jusqu'au logis de fer-
miers malpropres et bougons chez lesquels nous
demeurâmes une nuit, particulièrement éprouvante
pour la pauvre blessée. Heureusement, le départ du
bateau à Pillau avait été retardé de quelques jours, et
ce délai bienvenu permit à Minna de se remettre un
peu. Mais une nouvelle difficulté se présenta à l'embarquement. Comme le capitaine nous acceptait à
son bord sans que nous eussions de papiers, il s'agissait pour nous de gagner son bateau subrepticement.
Il nous fallut donc, avant l'aube, passer dans une petite
embarcation sous le nez de la police portuaire puis,
arrivés au voilier, y hisser Robber à grand-peine,

sans nous faire remarquer et, sur le bateau même,
nous dissimuler immédiatement dans la cale pour
échapper aux inspecteurs qui devaient monter à bord
avant le départ. Enfin, on leva l'ancre et, pendant
que la terre disparaissait peu à peu à nos yeux, nous
pûmes respirer avec soulagement.

Nous nous trouvions sur un navire marchand de la
plus petite catégorie[1]. Il s'appelait *Thétis* et le buste
de cette nymphe était sculpté à sa proue. L'équipage
se composait de sept hommes, y compris le capitaine. On pensait qu'avec le beau temps, habituel en
été, on atteindrait Londres en huit jours. Mais déjà,
dans la mer Baltique, nous fûmes arrêtés par un
calme plat prolongé. Je profitai de mes loisirs pour
approfondir ma connaissance du français en étudiant un roman de George Sand, *La Dernière Aldini*.
Du reste, le commerce des matelots nous procurait
bien des distractions. Nous nous amusions surtout à
observer un vieux loup de mer, taciturne et bizarre,
nommé Koske, auquel notre brave Robber, d'habitude si doux, témoignait une antipathie féroce qui
allait nous mettre dans une situation ridicule au
moment le plus délicat du voyage. — Nous n'arrivâmes à Copenhague qu'au terme de sept jours de
navigation. Sans descendre du navire, nous fîmes
quelques provisions de nourriture et de boissons afin
de nous rendre plus supportable la triste pitance du
bateau. Pleins d'entrain, nous passâmes devant le
beau château d'Elseneur, dont la vue fit resurgir
en moi mes impressions de jeunesse sur *Hamlet*;
puis, toutes voiles dehors, nous traversâmes pleins
d'optimisme le Kattegat et le Skagerrack. Mais le
vent contraire qui obligeait notre bâtiment à lou-
voyer dégénéra subitement, au deuxième jour de ce
nouveau voyage, en une violente tempête. Pendant

vingt-quatre heures, il nous fallut endurer des épreuves entièrement nouvelles pour nous. Enfermés dans la cabine exiguë du capitaine, n'ayant pas même une couchette à disposition de l'un de nous deux, nous devînmes la proie du mal de mer et des plus affreuses angoisses. Pour mon malheur, le tonnelet d'eau-de-vie où les matelots venaient de temps en temps puiser pour se donner du cœur dans leur dure besogne se trouvait sous le banc où j'étais étendu, et Koske était celui qui venait se réconforter (et m'incommoder) le plus souvent. Or, chaque fois qu'il descendait l'échelle étroite de la cabine, Robber se jetait sur lui avec une fureur nouvelle et il en résultait une lutte à la vie et à la mort ; immanquablement, cela provoquait chez moi une tension qui transformait en pénible catastrophe cet épuisant mal de mer. Enfin, le 27 juillet, face à un vent d'ouest d'une extrême violence, le capitaine se vit forcé de chercher un refuge sur la côte de Norvège. J'aperçus avec un sentiment de soulagement les côtes rocheuses s'étendant à perte de vue vers lesquelles nous étions poussés avec rapidité. Un pilote norvégien venu à notre rencontre sur un petit bateau saisit de sa main sûre le gouvernail de la *Thétis*, et j'eus bientôt l'occasion de recevoir une des plus admirables et grandioses impressions de Ma vie. Ce que j'avais pris pour une chaîne non interrompue de falaises était, vu de près, une succession de récifs isolés qui émergeaient de l'eau ; les ayant dépassés, nous remarquâmes que nous en avions non seulement devant nous, mais aussi à nos côtés et derrière, de sorte que nous nous trouvions entourés de gigantesques récifs qui se refermaient derrière nous pour ne plus former qu'une seule chaîne rocheuse. Et le vent se brisait sur ces écueils de telle façon que la mer devenait de plus en plus calme à mesure que

nous progressions dans ce labyrinthe rocheux en
mouvement. Nous entrâmes ensuite dans un détroit
profondément encaissé, entouré de hautes parois de
rochers ; notre voilier avançait sur une mer lisse et
paisible au milieu de ce qui était en fait un fjord norvégien.

Ce fut un véritable bonheur pour moi d'entendre le
cri des matelots se répercuter sur les colossales
murailles de granit qui le renvoyaient en écho. C'est
le cri dont ils accompagnent leurs mouvements quand
ils jettent l'ancre et hissent les voiles ; son rythme
bref s'imprima en moi tel un signal prémonitoire
réconfortant, et forma bientôt le thème du chant des
matelots dans mon *Vaisseau fantôme*, opéra dont
j'avais déjà l'idée à cette époque. Les impressions
d'alors lui donnèrent une couleur poétique et musicale précise[1]. Nous abordâmes dans ce fjord. J'appris que le hameau de pêcheurs qui nous accueillait
se nommait Sandvika[2] ; il se trouve à quelques milles
d'Arendal, localité plus importante. Nous pûmes nous
loger dans la maison vide d'un capitaine en voyage et
nous y reposer deux jours, cependant que la tempête
continuait à sévir en pleine mer. Ce n'était pas de
trop pour nous remettre. Le 31 juillet cependant, et
malgré les avertissements du pilote, le capitaine
voulut remettre les voiles. Nous étions à bord depuis
quelques heures, en train de manger du homard
pour la première fois de notre vie, quand s'élevèrent
les imprécations furieuses du capitaine et de l'équipage contre le pilote. À mon immense terreur, je
vis que celui-ci, cramponné au gouvernail, essayait
d'éviter un récif qui sortait à peine de l'eau et sur
lequel se dirigeait la *Thétis*. Notre frayeur fut grande
en entendant ce furieux tumulte. Nous étions persuadés que nous courions à la catastrophe. Et, en

effet, le bateau subit un choc violent… et dans mon imagination je vis en un instant le vaisseau éventré, perdu. Heureusement il n'y eut rien de grave, le récif n'avait fait que frôler le flanc de la *Thétis*. Mais, pour plus de sûreté, le capitaine voulut retourner dans un port, afin de faire procéder à l'examen nécessaire de son bateau. À un autre point de la côte, on jeta l'ancre une seconde fois et le capitaine nous invita à l'accompagner avec deux matelots à Tromsond, une assez grande localité située à quelques heures de là, où il demanda aux autorités portuaires de venir vérifier l'état de son bâtiment. Cette promenade en mer fut charmante et des plus intéressantes ; la vue d'un fjord qui s'enfonçait profondément dans les terres me donna la sensation d'une solitude inconnue, sauvage et grandiose. Une assez longue promenade sur le haut plateau de Tromsond augmenta encore le sentiment de terrible mélancolie que me causèrent ces landes marécageuses, sans arbres, sans buissons, à peine couvertes d'une maigre mousse et qui se confondaient à l'horizon avec un ciel brumeux de même couleur. Nous revînmes de cette excursion sur notre petite embarcation très tard dans la nuit, à la grande inquiétude de ma femme. Le lendemain matin, rassurés sur l'avarie de notre bateau, qui ne présentait pas de danger, nous reprîmes la mer sans encombre. C'était le 1ᵉʳ août, nous étions poussés par un vent favorable.

Après quatre jours de navigation tranquille, un violent vent de nord s'éleva, nous poussant avec une incroyable rapidité dans la bonne direction. Nous pensions être bientôt au terme de notre voyage quand, au soir du 6 août, le vent tourna soudain et se transforma en une tempête de plus en plus puissante. Le mercredi 7, à deux heures et demie de l'après-midi,

nous nous jugions perdus. Ce qui éveilla en moi
l'horreur de la mort, ce ne fut pas la puissance terrible de la mer en furie qui ballottait constamment le
navire, et tantôt le jetait au fond d'un précipice,
tantôt le hissait au sommet de hautes vagues à pic.
Ce qui me fit trembler, ce fut le découragement des
matelots, les regards hostiles et désespérés qu'ils nous
jetaient, semblant nous accuser dans leur superstition
d'être la cause du naufrage inévitable. Ne connaissant pas la raison somme toute insignifiante pour
laquelle nous voyagions en secret, ces gens se figu-
raient sans doute que notre fuite avait un motif ina-
vouable, voire criminel. Le capitaine lui-même, au
moment le plus critique, sembla regretter de nous
avoir pris à bord. À ses yeux, il était évident que nous
lui avions porté malheur pour cette traversée qu'il
avait si souvent effectuée rapidement et sans encombre,
surtout en été. Lorsque, au cours de ce même après-
midi, un terrible orage vint se joindre à la tempête,
Minna demanda ardemment au ciel de la frapper de
la foudre pour qu'elle meure avec moi plutôt que de
devoir sombrer vivante dans cette effroyable immen-
sité d'eau. Elle me supplia de l'attacher à moi par
des linges afin que nous ne fussions pas séparés en
coulant. Nous passâmes toute une nuit tourmentés
par une angoisse dont seul notre épuisement affaiblissait l'intensité. Le lendemain, cependant, la tempête
cessa ; le vent resta contraire, mais perdit de sa force.
Le capitaine cherchait, avec ses instruments astro-
nomiques, à déterminer l'endroit exact où nous nous
trouvions. Il se lamentait de ce que le ciel était, depuis
des jours et des nuits, constamment couvert ; il eût
donné beaucoup, disait-il, pour un seul rayon de soleil
ou d'étoile, et ne dissimulait pas l'inquiétude qu'il
éprouvait à ne pas arriver à déterminer le point où

nous nous trouvions. Pour se rassurer, il se mit à suivre un voilier qu'il apercevait à une distance de quelques milles. Il ne cessait d'en observer attentivement les mouvements avec sa longue-vue. Il bondit soudain, effaré, et donna précipitamment l'ordre de changer de cours. Il venait de comprendre que le voilier cinglait directement sur un banc de sable dont, dit-il, on ne pourrait plus se dégager. Le capitaine savait maintenant que nous étions à proximité des plus dangereux parages de la côte hollandaise, là où les bancs de sable s'avancent très loin dans la mer. Manœuvrant adroitement les voiles, il parvint à garder la direction contraire, mettant le cap vers l'Angleterre que nous aperçûmes enfin, le 9 août au soir, près de Southwould. Je sentis mon cœur se réchauffer lorsque, de loin déjà, je vis les pilotes anglais se précipiter vers notre bateau : la concurrence était libre sur la côte anglaise et chacun prenait tous les risques pour atteindre le premier le navire qui arrivait du large. Un homme vigoureux, déjà grisonnant, parvint à monter sur notre bâtiment après un long combat contre des vagues furieuses qui éloignaient constamment sa frêle embarcation de notre navire. Les mains ensanglantées par la corde qu'on lui lançait et qui lui échappait sans cesse, il put enfin prendre son poste au gouvernail de la *Thétis*. Notre pauvre voilier, durement éprouvé, portait encore ce nom, bien que la première tempête du Kattegat eût arraché de sa proue le buste rassurant de la nymphe protectrice. L'équipage avait alors considéré cette perte comme un présage de malheur. Nous sentir entre les mains sûres de ce marin anglais plein de sang-froid, dont toute la personnalité dégageait quelque chose de rassurant, nous remplit alors d'une sérénité presque religieuse : ce pilote était le signe

tangible de la fin prochaine de nos effroyables tour-
ments. Mais nous n'étions pas encore au bout de nos
peines : il y avait encore les innombrables pièges tendus
par la navigation à proximité des bancs de sable de
la côte d'Angleterre où, à ce qu'on m'a assuré, quelque
quatre cents bateaux font naufrage chaque année.
Au milieu de ces bancs de sable, il nous fallut encore
pendant vingt-quatre heures subir un violent vent
d'ouest qui ralentit tellement notre progression que
nous n'arrivâmes à l'embouchure de la Tamise que
dans la nuit du 12 août. Les différents signaux d'avertissement qui n'avaient pas cessé de fonctionner,
principalement les petits bateaux peints en rouge et
munis de cloches sonnant constamment à cause du
brouillard, produisirent un effet alarmant sur l'imagination inquiète de ma femme. Sans relâche, elle les
guettait et prévenait les matelots. Aussi ne put-elle
fermer l'œil, tandis que moi, rassuré par ces signes
de la proximité des secours, je m'abandonnai, malgré
les vifs reproches de Minna, à un long sommeil répa-
rateur. Lorsque enfin nous eûmes jeté l'ancre dans
l'embouchure de la Tamise pour attendre tranquillement le lever du jour, Minna et tout l'équipage, cédant
à la fatigue, s'endormirent profondément, tandis que
moi, je me laissai aller à un présomptueux sentiment
de bien-être. Je m'occupai de mes vêtements, je mis
du linge frais, je me rasai sur le pont devant le grand
mât, puis je contemplai avec intérêt l'animation
croissante de la célèbre voie fluviale. Nous avions
hâte de quitter notre voilier, qui nous était devenu
aussi odieux qu'une prison, et lorsqu'il se fut remis
lentement en marche pour remonter le fleuve, nous
nous décidâmes, près de Gravesend, à prendre le
bateau à vapeur pour arriver plus vite à Londres.
L'approche de la grande cité qu'annonçaient les

embarcations toujours plus nombreuses sur le fleuve, les célèbres docks et autres bâtiments portuaires occupant des rives de plus en plus peuplées, nous remplissait d'étonnement. Quand nous atteignîmes enfin le Pont de Londres, centre trépidant de cette incomparable capitale d'importance mondiale, et qu'après trois semaines de la plus affreuse traversée, nous posâmes le pied sur la terre ferme au milieu du tumulte de la foule affairée, nous fûmes saisis d'un vertige d'allégresse auquel contribua notre pas chancelant habitué au tangage et au roulis du bateau. Robber lui aussi semblait avoir perdu la tête ; il courait comme un fou à tous les coins de rues, et à tout instant nous craignions de le perdre. Nous nous réfugiâmes tous les trois dans un fiacre, qui nous conduisit, sur la recommandation de notre capitaine, à une auberge de matelots près de la Tour de Londres, la « Horseshoe-Tavern », et là, nous fîmes un plan de bataille pour affronter la ville monstre. [...]

[Pendant une semaine, Wagner visite Londres en compagnie de Minna, assiste à une séance de la Chambre des Lords et tente de rencontrer Edward Bulwer-Lytton*, pour lui parler de Rienzi, mais l'écrivain est en voyage. Comme prévu, le compositeur part pour la France le 20 août 1839 sur un bateau à vapeur et fait une escale à Boulogne-sur-Mer, où il apprend la présence de Giacomo Meyerbeer. Ce dernier accepte de le recevoir.]

J'avais souvent entendu parler, dans les journaux, de la complaisance et de l'amabilité proverbiales du grand compositeur. Je lui pardonnais volontiers de ne pas avoir répondu à la lettre que je lui avais écrite

autrefois et l'opinion favorable que j'avais de lui ne
fut pas déçue : je fus introduit immédiatement et
reçu amicalement. Il me fit à tous égards la meilleure impression. L'expression de son visage inspirait la confiance, notamment grâce à ses yeux bien
dessinés, et l'âge n'avait pas encore avachi sa physionomie de façon disgracieuse, comme c'est souvent le
cas chez les juifs. Je lui dis mon intention d'aller à
Paris et de tenter d'y réussir comme compositeur dramatique ; il ne me découragea nullement. Il m'autorisa à lui lire le texte de mon *Rienzi* et l'écouta jusqu'à
la fin du troisième acte avec une attention soutenue.
Ensuite, il me pria de lui laisser les deux actes ter-
minés de la composition musicale afin qu'il pût les
parcourir et, à la visite suivante, il m'assura qu'il les
avait lus avec le plus vif intérêt. Quelque chose pourtant me troublait un peu, c'est qu'il revenait sans cesse
sur l'éloge de ma graphie, dans laquelle il reconnais-
sait toutes les qualités du « Saxon ». Il me promit des
lettres de recommandation pour Duponchel[1], le directeur du Grand Opéra, et pour Habeneck[2], son *chef
d'orchestre*[3]. Je n'avais donc qu'à me féliciter du destin
qui m'avait amené, après tant de pérégrinations aventureuses, dans cette partie de la France. N'était-ce
pas en effet une chance incroyable que d'avoir si rapidement conquis la sympathie du plus grand compositeur d'opéra français ? Meyerbeer m'emmena chez
Moscheles[4], qui séjournait aussi à Boulogne, puis
chez Mademoiselle Blahetka[5], la célèbre virtuose que
je connaissais de nom depuis longtemps. Je passai,
dans leur intimité, de délicieuses soirées. Nous faisions de la musique et je me trouvai ainsi, pour la
première fois, en relation avec de grandes célébrités
musicales.

J'avais écrit à mon futur beau-frère Avenarius en

le priant de nous trouver à Paris un logis convenable. Nous partîmes donc en diligence le 16 septembre, après avoir eu les difficultés habituelles avec Robber, qu'il me fallut caser tout en haut, sur l'impériale. — C'est avec une curiosité impatiente que j'attendais notre entrée dans ce Paris tant désiré. Je fus d'abord déçu, car je ne retrouvai pas cette impression que Londres avait faite sur moi. Tout me parut plus étroit, plus resserré, et j'attendais quelque chose de plus monumental des fameux boulevards. Je fus extrêmement dépité de devoir fouler pour la première fois le sol de Paris dans une affreuse petite rue, celle de la Jussienne, où s'était arrêtée notre énorme diligence. La rue de Richelieu, où se trouvait la librairie de mon beau-frère, ne m'en imposa guère non plus, comparée aux rues du West End de Londres. Et lorsque, pour me rendre jusqu'à la *chambre garnie* qui avait été louée pour nous, il me fallut emprunter l'étroite rue de la Tonnellerie, qui relie la rue Saint-Honoré au Marché des Innocents, j'eus une impression de déclassement. Mais sur la façade de notre *hôtel garni* se trouvait un buste de Molière avec cette inscription : *Maison où naquit Molière*[1]. Cela me parut de bon augure et me consola en partie des impressions décevantes que j'avais eues jusque-là. Une chambre petite, mais agréable et bien meublée, d'un prix modeste, nous accueillit au quatrième étage. Des fenêtres, nous avions une vue plongeante sur l'incroyable fourmillement qui faisait ressembler les rues alentour à un marché, et nous nous demandions avec effroi ce que nous étions venus faire dans ce coin.

[À Paris, Wagner se lie d'amitié avec le bibliothé-caire Gottfried Engelbert Anders*, collaborateur occa-

sionnel de la Gazette musicale de Paris, *et du philologue Samuel Lehrs*; il passe avec eux de nombreuses soirées.]*

Le sujet de nos conversations était presque toujours le même : nous délibérions sur les voies à suivre pour atteindre rapidement mon but de me faire connaître à Paris. L'arrivée des lettres de recommandation promises par Meyerbeer entretint mon bon espoir. Le directeur de l'Opéra, Monsieur Duponchel, me reçut dans son bureau ; il lut la lettre de Meyerbeer à travers un monocle qu'il plaça sur son œil gauche en restant parfaitement impassible. Il avait, sans doute, ouvert déjà bien des lettres de ce genre venant de Meyerbeer. Il me congédia et ne me donna plus jamais signe de vie. Le vieux chef d'orchestre Habeneck me témoigna en revanche une sympathie réelle. Il se déclara prêt, si je le désirais et si on en trouvait le temps, à faire jouer quelque chose de moi dans une des répétitions d'orchestre des concerts de l'Orchestre du Conservatoire. Malheureusement, en fait de composition orchestrale, je n'avais rien qui pût convenir, sauf mon étrange ouverture sur *Christophe Colomb*. Comme elle m'avait procuré tant d'applaudissements à Magdebourg, grâce aux vaillantes trompettes militaires prussiennes, je la considérai comme l'œuvre sortie de ma plume qui pouvait le mieux soutenir l'épreuve. J'en remis donc la partition avec les parties d'orchestre à Habeneck et je pus ainsi raconter le soir à notre comité d'amis que j'avais fait mon premier pas vers le succès. — Quant à tenter de reprendre personnellement les rapports que j'avais eus par écrit avec Scribe, mes amis m'en dissuadèrent, car ils savaient par expérience qu'un homme aussi occupé que le célèbre auteur n'aurait guère de temps à consacrer à un jeune compositeur totalement inconnu. En compensation, Anders me fit faire la connaissance d'un certain Monsieur Dumersan[1], avec lequel il était lié. Ce dernier, qui n'était plus tout jeune, avait écrit une centaine de pièces pour de petits théâtres de vaudeville et il eût aimé, avant de mourir, se voir jouer sur une grande scène lyrique. Dépourvu de toute vanité d'auteur, il aurait volontiers accepté d'adapter en vers français un opéra terminé. Nous lui proposâmes donc ma *Défense d'aimer*, qui eût pu convenir au troisième théâtre lyrique parisien, le Théâtre de la Renaissance, installé dans la salle Ventadour récemment remise à neuf après un incendie. Dumersan mit immédiatement en fort jolis vers français la traduction littérale des trois morceaux que je destinais à l'*audition* espérée. Au surplus, il me demanda d'écrire un chœur pour son vaudeville, *La Descente de la Courtille*[2], que l'on jouait au Théâtre des Variétés pendant le carnaval. — Cela m'ouvrait une nouvelle perspective. Mes amis me conseillèrent d'écrire quelques petites mélodies que je pourrais offrir à des chanteurs connus pour un de leurs concerts. Lehrs et Anders me procurèrent des textes. Anders m'apporta un très innocent *Dors, mon enfant*[3], d'un jeune poète de ses amis, qui fut la première petite œuvre que je composai sur un texte français. Elle me réussit si bien que le soir, pendant que je l'essayais doucement au piano, ma femme me cria de son lit que cela vous endormait délicieusement. Je mis en outre en musique *L'Attente*[4], tirée des *Orientales* de Victor Hugo, et une romance de Ronsard, *Mignonne*[5]. Ces petits travaux, dont je n'ai pas à rougir, ont été publiés ultérieurement, en 1841, dans le supplément musical de la revue *Europa*, éditée par August Lewald. — Alors, il me vint à l'idée d'écrire un grand air de basse avec chœur pour Lablache[1] dans son rôle d'Orovese, dans *Norma*. Lehrs dut aller à la recherche d'un réfugié politique italien qui pût en fournir le texte. Il le trouva et je menai à bonne fin une composition faisant grand effet, dans le style de Bellini, que j'ai encore parmi mes manuscrits. J'allai immédiatement l'offrir à Lablache. Un aimable domestique noir m'accueillit dans l'antichambre et voulut absolument me faire entrer chez son maître, sans même m'annoncer. Je m'étais figuré qu'il était très difficile d'être reçu par un tel personnage et, m'attendant à être éconduit, j'avais exposé dans une lettre l'objet de ma demande : j'espérais me faire comprendre ainsi plus facilement que par une explication de vive voix. La familiarité du domestique noir me mit donc dans un embarras extrême. Je lui fourrai dans la main mon manuscrit et ma lettre et, sans plus m'occuper de son étonnement ni de son insistance à m'introduire pour que je puisse m'entretenir directement avec son maître, je me hâtai de quitter la maison. Je comptais revenir chercher la réponse quelques jours plus tard. Lorsque je reparus, Lablache me reçut très aimablement ; il m'assura que mon air était écrit à la perfection, mais que malheureusement il était impossible de l'intercaler dans un opéra aussi souvent joué que celui de Bellini. La rechute dans le style bellinien dont je m'étais rendu coupable en composant cet air fut donc inutile et je me rendis vite compte que cet essai avait été infructueux. Je compris qu'il me fallait des recommandations personnelles auprès des chanteurs et des cantatrices si je voulais jamais entendre mes autres airs chantés en public.

Aussi ma joie fut-elle grande quand Meyerbeer arriva enfin à Paris. Il ne témoigna guère de surprise

du peu d'effet de ses recommandations ; en revanche,
il crut bon de m'avertir qu'à Paris tout était très
difficile et qu'ainsi je ferais mieux de chercher un
modeste emploi. Il m'emmena dans ce but chez son
éditeur, Maurice Schlesinger* et, m'ayant fait faire
cette connaissance hors du commun, il m'abandonna
à mon sort et partit pour l'Allemagne. — Comme
Schlesinger ne savait pas trop à quoi m'employer, et
comme les gens auxquels je fus présenté dans ses
bureaux sous sa haute protection (entre autres, le
violoniste Panofka) ne me servirent à rien, je retournai
à mes amis conseillers. Eux, du moins, m'avaient
déjà procuré plusieurs textes, notamment la traduction française, réalisée par un professeur parisien,
des *Deux Grenadiers* de Heine*. Je composai aussitôt
sur cette traduction une mélodie pour baryton dont
je fus satisfait[1]. — Sur les conseils d'Anders, je me
mis donc à la recherche de chanteurs et de cantatrices pour mes nouvelles compositions. Madame
Pauline Viardot[2], à qui je m'adressai en premier lieu,
parcourut les morceaux avec moi ; elle avoua qu'ils
lui plaisaient, mais qu'elle ne voyait pas d'occasion
de les donner en concert. Madame Widmann réagit
de la même manière. De sa belle voix de contralto,
elle me chanta avec expression *Dors, mon enfant*,
mais ne savait pas qu'en faire non plus. Monsieur
Dupont, troisième ténor au Grand Opéra, après avoir
essayé ma composition sur la poésie de Ronsard, me
déclara que la langue de ce texte ne serait pas du
goût du public parisien actuel. Monsieur Géraldy,
chanteur de concert et professeur de chant très
apprécié, qui me permit d'aller le voir plusieurs fois,
me dit, lorsque je lui soumis mes *Deux Grenadiers*,
qu'il ne croyait pas possible de les chanter en public
à cause de l'accompagnement de la partie finale, évo-

quant *La Marseillaise* : on ne la jouait plus à Paris
que dans les rues, au son des canons et des fusils.

Habeneck fut le seul à tenir sa promesse et il fit
jouer, pour Anders et moi-même, mon ouverture sur
Christophe Colomb lors d'une répétition de l'orchestre.
Dans la mesure où il ne pouvait être question de
donner cette œuvre dans un des célèbres concerts du
Conservatoire, je considérai cette exécution comme
un aimable geste d'encouragement de la part du
vieux musicien. Malheureusement, je dus me rendre
compte qu'elle resterait sans lendemain, car ma composition de jeunesse, écrite à la hâte, n'avait réussi
qu'à donner à l'orchestre l'impression d'un talent très
confus. — Cependant, contre toute attente, une de
ces répétitions me fit une si forte impression qu'elle
marqua un tournant décisif dans ma carrière artistique. Cela se produisit lorsque j'entendis la *Neuvième Symphonie* de Beethoven jouée par ce célèbre
orchestre d'une façon si parfaite et si prenante que
cette exécution ne pouvait être que le résultat d'une
longue préparation. J'avais d'un seul coup devant
moi, lumineuse et palpable, cette œuvre merveilleuse dont je n'avais fait qu'entrevoir l'image dans
les rêves passionnés de ma jeunesse avant qu'elle ne
s'efface complètement lors de son massacre par l'orchestre de Leipzig sous la direction du brave Pohlenz.
Là où je n'avais perçu autrefois que des constellations
mystiques et des fantômes sans substance sonore,
jaillissaient à présent, comme s'ils provenaient de
sources multiples, les flots d'une mélodie qui ne
tarissait jamais, emplissant mon cœur avec une force
ineffable.

La décadence de mon goût, qui avait précisément
commencé par le trouble éprouvé face aux œuvres
de la dernière période de Beethoven et qui s'était

malheureusement fortement accentuée au contact avilissant de cet abominable monde du théâtre, prit fin dans la honte et le repentir.

Ce tournant avait été préparé au cours des dernières années, notamment par mes douloureuses expériences personnelles ; mais mon esprit ne retrouva réellement sa force première que par l'indicible sensation que me procura la *Neuvième Symphonie* au cours de cette exécution dont la perfection était chose absolument nouvelle pour moi. Je puis comparer cette émotion à celle qu'avait fait éprouver à l'adolescent de seize ans le *Fidelio* de Madame Schröder-Devrient.

[Sous l'impression de cette Neuvième Symphonie *entendue en novembre 1840, Wagner se lance dans la composition d'une* Ouverture sur Faust *qu'il ne parvient pas à faire jouer par les concerts du Conservatoire. Sa situation matérielle est de nouveau critique.]*

Quoique, dès notre arrivée, nous nous fussions arrangés le plus économiquement possible (nous prenions, par exemple, notre dîner pour un franc dans un tout petit restaurant), nous ne pûmes empêcher que le reste de nos ducats s'évanouisse complètement. L'ami Möller nous avait donné à entendre que nous pourrions nous adresser à lui dès que nous serions dans le besoin ; il comptait mettre de côté pour nous le gain de sa première bonne affaire. Il n'y eut bientôt plus d'autre ressource ; il fallut lui écrire. En attendant, je voulus mettre en gage toutes les petites choses de valeur que nous possédions. N'osant pas m'informer pour savoir où se trouvait une maison de prêt, je cherchai dans le dictionnaire le nom français de ces établissements, afin d'en découvrir un à l'occasion sur une enseigne. Dans mon petit dictionnaire de poche, il n'y avait d'autre dénomination que «Lombard». Je trouvai alors sur le plan de Paris, dans un quartier inextricable, une petite ruelle qui se nommait «rue des Lombards». J'y allai donc et, pendant un certain temps, j'errai à l'aventure sans arriver à obtenir un renseignement utile. En revanche, j'avais souvent été intrigué par les mots : «mont-de-piété» que je lisais sur des enseignes lumineuses. Lorsque je demandai à mes amis ce que signifiaient ces «pieuses montagnes», je fus joyeusement surpris d'apprendre que c'était là précisément que se trouvait mon salut. J'allai donc porter au commissaire du mont-de-piété ce que nous possédions en fait d'argenterie, notamment nos cadeaux de noces. Puis ce fut le tour des petits bijoux de ma femme et de ce qui lui restait de ses toilettes de théâtre, entre autres une belle robe bleue à traîne brodée d'argent, qui avait appartenu autrefois à la duchesse de Dessau. L'ami Möller ne donnait toujours pas signe de vie ; il fallait vivre au jour le jour jusqu'à ce que nous arrive de Königsberg ce que nous attendions tant, si bien qu'un matin, ce fut le tour de nos deux alliances de prendre le chemin du mont-de-piété. Les secours ne venant décidément pas, j'appris que les bons de dépôt constituaient une ultime ressource et qu'on pouvait les vendre en renonçant à nos droits sur les objets mis en gage. La cruelle nécessité nous força à recourir à ce dernier moyen et la robe de la duchesse fut perdue pour toujours. — Nous ne reçûmes en effet jamais de nouvelles de Möller. Plus tard, quand j'étais chef d'orchestre à Dresde, il me rendit visite et m'avoua qu'après notre séparation il avait été extrêmement blessé des propos humiliants et offensants que, lui avait-on dit, nous aurions eus à son propos. C'est pourquoi il avait cru devoir rompre toute relation amicale avec nous. Il est évident que nous avions été calomniés et privés ainsi de l'aide assurée que nous attendions dans notre pénurie.

C'est au moment où la détresse commençait à nous étreindre ainsi qu'un événement vint nous frapper comme un présage de malheur. Nous perdîmes le beau chien que nous avions amené à Paris avec tant de peine ; Robber était certainement un animal de valeur et il suscitait partout l'admiration, c'est pour cela qu'il nous fut vraisemblablement volé. Au milieu de l'animation effrénée des rues de Paris, il avait, comme à Londres, toujours fait preuve de l'instinct le plus sûr, et toujours il retrouvait son chemin. Dès les premiers jours, il s'était faufilé tout seul dans le jardin du Palais-Royal où il avait trouvé la compagnie de nombreux autres chiens. Par son adresse à rapporter ce qu'on lui jetait dans l'eau du bassin, il y faisait le bonheur des gamins. Puis il était revenu tranquillement. Lorsque nous passions avec lui sur le quai du Pont-Neuf, il nous demandait d'ordinaire la permission de se baigner et il ne tardait pas à attirer une foule de badauds qui accueillaient avec des cris de joie les plongeons qu'il exécutait à la recherche des vêtements ou objets jetés dans l'eau, si bien que la police nous pria de faire cesser cette occasion d'attroupement. Un matin, je le laissai sortir comme d'habitude pour une brève promenade, mais il ne revint plus et demeura à jamais perdu malgré les trésors d'inventivité que je déployai pour tenter de le retrouver. Ceux qui connaissaient notre situation considérèrent cette perte comme une bonne chose, car on s'étonnait à bon droit que, manquant nous-mêmes du nécessaire, nous nous fussions chargés de nourrir un chien de cette taille.

[Par l'intermédiaire de sa sœur Luise, venue à Paris
pour y retrouver son mari Friedrich Brockhaus, Wagner
fait la connaissance du peintre Ernst Kietz, avec qui il
se lie d'amitié. Il reçoit ensuite la visite de Heinrich
Laube, qui lui fait rencontrer Heinrich Heine et lui
procure une petite aide financière. Ayant reçu l'assu-
rance que La Défense d'aimer *serait jouée au Théâtre*
de la Renaissance, Wagner quitte son hôtel meublé
pour s'installer, le 15 avril 1840, avec sa femme dans
un confortable appartement de la rue du Helder. C'est
alors qu'il apprend la faillite et la fermeture du théâtre.]

Cela ne m'empêcha pas toutefois d'élaborer le
plan du texte de mon *Vaisseau fantôme* et je nourrissais toujours un peu l'espoir de me faire entendre
quand même à Paris. Je condensai toute l'intrigue en
un acte, ce qui me semblait être dans la logique du
sujet, qu'il fallait réduire à une action dramatique
simple où n'interviendraient que les personnages
principaux ; j'avais en effet pris en horreur tous ces
éléments accessoires qu'affectionne le genre de l'opéra.
D'un point de vue pratique, je croyais avoir plus de
chance de placer une pièce en un acte, qu'au Grand
Opéra on donnait souvent en *lever de rideau*, avant le
ballet. J'écrivis à ce sujet à Meyerbeer, à Berlin, en
lui demandant d'intervenir en ma faveur. En outre,
je me remis à ma composition de *Rienzi*, à laquelle je
travaillai sans interruption jusqu'à ce qu'elle fût
complètement achevée.

[À la recherche d'expédients pour subvenir à ses
besoins, le compositeur sous-loue une partie de son
logement, rédige, entre l'été et l'automne 1840, des essais
pour la Gazette musicale de Paris *de Schlesinger et*

*compose, pour des raisons strictement alimentaires et
sans grand succès, des «suites pour cornet à piston»,
ce qu'il vit comme une humiliation.]*

La misère grandissait au logis, mais j'avais recouvré
ma liberté et le temps de mettre la dernière main à
Rienzi. Le 19 novembre, je terminai enfin ce volumineux opéra. J'avais déjà décidé de le proposer au
Hoftheater de Dresde : j'espérais ainsi, si cela mar-
chait, établir de nouveau des contacts avec l'Allemagne. J'avais choisi Dresde, parce que je savais que
j'y trouverais Tichatschek*, le ténor idéal pour le rôle
principal ; puis je comptais sur la protection bienveillante de Madame Schröder-Devrient, qui autrefois déjà s'était vainement efforcée, par amitié pour
ma famille, de faire accepter mes *Fées* au Hoftheater.
De plus, je connaissais le secrétaire du théâtre, le
conseiller aulique Winkler* (Theodor Hell), vieil ami
de notre famille, ainsi que le Kapellmeister Reissiger*,
que j'avais connu lors d'une joyeuse soirée, à l'époque
où Apel et moi faisions notre voyage en Bohême. À
toutes ces personnes, j'écrivis des lettres éloquentes
sur mon projet ; j'y ajoutai une demande officielle à
l'intention de l'intendant, Monsieur von Lüttichau*,
et même une requête en bonne et due forme adressée
au roi de Saxe et, enfin, je me préparai à expédier le
tout.

J'avais pris soin d'indiquer exactement les *tempi* à
l'aide d'un métronome ; mais, ne possédant pas un
tel instrument, j'avais dû en emprunter un. Or, un
matin, je me mis en devoir d'aller rendre à son propriétaire le métronome que je tenais sous mon mince
pardessus. — Ce jour devait être l'un des plus
étranges de Ma vie. Il me sembla que toutes les mal-
chances qui me poursuivaient s'étaient, pour ainsi

dire, conjurées pour m'accabler. Outre que je ne
savais plus comment procurer chaque jour à Minna
les quelques francs nécessaires à l'entretien de notre
pauvre ménage, j'avais à régler plusieurs traites dont
l'échéance était arrivée. Suivant la coutume parisienne, j'avais, au moment de notre installation, signé
des billets à ordre pour le paiement de notre mobilier. Espérant qu'un secours quelconque m'arriverait je ne savais d'où, je devais tout d'abord chercher
à faire patienter les possesseurs de ces papiers qui se
trouvaient disséminés dans tous les quartiers possibles — car ils pouvaient passer de main en main.
Ce matin-là donc, il s'agissait d'amadouer un marchand de fromages qui demeurait au cinquième étage
d'un immeuble de L'Île de la Cité. Puis j'avais l'intention de m'adresser à Heinrich Brockhaus*, parent
par alliance de mes deux sœurs, qui venait d'arriver
à Paris. Enfin, je voulais aller chez Schlesinger et
tâcher d'obtenir de lui ce qu'il me fallait d'argent
pour envoyer ma partition par les messageries. En
même temps, il me fallait rapporter le métronome
emprunté, et c'est pourquoi je m'étais mis en route
au petit matin, après un adieu angoissé à Minna. Elle
savait par expérience que, lorsque je partais ainsi en
quête d'argent, elle ne me revoyait pas avant le soir
tard. Les rues étaient pleines d'un épais brouillard et,
en sortant de la maison, la première chose que j'aperçus
fut Robber, le chien qu'on m'avait volé l'année précédente. Je crus d'abord être le jouet d'une hallucination et j'appelai Robber d'une voix stridente et
précipitée. L'animal me reconnut immédiatement et
se rapprocha de moi, mais comme je marchai brusquement vers lui, le bras tendu, la crainte d'être battu
l'emporta visiblement sur ses autres souvenirs : je
l'avais en effet sottement corrigé plusieurs fois les

derniers temps où il était encore chez nous. Il recula
effrayé ; je me hâtai de le poursuivre, mais il se sauva
plus rapidement encore. Il m'avait reconnu, j'en étais
sûr ; au coin des rues, il se retournait vers moi avec
inquiétude et, me voyant courir après lui comme un
fou, il s'enfuyait encore plus vite. Je le poursuivis à
travers un dédale de rues rendu encore plus confus
par le brouillard et arrivai enfin devant l'église Saint-
Roch, où je m'arrêtai en nage, haletant et portant
toujours mon métronome sous le bras. Il avait disparu
pour toujours. — Je demeurai là un certain temps,
pétrifié, cherchant à percer la brume de mon regard
et me demandant ce que signifiait, en cette journée
funeste, l'apparition spectrale de mon ancien compagnon de voyage. Robber avait fui son ancien maître
comme une bête sauvage et farouche, et mon cœur
se remplit d'amertume. Tout ébranlé par cette aventure, dans laquelle je voyais un présage horrible, et
les genoux vacillants, je retournai à mes tristes affaires.
— Heinrich Brockhaus m'assura qu'il lui était impossible de me venir en aide ; je le quittai profondément
humilié, en m'efforçant de lui dissimuler ce que cette
humiliation avait de douloureux. Je n'eus pas plus de
succès ailleurs, et après avoir dû, dans le bureau de
Schlesinger, supporter les oiseuses conversations des
visiteurs que mon patron retenait intentionnellement
le plus longtemps possible, je repartis sans en avoir
obtenu le moindre secours. À la nuit tombante, je me
retrouvai devant la maison où Minna me guettait de
la fenêtre, rongée par l'angoisse. Elle avait pressenti
mes mésaventures, et afin de me préparer au moins
un repas reconstituant, elle s'était adressée à notre
pensionnaire, le flûtiste Brix, dont elle avait obtenu
une petite avance. Quoique ce brave homme, très
ennuyeux, mît souvent notre patience à l'épreuve,

nous le supportions à cause de sa bonté. Pour un
certain temps, le succès d'un opéra de Donizetti allait
enfin me procurer indirectement quelques revenus,
mais il me fallut gagner cet argent péniblement.

Le public parisien, dont le goût était tombé très
bas, venait d'accueillir avec grand enthousiasme,
surtout à cause de deux cabalettes, une œuvre des
plus faibles du maestro italien, *La Favorite*. Schlesinger en avait acheté les droits de reproduction afin
de se dédommager des pertes que lui avaient fait
subir les derniers opéras d'Halévy*. Profitant de la
situation de détresse dans laquelle je me trouvai, il
arriva chez moi un matin comme une bombe, rayonnant d'une joie grotesque, et demanda plume et papier
pour faire sous mes yeux le compte énorme de ce
qu'il allait me faire gagner. Il écrivit : «*La Favorite*,
réduction complète pour piano, réduction pour piano
à deux mains sans paroles, *dito* à quatre mains ;
arrangement complet pour quatuor, *dito* pour deux
violons, *dito* pour cornet à piston. Total à payer,
1 100 francs, dont 500 d'avance.» Je compris immédiatement la détresse où je me jetais en acceptant
cette offre ; pourtant, je n'hésitai pas une seconde à
dire oui. — Lorsque j'eus rapporté à la maison les
cinq cents francs en lourds écus de cinq francs, je
m'amusai à les empiler sur la table. À ce moment
même, ma sœur Cäcilie Avenarius nous rendit visite
à l'improviste. La vue de cette richesse la rassura et
les réticences qu'elle avait toujours eues à nous fréquenter tombèrent. À partir de ce moment, nous
nous vîmes plus souvent et nous fûmes fréquemment
invités à dîner chez elle et son mari le dimanche. —
Cependant aucune distraction n'existait plus pour
moi ; les épreuves des derniers temps m'avaient tellement assagi que, en pénitence de tous mes péchés

antérieurs, je me plongeai tout entier dans ce labeur tellement humiliant, mais qui était devenu ma seule ressource. Pour économiser le chauffage, nous n'allumions de feu que dans notre chambre à coucher ; elle nous servait à la fois de salon, de salle à manger et de cabinet de travail. En deux pas, j'allais de mon lit à ma table de travail ; pour manger, je n'avais qu'à retourner ma chaise vers la table où nous prenions nos repas, et je ne la quittais tout à fait que pour regagner mon lit très tard dans la nuit. Tous les quatre jours, régulièrement, je m'autorisais une petite sortie, afin de me délasser. Cette mortification dura tout l'hiver et j'y gagnai le germe d'une maladie du bas-ventre qui m'incommoda tout le reste de Ma vie.

Mes gains s'accrurent encore par la correction très longue et ennuyeuse des épreuves d'une partition de l'opéra de Donizetti, pour laquelle je parvins à soutirer trois cents francs à Schlesinger, qui n'avait personne d'autre sous la main. Il me fallut en outre trouver le temps de transcrire moi-même les parties d'orchestre de mon *Ouverture sur Faust*, car je n'avais pas encore perdu tout espoir de l'entendre dans un concert du Conservatoire. Pour résister à l'influence désastreuse qu'exerçait sur moi la besogne insipide que Schlesinger m'avait imposée, j'écrivis une petite nouvelle : *Eine Pilgerfahrt zu Beethoven*, qui parut dans la *Gazette musicale* sous le titre : *Une visite à Beethoven*[1]. — Schlesinger m'avoua franchement que cette nouvelle avait fait sensation et qu'elle avait plu énormément ; elle avait en effet été reproduite intégralement ou partiellement dans diverses revues. Il me demanda de lui en fournir d'autres du même genre. J'écrivis une suite à cette nouvelle et l'intitulai : *Das Ende eines Musikers in Paris*, le titre français était : *Un musicien étranger à Paris*[2]. Je m'y vengeais de toutes les humiliations que j'avais subies. Elle plut infiniment moins à Schlesinger, mais elle me valut des témoignages touchants d'approbation de la part de son pauvre commis et Heinrich Heine lui décerna cet éloge : « Hoffmann n'eût pas été capable d'écrire une chose pareille. » Berlioz* lui-même la remarqua et en parla favorablement dans sa chronique du *Journal des Débats*. Il me témoigna aussi de vive voix sa sympathie à propos d'un article d'esthétique musicale que j'avais écrit peu après et intitulé *De l'ouverture*. Il m'était reconnaissant d'avoir expliqué ma conception de ce genre musical en prenant comme modèle l'ouverture d'*Iphigénie en Aulide* de Gluck*.

Ce rapprochement me poussa à essayer de me lier d'amitié avec Berlioz. Je lui avais été présenté, bien auparavant, dans les bureaux de Schlesinger, où je le rencontrais assez souvent. Je lui avais même offert un exemplaire de mes *Deux Grenadiers*, mais je n'avais pu savoir son sentiment sur cette œuvre. Il m'avait dit seulement qu'il ne jouait qu'un peu de guitare, et qu'il ne pouvait l'exécuter au piano. Quant à moi, j'avais éprouvé une impression extraordinairement stimulante en l'entendant à plusieurs reprises diriger ses grandes compositions instrumentales au cours de l'hiver précédent. Cet hiver-là (1839-1840), il fit exécuter pour la première fois sa « symphonie dramatique » sur *Roméo et Juliette* ; il la dirigea à trois reprises et je pus assister à l'un de ces concerts. C'était assurément un monde tout nouveau pour moi, dans lequel je tâchai de me retrouver, sans arrière-pensées, en fonction des impressions reçues. Tout d'abord, j'avais été presque étourdi par la puissance d'une virtuosité orchestrale dont je n'avais jusque-là aucune idée. La hardiesse fantastique et la précision acérée avec lesquelles les combinaisons les plus osées parvenaient jusqu'à mes oreilles, sous une forme presque matérielle et tangible, repoussaient tout au fond de moi, avec une impétuosité irrésistible, ma propre sensibilité musicale et poétique. J'étais tout ouïe pour des choses dont je n'avais encore aucune notion et que je cherchais à m'expliquer. Il est vrai toutefois que, dans son *Roméo et Juliette*, de nombreuses choses me parurent creuses et banales. Cela me peinait d'autant plus que, d'un autre côté, j'étais subjugué par de nombreux passages qui forçaient mon enthousiasme au point d'annihiler toute velléité critique face à un chef-d'œuvre dont, à y bien regarder, les proportions et la construction sont assez malheureuses. Le même hiver, Berlioz fit suivre cette symphonie de reprises de sa *Symphonie fantastique* et de son *Harold en Italie*. J'avais suivi avec une émotion pleine d'admiration les tableaux de genre musicaux qui se succèdent dans la *Symphonie fantastique*, et j'avais pu comprendre presque entièrement *Harold*. J'entendis à l'été 1840 la dernière œuvre de cet étrange artiste, sa *Symphonie funèbre et triomphale*, composée pour célébrer le transfert des restes des victimes de la révolution de 1830 au pied de la colonne de Juillet, place de la Bastille, et qui faisait intervenir une énorme musique militaire habilement agencée. Elle me convainquit totalement de la grandeur et de l'énergie de cette unique et incomparable personnalité artistique, sans que je puisse toutefois me défaire totalement d'un étrange et profond sentiment d'oppression face à l'écrasante monumentalité de l'œuvre. Il me resta de cette audition ce sentiment de respect distant qu'on éprouve devant quelque chose d'étranger qui ne nous deviendra jamais vraiment familier, et ce sentiment me poussa à me demander pourquoi telle ou telle grande œuvre de Berlioz m'enthousiasmait un jour et me déplaisait ou m'ennuyait positivement un autre jour. Pendant des années, Berlioz fut pour moi un problème agaçant qui me tarauda jusqu'à ce que, bien plus tard, je réussisse à le résoudre.

[Après l'insuccès d'une exécution publique de l'ouverture pour Christophe Colomb *par l'orchestre du Casino de la rue Saint-Honoré, Wagner se décourage et se replie sur son cercle d'amis.]*

Le soir, d'ordinaire, je ne restais pas sans société ; mais mes quelques fidèles amis furent forcés de s'habituer à me voir continuer de transcrire des partitions en leur présence, jusque tard dans la nuit. À la Saint-Sylvestre de 1840, ils me firent une surprise qui m'alla vraiment droit au cœur : ils s'étaient donné *rendez-vous* chez moi sans me prévenir. Lehrs sonna et se présenta avec un beau jarret de veau ; Kietz arriva avec du rhum, du sucre et des citrons ; Pecht apporta une oie et Anders deux bouteilles de vin de Champagne. Il les devait à la gratitude d'un marchand d'instruments auquel il avait fait une fois de la réclame pour ses pianos et il ne puisait dans sa provision que dans les grandes occasions. Alors, je jetai de côté la misérable *Favorite* et je me préparai avec entrain à célébrer cette fête de l'amitié. Tous durent mettre la main à la pâte : d'abord on chauffa le salon, puis on aida ma femme à la cuisine et on alla chercher chez l'épicier ce qui manquait. Le souper devint un festin pantagruélique et, lorsque le champagne et le punch eurent produit leur effet, je prononçai un discours grandiloquent qui provoqua le rire ininterrompu de mes amis. Je continuai à parler avec un pathos outré et finalement, emporté par l'enthousiasme, je montai sur une chaise, puis sur la table, du haut de laquelle je prêchai les théories les plus abra-cadabrantes sur le mépris du monde, assorties d'un éloge des États libres d'Amérique du Sud. Mes audi-teurs, ravis, pleuraient de rire. Finalement ils durent tous passer la nuit chez nous, car ils n'étaient plus en état de rentrer à la maison.

[Le 29 avril 1841, les époux Wagner quittent la rue du Helder pour s'installer provisoirement dans un logement moins cher à Meudon, accompagnés de leur locataire Brix. Le compositeur continue de rédiger des articles pour la Gazette musicale. *Il fournit également des comptes rendus sur la vie artistique parisienne, démarqués des écrits de Heine, pour la* Dresdner Abend-zeitung. *Il affirme pourtant ne fréquenter que rare-ment les théâtres parisiens.]*

Mon éloignement de ce simulacre d'activité artis-tique et sociale propre à Paris avait ses raisons pro-fondes. Quelques malheureuses expériences, mais aussi le dégoût que m'inspirait, de par ma forma-tion intellectuelle, cette agitation artistique et sociale, m'avaient très rapidement poussé à prendre mes dis-tances avec tout cela. La représentation des *Hugue-nots*[1], à laquelle j'assistai pour la première fois, parvint encore à m'éblouir ; le bel orchestre, la mise en scène soignée et spectaculaire me donnèrent un avant-goût grisant des possibilités offertes par l'emploi de moyens aussi perfectionnés. Mais, chose curieuse, je n'avais pas envie de multiplier ce genre d'expériences ; je décelai très vite ce qu'il y avait de caricatural dans l'interprétation vocale et j'amusais mes amis à contre-faire les dernières manies à la mode chez les chan-teurs parisiens et leurs excès d'un goût douteux. Il était inévitable que je finisse par m'en prendre égale-

ment aux compositeurs qui exploitaient ces modes
ridicules afin de s'assurer le succès. Qu'une œuvre
aussi plate et, au fond, aussi peu française que *La
Favorite* de Donizetti pût rester aussi longuement à
l'affiche du Grand Opéra, d'ordinaire si aristocratique, me fit perdre patience et m'enleva tout le
respect que je m'étais efforcé de conserver pour ce
«premier théâtre lyrique du monde». Je ne crois pas
être allé plus de quatre fois au Grand Opéra durant
tout mon séjour à Paris[1]. L'Opéra-Comique m'avait
déplu dès le début, tant à cause du jeu froid et sans
âme des acteurs, qu'à cause de l'incroyable baisse de
qualité de la musique qu'on y entendait. C'est cette
même froideur conventionnelle qui me rebuta dans
les prouesses vocales des chanteurs de l'Opéra italien[2].
La grande célébrité des artistes qui, depuis de longues
années, y chantaient les quatre mêmes opéras, ne
compensait pas une absence totale de chaleur qui,
sans aller jusqu'à faire la comparaison avec l'émotion exceptionnelle dégagée par Madame Schröder-
Devrient, me déplut. Je me rendis bien compte qu'à
Paris tout était en train de décliner, et je ne voyais
rien qui pût m'autoriser à espérer, ou simplement à
souhaiter, qu'une période de renouveau vînt succéder à cette décadence. [...]

Mon activité littéraire prit cependant une autre
tournure suite aux négociations que j'avais engagées
avec le directeur du Grand Opéra, Monsieur Léon
Pillet[3]. Non sans peine, j'étais parvenu à savoir que
mon esquisse du *Vaisseau fantôme* (*Der fliegende
Holländer*) lui avait plu; mais, tout en me l'apprenant, il me demanda de lui céder ce texte parce qu'il
était contractuellement dans l'obligation de fournir à
différents compositeurs des sujets de petits opéras.
Je cherchai alors à convaincre Pillet, de vive voix et

par écrit, que l'on ne pouvait espérer un succès qu'en me confiant la réalisation et la composition de cette esquisse, car j'étais là dans mon domaine, et l'ébauche que je lui avais fournie n'était qu'une indication. Mes arguments restèrent sans effet et le directeur fut obligé de m'expliquer franchement ce qu'il en était réellement des espérances que je croyais pouvoir nourrir avec la recommandation de Meyerbeer : il ne pouvait être question de la moindre commande, même pour un petit opéra, avant sept ans, car la direction avait pris des engagements qui s'étendaient jusquelà. Je devais donc être raisonnable et céder mon projet de livret, moyennant un petit dédommagement, à un librettiste de son choix. Si je tenais absolument à tenter tout de suite ma chance auprès du Grand Opéra, il me conseillait de m'adresser au maître de ballet et de m'entendre avec lui pour un nouveau « pas » que je pourrais mettre en musique. Cette proposition ne m'inspira qu'une répugnance non dissimulée et le directeur me laissa patiemment m'enfoncer dans mon obstination jusqu'à ce que, après bien des difficultés, je parvinsse à parler à Édouard Monnais[1] que j'avais connu comme rédacteur en chef de la *Gazette musicale* et qui était devenu commissaire des théâtres royaux. Je lui demandai son appui. Il prit connaissance de mon esquisse de livret et me déclara crûment qu'il ne comprenait pas que Pillet l'eût trouvée à son goût, mais puisque, pour son malheur, il s'en était entiché, il fallait profiter de cette disposition et accepter au plus vite le dédommagement qu'on me proposait pour ce texte. Il avait appris en effet qu'on l'avait déjà remise au librettiste Paul Foucher, beau-frère de Victor Hugo, pour qu'il réalise le livret et que celui-ci prétendait que cette idée n'était pas nouvelle, le sujet du *Vaisseau fantôme* étant déjà bien connu en

France. Je compris alors ce qu'il en était et me
déclarai prêt à accéder au désir de Monsieur Pillet.
J'assistai à l'entrevue qu'il eut avec Monsieur Foucher
et, grâce à son intercession, celui-ci consentit à me
céder cinq cents francs, qui me furent immédiatement payés par la caisse du théâtre en guise d'avance
sur les droits d'auteur du futur librettiste[1].

Mon séjour dans l'avenue de Meudon prit alors
un tout autre caractère : il fallait qu'avec ces cinq
cents francs je termine immédiatement le livret et la
composition de mon *Fliegender Holländer*, que je
destinais à l'Allemagne, tandis que j'abandonnai *Le
Vaisseau fantôme* à son destin français. [...]

Je pus me permettre de travailler à mon œuvre
tant que durèrent les cinq cents francs. Notre première dépense fut de louer un piano. J'avais dû m'en
priver pendant de longs mois. Il fallait que je m'assure, grâce à cet instrument, que j'étais toujours musicien car, depuis l'automne, je n'avais exercé mon
esprit qu'à écrire des articles de journaux et à réaliser des arrangements d'opéra. Le livret allemand
du *Vaisseau fantôme*, que j'avais achevé au milieu de
nos pires difficultés, plut beaucoup à Lehrs. Il déclara
immédiatement que je n'écrirais jamais rien de meilleur et que ce serait mon *Don Juan*. Il s'agissait
maintenant d'en concevoir la musique. Lorsque, l'hiver
précédent, j'avais espéré pouvoir composer ce sujet
pour le Grand Opéra, j'avais déjà réalisé le texte et la
musique de quelques scènes, et Émile Deschamps
avait traduit mes vers en français. Je destinais ces
morceaux à une audition qui n'eut jamais lieu. Il
s'agissait de la ballade de Senta, du chant des matelots norvégiens et de celui de l'équipage fantôme du
Hollandais volant. Je m'étais pendant si longtemps
trouvé sevré de toute musique que, le premier jour,

je n'osai pas ouvrir le piano qu'on avait transporté dans notre demeure estivale. Je craignais, en vérité, de constater que je n'avais plus d'inspiration... lorsque, soudain, il me sembla que j'avais oublié de transcrire l'air du pilote du premier acte, bien que je ne me souvinsse pas de l'avoir déjà esquissé (je venais juste d'en terminer les vers). Je me mis donc immédiatement à le composer et le résultat me plut. Il en fut de même du « chant des fileuses ». Après avoir couché ces deux morceaux sur la partition, je me rendis compte que, en y réfléchissant bien, je venais juste de les inventer : je fus alors fou de joie. — Toute la musique du *Vaisseau fantôme* fut écrite en sept semaines ; il ne restait plus qu'à réaliser l'instrumentation.

[Pendant une brève période heureuse, les Wagner fréquentent leur propriétaire Monsieur Jadin, un vieil original semblant tout droit sorti des récits fantastiques d'E.T.A. Hoffmann. Mais les difficultés financières reprennent, plus sévères que jamais. Avec l'aide de Kietz, ils emménagent le 30 octobre 1841 au 14, rue Jacob, dans un petit logis mal chauffé. Vivant également dans la misère, leur ami Lehrs tombe malade, atteint de phtisie. Wagner doit accepter une commande de Schlesinger : il s'agit cette fois d'arrangements de La Reine de Chypre *de Jacques Fromental Halévy, ainsi que d'un article sur ce même opéra. Il rencontre alors Halévy, « l'un des derniers compositeurs français de valeur », et brosse le portrait d'un artiste aimable, simple et modeste, mais particulièrement indolent. Après avoir achevé la partition du* Vaisseau fantôme *le 19 novembre, il se lance dans un projet d'opéra historique sur les Hohenstaufen,* La Sarrasine, *qu'il*

*abandonne cependant en découvrant, grâce à Lehrs, la
légende de Tannhäuser.]*

Cependant, je n'arrivai pas à m'enthousiasmer
suffisamment pour cette esquisse [de la *Sarrasine*]
pour mener le projet à son terme, d'autant plus qu'à
peu près à la même époque, un autre sujet me pas-
sionna brusquement. Je l'avais trouvé dans le poème
anonyme du «Venusberg», qui m'était tombé par
hasard entre les mains.

Obéissant à l'impulsion inconsciente qui me poussait avec une passion de plus en plus fervente vers
tout ce qui me paraissait «allemand», j'en trouvai
soudain l'expression dans ce poème simple, qui s'ap-
puyait sur la célèbre vieille légende de Tannhäuser.
J'en connaissais certes déjà tous les éléments à travers
les récits du *Phantasus* de Tieck, mais cette version
penchait plutôt du côté du genre fantastique qu'Hoffmann m'avait fait aimer, et je n'avais pas songé à
chercher dans ce récit très élaboré le sujet d'une
œuvre dramatique. Ce qui fit pencher à présent la
balance du côté du poème anonyme populaire, c'est
qu'on y évoquait, même si ce n'était qu'au passage,
la part qu'avait prise Tannhäuser au «Tournoi des
chanteurs à la Wartburg». Je connaissais également
cet épisode d'après le récit qu'en donne E.T.A. Hoffmann
dans son recueil *Les Frères de la Saint-Sérapion*. Seulement, je sentais que l'histoire originelle avait été
fortement altérée par l'écrivain, et je m'efforçai de
me renseigner sur la trame authentique de cette passionnante légende. Lehrs m'apporta alors un numéro
des *Annales de la Société allemande de Königsberg*,
dans lequel Lucas parlait en détail de la *Wartbur-
gkrieg* et en donnait le texte dans la langue d'origine[1].
Même si je ne pouvais pas me servir en l'état de cette

version authentique, elle me fit découvrir le Moyen
Âge allemand sous une couleur caractéristique dont
je n'avais eu jusque-là aucune idée.

Dans ce même volume, je trouvai de plus, à la suite
du poème sur la Wartburg, un commentaire sur le
poème de « Lohengrin », exposant de façon détaillée
l'essentiel du contenu de cette vaste épopée.

Un monde nouveau venait de s'ouvrir à moi et,
sans avoir trouvé encore la forme que j'aurais pu
donner à ce « Lohengrin », j'en gardai une image indélébile, de telle sorte que, plus tard, en découvrant les
multiples ramifications de cette légende, l'image première se ranima dans mon esprit avec la même précision que cela avait été le cas pour « Tannhäuser ».

Ces impressions augmentèrent vivement mon désir
de retourner en Allemagne et de pouvoir m'adonner
sereinement à un travail créateur dans la patrie qu'il
me fallait reconquérir.

*[Wagner multiplie les contacts avec les théâtres alle-
mands, et il apprend que* Le Vaisseau fantôme *a de
sérieuses chances d'être donné à Berlin, tandis qu'à
Dresde se prépare la création de* Rienzi. *Il veut rentrer
rapidement en Allemagne pour faire avancer les choses,
et il obtient finalement une aide inespérée de sa sœur
Luise, qui lui permet de financer le voyage.]*

L'heure de la délivrance sonna enfin. Le jour vint
où je pus quitter Paris, souhaitant de tout mon cœur
ne plus jamais y revenir. C'était le 7 avril 1842. La
ville resplendissait dans sa beauté printanière. Nos
fenêtres donnaient sur un jardin qui, pendant l'hiver
écoulé, avait paru complètement désolé ; maintenant,
les arbres verdissaient et les oiseaux chantaient. Nous
fûmes submergés d'émotion lorsqu'il nous fallut

prendre congé de nos pauvres et fidèles amis Anders,
Lehrs et Kietz. Anders semblait ne plus devoir vivre
longtemps ; avec l'âge, sa santé avait sérieusement
décliné. Quant à Lehrs, il n'y avait plus d'illusions à
se faire. Nous avions le cœur navré de constater la
dévastation qu'en un si court laps de temps (les deux
ans et demi de notre séjour à Paris) la misère avait
pu causer en eux, des êtres si nobles, si bons et même
si remarquables. Kietz, dont l'avenir m'inquiétait
moins pour sa santé que pour son caractère, nous
donna, au moment du départ, les dernières preuves
de son affection sans bornes et presque enfantine. Il
se figura que je n'avais pas assez d'argent pour le
voyage et me força, malgré moi, à accepter une pièce
de cinq francs, tout ce qu'il possédait à ce moment.
De plus, il fourra dans la poche de la diligence un
paquet de bon tabac à priser français. Nous rou-
lâmes bientôt sur les boulevards, puis nous passâmes
les barrières et nous ne vîmes plus rien, car nos yeux
étaient obscurcis par des flots de larmes.

Deuxième partie
1842-1850

À cette époque, le voyage de Paris à Dresde durait encore cinq jours et quatre nuits. Près de Forbach, à la frontière allemande, nous trouvâmes de la neige et une température rude qui nous parut fort désagréable après le printemps dont nous avions joui à Paris. Vraiment, à mesure que nous avancions dans la patrie retrouvée, nous rencontrions beaucoup de choses qui ne nous plaisaient qu'à demi, et je me disais que les voyageurs français revenant d'Allemagne n'avaient pas tout à fait tort de déboutonner leur pardessus en mettant le pied sur le sol français, et de respirer plus librement, comme s'ils passaient de l'hiver à l'été. Nous fûmes obligés de nous couvrir du mieux possible avec les vêtements que nous avions pour nous protéger de cette chute sensible de température. Ce mauvais temps devint même un supplice entre Francfort et Leipzig, quand nous tombâmes dans le flot des marchands qui se rendaient à la foire de Pâques de cette dernière ville. Les diligences étaient tellement encombrées que, durant deux jours et une nuit de vent, de neige et de pluie ininterrompus, il nous fallut continuellement emprunter des voitures supplémentaires, toutes plus inconfortables les unes que les autres. Le voyage en devint presque aussi pénible que notre traversée de la mer du Nord.

Le seul rayon de lumière de ce trajet fut l'apparition
de la Wartburg, devant laquelle nous passâmes au
moment de l'unique éclaircie de tout le voyage. La vue
de cette forteresse juchée au sommet d'une colline,
et que les voyageurs en provenance de Fulda peuvent
apercevoir de très loin, me réchauffa extraordinairement le cœur. Non loin de là, j'aperçus une crête de
montagne que je baptisai sur-le-champ « Hörselberg[1] » et, tout en roulant dans la vallée, je construisis
dans mon imagination la scène du troisième acte
de mon *Tannhäuser*. J'en conservai une mémoire si
précise que plus tard le peintre Édouard Desplechin
en put exécuter les décors à Paris d'après le plan que
je lui en fournis. J'avais déjà considéré comme un
présage lourd de sens de traverser pour la première
fois le Rhin allemand aux mille légendes, précisément
en revenant de Paris. Mais voir pour la première fois
se dresser devant moi cette Wartburg historique et
mythique me parut d'un augure beaucoup plus favorable encore. Ces sensations me réchauffèrent tellement le cœur que j'en oubliai la pluie et le vent, les
juifs et la foire de Leipzig. J'arrivai ainsi, heureux et
dispos, avec ma pauvre femme épuisée et transie,
dans cette ville de Dresde d'où j'étais parti pour
m'exiler dans le Nord après ma triste séparation
d'avec Minna. Nous étions le 12 avril 1842.

Nous descendîmes à l'auberge « Zur Stadt Gotha ».
— La cité où j'avais passé des années d'enfance et
d'adolescence si riches d'impressions me produisit,
par ce jour triste et brumeux, un effet glacial et morne.
Il me semblait vraiment que tout ce qui pouvait me
rappeler ma jeunesse était mort. Point de maison
hospitalière pour nous recevoir ; les parents de ma
femme vivaient dans de très modestes conditions et
habitaient un logis fort étroit. Il nous fallut donc

nous mettre immédiatement en quête d'un petit appartement pour nous; nous le trouvâmes dans la Töpfergasse, pour sept thalers par mois.

[Wagner se rend à Leipzig pour y retrouver sa mère et ses sœurs, qu'il n'a pas revues depuis six ans; il va ensuite à Berlin pour plaider la cause de son Vaisseau fantôme, *mais n'obtient rien de concret, ni de la nouvelle direction de l'Opéra, ni de ses rencontres avec Meyerbeer et avec Felix Mendelssohn*. De retour à Dresde, il va frapper à toutes les portes afin de faire accélérer les préparatifs en vue de la création de* Rienzi, *s'adressant successivement à l'intendant Wolf August von Lüttichau, au chef d'orchestre Carl Reissiger, au chef de chœur Wilhelm Fischer*, à l'acteur Ferdinand Heine* et au ténor Josef Tichatschek. En juin 1842, le compositeur fait, seul, une grande randonnée pédestre dans les montagnes de Bohême, où il rédige le plan d'un opéra sur le «Venusberg». Il regagne Dresde à la fin du mois de juillet, et s'installe près de l'Opéra.]*

Au demeurant, les représentations à l'Opéra ne me satisfaisaient guère. Je regrettais surtout de ne pas trouver dans l'orchestre la sonorité puissante des ensembles parisiens, très fournis en instruments à cordes. Je m'aperçus qu'en s'installant dans le beau bâtiment du nouveau théâtre[1], on avait totalement négligé d'augmenter le nombre des instruments à cordes proportionnellement à la taille de la salle. Qu'il s'agisse de l'orchestre ou des décors, d'une affligeante pauvreté, le théâtre allemand me faisait une bien piètre impression, surtout lorsqu'il voulait imiter le répertoire de l'Opéra de Paris, donné ici de surcroît dans de misérables traductions. À Paris, j'avais éprouvé un profond mécontentement face aux pra-

tiques en cours à l'opéra, et voilà que j'étais à nouveau gagné, avec une violence accrue, par le sentiment
qui m'avait fait fuir les théâtres allemands et poussé
vers Paris. J'en ressentis un avilissement intense qui
touchait au mépris de moi-même et je n'avais plus
aucune envie, à terme, de travailler pour les scènes
allemandes, même des meilleures. Partagé entre le
dégoût et le désir, je me demandais tristement ce qu'il
me fallait faire pour arriver à quelque chose dans ce
monde étrange.

Je parvins cependant à surmonter mes réticences
grâce à la sympathie que me témoignèrent quelques
personnalités exceptionnelles. Je pense en premier
lieu à Madame Schröder-Devrient, cette grande artiste
avec laquelle j'avais autrefois si ardemment souhaité
collaborer. Naturellement, un certain nombre d'années
s'étaient écoulées depuis mes premières impressions
de jeunesse. Berlioz, venu à Dresde l'hiver précédent, s'était permis de s'exprimer défavorablement
sur son aspect physique dans un compte rendu pour
Paris, et de dire que son embonpoint avait quelque
chose de maternel qui tuait l'illusion dans les rôles
juvéniles et surtout dans les rôles travestis, ce qui
était le cas pour *Rienzi*. Sa voix, qui n'avait jamais
été d'un volume extraordinaire, ne lui obéissait plus
toujours, et la cantatrice se voyait parfois forcée de
retenir le tempo. Mais ce qui portait le plus préjudice
à son art, c'était que son répertoire s'était réduit à
quelques rôles de bravoure qu'elle avait interprétés
trop souvent, de sorte que sa recherche constante des
mêmes effets donnait à son jeu quelque chose d'affecté, avec une tendance parfois désagréable à l'exagération. Bien que tout cela ne m'échappât point,
j'étais parfaitement capable d'oublier ces faiblesses
et d'apprécier avec enthousiasme la grandeur incom-

parable de son art. Du reste, il suffisait que sa vie privée étonnamment mouvementée jetât l'artiste dans une certaine surexcitation pour qu'elle retrouve tout à fait la puissance créatrice de sa meilleure époque. J'eus l'occasion d'en avoir les plus belles preuves. L'actrice ne me causa de véritable déception que lorsque je constatai le changement que l'influence corruptrice du théâtre avait apporté à son caractère, qui avait sans doute été noble et élevé à l'origine. Ces lèvres capables de donner vie à une musique passionnée, habitée par le drame, je les ai entendues également parler un langage qui n'était pas très différent de celui des actrices ordinaires. Elle ne pouvait supporter que ses rivales lui disputent la faveur du public par le seul don naturel d'une belle voix ou d'un physique avantageux ; non seulement elle n'arrivait pas à trouver la résignation digne d'une grande artiste, mais avec les années, son exaspération se manifestait de façon de plus en plus désagréable. Je m'en rendis compte sans avoir personnellement à en souffrir. Si elle me causa des difficultés, c'est parce qu'à vrai dire elle avait du mal à apprendre la musique : elle ne s'appropriait un nouveau rôle qu'au prix de longues heures de travail avec le compositeur chargé de le lui faire étudier. La lenteur avec laquelle elle se familiarisait avec une nouvelle partition lui occasionna ensuite des déconvenues, notamment en ce qui concerne Adriano dans *Rienzi* ; et cela me valut quelques moments difficiles.

S'il me fallait traiter avec ménagement cette forte personnalité, les choses marchèrent toutes seules avec Tichatschek, si remarquablement doué, mais dont le caractère très superficiel et naïf était celui d'un enfant. Extraordinairement bon musicien, il n'apprenait jamais ses rôles par cœur ; il chantait les passages les plus difficiles en déchiffrant à vue et considérait alors qu'il avait assez travaillé, là où tout le travail des autres chanteurs consistait précisément à atteindre ces notes. Lorsqu'il avait suivi assez de répétitions pour que son rôle soit gravé dans sa mémoire, il considérait que c'était à lui de trouver comment satisfaire aux exigences de l'art du chant et de l'interprétation dramatique. Le problème est qu'il retenait de manière définitive les erreurs de transcription et continuait de prononcer un mot faux avec autant d'énergie que si c'était le bon. Il était inutile de lui faire des observations à ce sujet ou de lui donner des conseils d'interprétation : il prétendait avec une bonne foi désarmante que «les choses viendraient toutes seules». Et en effet, je renonçai bientôt totalement à faire appel à l'intelligence du chanteur pour lui faire comprendre l'esprit de mon héros. Mais je fus largement dédommagé par l'enthousiasme chaleureux avec lequel il se jeta dans ce rôle valorisant et par l'effet exaltant que produisait l'éclat de sa voix.

[Les répétitions de Rienzi, le dernier des tribuns, *se poursuivent dans un excellent climat de travail jusqu'à la première, qui a lieu le 20 octobre 1842.]*

Je n'ai jamais éprouvé à la représentation de mes œuvres postérieures de sensations qui soient seulement comparables à l'émoi qui m'étreignit à la première de *Rienzi*. Pour mes opéras suivants, le souci bien compréhensible de veiller à la réussite de la représentation m'absorba toujours tellement que je n'arrivai plus à éprouver un plaisir quelconque ou même d'observer l'accueil que me faisait le public. Ce que je ressentis bien des années après à la répétition générale de *Tristan et Isolde,* dans des circonstances exceptionnelles, est trop différent de l'impression que me laissa la première de *Rienzi* pour pouvoir être mis en parallèle. — Le succès me semblait assuré d'avance ; mais que l'accueil ait été si favorable est une étonnante exception : le public des villes comme Dresde n'étant jamais capable de juger de l'importance d'une œuvre à la première audition, il se montre généralement froid et perplexe en présence d'ouvrages d'auteurs inconnus. Dans le cas présent, le public avait été poussé à faire une exception par les jugements enthousiastes sur mon opéra que le personnel du théâtre et les musiciens avaient ébruités en ville avant la première. Toute la population attendait fiévreusement de voir cette merveille. Je pris place dans une baignoire avec Minna, ma sœur Clara et la famille Heine, et lorsque je cherche à me remémorer l'état dans lequel se trouvait mon esprit ce soir-là, j'ai le sentiment d'avoir vécu un rêve. Je n'éprouvais ni joie ni émotion ; j'avais l'impression que cette œuvre n'était pas la mienne, mais la salle bondée m'inspirait une vraie peur et je ne me sentais pas le courage de jeter un regard sur la foule. Il me semblait être face à un phénomène naturel, à peu près comme une forte pluie d'orage, et je m'abritais tout au fond de ma loge comme s'il s'agissait d'un toit protecteur. Je ne m'aperçus pas qu'on applaudissait et, lorsque à la fin des actes je dus aller saluer le public qui m'acclamait avec frénésie, il fallut à chaque fois que l'ami Ferdinand Heine m'en fasse prendre conscience et me pousse de force sur la scène. J'étais en même temps pris d'une inquiétude croissante : j'avais remarqué qu'après le deuxième acte déjà, il était aussi tard que si l'on avait joué par exemple le *Freischütz* d'un bout à l'autre. Quand se termina le troisième acte, particulièrement étourdissant à cause de son tumulte guerrier, il était déjà dix heures. La représentation avait donc déjà duré quatre bonnes heures et je fus pris d'un réel désespoir. J'interprétais comme une manifestation de politesse de la part du public les acclamations qui me furent faites : on estimait certainement qu'on en avait assez vu pour ce soir et j'étais persuadé que la salle allait se vider. Comme nous avions encore deux actes à entendre, j'étais certain que nous n'arriverions pas à jouer l'opéra jusqu'au bout et je donnai libre cours à ma contrition. Pourquoi n'avais-je pas compris à temps la nécessité des coupures qu'on me suggérait ? Maintenant, je me trouvais dans la situation incroyable d'avoir composé une œuvre qui plaisait énormément comme telle, mais qu'il était impossible de jouer entièrement à cause de sa longueur ridicule. Les acteurs, il est vrai, continuaient à jouer avec entrain et Tichatschek montrait même de plus en plus d'ardeur et d'allant ; mais je croyais que c'était de leur part un affectueux tour de passe-passe pour m'abuser et me cacher le scandale qui allait éclater, inévitablement. Mon étonnement à constater qu'au dernier acte, vers minuit, le public était encore au grand complet, fit place à une totale perplexité ; je ne me fiai plus ni à mes yeux ni à mes oreilles, et tout le déroulement de cette soirée me fit l'effet d'une hallucination. Il était minuit passé lorsque je dus, pour la dernière fois, répondre aux bravos du public et me montrer sur la scène aux côtés de mes fidèles interprètes.

Mon inquiétude au sujet de la longueur incroyable de mon opéra fut encore augmentée par l'humeur de mes proches, que je retrouvai tout de suite après la représentation. Friedrich Brockhaus était venu de Leipzig avec sa famille et quelques amis et nous avait invités à son auberge afin de fêter mon succès avec un bon souper et de trinquer à ma santé. Mais nous trouvâmes cave et cuisine fermées, et comme tout le monde était fatigué et affamé, je n'entendis que des exclamations de mécontentement sur le temps inouï qu'avait duré cette représentation, de six heures à plus de minuit ! Il n'y eut aucune autre remarque et nous nous séparâmes complètement étourdis. — Le lendemain matin, dès huit heures, je me rendis au bureau des copistes afin de procéder aux coupures indispensables dans les partitions pour le cas où une seconde représentation aurait lieu. Tandis que, pendant l'été, j'avais défendu chacune des mesures que ce brave Fischer, notre chef de chœur, voulait supprimer en lui prouvant qu'elle était absolument indispensable, j'étais pris maintenant d'une rage aveugle de biffage. Plus rien ne me paraissait nécessaire dans ma partition ; ce que le public avait dû écouter la veille me semblait ce matin-là un fatras impossible, dont on pouvait supprimer la plus grande partie sans que cela nuise le moins du monde à l'ensemble ou le rende incompréhensible. Je n'avais plus qu'une idée en tête, faire entrer cet assemblage de monstruosités dans un cadre raisonnable. J'espérais que, par les coupures radicales demandées aux copistes, j'arriverais à conjurer la catastrophe, car j'étais convaincu que l'intendant, en accord avec la ville et le théâtre, me ferait comprendre qu'on pouvait jouer une fois, pour la singularité du fait, mon *Dernier tribun*, mais qu'il était impossible de le redonner plusieurs fois. Ce jour-là, j'évitai tout contact avec le théâtre ; je voulais d'abord laisser le temps à mes héroïques coupures, dont le bruit devait rapidement se répandre en ville, de produire leur effet. L'après-midi, je repassai chez les copistes afin de m'assurer que mes consignes avaient été suivies. Mais là, j'appris que Tichatschek était venu lui aussi, qu'il s'était fait montrer mes coupures et qu'il avait défendu qu'on les exécute. Le chef de chœur Fischer, de son côté, voulait s'entretenir avec moi à ce sujet. On avait donc interrompu le travail et une grande confusion semblait devoir résulter de ces contre-ordres. Je ne comprenais pas ce que cela signifiait et je craignais le pire si l'on prenait trop de retard dans ce travail minutieux. Enfin, le soir, j'allai trouver Tichatschek au théâtre et, sans lui laisser le temps de parler, je lui demandai agacé pourquoi il avait interrompu le travail des copistes. D'une voix à demi étouffée, il me répondit bravement : « Je ne permets pas qu'on enlève rien à mon rôle… il est divin ! » Je le regardai abasourdi et me sentis soudain comme sous l'effet d'un sortilège. Un tel témoignage de mon succès devait m'arracher à mes singulières inquiétudes. Les autres vinrent à leur tour. Fischer, rayonnant de joie, se moqua de moi ; tous ne me parlèrent que de l'enthousiasme qui s'était emparé de la ville entière ; je reçus de l'intendant une lettre de remerciement pour mon œuvre superbe. Il ne me restait donc plus qu'à serrer Tichatschek et Fischer dans mes bras, et à rentrer prévenir Minna et Clara de ce qu'il en était.

Après quelques jours de repos pour les chanteurs, la deuxième représentation eut lieu le 26 octobre, avec quelques coupures que j'avais fait accepter à grand-peine à Tichatschek. Je n'entendis pas de plainte particulière sur la longueur, considérable encore, de la représentation, et je finis par être de l'avis de mon ténor qui déclarait que, si lui tenait jusqu'au bout, il n'y avait pas de raison pour que le public ne fasse pas de même. Je laissai donc les choses suivre leur cours pendant six représentations, et toutes eurent le plus grand succès. — Mon opéra avait aussi suscité l'intérêt des vieilles princesses de la cour royale ; malheureusement, sa longueur rendait fatigante pour elles une œuvre dont elles ne voulaient rien perdre cependant. Monsieur von Lüttichau décida alors de me proposer de faire jouer *Rienzi* entièrement, mais réparti sur deux soirées. Je fus d'accord, et après une pause de quelques semaines, on annonça *La Grandeur de Rienzi* pour le premier soir, avec les deux premiers actes et, pour le second soir, *La Chute de Rienzi* avec les trois autres. Cette seconde partie était précédée d'un prélude que j'avais composé expressément. Ce fut tout à fait du goût des hauts personnages, surtout des deux dames les plus âgées de la famille royale, les princesses Amalie et Augusta. Il n'en fut pas de même du public ; il fit le calcul qu'ainsi il lui fallait payer double entrée et considéra cette nouvelle formule comme de l'escroquerie. Le mécontentement qui en résulta faillit nuire sérieusement à la fréquentation de *Rienzi*, et après trois représentations de l'œuvre coupée en deux, le directeur se vit obligé de redonner l'opéra sous sa forme première, ce que je facilitai volontiers par de nouvelles coupures.

À partir de ce jour, mon opéra fit sans cesse salle comble et je pris pleinement conscience de la pérennité de ce succès en découvrant la jalousie que je suscitais de divers côtés.

[Peu après le triomphe de Rienzi, *le directeur de la musique du Hoftheater, Joseph Rastrelli, décède subitement : l'administration du théâtre songe à lui confier le poste et promet de donner* Le Vaisseau fantôme. *Entre-temps, Wagner se rend à Leipzig pour un concert organisé conjointement avec Felix Mendelssohn à l'initiative de Wilhelmine Schröder-Devrient.]*

Un second voyage en compagnie de Madame
Schröder-Devrient m'amena en décembre de cette
même année à Berlin, où la cantatrice était invitée à
participer à un grand concert de la cour et où je
devais m'entretenir avec l'intendant, Karl Theodor
von Küstner, à propos de mon *Vaisseau fantôme*. Si
dans mes affaires je n'arrivai pas à un résultat pro-
bant, je fis pendant ce court séjour à Berlin une
rencontre des plus intéressantes et d'une valeur ines-
timable : celle de Franz Liszt*. Cette rencontre eut
lieu dans des circonstances particulières qui nous
jetèrent l'un comme l'autre dans un curieux embarras,
dû à l'humeur capricieuse et au goût de la provocation de Madame Schröder-Devrient.

J'avais raconté un jour à la cantatrice que j'avais
par le passé déjà eu l'occasion de rencontrer Liszt.
Pendant le second et si malheureux hiver de mon
séjour à Paris où, pour vivre, j'en étais réduit à
accepter les petits travaux que me fournissait Schlesinger, j'avais été informé par Laube (toujours plein
de sollicitude à mon égard) de l'arrivée prochaine de
Franz Liszt à Paris. Il lui avait parlé de moi en Allemagne et m'avait chaleureusement recommandé à
lui. Il fallait que j'aille lui rendre visite sans plus
tarder car, disait-il, Liszt était « généreux » et m'aide-
rait certainement. Ayant appris son arrivée, je m'étais
présenté à son hôtel. C'était en début de matinée. Je
fus reçu et j'attendis avec quelques messieurs dans le
salon où bientôt Liszt, en robe de chambre, parut à
son tour, aimable et loquace. Incapable de prendre
part à la conversation qui se faisait en français et
tournait autour de la dernière tournée du maître en
Hongrie, j'écoutais en m'ennuyant considérablement jusqu'à ce qu'enfin Liszt me demande aimablement en quoi il pouvait me servir. Il paraissait ne pas

se souvenir de la recommandation de Laube. Tout ce que je sus répondre à sa question fut que je désirais faire sa connaissance. Il n'y vit pas d'inconvénient et me promit de ne pas oublier de m'envoyer un billet pour son prochain grand concert en matinée. J'essayai d'entamer avec lui une conversation sur l'art en lui demandant s'il connaissait, outre celui de Schubert, *Le Roi des Aulnes* de Loewe[1]. Sa réponse négative coupa court à cette tentative maladroite, et je terminai ma visite en lui laissant mon adresse. Peu après, son secrétaire Belloni* me fit parvenir un billet pour la salle Érard où avait lieu le concert du maître, accompagné de quelques lignes aimables. Je trouvai l'auditorium rempli de monde, je vis l'estrade avec son piano à queue, assiégée par la crème de la société féminine de Paris, j'assistai aux ovations enthousiastes que l'on fit à ce virtuose admiré de tous, je l'entendis exécuter plusieurs de ses morceaux les plus brillants, entre autres sa *Fantaisie sur Robert le Diable*, et n'en gardai au fond d'autre impression que celle d'étourdissement. C'était l'époque où je me détournais d'une voie que j'avais suivie par erreur et qui m'avait conduit dans une direction opposée à ma vraie nature ; je m'en écartais alors avec une amertume silencieuse, mais non sans emphase. Je n'étais donc pas en état d'apprécier à sa juste valeur une personnalité qui brillait à cette époque dans la pleine clarté du jour, alors que moi, je m'enfonçais dans la nuit. Je ne rendis pas d'autre visite à Liszt. —

J'avais donc, ainsi que je l'ai déjà dit, simplement raconté cette rencontre à Madame Schröder-Devrient et elle avait écouté mon histoire avec un vif intérêt, car j'avais touché son point faible, c'est-à-dire sa jalousie d'artiste. Liszt ayant aussi été invité par le roi de Prusse pour un grand concert à la cour de

Berlin, il s'était empressé de s'enquérir auprès de
Madame Schröder-Devrient des détails du succès de
Rienzi. S'étant aperçue que l'auteur de *Rienzi* était
pour le maître un personnage totalement inconnu, elle
se hâta de lui reprocher, avec beaucoup de malice,
son manque de clairvoyance, car le compositeur
dont il s'informait aujourd'hui était ce même pauvre
musicien qu'il avait congédié « avec tant de condescendance » à Paris, peu de temps auparavant. Elle
était ravie de pouvoir me conter cela ; moi, j'en fus
consterné. Il me fallait corriger ce malentendu et
rétablir la vérité. Nous étions dans sa chambre, justement en train de faire une mise au point lorsque,
soudain, nous entendîmes dans la pièce voisine le
fameux accompagnement à la main gauche de l'air
de vengeance de Donna Anna dans *Don Juan*, exécuté
rapidement en octaves sur le piano. — « Mais c'est
lui ! » s'écria Madame Schröder-Devrient. Liszt
entra, il venait chercher la cantatrice pour une répétition. Avec une joie malicieuse et à mon grand regret,
elle me présenta comme le compositeur de *Rienzi*,
qu'il désirait maintenant connaître après l'avoir éconduit au milieu de sa splendeur parisienne. Je pro-
testai avec véhémence, affirmant que ma protectrice
avait assurément, dans le seul but de plaisanter,
dénaturé le récit que je lui avais fait de ma visite.
Liszt parut immédiatement rassuré ; il devait, lui
aussi, connaître les travers et les excès de la grande
artiste. Il avoua toutefois qu'il ne se souvenait pas de
ma visite à Paris, mais qu'il avait été fort peiné d'apprendre que quelqu'un avait eu des raisons de se
plaindre d'un pareil manque d'égards de sa part. Le
ton très cordial, la manière simple dont il s'excusa
de cette méprise contrastaient agréablement avec les
taquineries et l'exubérance de la pétulante actrice et

produisirent sur moi un effet bienfaisant et sympathique. Sa manière de se défendre contre les attaques
moqueuses les plus vives était quelque chose de nouveau pour moi, et me donna une idée juste des qualités distinctives de cet artiste d'une bonté et d'une
humanité incomparables. La Devrient finit par plaisanter sur son récent titre de docteur, que venait de
lui conférer l'université de Königsberg, et feignait de
le prendre pour un apothicaire. Liszt se coucha alors
de tout son long sur le parquet en se déclarant incapable de lutter contre la grêle de ses sarcasmes et la
supplia de lui faire grâce. Nous nous séparâmes après
qu'il m'eut encore aimablement assuré qu'il ferait
son possible pour entendre mon *Rienzi* et qu'il espérait me donner alors une meilleure opinion de lui, car
sur ce point, il avait jusque-là joué de malchance. —
La grande simplicité, je dirais presque la sobriété de
chacune de ses paroles et de chacun de ses mots, et
surtout l'expressivité qu'il leur conférait, me laissèrent
indiscutablement cette forte impression qu'emporte
toute personne qui rencontre Liszt. Je m'expliquais
pour la première fois le charme qu'il exerce sur ceux
qui s'approchent de lui et reconnus au fond de moi
que j'en avais mal jugé les causes. —

*[À Dresde commencent les répétitions pour la créa-
tion du* Vaisseau fantôme, *dont la première n'obtient
pas le succès public escompté. Toutefois, les négociations avec la direction du théâtre reprennent : Wagner
préférerait occuper les fonctions de Hofkapellmeister
et non celles de Musikdirektor, moins prestigieuses. La
veuve de Carl Maria von Weber le presse d'accepter,
car elle voudrait voir en lui le successeur de son époux.
Mais il hésite à s'engager.]*

Au-delà de toutes ces considérations qui parlaient à mon cœur, à ma fierté et à ma raison, j'étais porté par une foi enthousiaste qui m'accompagna tout au long de Ma vie : j'étais convaincu que, où que me portât le destin — il m'avait alors conduit à Dresde — je trouverais le moyen de sortir de la routine et de réaliser l'impossible. Au fond, me disais-je, il suffirait qu'apparaisse un homme idéaliste et passionné pour réussir (à condition que la chance soit de son côté) à régénérer ce qui est tombé en décadence, pour élever les artistes et le public, et délivrer l'art de l'ignominie dans laquelle il s'est empêtré. Le revirement heureux et rapide qui venait de se produire dans ma destinée me fortifiait dans une telle croyance, et je fus vraiment ravi de constater l'étonnant changement qui était survenu dans l'attitude de l'intendant, Monsieur von Lüttichau, à mon égard. Cet homme singulier me témoigna une sympathie dont on ne l'aurait pas cru capable auparavant et je dois reconnaître qu'il me témoigna toujours personnellement une véritable bienveillance, même plus tard lorsque nous eûmes d'incessantes dissensions. — Néanmoins, ma décision me fut pour ainsi dire arrachée par surprise. Le 2 février 1843, je fus très aimablement convoqué au bureau de l'intendance royale ; j'y trouvai tout l'état-major de la Königliche Kapelle rassemblé autour de Monsieur von Lüttichau. Celui-ci fit alors donner solennellement lecture, par mon inoubliable ami Winkler, d'une ordonnance royale déclarant que j'étais nommé Kapellmeister de Sa Majesté avec un traitement viager de 1 500 thalers. La décision prenait effet immédiatement. Cette lecture achevée, Monsieur von Lüttichau prononça une allocution assez solennelle : il présumait que j'accepterais avec reconnaissance la faveur du monarque. Il ne m'échappa

pas que, par cette aimable mise en scène, on m'enle-
vait toute possibilité de discuter la question de mes
appointements ; mais en supprimant l'année proba-
toire assortie du seul titre de Königlicher Musikdirektor, conditions auxquelles Weber lui-même avait
dû se soumettre en son temps, on voulait me neutraliser et m'empêcher de négocier. Mes nouveaux collègues s'empressèrent de me féliciter ; Monsieur von
Lüttichau m'accompagna jusque devant la porte de
ma maison en causant agréablement, et ma femme,
éperdue de joie, tomba dans mes bras. Je compris bien
que je devais faire bonne figure et, si je ne voulais
susciter d'esclandre, me féliciter d'être nommé Königlicher Kapellmeister.

Après une cérémonie au cours de laquelle je prêtai
serment de servir fidèlement le roi et où l'intendant
me présenta par quelques paroles enthousiastes à tous
les membres de la Königliche Kapelle, je fus bientôt
reçu à une audience de Sa Majesté[1]. En voyant le
visage de ce monarque si bon, si affable et si simple,
je me souvins involontairement du plan que j'avais
formé dans ma jeunesse de composer une *Ouverture
politique* sur le thème «Frédéric et Liberté». La conversation, d'abord un peu embarrassée, s'anima lorsque
le roi m'exprima la satisfaction qu'il avait eue d'entendre mes deux opéras. S'il avait une observation à
me faire, me dit-il après une aimable hésitation, ce
serait qu'il eût désiré voir les personnages de mes
drames musicaux ressortir plus distinctement. Il lui
semblait que les forces élémentaires y dominaient
trop ; c'était le cas du peuple dans *Rienzi* et de la mer
dans *Le Vaisseau fantôme*. J'eus l'impression de fort
bien comprendre ce que voulait dire le roi et je me
réjouis sincèrement de cette preuve d'intérêt pour
mon œuvre et de l'originalité de son jugement. En

outre, il s'excusa d'avance de ne pas assister souvent aux représentations de mes opéras, car il détestait aller au théâtre. Ce dégoût provenait du fait que, dans sa jeunesse, lui et son frère Johann avaient été forcés de se soumettre à un principe d'éducation qui obligeait les deux enfants à se rendre régulièrement au spectacle, bien que, franchement, ils eussent souvent préféré s'adonner, loin de toute étiquette, à une occupation plus à leur gré. — Quelque temps après, j'eus un exemple caractéristique de l'esprit qui anime les courtisans : on me raconta que Monsieur von Lüttichau ayant dû, pendant cette audience, attendre dans l'antichambre, il s'était plaint de la longueur de la conversation. — Au cours des années suivantes, je ne parvins plus que deux fois à approcher cet excellent souverain et à m'entretenir avec lui. La première, ce fut lorsque je pus lui offrir l'arrangement pour piano de mon *Rienzi* que je lui avais dédicacé ; la seconde, ce fut à l'occasion de mon heureuse adaptation d'*Iphigénie en Aulide* de Gluck, et de sa représentation. Le roi, qui avait une prédilection marquée pour les opéras de ce compositeur, m'arrêta en pleine promenade publique, en toute simplicité, et me complimenta très aimablement pour mon travail.

Avec cette audience chez le roi, j'avais certainement atteint le point culminant de mon heureuse carrière à Dresde, qui avait débuté si rapidement. À partir de ce jour, les soucis se représentèrent à moi sous des formes multiples. — Je ne tardai pas à me rendre compte de la difficulté de ma position matérielle, car les avantages que m'offrait ma nouvelle situation n'étaient pas en rapport avec les sacrifices et les devoirs qui pesaient sur mon existence depuis que j'étais devenu indépendant. Le jeune chef d'orchestre qui, depuis son départ de Riga, avait complètement disparu de la scène publique, renaissait de manière étonnante sous les traits du Königlich Sächsischer Kapellmeister. La chance que j'avais eue s'ébruita, et je ne tardai pas à recevoir des mises en demeure pressantes et des menaces de poursuites, émanant dans un premier temps de mes créanciers de Königsberg, ceux-là mêmes que j'avais fuis en me lançant depuis Riga dans un voyage excessivement pénible. De plus, je me vis en butte aux revendications financières de tous ceux qui, surgis des époques les plus reculées, et des lieux les plus divers, se croyaient en droit d'exiger quelque chose de moi : il en vint du temps où j'étais étudiant, et même de celui où j'allais au lycée. Je m'attendais bientôt à recevoir la note de la nourrice qui m'avait allaité !

[Alors que Le Vaisseau fantôme *commence à être joué avec succès en Allemagne, Wagner subit les premières attaques de la presse et il est victime d'intrigues au sein de l'orchestre, qu'il réussit habilement à déjouer. L'année 1843 est marquée par l'arrivée d'August Röckel* au poste de directeur de la musique (il est chargé de seconder les deux Kapellmeister, Wagner et Reissiger). Le compositeur se lie d'amitié avec lui. Le 1ᵉʳ octobre, les Wagner emménagent dans un appartement confortable.]*

Alors il fallut nous occuper de l'installation et de l'arrangement de notre vaste logis, bien situé dans la Ostra-Allee, avec vue sur le Zwinger¹. Bien entendu, nous achetâmes tout ce qui était nécessaire, ainsi qu'il convient à un homme de trente ans qui s'établit enfin pour toute sa vie. Ne pouvant compter sur aucun revenu supplémentaire, je dus emprunter à intérêt

les fonds nécessaires à ces achats. Mais dans la perspective des profits qu'engendreraient mes succès à
Dresde, il me paraissait certain que je pourrais tout
rembourser sous peu. Il y avait principalement trois
objets auxquels je tenais dans mon élégant appartement : un grand piano de concert de chez Breitkopf
et Härtel, que j'acquis avec fierté, un bureau majestueux qui appartient aujourd'hui au musicien Otto
Kummer, et enfin la gravure de Peter von Cornelius*
qui sert de frontispice aux *Nibelungen*[1]. Dans son
beau cadre gothique, c'est la seule pièce dont je ne
me sois pas séparé jusqu'à présent. Mais ce qui me
donnait le sentiment d'être chez moi, c'était une
bibliothèque que je me procurai d'un seul coup, en
procédant de façon systématique en fonction de ce
que j'avais prévu d'étudier. À l'effondrement de ma
situation à Dresde, cette bibliothèque passa bizarrement aux mains de Monsieur Heinrich Brockhaus[2].
Je lui devais alors cinq cents thalers, et pour se couvrir
de cette créance, que ma femme ne soupçonnait pas,
il fit saisir, sans qu'elle le sût, ma belle collection ; je
ne pus jamais rentrer en sa possession. La littérature
allemande ancienne y était richement représentée,
de même que celle du Moyen Âge en général, dont je
m'étais procuré plusieurs œuvres de prix, entre
autres les rares et vieux *Romans des douze pairs de
France*[3]. Il s'y trouvait aussi de bons ouvrages historiques sur le Moyen Âge et sur le peuple allemand.
J'avais en outre acheté des œuvres de la littérature
classique de toutes les époques et de tous les pays.
Les poètes italiens y avaient leur place à côté de Shakespeare et des écrivains français ; je ne les lisais que
difficilement, mais j'avais acquis les textes originaux
dans l'espoir de trouver le temps d'apprendre sérieusement les langues dont j'avais négligé l'étude. Quant

à l'Antiquité grecque et romaine, je me contentai de nos traductions devenues classiques. Avec Homère déjà, acheté en grec, j'avais constaté qu'il me faudrait trop de temps, à côté de mes activités de chef d'orchestre, pour recouvrer mes anciennes connaissances linguistiques. En outre, désirant réunir un ensemble complet d'ouvrages d'histoire, je n'avais pas hésité à me procurer les séries de volumes les plus imposantes. Ainsi équipé, il me sembla que j'étais en mesure de braver tous les déboires qui m'attendaient dans mes nouvelles fonctions et, rempli de l'espoir de jouir longuement et tranquillement du foyer enfin acquis, j'entrai dans mon appartement au mois d'octobre 1843. S'il n'était pas somptueux, il avait du moins fort bonne apparence.

[En janvier 1844, le compositeur se rend à Berlin, pour assister aux répétitions du Vaisseau fantôme[1]*.]*

Je compris d'emblée que l'intendance du Hoftheater de Berlin avait classé mon œuvre dans la catégorie « opéras de Kapellmeister », et je savais quel destin était habituellement réservé à ce genre de compositions. La façon dont on nous traita, moi et mon *Vaisseau fantôme,* confirma malheureusement ce soupçon. Cependant, dans l'espoir que Madame Schröder-Devrient participe à la production, et par égard pour elle, je surmontai ce pressentiment désagréable et me rendis à Berlin afin de contribuer de mon mieux à la réussite de la représentation. Je compris immédiatement à quel point ma présence y était nécessaire. L'orchestre était dirigé par un certain Henning (ou Henniger), qui en vertu de son ancienneté avait été promu du rang de simple musicien à celui de Kapellmeister. Il n'entendait pas grand-chose à la

direction d'un orchestre en général et rien du tout à
mon opéra en particulier. Je pris sa place et dirigeai
la répétition générale et deux représentations dans
lesquelles, cependant, Madame Schröder-Devrient
n'était pas encore distribuée. Je fus certes contrarié
du trop petit nombre de cordes dans l'orchestre, qui
sonnait ainsi de manière vraiment plate, mais les
interprètes me surprirent agréablement, autant par
leur talent que par leur engagement. Et je fus enchanté
par la *mise en scène*, parfaitement réalisée sous les
ordres de l'intelligent régisseur Blum, et par la collaboration de machinistes compétents et ingénieux.

Dans ces conditions encourageantes pour moi,
j'étais très curieux de savoir l'effet que produirait sur
le public berlinois la représentation définitive. Je fis
alors une expérience pour le moins étrange. Il est probable que les auditeurs, venus nombreux, ne se posaient
qu'une seule question : de quelle façon allait-on me
trouver mauvais ? Au cours du premier acte, l'opinion générale parut être que j'appartenais au genre
ennuyeux : aucune main ne bougea et on m'assura
ensuite que cela avait été une grande chance, car la
moindre tentative d'applaudissement eût été considérée comme venant d'une claque payée, et eût été
combattue vivement. Monsieur von Küstner me
déclara plus tard qu'il avait admiré ma contenance
lorsque, sortant de l'orchestre, j'étais allé me montrer
sur la scène malgré l'absence totale d'applaudissements. C'est que j'étais satisfait de la représentation,
et que je n'avais pas l'intention de me laisser décourager par l'absence de réaction du public. Je savais
en outre que les grands moments de l'opéra ne
venaient qu'à partir du deuxième acte : aussi étais-je
davantage préoccupé du bon déroulement de celui-ci
que du comportement du public berlinois. Puis la

glace fut rompue. Le public renonça à me classer dans une catégorie quelconque et, à la fin de l'acte, il applaudit vivement et se laissa même emporter par un enthousiasme croissant. Je dus répondre aux rappels frénétiques des spectateurs et sacrifier, avec mes interprètes, au rite des saluts devant le rideau. Le troisième acte, trop court pour que l'ennui puisse s'installer et plein d'effets scéniques nouveaux et saisissants, suscita lui aussi un tonnerre d'applaudissements, donnant à penser que nous avions remporté là un véritable triomphe. Mendelssohn se trouvait alors à Berlin avec Meyerbeer pour les affaires de la direction générale de musique; d'une loge d'avant-scène, il avait assisté à la représentation et, le visage décomposé, il avait suivi la marche des événements. La représentation terminée, il s'approcha de moi et me chuchota sur un ton d'indifférente bonhomie: «Eh bien, vous pouvez être content!» Je le vis plusieurs fois pendant mon court séjour à Berlin; je passai même une soirée chez lui pour entendre de la musique de chambre, mais jamais il ne prononça un mot de plus sur *Le Vaisseau fantôme*, sinon pour demander quand aurait lieu la seconde représentation et si la Schröder-Devrient y chanterait ou non. Il ne répondit pas non plus aux éloges chaleureux et sincères que je lui adressai sur la musique du *Songe d'une nuit d'été*, que l'on jouait souvent à cette époque et que j'avais entendue pour la première fois; il s'attarda seulement sur le comédien Gern, chargé du rôle de Zettel [Nick Bottom] et qui, à son avis, en faisait trop[1]. —

Quelques jours après, il y eut une seconde représentation, que je dirigeai avec les mêmes acteurs. Cette soirée fut plus étrange encore que la première. J'avais manifestement gagné quelques partisans qui

étaient revenus au théâtre car, après l'ouverture, on
entendit des applaudissements; des sifflets violents
leur répondirent, de sorte que plus personne n'osa
plus applaudir de toute la soirée. Mon vieil ami Ferdinand Heine, que la direction de Dresde avait envoyé
exprès à Berlin afin qu'il étudiât la mise en scène du
Songe d'une nuit d'été[1], avait lui aussi assisté à cette
représentation. Il m'avait persuadé d'accepter avec
lui l'invitation d'un de ses parents berlinois à souper
dans une taverne de l'avenue Unter den Linden.
Après le théâtre, je le suivis donc, très fatigué, dans
un affreux local mal éclairé où, pour me réchauffer,
je bus avec une hâte rageuse le vin qu'on m'offrait;
j'écoutais les discours embarrassés de mon brave
ami et de son compagnon et je regardais fixement les
journaux du jour étalés devant moi, qui contenaient
les critiques de la première représentation du *Vaisseau fantôme*. Une douleur aiguë me traversa la poi-
trine lorsque je vis la bassesse et la façon éhontée
avec lesquelles un critique d'une ignorance crasse
nous jugeait, moi et mon œuvre. Notre hôte, un épais
philistin, m'affirma qu'après avoir lu les feuilles du
matin, il avait bien prévu ce qui arriverait le soir, car
les Berlinois attendent toujours les critiques de Rellstab[2] et consorts pour savoir comment ils doivent
se comporter. Ce brave homme voulut absolument
m'égayer et fit apporter toutes sortes de vins, pendant
que l'ami Heine allait chercher dans sa mémoire nos
souvenirs joyeux de l'époque de *Rienzi* à Dresde.
Chancelant, la tête lourde, je fus finalement raccom-
pagné jusqu'à mon hôtel par les deux amis. Il était
minuit passé. Dans les corridors sombres où le garçon
d'auberge m'accompagnait pour m'éclairer, je me
trouvai soudain face à face avec un homme vêtu de
noir, au visage pâle et distingué, qui demanda à me

parler, assurant qu'il m'attendait depuis la fin de la
représentation. Je m'excusai, prétextant que je me
sentais hors d'état de m'occuper d'aucune affaire : il
devait bien s'apercevoir que, sans être ivre à propre-
ment parler, j'avais imprudemment bu trop de vin.
Je dis cela en bafouillant, mais cet étrange visiteur
ne se laissa pas éconduire ; il m'accompagna jusqu'à
ma chambre et déclara que c'était pour lui le moment
ou jamais de me parler. Nous nous assîmes donc
dans une chambre froide, à la maigre lueur d'une
bougie et, dans un langage fort élégant et persuasif,
il me raconta qu'il avait lui aussi assisté à la représentation de ce soir et qu'il se figurait bien de quelle
humeur je devais être face à la tournure qu'avaient
prise les choses ; c'est pourquoi rien n'avait pu le dis-
suader de venir m'affirmer que j'avais écrit avec
mon *Vaisseau fantôme* un chef-d'œuvre extraordinaire et que j'aurais tort de me laisser décourager
par l'accueil lamentable du public berlinois. Ce soir
même il avait découvert une œuvre qui laissait entrevoir pour l'art allemand un avenir radieux. J'avais la
chair de poule : je me retrouvais en plein dans les
Fantaisies à la manière de Callot de Hoffmann. Il me
fut impossible d'articuler un mot, à part pour m'informer du nom de l'inconnu, ce qui parut l'étonner
car, me dit-il, nous avions déjà discuté ensemble
chez Mendelssohn le jour d'avant : ma conversation
et ma manière d'être lui avaient alors fait une forte
impression. Il avait soudain regretté que son aversion pour l'opéra l'eût dissuadé d'assister à la première représentation du *Vaisseau fantôme*, et s'était
promis de ne pas manquer la seconde. Il était le professeur Werder*. Cela ne me disait rien et je lui
demandai de m'écrire son nom. Il prit du papier et
de l'encre et s'exécuta, puis il prit congé, et moi,

presque sans savoir ce que je faisais, je me jetai sur mon lit et tombai dans un profond sommeil. Le lendemain, j'étais frais et dispos. Je pris congé de Madame Schröder-Devrient qui promit de prêter prochainement son concours au *Vaisseau fantôme* ; j'empochai mes cent ducats d'honoraires et rentrai par Leipzig où je remis ces honoraires à ma famille : je leur remboursai ainsi les avances qu'ils m'avaient faites pour parer à mes besoins les plus pressés à l'époque de mon arrivée à Dresde. Puis je retournai à Dresde où je me sentis heureux au milieu de mes livres, avec le loisir de réfléchir à la profonde impression que m'avait laissée la visite nocturne de Werder.

[En mars 1844, Wagner est invité à diriger la première de Rienzi *à Hambourg, d'où il rapporte un perroquet pour Minna. De retour à Dresde, il rêve de diriger Beethoven et se souvient d'un concert donné l'année précédente, au cours duquel se sont succédé l'oratorio* Paulus *de Mendelssohn (dirigé par son compositeur) et la* Huitième Symphonie *de Beethoven.]*

Après l'oratorio, Reissiger dirigea la *Huitième Symphonie* de Beethoven ; or, pendant les répétitions, j'avais remarqué qu'il tombait dans le défaut habituel à tous ceux qui interprètent cet ouvrage : il imprimait au *tempo di minuetto* du troisième mouvement un rythme de valse machinal. Non seulement tout le morceau en perdait son caractère imposant, mais le trio devenait complètement ridicule par le fait qu'il était impossible de jouer correctement les figures aux violoncelles dans un tempo aussi rapide. J'en avais fait la remarque à Reissiger ; il avait partagé mon avis et promis de prendre à l'audition le véritable *tempo di minuetto* que je lui avais indiqué. Je racontai la chose à Mendelssohn qui se trouvait à côté de moi dans une loge et se reposait en écoutant la symphonie d'avoir dirigé son *Paulus*. Il me donna raison et déclara qu'il devait en être comme je disais. Le troisième mouvement commençait justement, mais Reissiger, incapable d'imposer tout d'un coup un changement de tempo aussi décisif à son orchestre, suivit sa vieille habitude et joua le *tempo di minuetto* comme une valse. J'allais en exprimer mon mécontentement, lorsque Mendelssohn acquiesça dans ma direction d'un air satisfait : il s'imaginait que je devais l'être aussi et que c'est ainsi que j'entendais les choses. Je fus si étonné de ce manque absolu de sensibilité musicale chez le célèbre compositeur que je restai interdit et gardai de lui une étrange opinion, qui me fut plus tard confirmée par Robert Schumann*. Ce dernier me témoigna en effet sa satisfaction sur le tempo que je prenais dans le premier mouvement de la *Neuvième Symphonie* de Beethoven et m'expliqua que chaque année à Leipzig, il avait dû l'entendre joué sous la direction de Mendelssohn dans un tempo précipité qui le défigurait.

J'attendais en soupirant les rares occasions où je pouvais imprimer ma marque à la façon dont on jouait les chefs-d'œuvre de nos grands maîtres ; mais, la plupart du temps, j'étais condamné à vivre dans l'insatisfaction que me procurait la façon dont on abordait le répertoire ordinaire de notre théâtre. Une de ces heureuses occasions me fut offerte au concert du dimanche des Rameaux de 1844, quand je revins de ma décevante expédition de Hambourg. Je fus chargé de diriger la *Symphonie pastorale*. Ces concerts, alors renommés, présentaient encore bien des défauts auxquels je dus remédier en faisant preuve d'habileté. Entre autres, le placement des musiciens. L'or-

chestre entourait le chœur en deux minces rangées
demi-circulaires, et cela me paraissait si absurde qu'il
me fallut les explications de Reissiger pour comprendre. Il expliqua que cette disposition datait de
l'époque du défunt Kapellmeister Morlacchi qui,
compositeur italien d'opéras, méconnaissait naturellement l'importance et les besoins de l'orchestre.
Quand je demandai pourquoi on lui avait permis de
tout régenter dans un domaine où il n'entendait rien,
on m'apprit que de tout temps, et même à l'époque
de Carl Maria von Weber, les Italiens avaient eu la
faveur de la cour et de la direction générale : nulle
contradiction n'était admise, et maintenant encore
on avait les plus grandes difficultés à se défaire des
mauvaises habitudes qu'ils avaient laissées en héritage. En haut lieu, on était toujours persuadé que
Morlacchi avait dû savoir les choses mieux que personne. Mes impressions d'enfance sur le castrat
Sassaroli me revinrent à l'esprit et je songeai aux
exhortations de la veuve de Weber et à l'importance
qu'elle attachait à ce que je sois le successeur de son
mari. Malgré tout, l'exécution de la *Symphonie pastorale* réussit au-delà de toute attente et le plaisir incomparable, merveilleusement stimulant, que j'éprouvai
à m'occuper des œuvres de Beethoven, me fit comprendre quelle force régénératrice se trouvait en
elles. Röckel partageait intimement ce sentiment ;
toujours à mes côtés, il me seconda pendant toutes
les répétitions, attentif à chaque chose, pensant et
dirigeant avec moi.

[*À la fin de l'été 1844, Wagner compose le deuxième
acte de* Tannhäuser.]

Nos quartiers d'hiver repris, je m'efforçai de ne pas laisser entre la composition du deuxième et du troisième acte de *Tannhäuser* un aussi long intervalle qu'entre les deux premiers et, malgré mes nombreuses occupations, grâce aussi à l'effet bénéfique de promenades solitaires régulières, je parvins à achever la musique du troisième acte avant la fin de l'année, c'est-à-dire le 29 décembre.

Ce qui, entre-temps, m'avait le plus distrait de ma composition, c'était un assez long séjour de Spontini, venu chez nous à l'occasion d'une série de représentations de *La Vestale*. Les souvenirs de ces événements insolites et hauts en couleur passés en compagnie du vénérable et célèbre maître sont demeurés si vivaces en moi qu'ils me semblent valoir la peine d'être racontés[1].

Nous étions en droit d'espérer un grand succès des représentations de *La Vestale* : nous avions le concours de Madame Schröder-Devrient. Je suggérai donc à Monsieur von Lüttichau l'idée d'inviter Spontini* à venir diriger personnellement son œuvre si justement renommée. Le vieux maître se détournait alors définitivement de Berlin, où il avait souffert de profondes humiliations[2] ; en l'invitant, nous voulions lui témoigner ostensiblement l'intérêt que nous lui portions. Il accepta et, comme j'étais responsable de ce spectacle, je fus chargé de m'entendre avec lui. Quoique j'eusse écrit moi-même ma lettre en mauvais français, il faut croire qu'elle lui inspira la plus grande confiance dans le zèle que j'apportais à l'entreprise, car dans une réponse fort majestueuse, il m'exprima ses désirs spéciaux pour sa participation exceptionnelle. Il se déclarait absolument confiant dans la qualité des interprètes, puisque Madame Schröder-Devrient se trouvait parmi eux ; il suppo-

sait que tout serait mis en œuvre pour que les scènes
de chœur et de ballet soient convenablement réalisées et que l'orchestre aussi le satisferait pleinement.
Celui-ci comprendrait sans aucun doute un nombre
suffisant d'excellents instruments et *le tout garni de
douze bonnes contrebasses*[1]. Cette phrase me brisa le
cœur; elle m'indiquait en chiffres une idée de ce que
seraient les autres exigences du maître. Je courus
chez l'intendant pour le préparer aux difficultés auxquelles nous allions être confrontés. Son effroi fut
grand et réel; il fallait à toute force trouver un prétexte pour annuler l'invitation. Madame Schröder-
Devrient apprit notre embarras; elle, qui connaissait
Spontini, se mit à rire comme une folle de l'impru-
dence naïve avec laquelle nous nous étions lancés
dans cette invitation. Comme elle était un peu indis-
posée, elle pensa que cela pourrait servir de prétexte
pour retarder suffisamment la représentation; Spontini avait insisté pour qu'elle eût lieu le plus tôt possible: il était attendu impatiemment à Paris et n'avait
que peu de temps à nous consacrer. Je me servis
donc de cet expédient et fabriquai un tissu de men-
songes innocents qui devaient amener le compositeur à renoncer définitivement à notre invitation. La
lettre partie, nous respirâmes, soulagés, et nous nous
mîmes à répéter tranquillement, arrivant ainsi sans
inquiétude à la veille de la répétition générale. Mais
ce jour-là, vers midi, une voiture s'arrêta devant ma
porte et j'en vis sortir, seul, très agité, vêtu d'une
redingote bleue, l'orgueilleux musicien qui d'ordinaire se montrait toujours drapé dans la dignité d'un
Grand d'Espagne. Il entra dans mon cabinet, me
montra mes lettres et me prouva par notre correspondance qu'il n'avait jamais décliné notre invitation, mais que, bien au contraire, il s'était rangé à

toutes nos conditions. Sous l'impression de la joie sincère que j'éprouvai de me trouver en présence de cet homme exceptionnel et surtout de le voir diriger lui-même son opéra, j'oubliai mon embarras et m'engageai avec un empressement sincère à faire l'impossible pour le contenter. En m'écoutant, Spontini eut un sourire de satisfaction presque enfantin, mais lorsque, pour lui enlever d'emblée tous les doutes qu'il pouvait avoir sur ma franchise, je le priai de diriger lui-même la répétition du lendemain, il devint très soucieux et parut y découvrir mille difficultés. Très agité, il ne s'exprimait pas de manière suffisamment explicite, de sorte qu'il m'était difficile de deviner comment je pourrais le décider à accepter de diriger cette générale. Après quelques hésitations, il me demanda enfin avec quelle espèce de baguette je dirigeais. Je lui indiquai approximativement de la main la grandeur et la grosseur de la baguette en bois ordinaire dont nous nous servions et qu'à chaque fois notre assistant recouvrait d'un papier blanc propre. Il soupira et demanda s'il me serait possible de faire fabriquer pour le lendemain une baguette en ébène, d'une épaisseur et d'une longueur imposantes (il m'indiqua les mesures avec son bras et le creux de sa main), et dont les deux bouts fussent garnis d'un assez gros bouton d'ivoire. Je lui promis que pour la prochaine répétition je lui trouverais un instrument qui serait au moins ressemblant et que, pour la représentation, il en aurait un absolument conforme à ses exigences. Visiblement soulagé, Spontini passa alors la main sur son front et me permit d'annoncer sa présence pour le lendemain. Puis il retourna à son hôtel, non sans m'avoir fait encore des recommandations précises pour la confection de sa baguette.

Je croyais rêver et courus annoncer ce qui venait

de se passer et ce qui nous attendait. Nous étions pris
au piège. La Schröder-Devrient s'offrit comme bouc
émissaire, et moi je me mis d'accord avec le menui-
sier du théâtre à propos de la fameuse baguette. On
réussit à s'en procurer une de la longueur et de
l'épaisseur voulues ; elle était noire aussi, avec deux
gros boutons blancs. La répétition put donc commencer. Spontini parut d'abord gêné par l'endroit
où devait se tenir le chef d'orchestre. Pour commencer,
il souhaita voir les hautbois placés derrière lui ; mais
comme ce changement eût amené une désorganisa-
tion complète de la disposition de l'orchestre, je lui
promis de m'en occuper après la répétition. Il se tut
et s'empara de sa baguette. Je compris alors tout à
coup pourquoi il attachait tant d'importance à ses
dimensions. Spontini ne le saisissait pas par un bout
comme les autres chefs, mais l'empoignait au milieu
comme un bâton de maréchal et s'en servait non
pour battre la mesure, mais pour commander. Dès
les premières scènes, il régna une confusion aggravée
par le fait qu'il s'exprimait dans un allemand confus,
rendant ses indications difficilement compréhen-
sibles par l'orchestre et les chanteurs. Mais nous
comprîmes fort bien qu'il voulait nous ôter de l'esprit l'idée qu'il s'agissait là de la générale, et qu'il
avait l'intention de reprendre complètement depuis
le début le travail de répétition. Le désespoir s'empara de nous et particulièrement de mon bon vieux
Fischer, régisseur et chef des chœurs, qui m'avait
aidé avec tant d'enthousiasme à obtenir cette invitation à Spontini. Il voyait le répertoire complètement
bouleversé et il entra peu à peu dans une colère
aveugle qui lui faisait prendre pour une chicane
toute observation du maître. À la fin, il lui répondit en
allemand par les pires grossièretés. Une fois, Spon-

tini m'appela près de lui pour me chuchoter à propos
d'un chœur qui venait de finir: «*Mais savez-vous,
vos chœurs ne chantent pas mal.*» Fischer, qui l'avait
observé d'un œil soupçonneux, me demanda alors
furieux: «Que dit-il encore, le vieux c...?» J'eus les
pires difficultés à le calmer, tant son enthousiasme
initial s'était mué en animosité. — L'interruption
la plus importante fut causée au premier acte par
le déroulement de la marche triomphale. Spontini
exprima bruyamment son mécontentement face à
l'attitude indifférente du peuple au passage des vestales. Sa vue basse l'empêchait de voir ce qui se
passait sur la scène et il n'avait pas remarqué que,
sur ordre de notre régisseur, tous les figurants se
mettaient à genoux à l'arrivée des prêtresses. Il exigea
que le respect religieux de l'armée romaine se mani-
festât d'une manière énergique, par le choc des lances
sur le sol au moment où les guerriers romains se
jettent à terre. Il fallut recommencer de nombreuses
fois, et toujours quelques lames cliquetaient trop tôt
ou trop tard. À plusieurs reprises, Spontini commanda lui-même la manœuvre en frappant de sa
baguette sur le pupitre. Rien n'y fit. Le bruit n'était
jamais ni assez net ni assez énergique. Je me souvins
alors de la remarquable précision avec laquelle de
tels mouvements étaient exécutés à Berlin et de l'effet
presque terrifiant qu'ils produisaient dans *Fernand
Cortez*, que j'avais vu lorsque j'étais plus jeune et qui
m'avait laissé une forte impression. Je compris qu'il
nous faudrait encore beaucoup de temps et un travail
intensif pour donner à notre indolence la fermeté
qu'exigeait le maître, habitué à de tout autres conditions de travail. Après le premier acte, Spontini
monta lui-même sur la scène, il croyait y trouver
encore les artistes et voulait leur expliquer en détail

pourquoi il fallait absolument repousser les représentations et se donner du temps pour organiser
toutes sortes de répétitions, indispensables à la réussite du spectacle tel qu'il se l'imaginait. Mais la scène
était déjà à moitié vide : les chanteurs et le régisseur
s'étaient sauvés pour pouvoir s'épancher et se plaindre
de cette situation désespérante. Il n'y restait plus que
les machinistes, les lampistes et quelques choristes
qui, rangés en demi-cercle autour de Spontini, écou-
taient le maître pérorer avec une émotion incroyable
sur le véritable art théâtral. J'interrompis poliment
cette scène pénible, persuadai amicalement Spontini
que son inquiétude était vaine et l'assurai que tout
marcherait à souhait. De plus, je lui annonçai que
Monsieur Eduard Devrient*, qui avait vu à Berlin
des représentations de *La Vestale* conformes à ses
vœux, viendrait préparer le chœur et les figurants,
de telle sorte que les prêtresses fussent reçues avec
toute la solennité voulue. Je le tirai ainsi de la situation ridicule dans laquelle il s'était fourvoyé. Il fut
rassuré et nous mîmes sur pied un programme de
répétitions conforme à ses exigences. En vérité, j'étais
le seul qui ne fût pas mécontent de la tournure que
prenaient les choses. Malgré ce que son comportement avait de grotesque, je devinais en Spontini —
même s'il n'était plus que la caricature de lui-même
— une énergie hors du commun qui me faisait comprendre comment il avait pu poursuivre et atteindre
des objectifs artistiques inimaginables dans le monde
du théâtre de l'époque.

Nous débutâmes par une répétition au piano. Le
maître comptait l'employer à donner ses instructions
aux chanteurs. Nous n'apprîmes pas grand-chose de
neuf : il fit moins d'observations sur des détails d'interprétation que de remarques générales sur sa

conception de l'œuvre. Je constatai qu'il avait coutume de traiter avec des égards spéciaux les chanteurs renommés tels que Madame Schröder-Devrient et Tichatschek. Il interdit seulement à ce dernier de prononcer le mot *Braut* (fiancée), que la traduction allemande met dans la bouche de Licinius lorsqu'il s'adresse à Julia. Il trouvait ce mot odieux à l'oreille et ne concevait pas qu'on pût employer en musique un mot aux sonorités aussi vulgaires que celui-là. Le chanteur peu doué et assez mal dégrossi qui faisait le grand-prêtre reçut une leçon complète. Le compositeur lui expliqua le caractère du personnage qui se dessinait dans son récitatif dialogué avec le chef des haruspices. [...] Au cours d'une discussion au sujet de l'orchestre, j'avais demandé à Spontini pourquoi lui, qui d'ordinaire utilisait si volontiers les trombones, ne s'en était point servi dans l'éclatante marche triomphale du premier acte. Il me demanda à son tour, étonné : «*Est-ce que je n'y ai pas de trombones ?*» Je lui montrai la partition gravée ; il me pria alors d'ajouter quelques trombones et de les faire jouer dès la répétition suivante. Il me dit aussi : «*J'ai entendu dans votre* Rienzi *un instrument que vous appelez basse-tuba ; je ne veux pas bannir cet instrument de l'orchestre : faites-m'en une partie pour* La Vestale.» Je fus heureux de répondre à son désir avec tact et sens de l'à-propos. Lorsqu'il entendit pour la première fois l'effet produit, il me lança un regard de tendre gratitude, et la satisfaction que lui causa ce modeste enrichissement de sa partition fut si durable que plus tard, depuis Paris, il m'adressa une aimable lettre pour me demander les particelles de ces instruments. Il est vrai que sa vanité ne lui permit pas d'employer une expression disant explicitement que j'en étais l'auteur ; il m'écrivit seulement : «*Envoyez-*

moi une partition des trombones pour la marche
triomphale et de la basse-tuba, telle qu'elle a été exé-
cutée sous ma direction à Dresde.» — Je lui prouvai
également mon dévouement par le zèle avec lequel je
réorganisai complètement, comme il le souhaitait, la
disposition des musiciens dans l'orchestre. Ses idées
à ce sujet étaient moins le résultat d'un système que
d'une habitude, et je compris l'importance qu'il y
avait pour lui à ne pas y apporter la moindre modifi-
cation lorsqu'il m'eut expliqué comment il dirigeait.
Il affirmait qu'il dirigeait l'orchestre uniquement avec
les yeux: «Mon œil gauche est le premier violon,
mon œil droit le second. Mais pour agir avec le
regard, il est nécessaire de ne pas porter de lunettes
comme le font les mauvais chefs d'orchestre, même
quand on est myope. Moi, ajouta-t-il confidentielle-
ment, je ne vois guère à un pas de moi et pourtant
j'obtiens du regard tout ce que je veux.» Certains
détails de la disposition d'orchestre à laquelle il était
habitué étaient certes fort peu rationnels; ainsi l'habitude d'avoir derrière lui les deux hautbois provenait certainement d'un ancien orchestre parisien où
l'espace faisait défaut pour les placer ailleurs. Ces
musiciens se voyaient ainsi forcés de détourner du
public l'embouchure de leur instrument, et notre
excellent hautboïste fut si indigné qu'on lui impose
cela qu'il me fallut prendre la chose en plaisanterie
pour arriver à le calmer provisoirement. Mais globa-
lement, la disposition de l'orchestre voulue par
Spontini était fondée sur un principe pertinent, malheureusement presque inusité en Allemagne: il répar-
tissait le quatuor des instruments à cordes d'une
manière égale sur l'ensemble de l'orchestre; de même,
au lieu de concentrer en un point tous les cuivres et
percussions, ce qui les rendait trop bruyants, il les

séparait et les distribuait sur les deux ailes de l'orchestre, tandis que les instruments à vent, plus délicats, étaient alignés entre les violons et groupés entre eux de manière appropriée. La coutume, qui prévaut encore dans les orchestres les plus grands et les plus célèbres, de séparer les instruments en deux groupes distincts, celui des instruments à vent et celui des instruments à cordes, relève d'une brutalité et d'une totale insensibilité à la beauté de la musique orchestrale, dont les sons doivent se fondre et se répandre également de tous côtés[1]. Je fus très heureux que la visite de Spontini m'offrît l'occasion d'imposer cette heureuse innovation à Dresde. Le maître parti, il me fut facile d'obtenir du roi l'ordre de maintenir les changements qu'il avait exigés. Je n'eus qu'à améliorer ou corriger certaines bizarreries et dysfonctionnements de son système pour avoir une disposition fort satisfaisante et efficace de l'orchestre.

Malgré les excentricités dont Spontini faisait preuve dans les répétitions, cet homme exceptionnel fascinait les musiciens et les chanteurs au point qu'ils s'engagèrent de manière exceptionnelle pour cette représentation. Il montrait toujours une énergie extraordinaire à exiger que l'on marque fortement les accents rythmiques. En travaillant avec l'orchestre berlinois, il avait pris l'habitude, dont je ne saisis pas tout d'abord le sens, de désigner la note à accentuer par les mots : « celle-ci ». Tichatschek, véritable génie du rythme, en fut enchanté, car il avait coutume lui-même, lorsque les choristes avaient une entrée importante, de les pousser à être extrêmement précis, affirmant qu'il suffisait de bien accentuer la première note pour que le reste aille tout seul. Petit à petit, il régna dans notre théâtre un esprit favorable à Spontini. Seuls les altistes mirent quelque temps à

revenir de la frayeur qu'il leur avait causée. La façon
dont ils accompagnaient la sombre cantilène de Julia
au finale du deuxième acte ne répondant pas à l'idée
du compositeur, qui attendait quelque chose d'à la
fois doux et lugubre, celui-ci se tourna soudain vers
eux et leur cria d'une voix sépulcrale : « La mort est-
elle donc dans les altos ? » Les deux vieillards atteints
d'une incurable hypocondrie et qui, à mon grand
regret, se cramponnaient à leur pupitre malgré leur
droit à la retraite, crurent y entendre une menace et
levèrent des yeux épouvantés vers Spontini. Pour les
ramener à la vie, je dus leur expliquer sans effet
théâtral ce que le maître voulait d'eux. — Sur la
scène, Monsieur Eduard Devrient était très actif et
nous aida à mettre en place un ensemble expressif et
précis. Il sut également nous tirer d'affaire à propos
d'une exigence de Spontini qui nous mettait tous
dans un grand embarras. Nous avions décidé de
donner l'opéra avec les coupures en usage dans tous
les théâtres allemands et de le terminer sur le duo
enflammé, accompagné par le chœur, que chantent
Licinius et Julie après la délivrance de celle-ci. Mais
le maître s'obstina à y ajouter le chœur de liesse final
et le ballet propres à l'*opera seria* français : il refusait
de voir sa brillante œuvre s'achever misérablement
dans un triste lieu funéraire. Il fallait donc introduire
un changement de décor et montrer sous la lumière
la plus riante le buisson de roses de Vénus et l'autel
devant lequel des prêtres et des prêtresses couronnés
de fleurs unissent le couple éprouvé. Nous nous exé-
cutâmes — mais ce changement ne contribua malheureusement pas à accroître un succès que pourtant
nous souhaitions tous.

Pendant la représentation, à la fois précise et
enflammée, nous prîmes conscience d'un problème

qui nous avait échappé jusque-là concernant la distribution du rôle principal. Notre grande Madame
Schröder-Devrient n'était à l'évidence plus en âge de
jouer le rôle de la plus jeune des Vestales : son physique devenu assez maternel ne s'y prêtait plus, d'autant plus qu'il lui fallait paraître plus jeune que la
grande-prêtresse qui était jouée ici par une jeune fille
dont on ne pouvait cacher l'extraordinaire beauté. Il
s'agissait de ma nièce, Johanna Wagner*, qui, par sa
voix d'une beauté alors absolument ravissante et son
authentique talent dramatique, donnait involontairement au spectateur le sentiment qu'il aurait fallu
intervertir les rôles entre ces deux grandes artistes.
Cette malheureuse circonstance n'échappa point à la
clairvoyance de la Devrient ; aussi crut-elle devoir se
servir de tous les moyens dramatiques qu'elle avait
à sa disposition pour conserver victorieusement sa
suprématie dans cette situation difficile, ce qui la
conduisit parfois à appuyer certains effets et même,
à un moment clef de l'opéra, à tomber dans une
détestable outrance. Lorsque, après le grand trio du
deuxième acte, elle voit son bien-aimé sauvé par sa
fuite et que, terriblement épuisée, elle revient sur le
devant de la scène en poussant un cri de délivrance :
« Il est libre[1] ! » elle se laissa entraîner à parler ces
mots au lieu de les chanter. Elle savait quel effet peut
produire, dans un moment d'émotion extrême, un
mot clef prononcé sur un ton qui se rapproche du
langage parlé : elle l'avait maintes fois prouvé dans
Fidelio, provoquant l'enthousiasme du public par sa
façon de prononcer la phrase : « Un pas de plus et tu
es mort ! » Elle disait le mot « mort » au lieu de le
chanter. L'impression extraordinaire que j'en avais
alors éprouvée moi-même provenait de la terreur
prodigieuse qui s'emparait de moi quand, tiré des

sphères idéales de la musique qui magnifie les situations les plus effroyables, je retombais brusquement
dans l'horrible réalité, comme frappé par le coup de
hache du bourreau. C'est à ce moment que le sublime
se manifestait sous sa forme la plus extrême. En
m'appuyant sur le souvenir de cette sensation, je
considérais le sublime comme un moment foudroyant
où deux mondes totalement différents sont illuminés
simultanément, de sorte que nous puissions les entrevoir tous deux subrepticement d'un même coup d'œil.
Mais ce moment terrible a un caractère totalement
exceptionnel qui ne saurait être réduit à un jeu mis
au service d'intérêts personnels. Je m'en rendis compte
lorsque la grande artiste passa totalement à côté de
l'effet escompté. Le mot rauque, prononcé avec une
voix détimbrée nous glaça, le public et moi, comme
une douche froide, et nous n'y vîmes qu'un effet
théâtral manqué. — Les attentes du public qui avait
payé prix double la curiosité de voir Spontini au
pupitre de chef d'orchestre avaient-elles été trop
grandes ? Ou bien le style de l'œuvre, avec son sujet
antique à la française, parut-il démodé malgré la
beauté et l'éclat de la musique ? Ou bien encore la fin
sans relief de l'opéra avait-elle produit la même déception que l'effet dramatique manqué de la Devrient ?
Toujours est-il qu'un réel enthousiasme ne se manifesta pas et que la soirée ne fut qu'un pâle succès
d'estime pour le célèbre compositeur. J'étais gêné de
le voir paraître sur la scène bardé de ses multiples
décorations et remercier le public de ses applaudissements sans chaleur.

Personne ne s'était mieux rendu compte que Spontini lui-même de ce peu réjouissant résultat. Il résolut
d'obtenir de force une apparence de succès et eut
recours à l'expédient qu'il employait d'habitude à

Berlin afin de produire ses œuvres devant une salle comble et un public passionné. Il choisissait toujours le dimanche pour ses représentations, parce que l'expérience lui avait démontré que ce jour-là le théâtre se remplissait d'un public facilement enthousiaste. Le dimanche auquel il s'offrit de diriger une seconde fois sa *Vestale* étant encore assez éloigné, le prolongement de son séjour nous procura le plaisir intéressant de nous retrouver souvent en sa compagnie. J'ai conservé de mes discussions avec lui, tantôt chez Madame Schröder-Devrient, tantôt chez moi, un souvenir si précis que j'en parle volontiers.

Je me rappelle surtout un dîner chez Madame Schröder-Devrient pendant lequel nous restâmes longtemps en conversation animée avec le maître et sa femme (une sœur d'Érard, le célèbre fabricant de pianos). La part que Spontini prenait à la discussion consistait à écouter avec dignité s'exprimer les autres, en ayant l'air d'attendre qu'on lui demandât son avis. Dès qu'il prenait la parole, c'était avec une solennité rhétorique, en phrases précises, sur un ton catégorique et avec des accents qui faisaient comprendre que toute contradiction serait considérée comme une offense. Monsieur Ferdinand Hiller* était des convives : il amena la conversation sur Liszt. Après qu'on eut abordé le sujet sous différents aspects, Spontini, à son tour, exprima son opinion sur le ton décrit précédemment : elle me prouva que, depuis son trône berlinois, il n'avait pas vu les choses d'un œil précisément impartial et indulgent. Quand Spontini était en train de rendre ses oracles, il ne souffrait pas qu'un bruit quelconque vînt le troubler. Or, au dessert, l'animation étant plus vive, il advint que pendant un assez long discours du maître Madame Schröder-Devrient se permit de rire un peu à propos d'autre chose. Spontini lança un regard furieux à sa femme. Madame Devrient se hâta d'excuser celle-ci, en expliquant que c'était elle-même qui avait ri involontairement à la lecture d'une devise sur un emballage de bonbon. Sur quoi Spontini prononça : «*Pourtant je suis sûr que c'est ma femme qui a suscité ce rire ; je ne veux pas qu'on rie devant moi ; je ne ris jamais, moi, j'aime le sérieux.*» Il finit pourtant par se joindre à la gaieté générale : c'est ainsi qu'il s'amusa à nous étonner en croquant de gros morceaux de sucre pour nous prouver qu'il avait les dents excellentes encore. Après le dîner, nous nous rapprochâmes l'un de l'autre et Spontini s'anima de plus en plus. Il parut éprouver pour moi toute la sympathie dont il était capable : il déclara ouvertement qu'il m'aimait et voulut me le prouver en me mettant en garde contre le désastre qui m'attendait si je décidais de poursuivre ma carrière de compositeur dramatique. Il savait bien, disait-il, qu'il aurait de la peine à me convaincre de la valeur de ce service d'ami, mais comme il trouvait important de s'occuper de mon bonheur, il n'hésiterait pas dans ce but à passer six mois à Dresde. Nous pourrions en même temps profiter de l'occasion pour faire jouer ses autres opéras sous sa direction, *Agnès von Hohenstaufen*, entre autres.

Pour me faire comprendre qu'après Spontini, toute carrière de compositeur dramatique était vouée à l'échec, il commença par m'adresser cet éloge singulier : «*Quand j'ai entendu votre* Rienzi, *j'ai dit, c'est un homme de génie, mais déjà il a plus fait qu'il ne peut faire.*» Et expliquant ce qu'il entendait par ce paradoxe, il s'exprima ainsi : «*Après Gluck c'est moi qui ai fait la grande révolution avec* La Vestale ; *j'ai introduit le "Vorhalt de la sexte" dans l'harmonie et la grosse caisse dans l'orchestre ; avec* Cortez *j'ai fait un pas plus avant; puis j'ai fait trois pas avec* Olympie. Nourmahal, Alcidor *et tout ce que j'ai fait dans les premiers temps de Berlin, je vous les livre, c'étaient des œuvres occasionnelles; mais puis j'ai fait cent pas en avant avec* Agnès de Hohenstaufen, *où j'ai imaginé un emploi de l'orchestre remplaçant parfaitement l'orgue.* » Ensuite, il avait essayé à plusieurs reprises de travailler sur un autre sujet encore: *Les Athéniennes.* Le Kronprinz, actuellement roi de Prusse, l'aurait même engagé vivement à achever ce travail. Tout en parlant, Spontini tirait de son portefeuille, comme preuves de ses dires, quelques lettres du monarque qu'il nous donna à lire. Il ne continua son discours qu'après que nous nous fûmes exécutés. Si, malgré ces encouragements flatteurs, il avait renoncé à la composition musicale de ce sujet, fort bon du reste, c'est qu'il se sentait incapable de surpasser son *Agnès de Hohenstaufen* et de trouver quelque chose de nouveau. Il conclut donc: «*Or, comment voulez-vous que quiconque puisse inventer quelque chose de nouveau, moi Spontini déclarant ne pouvoir en aucune façon surpasser mes œuvres précédentes, d'autre part étant avisé que depuis* La Vestale *il n'a point été écrit une note qui ne fût volée de mes partitions?* » Et pour certifier que cela n'était pas seulement une phrase en l'air, mais reposait sur des recherches scientifiques précises, il fit appel au témoignage de sa femme qui avait lu avec lui la volumineuse étude d'un membre célèbre de l'Académie française. Pour certaines raisons, on n'avait pas imprimé cet écrit qui était de la plus grande valeur scientifique; mais il était prouvé que, sans la «sixte retardée» inventée par Spontini dans sa *Vestale*, il n'existerait pas de mélodie moderne, toute forme mélodique employée depuis lors étant simplement empruntée à son œuvre.

J'étais ahuri. J'espérais cependant faire revenir l'impitoyable maestro à une meilleure opinion de ses compositions futures. Je me déclarai convaincu que son fameux académicien avait dit vrai, mais je lui demandai pourtant s'il ne croyait pas qu'un poème dramatique, d'un genre poétique inconnu et inédit encore, ne le pousserait pas à faire de nouvelles trouvailles musicales. Il sourit avec commisération et me démontra que ma question renfermait une erreur : en quoi consisteraient ces trouvailles ? « *Dans* La Vestale, *j'ai composé un sujet romain, dans* Fernand Cortez *un sujet espagnol-mexicain, dans* Olympie *un sujet grec-macédonien, enfin dans* Agnès de Hohenstaufen *un sujet allemand : tout le reste ne vaut rien.* » Il espérait que je ne pensais tout de même pas au genre prétendument romantique, à la manière du *Freischütz*. Un homme sérieux ne s'adonnait pas à de tels enfantillages : l'art était quelque chose de sérieux et lui, Spontini, avait épuisé tout ce qui est sérieux. Et enfin, de quelle nation sortirait donc le compositeur qui pourrait le surpasser ? Certainement pas de chez les Italiens, qu'il traitait tout simplement de *cochons*, ni des Français qui avaient imité ces derniers ; pas des Allemands qui ne se déferaient jamais de leurs niaiseries et qui, en admettant qu'ils aient eu de bonnes dispositions, étaient absolument gâtés par les juifs. « *Oh croyez-moi, il y avait de l'espoir pour l'Allemagne lorsque j'étais empereur de la musique à Berlin ; mais depuis que le roi de Prusse a livré sa musique au désordre occasionné par les deux juifs errants*[1] *qu'il a attirés, tout espoir est perdu.* »

Ici notre aimable hôtesse crut bon de distraire un peu le maître très excité. Le théâtre n'étant qu'à deux pas de sa demeure, elle engagea Spontini à s'y faire accompagner par notre ami Ferdinand Heine, qui se

trouvait parmi les invités ; il verrait une représentation d'*Antigone*[1], elle l'intéresserait certainement par
sa mise en scène antique, qui était réalisée d'après
les plans remarquables de Semper*. Le maître refusa
d'abord, prétendant qu'il connaissait tout cela, et
mieux que quiconque, par son *Olympia*. On parvint
cependant à le décider à s'y rendre, mais il revint
au bout de peu de temps et déclara avec un sourire
méprisant qu'il en avait assez vu et entendu pour
être conforté dans son opinion. Heine nous raconta
qu'à peine entré dans la tribune de l'amphithéâtre
presque vide, Spontini s'était tourné vers lui au
moment où commençait le chœur bachique et lui
avait dit : « *C'est de la Berliner Sing-Académie, allons-
nous-en*[2]. » Par la porte ouverte un rayon de lumière
avait éclairé un personnage solitaire, dissimulé derrière une colonne : Heine avait reconnu Mendelssohn,
et il était convaincu que ce dernier avait entendu la
réflexion de Spontini.

Aux remarques très agitées que fit le maître, nous
comprîmes qu'il comptait être retenu à Dresde assez
longtemps pour y faire représenter tous ses opéras.
Cependant Madame Schröder-Devrient, qui craignait
un fiasco pénible pour la seconde représentation de
La Vestale, crut agir sagement et dans l'intérêt de
Spontini, qui espérait un grand succès, en empêchant
cette représentation tant qu'il serait à Dresde. Elle
prétexta une nouvelle indisposition et je fus chargé
par la direction de prévenir le compositeur de cet
ajournement, sans doute fort long. Cette mission
m'était si pénible que je me fis accompagner par
Röckel qui, lui aussi, s'était pris d'affection pour
Spontini et qui parlait le français beaucoup plus couramment que moi. Réellement inquiets et nous attendant à une scène désagréable, nous nous rendîmes

chez lui, mais à notre étonnement le maître, déjà
prévenu par un billet aimable de la Devrient, nous
accueillit de la meilleure humeur du monde et nous
annonça qu'il devait partir sur-le-champ pour Paris.
De là, il irait le plus tôt possible à Rome où l'appelait
le Saint-Père qui venait de le nommer «comte de
Sant'Andrea». En outre, il nous montra un autre document par lequel le roi de Danemark l'avait anobli : il
avait en effet été élevé au rang de «chevalier de
l'ordre de l'Éléphant», ce qui lui conférait un titre de
noblesse ; mais Spontini ne nous parla que de l'ano-
blissement et non de l'ordre, qu'il trouvait trop commun. Avec une joie presque enfantine, il donnait
libre cours à sa vanité satisfaite. Du coup, il était tiré
de ses soucis dresdois à propos de *La Vestale* et transporté comme par miracle dans le royaume de la gloire
d'où il considérait avec béatitude les déboires des
compositeurs d'opéras dans ce bas monde. Röckel et
moi louâmes le Saint-Père et le roi de Danemark. Très
émus, nous prîmes congé de ce singulier maestro, et
pour parfaire son bonheur, je lui promis de songer
sérieusement au conseil d'ami qu'il m'avait donné à
propos de la composition d'opéras.

Par la suite, j'appris que Spontini avait encore
une fois parlé de moi ; c'est lorsqu'il sut que je
m'étais enfui de Dresde et que, réfugié politique,
j'avais cherché asile en Suisse. Il crut que j'avais
participé à un complot relevant de la haute trahison
contre le roi de Saxe ; comme celui-ci, qui m'avait
engagé comme Kapellmeister, était à ses yeux mon
bienfaiteur, il s'écria douloureusement surpris : «*Quelle
ingratitude !*» — À propos de sa fin, Berlioz, qui
n'avait pas quitté son chevet, me raconta qu'il s'était
débattu violemment contre la mort, s'écriant à plusieurs reprises : «*Je ne veux pas mourir, je ne veux pas*

mourir!» et comme Berlioz pour le consoler lui disait: «*Comment pouvez-vous penser mourir, vous, mon maître, qui êtes immortel!*» il avait répliqué, irrité: «*Ne faites pas de mauvaises plaisanteries!*» —

[Fidèle à sa passion de jeunesse pour Carl Maria von Weber, Wagner organise, en novembre 1844, le rapatriement de ses cendres de Londres jusqu'à Dresde.]

L'aîné des deux fils qu'avait laissés le maître passé à la postérité se rendit lui-même à Londres. Il rapporta les cendres de son père sur un bateau qui remonta l'Elbe jusqu'au débarcadère de Dresde où elles touchèrent pour la première fois la terre allemande. Le transport devait avoir lieu le soir et être accompagné d'un cortège solennel à la lueur des flambeaux. Je m'étais chargé de composer la musique funèbre[1] qui serait jouée à cette occasion et je me servis pour cela de deux motifs empruntés à *Euryanthe*. Je commençai par le motif qui évoque la vision des spectres de l'ouverture pour arriver à la cavatine d'Euryanthe, *Hier dicht am Quell*, que je transposai simplement en *si bémol majeur*, et je terminai par la reprise transfigurée du premier motif, tel qu'il apparaît à la fin de l'opéra. J'avais orchestré cette pièce symphonique, assez bien agencée, pour quatre-vingts cuivres de bon niveau et, malgré la plénitude sonore d'un tel ensemble, j'avais veillé à utiliser les tessitures les plus douces. Le sombre trémolo des altos de l'ouverture était exécuté par vingt tambours assourdis jouant dans la nuance piano la plus ténue possible et, déjà à la répétition au théâtre, l'effet en fut si saisissant et le souvenir de Weber si douloureux que Madame Schröder-Devrient, liée jadis personnellement avec le maître, en éprouva une émotion profonde. J'étais en droit de me dire que jamais je n'avais mieux atteint le but que je m'étais fixé. L'exécution en pleine rue pendant le défilé du cortège solennel fut une réussite elle aussi : le tempo très lent, sans aucun repère rythmique, présentait des difficultés particulières ; aussi à la répétition avais-je fait débarrasser complètement la scène afin d'avoir de la place. Puis les musiciens ayant bien étudié le morceau, je les avais fait marcher en cercle autour de moi pour s'exercer. Des spectateurs qui, de leurs fenêtres, virent arriver le cortège, m'assurèrent que l'effet en fut d'une solennité et d'une noblesse indicibles.

Le cercueil fut déposé dans la petite chapelle funéraire du cimetière catholique de Friedrichstadt, où Madame Schröder-Devrient l'accueillit avec une couronne, dans la paix et la simplicité. Le lendemain, il fut déposé solennellement dans la crypte qu'on lui avait préparée. Nous eûmes l'honneur, Monsieur le conseiller aulique Schulz, second président du comité, et moi-même, de prononcer l'oraison funèbre. La mort récente du fils cadet du maître, Alexander von Weber, fournit à mon discours un sujet particulièrement émouvant. Le décès imprévu de ce jeune homme, dans la fleur de l'âge, avait tellement ébranlé sa mère que si notre entreprise n'avait pas été si avancée, nous eussions dû la remettre à plus tard. La pauvre veuve voyait dans cette nouvelle et cruelle épreuve un jugement du Ciel punissant comme un péché de vanité son ardent désir de voir le transfert des cendres de celui qui était mort depuis si longtemps. Le public, d'une grande simplicité, s'était posé les mêmes questions. Je crus donc nécessaire d'expliquer les véritables motivations de cette entreprise et j'y réussis si parfaitement que, de tous côtés, on m'assura que j'avais fait taire les objections. Pour la première fois de Ma vie, j'avais à parler officiellement en public et ce fut pour moi une expérience singulière. J'ai toujours, depuis lors, improvisé mes discours; mais pour cette première fois, afin de lui conserver la concision nécessaire, j'avais préparé et appris par cœur mon allocution. J'étais tellement plongé dans mon sujet et convaincu de la forme que je lui avais donnée que, ne doutant pas de ma mémoire, je n'avais pris aucune précaution pour me faire aider en cas de besoin. À un moment de la cérémonie, je fis cependant une grande frayeur à mon frère Albert, qui se trouvait tout près de moi: il m'avoua que, malgré son émotion, il m'avait maudit de ne pas lui avoir laissé le texte pour qu'il pût me le souffler. Voici ce qui était arrivé. Après avoir commencé mon discours d'une voix distincte et sonore, je fus tellement impressionné, et même effrayé, par le son et les accents de ma propre voix, que non seulement j'en oubliai un instant où j'étais pour pouvoir m'entendre, mais je crus me voir moi-même dans cette foule qui écoutait, attentive et silencieuse, face à moi. M'étant ainsi dédoublé, j'attendais, extrêmement concentré, la suite de ce passionnant discours, comme si ce n'était pas moi qui me trouvais de l'autre côté et qui devais parler. Je n'étais en aucune façon intimidé ou distrait; mais à la fin d'une phrase, il y eut une pause d'une longueur tellement disproportionnée que ceux qui me voyaient ainsi, le regard perdu, plongé dans mes réflexions, ne savaient ce qu'ils devaient penser de moi. Enfin, mon silence prolongé et la concentration absolue qui m'entourait me rappelèrent que je n'étais pas là pour écouter, mais pour parler. Je repris immédiatement le fil de mon discours et le prononçai jusqu'à la fin avec une telle expressivité que le fameux acteur Emil

Devrient* m'affirma que, en tant qu'homme de théâtre,
il avait été autant impressionné par mon allocution
que par la cérémonie funèbre elle-même. Celle-ci se
termina par un chœur d'hommes dont j'avais composé
le texte et la musique ; c'était une pièce d'une grande
difficulté, mais elle fut magnifiquement exécutée par
les meilleurs chanteurs du théâtre. Monsieur von
Lüttichau avait assisté à la manifestation ; il m'assura se trouver maintenant convaincu de la raison
d'être de cette cérémonie.

Je pouvais donc me réjouir de ce succès : il me
remplit d'une satisfaction intime et s'il y avait eu le
moindre nuage à mon contentement, il eût été dissipé
par les effusions de reconnaissance dont me combla
la veuve de Weber, lorsque j'allai lui faire ma visite
en revenant du cimetière. Moi, je voyais une signification profonde dans le fait d'avoir pu, par ces
secondes et dernières funérailles, me rapprocher, à
l'âge d'homme, du maître dont la rencontre m'avait
entraîné avec tant d'enthousiasme vers la musique et
dont la mort m'avait si douloureusement affecté
dans mon enfance.

[Wagner achève la partition de Tannhäuser *en avril
1845 et prépare sa représentation à Dresde en faisant
notamment réaliser les décors à Paris par Desplechins*.
Pendant l'été, qu'il passe en Bohême, il se plonge dans
la légende de Lohengrin et commence à s'intéresser au
personnage de Hans Sachs. À l'automne, les répétitions de* Tannhäuser *commencent, avec Josef Tichatschek dans le rôle-titre, Johanna Wagner en Elisabeth
et Wilhelmine Schröder-Devrient en Vénus.]*

Je comptais surtout sur l'effet musical que produirait l'ensemble instrumental : j'en avais reçu une

impression fort avantageuse dans les répétitions. Feuilletant la partition, Hiller m'avait déjà exprimé son émerveillement à propos de ma partition et fait l'éloge de mon instrumentation qui, disait-il, aurait difficilement pu être plus sobre. La sonorité délicate et caractéristique de l'orchestre m'enchanta moi-même et me conforta dans ma résolution de me servir désormais des moyens orchestraux avec la plus grande économie et d'obtenir ainsi l'abondance des diverses combinaisons possibles dont j'aurais besoin pour mes œuvres suivantes. Seule ma femme regretta de ne pas entendre aux répétitions les trompettes et les trombones qui avaient donné tant d'éclat à *Rienzi*. Bien que sa réflexion me fît sourire, je dus tenir compte de l'inquiétude qu'elle éprouva en constatant le caractère terne du «tournoi des chanteurs». Partant du point de vue du public qui veut être diverti et inté-ressé, elle avait très justement touché du doigt un vrai problème dans le spectacle qui se préparait. Mais je compris tout de suite aussi que cette impression provenait moins d'une erreur de conception que des insuffisances d'une exécution à laquelle je n'avais pas été assez attentif. En concevant cette scène, je m'étais trouvé devant un dilemme fondamental que je devais résoudre une fois pour toutes : le «tournoi des chanteurs» serait-il une suite d'airs de concert, ou bien un concours dramatique et poétique? Les conventions de l'opéra voulaient qu'on y trouvât une succession ou une confrontation de pièces vocales et que, d'un point de vue purement musical, une nette alternance de rythmes ou de types de mesure diffé-rents leur donnât un caractère divertissant. C'est éga-lement ce qu'on cherche à faire lorsqu'on compose le programme d'un concert dont l'objectif premier est de distraire par la variété des morceaux et des effets de surprise permanents. Ce point de vue à propos du tournoi de chant est aujourd'hui encore partagé par tous ceux qui, ayant assisté à une exécution parfaitement réalisée de cette scène, n'en comprennent pas la signification. Mais tout cela ne correspond aucunement à ce que j'ai voulu faire : dans le cas présent — et pour la toute première fois dans un opéra —, mon intention était de forcer le public à s'intéresser à une idée poétique en la faisant cheminer par toutes les phases de son développement. C'est ainsi seulement qu'il était mis en état de comprendre une catastrophe qu'aucun événement extérieur ne préparait, mais qui était le résultat de conflits purement spirituels. D'où cette musique extrêmement sobre, ample, ne faisant pas obstacle à la compréhension du discours poétique et la facilitant au contraire, à mon avis. La progression rythmique de la mélodie ne s'amplifiait que sous l'influence de la passion, sans être interrompue par d'inutiles modulations ou variations rythmiques. De là aussi l'utilisation parcimonieuse des instruments de l'orchestre dans l'accompagnement et le renoncement volontaire à tous les effets purement musicaux. Les instruments n'entraient que progressivement en jeu, lorsque la situation devenait si tragique qu'on ne la comprenait plus que par le sentiment et non par la pensée. Quand je jouais moi-même tout le « tournoi des chanteurs » au piano, nul ne pouvait nier que l'effet voulu ne fût atteint. Mais c'est justement là que se trouvait la grande difficulté que j'allai éprouver dans toutes mes œuvres à venir : obtenir de nos chanteurs d'opéra une exécution conforme à mon souhait. La négligence dont je m'étais déjà rendu coupable dans les répétitions du *Vaisseau fantôme* à cause de mon inexpérience me revint à l'esprit avec toutes ses

conséquences désastreuses. Dès lors, je mis toute mon énergie à trouver un moyen d'inculquer à mes chanteurs la façon juste d'interpréter leurs rôles. Malheureusement, il était impossible d'agir sur Tichatschek dans ce sens ; en voulant le convaincre de choses qu'il ne pouvait pas comprendre, on risquait de le troubler et de le décontenancer. Il avait conscience de ses qualités, savait qu'il possédait une voix d'un beau métal, qu'il chantait juste, avec une grande précision rythmique, et qu'il avait une diction très claire. Mais je n'allais découvrir que plus tard, à mon grand étonnement, que tout cela ne suffisait pas. Lors de la première représentation, je m'aperçus à ma grande stupéfaction (je ne m'en étais bizarrement pas rendu compte lors des répétitions) qu'à la fin du « tournoi des chanteurs » Tannhäuser, en proie à une ivresse délirante qui lui faisait oublier toute réalité, chantait son hymne à Vénus en se tournant vers… Elisabeth !
[…]
    Si ce chanteur, malgré ses qualités musicales, ne sut pas rendre la vivacité et le charme mélodique qui caractérisent Tannhäuser pendant le « tournoi des chanteurs », je réussis néanmoins à faire éclore un nouveau talent, dont on peut dire qu'il ne s'était jusqu'alors pas encore révélé à l'opéra. Dans divers de ses rôles, j'avais observé le jeune baryton Mitterwurzer* — un homme singulièrement renfermé et effacé — et j'avais deviné dans sa voix douce et prenante la magnifique faculté de toucher profondément les âmes. Lui ayant confié le personnage de Wolfram, j'avais toutes les raisons d'être satisfait de son engagement et des résultats de son travail. Je misais donc sur lui pour faire valoir les exigences que je n'avais pas encore osé exprimer ; il fallait aller jusqu'au bout de mes idées pour que, dans ce problé-

matique «tournoi des chanteurs», on puisse comprendre la justesse de mes intentions et de ma méthode.
Nous étudiâmes donc ensemble les strophes qui
ouvraient la scène et, les lui ayant chantées moi-
même à ma façon, je fus très étonné que mon interprétation lui parût si nouvelle et si difficile. Il se
sentait incapable de m'imiter et à chaque répétition,
il débitait ses strophes de façon banale, ce qui me
prouvait clairement que jusqu'alors il n'avait rien vu
d'autre dans ce passage qu'une sorte de récitatif avec
quelques variantes facultatives. Il croyait avoir le
droit de moduler librement ces inflexions, comme on
le fait dans l'opéra traditionnel, en fonction des par-
ticularités de son émission. Lui-même, du reste, se
montrait surpris de son incapacité à m'imiter. Mais
en même temps, il était si impressionné par la nouveauté de mes propositions et la justesse de mes exigences qu'il me pria de ne plus faire pour le moment
d'autres essais et de le laisser trouver ses marques
dans le monde nouveau qui venait de s'ouvrir à lui.
Pendant plusieurs répétitions, il ne chanta qu'à mi-voix,
comme pour apprivoiser les difficultés, et ne montra
qu'à la dernière de quelle façon, à force de travail, il
avait résolu le problème. La réussite était totale et
jusqu'à aujourd'hui, il est devenu pour moi une référence lorsque je me demande comment trouver et
former convenablement les interprètes dont j'ai besoin.
J'ai appris grâce à lui à ne pas désespérer malgré la
dégénérescence qui ronge notre monde de l'opéra.
Pour que son chant produise l'effet que je désirais,
Mitterwurzer avait métamorphosé complètement
son attitude, son regard, ses gestes ; il avait créé un
être nouveau et, chose étrange, c'est l'impression qu'il
produisit qui amena le public à enfin comprendre
mon œuvre. Le rôle de Wolfram, dont il avait si bril-

lamment surmonté les difficultés, consacra Mitterwurzer et fit de lui un véritable artiste. Son jeu,
toujours beau et émouvant, allait être la bouée de
sauvetage de mon œuvre, dont le succès avait été fortement compromis à la première représentation.

À ses côtés, le personnage d'Elisabeth était le seul
qui éveillait vraiment la sympathie. Le physique juvénile de ma nièce, sa taille élancée et gracieuse, sa
physionomie résolument allemande, sa voix d'une
beauté alors incomparable, son expression souvent
enfantine et touchante lui permirent de toucher le
cœur du public, d'autant plus qu'elle savait mettre
en valeur ses talents d'actrice, sinon de tragédienne.
Ce rôle la rendit bientôt célèbre et, des années après,
quand on me parlait d'une représentation de *Tannhäuser* à laquelle elle avait participé, on me disait
que le succès lui en revenait presque exclusivement.
Mais on ne parlait étrangement que de la variété et
de la grâce de son jeu dans la scène de l'entrée des
convives à la Wartburg, et je voyais que les efforts
incroyables que mon frère, très expérimenté dans
ce domaine, et moi-même avions déployés pour lui
inculquer ce jeu de scène avaient durablement porté
leurs fruits. Malheureusement, nous ne réussîmes
jamais à lui faire exécuter de manière convaincante
la prière du troisième acte. [...] Après la première
exécution, je me vis contraint d'opérer une grande
coupure dans ce morceau, qui lui ôtait en fait définitivement tout son sens. Même si elle eut pendant un
certain temps la réputation d'être une grande artiste,
Johanna ne sut, à ce qu'il semble, jamais vraiment
rendre justice à cette prière — ce qu'une cantatrice
française, Mademoiselle Marie Sax, réussit en revanche
parfaitement à Paris.

Au début du mois d'octobre, notre travail de répé-

tition avait si bien progressé que rien ne s'opposait
plus à ce que la création eût lieu rapidement, si ce
n'est que le dispositif scénique n'était pas prêt. Certains décors commandés à Paris n'arrivèrent que
fort tard. Celui de la vallée au pied de la Wartburg
était parfaitement réussi, et d'un très bel effet. Mais
celui de l'intérieur du Venusberg me donna bien des
tracas. Le peintre ne m'avait pas compris : dans sa
grotte sauvage, il avait placé des bosquets et des statues
qui rappelaient Versailles ; il n'avait pas su rendre le
caractère à la fois effrayant et attirant de ce lieu. Je
dus exiger de grandes modifications de ce décor, il
fallut recouvrir les bosquets et les statues, ce qui prit
beaucoup de temps. Le brouillard rosé qui enveloppe
cette grotte et qui, en se levant, découvre la vallée de
la Wartburg, dut être réalisé par le moyen d'une
invention que j'avais moi-même mise au point. Mais
le plus fâcheux était le retard impardonnable qu'on
mettait à Paris à envoyer le décor pour la salle du
concours de chant à la Wartburg. Les jours se succé-
daient ; on avait répété jusqu'à satiété, la générale
avait eu lieu, et rien ne venait. Je me rendais chaque
jour à la gare des marchandises, je fouillais parmi
tous les ballots... La grande salle d'apparat n'y était
pas ! De guerre lasse, je décidai de ne pas reporter
davantage la première annoncée depuis si longtemps,
et de remplacer la salle des chanteurs par la salle de
Charlemagne d'*Oberon*, que Monsieur von Lüttichau
voulait m'imposer depuis le début. Ce fut pour moi
un rude sacrifice. Et en effet, au deuxième lever de
rideau, la réapparition de ce décor qu'on avait vu si
souvent dans *Oberon* contribua largement au désap-
pointement du public qui attendait de cet opéra les
surprises les plus extraordinaires. [...]

Quant à la représentation elle-même, j'en tirai

quelques leçons extrêmement instructives sur lesquelles je souhaite revenir. Le principal défaut de mon travail était, comme je l'ai déjà évoqué, la caractérisation trop schématique et maladroite du rôle de Vénus et de toute la grande scène introductive du premier acte. Ce défaut n'était pas sans conséquence sur la réalisation scénique, qui manquait de chaleur et ne parvenait pas à faire naître cette tension émotive qui, d'après la conception poétique, doit provoquer chez le spectateur des sentiments suffisamment forts pour le préparer à la catastrophe vers laquelle tend toute la scène. Il faut que cette scène prépare par un sentiment d'oppression tragique les futurs développements de l'action. Or, elle manqua son effet, malgré la présence d'une artiste aussi talentueuse que Madame Schröder-Devrient et d'un chanteur aussi doué que Tichatschek. Le génie de la Devrient aurait peut-être pu en soi lui permettre de trouver avec justesse les accents passionnés dont a besoin la scène si elle n'avait eu comme partenaire un ténor incapable de profondeur dramatique. Par ses dons naturels, ce dernier ne pouvait rendre que la joie ou l'énergie déclamatoire, mais il était totalement démuni dès qu'il s'agissait d'exprimer la douleur et la souffrance. Le public ne s'anima un peu qu'en entendant l'air touchant de Wolfram et la scène finale de ce premier acte. Dans ce finale, Tichatschek charma enfin tout le monde par les accents de jubilation de sa voix. Et l'on m'assura ensuite qu'après ce premier acte, le public fut gagné par un enthousiasme qui ne fit que croître au deuxième acte, où Elisabeth et Wolfram attirèrent sur eux toute la sympathie du public. Malheureusement le héros du drame, Tannhäuser, s'effaça de plus en plus et fut exclu de ce sentiment de sympathie ; si bien qu'à la dernière scène, il sembla

que la catastrophe l'écrasait personnellement et il
s'enfonça dans une attitude douloureuse et effacée.
Son interprétation souffrait d'une importante faiblesse : il était totalement incapable de trouver l'expression juste dans le passage du grand adagio du
finale qui commence par ces mots : « Une envoyée de
Dieu s'est approchée de moi / Pour conduire le
pécheur vers le salut. » Dans les instructions que j'ai
rédigées ultérieurement à l'occasion d'une représentation de *Tannhäuser*, j'ai expliqué en détail l'importance de ce passage [1]. Cependant, il me fallut le couper
complètement pour la deuxième représentation : la
façon monotone dont Tichatschek le chantait le
faisait paraître d'une longueur insupportable. Ne
voulant pas blesser cet acteur qui m'était si dévoué et
qui, à sa façon, m'avait été si précieux, je prétextai
m'être aperçu que ce passage était raté. Seulement,
Tichatschek étant considéré comme mon interprète
de prédilection, on supprima plus tard cette phrase
musicale, à laquelle j'attache tellement d'importance,
toutes les fois qu'on donna *Tannhäuser*, comme si
j'approuvais et même exigeais cette coupure ; c'est
une des raisons pour lesquelles je ne me fis jamais
d'illusions sur le sens qu'il fallait donner au succès
de cet opéra dans les théâtres allemands. Mon ténor
qui, dans la joie comme dans la douleur, manifestait
toujours une énergie extrême, se retira à la fin du
deuxième acte avec la mine humble d'un pauvre
pécheur, pour reparaître au troisième dans une attitude douce et résignée qui devait provoquer une
affectueuse pitié. Il ne reprit sa vigueur de chanteur
qu'au moment où le héros relate l'excommunication
lancée contre lui par le pape, et sa voix devint alors
si large et si puissante que ce fut une véritable jouissance de l'entendre dominer l'accompagnement des

trombones. Si ces insuffisances qui entachaient l'interprétation du rôle principal avaient gêné le public, incapable de saisir le sens de l'ensemble de l'œuvre, j'avais contribué moi-même à augmenter son désarroi : à cause de mon manque d'expérience dans le domaine dramatique inconnu sur lequel je m'aventurais, j'avais composé une scène finale qui ne permettait pas de comprendre réellement le sens de ce qui se déroulait sur scène. Dans la première version de l'œuvre telle qu'elle fut jouée alors, j'avais représenté la dernière tentative de Vénus pour ramener à elle l'amant infidèle comme une vision de Tannhäuser, pris de démence ; seul un halo de lumière rougeâtre émanant du Hörselberg dans le lointain permettait de visualiser l'effroyable disposition d'esprit du héros. De la même manière, l'annonce de la mort d'Elisabeth, qui joue à ce moment un rôle décisif, devait apparaître comme le résultat d'une sorte d'exaltation divinatoire dans laquelle se trouvait Wolfram ; seuls le son très lointain du glas funèbre et la lueur à peine visible des torches attiraient l'attention des spectateurs sur la Wartburg au fond de la scène et permettaient de suggérer visuellement les événements concrets justifiant le comportement du personnage. Le chœur des jeunes pèlerins, qui n'intervient qu'à la toute fin, ne portait alors pas encore la crosse couverte de verdure et n'annonçait le miracle que par des paroles, et non par un signe visible[1]. Aussi ce passage demeura-t-il assez inintelligible aux spectateurs, d'autant plus qu'il était desservi par un accompagnement d'une trop grande monotonie.

Lorsque le rideau tomba enfin, j'avais conscience de mon échec, moins par l'attitude toujours bienveillante et cordiale du public, que par ma conviction d'avoir présenté une exécution de mon œuvre dans

laquelle le manque d'expérience se faisait trop sentir.
J'avais comme du plomb dans les membres et les
quelques amis qui vinrent me rejoindre à l'issue de la
représentation partageaient mon accablement. Ma
chère sœur Clara et son mari étaient parmi eux. Au
cours de la nuit, je pris les décisions nécessaires
pour tenter de remédier, dès la deuxième soirée, aux
défauts de la représentation. Je voyais où se trouvait
le point faible, mais je n'osais le dire, car je savais
que toute tentative de faire comprendre à Tichatschek
ce qu'était le caractère de son rôle était d'avance
vouée à l'échec. J'aurais risqué de le troubler ou de
le contrarier, et il aurait alors trouvé un prétexte
pour ne plus chanter Tannhäuser. J'eus donc recours
au seul moyen dont je disposais pour assurer les
autres représentations de l'ouvrage : je pris à mon
compte la faiblesse du rôle et j'y opérai des coupures
qui en réduisaient certes considérablement la portée
dramatique, mais empêchaient que le succès des
autres rôles, plus séduisants, ne soit gâté par les
insuffisances d'un seul interprète. Quoique profondément mortifié, j'espérai que la deuxième représentation servirait mon œuvre, et il était très important
pour moi qu'elle eût lieu le plus tôt possible. Mais
Tichatschek était enroué et il me fallut patienter huit
jours entiers.

Je ne saurais décrire ce que je souffris durant ces
huit jours ! Ce retard semblait devenir funeste à mon
opéra. Chaque jour qui s'écoulait entre les deux
représentations faisait paraître le succès de la première sous un jour plus problématique, jusqu'à ce
qu'enfin on prétendît qu'elle avait été un véritable
four. Le grand public se montrait étonné et agacé
car, disait-on, je n'avais pas tenu compte de l'accueil
enthousiaste qu'il avait fait à mon *Rienzi* dans la

conception de mon nouvel ouvrage, et même des amis
bien disposés à mon égard restaient perplexes face à
cet ouvrage qui ne fonctionnait pas, leur était demeuré
largement incompréhensible et leur semblait mal
conçu et mal exécuté. Quant aux critiques, ils se jetèrent dessus avec une joie non dissimulée : de vrais
vautours auxquels on a livré une charogne en pâture.
Ils se servirent même des événements du jour pour
me nuire et me calomnier. C'était l'époque où Czerski
et Ronge[1] lançaient le mouvement protestataire des
« catholiques allemands », considéré comme libéral.
On prétendit alors qu'avec mon *Tannhäuser* j'avais
pris de manière provocante le parti des réactionnaires,
puisque j'y faisais l'apologie du catholicisme de la
même façon que Meyerbeer avait glorifié le protestantisme dans ses *Huguenots*. Longtemps, le bruit
courut que j'avais été acheté par le parti catholique.
[...]

Enfin, cette deuxième représentation tant attendue
eut lieu et j'espérai avoir introduit assez de changements dans mon ouvrage pour que l'ensemble obtînt
un véritable succès : importante réduction du rôle
principal, révision à la baisse de mes exigences concernant des aspects importants de l'interprétation, mise
en avant des rôles les plus séduisants. Le décor de la
salle des chanteurs du deuxième acte était enfin
arrivé et je me réjouis de pouvoir l'utiliser pour cette
représentation. Il produisait un effet de noble beauté
qui nous parut à tous de bon augure. Je subis malheureusement l'humiliation de voir la salle très peu
remplie : je savais maintenant de façon on ne peut
plus claire ce que le public pensait de mon ouvrage.
Mais si les spectateurs étaient peu nombreux, du
moins se composaient-ils en grande partie de fer-

vents admirateurs de mon art. L'accueil fut très chaleureux et Mitterwurzer souleva l'enthousiasme. Quant
à Tichatschek, mes fidèles amis Röckel et Heine
avaient cru devoir recourir à divers expédients pour
le mettre de bonne humeur. De plus, afin de faire
comprendre l'importance du revirement dans la dernière scène, qui demeurait assez peu clair, ils se
firent activement aider par un groupe de jeunes gens,
des peintres pour la plupart. Ils leur avaient demandé
d'applaudir à certains passages qui ne suscitent
généralement pas de réaction de la part du public
d'opéra. Et, fait remarquable, l'explosion de bravos
de ces jeunes gens après la phrase de Wolfram : « Un
ange a prié pour toi au pied du trône de Dieu. Il a été
entendu, Heinrich : tu es sauvé ! » parut élucider d'un
seul coup la situation aux yeux de l'ensemble du
public. Ce moment, passé inaperçu à la première,
me valut dès lors, dans toutes les représentations
ultérieures, une véhémente manifestation de sympathie de la part des auditeurs. — Quelques jours plus
tard, une troisième représentation eut lieu, et cette
fois-ci la salle était comble. Madame Schröder-
Devrient, qui se désolait de ne pouvoir contribuer
davantage à la réussite de mon œuvre, assista au
reste de la représentation depuis une petite loge. Elle
me raconta que Lüttichau s'était approché d'elle
avec un air rayonnant en disant qu'il croyait maintenant que *Tannhäuser* était sauvé d'affaire.

[*À Dresde, Wagner élargit son cercle de connaissances. Il se lie d'amitié avec Hermann Franck*,
rédacteur en chef de la* Deutsche Allgemeine Zeitung,
*et fréquente de nombreux artistes et intellectuels : les
écrivains Karl Gutzkow et Berthold Auerbach, les
compositeurs Ferdinand Hiller et Robert Schumann,*

*les peintres Robert Reinick et Julius Schnorr von
Carosfeld, les sculpteurs Ernst Hähnel et Ernst Rietschl,
l'architecte Gottfried Semper. C'est en présence de ces
artistes qu'il donne la première lecture publique du
livret de* Lohengrin, *le 17 novembre 1845.]*

Dans le domaine musical, ma principale activité
lors de cet hiver-là fut l'exécution de la *Neuvième
Symphonie* de Beethoven, que je préparai avec le
plus grand soin pour le concert du dimanche des
Rameaux. Elle me valut quelques démêlés, mais fut
riche d'enseignements pour la suite de mon évolution artistique. Voici comment les choses se déroulèrent : en dehors du théâtre et de l'église, la Königliche
Kapelle n'avait qu'une fois par an l'occasion de se
produire en concert. Il s'agissait d'une audition au
profit de sa caisse des veuves et des orphelins qui
avait lieu dans la grande salle du vieil Opéra. On ne
donnait à l'origine que des oratorios mais, pour
attirer plus de monde à ce concert, on avait fini par
y adjoindre systématiquement une symphonie. Dans
ce contexte, j'avais moi-même exécuté, comme je l'ai
déjà dit, la *Symphonie pastorale* de Beethoven et, une
autre fois, *La Création* de Haydn. Cette dernière
œuvre m'avait procuré une grande satisfaction, et je
l'avais alors véritablement découverte. Comme les
deux Kapellmeister devaient alterner pour la direction des œuvres au programme, c'était à moi que
revenait le choix de la symphonie du dimanche des
Rameaux de 1846. J'avais une grande envie de jouer
la *Neuvième Symphonie*, et le fait qu'elle était pratiquement inconnue à Dresde plaidait en faveur de
mon choix. Mais lorsque le comité chargé de l'administration des fonds de pension eut connaissance de
mon intention, ses membres furent pris d'une telle

Ma vie

notre directeur, Monsieur von Lüttichau, et le sup-
plièrent d'user de son autorité absolue pour me faire
revenir sur mon projet. Pour motiver leur requête, ils
firent valoir que le choix de cette œuvre nuirait certainement à la Caisse de retraite, cette composition
étant si décriée dans le public que la fréquentation
du concert en souffrirait. Bien des années auparavant, la *Neuvième Symphonie* avait été jouée dans un
concert en faveur des pauvres, et Reissiger avouait
en toute franchise qu'elle avait fait un fiasco. Il me
fallut user de toute ma force de persuasion pour vaincre
les appréhensions de notre directeur ; quant aux
administrateurs, je ne trouvai rien de mieux pour le
moment que de me brouiller complètement avec
eux, car j'avais appris qu'ils se plaignaient de ma
folie dans toute la ville. Pour les obliger à se repentir
de leurs inquiétudes, je résolus de préparer parfaitement le public au concert et à l'œuvre pour qu'au
moins la curiosité l'attire en masse et assure la forte
recette qu'on croyait menacée. Ainsi la *Neuvième
Symphonie* devint-elle pour moi à tous égards une
question d'honneur, et je mis toute mon énergie à la
faire triompher. Le comité manifestant de l'inquiétude à propos des dépenses pour le matériel d'orchestre, je l'empruntai à la Société des concerts de
Leipzig. — Que n'éprouvai-je pas alors, en me
retrouvant devant ces pages mystérieuses que, dans
ma première adolescence, j'avais passé des nuits à
copier et dont la vue m'avait jeté dans une véritable
exaltation mystique ! Que n'éprouvai-je pas à pouvoir
maintenant les étudier à fond ! De même que, pendant ma difficile période parisienne, l'audition des
trois premiers mouvements de la symphonie, exécutés
par l'incomparable orchestre du Conservatoire,

m'avait soudain délivré de mes funestes erreurs et remis en contact avec les merveilleuses premières impressions de ma jeunesse, provoquant avec une force magique et stimulante une métamorphose de mes aspirations les plus profondes, le souvenir de cette expérience sonore vécue dans ma jeunesse s'empara à nouveau de moi lorsque je vis pour la première fois de mes propres yeux ce qui était resté pour moi à l'origine une vision mystique. Depuis lors, il m'était arrivé bien des choses qui, restées inexprimées en mon for intérieur, m'avaient amené à me recueillir et m'avaient poussé à interroger anxieusement le destin sur ce qu'il me réservait. Ce que je n'osais m'avouer, c'était que je menais une existence artistique et une vie privée dénuées de sens, sans perspective d'avenir, et dans lesquelles je me sentais étranger. La *Neuvième Symphonie* changea en un véritable enthousiasme ce désespoir que je m'efforçais de cacher à mes amis. Il n'est pas possible que jamais œuvre de maître se soit emparée du cœur d'un disciple avec une puissance aussi impérieuse que celle avec laquelle le premier mouvement de cette symphonie agit alors sur moi. Si quelqu'un m'avait alors surpris en train de parcourir la partition ouverte pour réfléchir à la façon de la jouer, il aurait pu se demander, stupéfait de mes sanglots et de mes pleurs frénétiques, si c'était bien là une conduite digne d'un Kapellmeister de la cour de Saxe. Fort heureusement, je ne fus dérangé dans ma lecture ni par les visites des administrateurs de notre orchestre, ni par celles du majestueux Kapellmeister Reissiger ou de Ferdinand Hiller, si versé pourtant dans la musique classique !

On avait l'habitude de faire imprimer pour ce concert un programme reproduisant le texte des

œuvres chantées ; j'en profitai pour élaborer et faire
ajouter au livret une introduction à la dernière symphonie de Beethoven. Mon but n'était pas d'influencer
le jugement critique de l'auditeur, mais d'agir sur ses
sentiments[1]. Ce programme, dans lequel plusieurs
passages importants du *Faust* de Goethe venaient
compléter avec bonheur mes propos, fut très apprécié,
non seulement à Dresde, mais également en d'autres
lieux. En outre, je fis paraître anonymement dans le
Dresdener Anzeiger toutes sortes de commentaires
enthousiastes qui devaient éveiller l'intérêt du public
pour cette œuvre jusqu'alors décriée à Dresde (à ce
qu'on m'assurait). Mes efforts aboutirent sur ce point
à un si beau résultat que la recette dépassa toutes
celles des années précédentes et que les administrateurs de l'orchestre profitèrent de ma présence à
Dresde pour redemander les années suivantes l'exécution de cette symphonie et s'assurer ainsi d'importants bénéfices. D'un point de vue artistique, j'arrivai
à obtenir un jeu expressif des musiciens en annotant
moi-même le matériel d'orchestre, de manière à faire
apparaître très clairement toutes les nuances qui me
paraissaient nécessaires. La coutume qui existait à
Dresde de doubler les instruments à vent dans les
grands concerts m'engagea à user avec prudence de
cet avantage dont on se servait d'ordinaire d'une
façon très primitive, en se contentant de faire jouer
les *piani* par la moitié des exécutants et les *forti* par
les vents au complet. Le soin avec lequel je veillai à
la lisibilité de l'exécution apparaissait par exemple
dans ce passage du deuxième mouvement de la symphonie où, la première fois en *ut majeur*, tous les instruments à cordes jouent constamment à l'unisson,
sur une triple octave, le motif rythmique principal
qui constitue en quelque sorte l'accompagnement du

deuxième thème exécuté par les bois, moins sonores. Comme l'indication *fortissimo* est donnée pour l'ensemble de l'orchestre, il en résultait que dans toutes les exécutions, la mélodie des bois était recouverte par les instruments à cordes (qui pourtant ne devaient qu'accompagner) et devenait totalement inaudible. Il n'était pas question pour moi de sacrifier l'effet voulu par le maître à un respect littéral du texte et à une indication erronée ; je fis donc jouer les cordes, jusqu'au moment où elles reprennent le nouveau thème en alternance avec les vents, avec une énergie qui n'était que suggérée et non pas véritablement *fortissimo*. C'était probablement la première fois depuis que cette symphonie existait qu'on pouvait entendre de manière parfaitement lisible le motif joué par les vents : puisqu'ils étaient doublés, on pouvait obtenir toute la puissance voulue. Je procédai ainsi d'un bout à l'autre de la symphonie afin de contrôler avec la plus grande exactitude la dynamique de l'orchestre. Il fallait que même les passages en apparence les plus difficiles à comprendre soient exécutés de telle sorte qu'ils agissent avec précision sur le sentiment de l'auditeur. Le *fugato* à 6/8 qui suit le vers *Froh, wie seine Sonnen fliegen* dans le *alla marcia* du finale avait toujours été un casse-tête pour les chefs d'orchestre ; je m'appuyais ici sur les strophes précédentes, qui invitent au courage et semblent préparer à la lutte et à la victoire, et fis exécuter ce *fugato* comme s'il s'agissait d'une joute à la fois grave et joyeuse, dans un tempo très allant et avec une tension extrême. Le lendemain, j'eus la satisfaction de recevoir la visite d'August Ferdinand Anacker, directeur de la musique à Freiberg : il venait me confesser, plein de repentir, qu'il avait été jusqu'alors un de mes adversaires, mais qu'après ce concert, il était devenu l'un de mes partisans. Ce qui l'avait, ajouta-t-il, absolument subjugué, c'était précisément la manière dont j'avais rendu ce *fugato*. — J'accordai en outre une attention toute particulière au passage très original, conçu comme une sorte de récitatif, confié aux violoncelles et aux contrebasses au début du quatrième mouvement, et qui avait jadis valu une si grande humiliation à mon vieil ami Pohlenz de Leipzig. Grâce à l'excellence de nos contrebasses, je pouvais être sûr d'arriver ici à la perfection absolue. Après douze répétitions séparées avec ces instruments, je réussis à faire jouer ce passage d'une façon qui semblait parfaitement libre, en exprimant de façon saisissante aussi bien la douceur la plus élégiaque que l'énergie la plus violente. — Dès le début de mon entreprise, j'avais compris que cette symphonie ne pouvait transporter l'ensemble du public que si l'on arrivait à maîtriser les immenses difficultés des parties chorales pour obtenir une exécution idéale. Il était évident pour moi que seule une importante masse chorale soulevée par l'enthousiasme pourrait répondre aux exigences de la partition. Avant tout, il s'agissait donc de m'assurer la collaboration d'un imposant effectif choral. Le chœur du théâtre était renforcé habituellement par les membres de la Singakademie de Dresde, dirigée avec une certaine mollesse par Anton Dreyßig. Après avoir surmonté mille difficultés, je pus y adjoindre le chœur de la Kreuzschule avec ses excellentes voix de garçons, ainsi que le chœur du séminaire de Dresde, fort bien exercé pour le chant d'église. Je réunis ces trois cents participants pour de nombreuses répétitions et, par un moyen à moi, je m'efforçai de les transporter dans un état de véritable extase. Je réussis par exemple à prouver aux basses que le célèbre passage : *Seid*

umschlungen, Millionen et surtout les vers : *Brüder
— überm Sternenzelt / Muß ein lieber Vater wohnen*[1],
ne devaient pas se chanter de la manière habituelle,
mais devaient sonner comme une exclamation de
ravissement. Je me trouvais moi-même dans une
telle exaltation que je pensais avoir plongé tout le
monde dans un état second et ne lâchai prise que
lorsque ma voix qui, dans un premier temps, perçait
encore au milieu des autres, se perdit enfin, noyée
dans la chaleur des flots sonores. — Quelle joie pour
moi d'entendre le récitatif de baryton : *O Freunde,
nicht diese Töne*[2], que son énorme difficulté rend
presque impossible à exécuter, chanté avec une expression saisissante par Mitterwurzer ! Nous l'avions travaillé selon la méthode qui nous était devenue
habituelle. — Mais j'eus soin aussi de m'assurer une
bonne acoustique en faisant transformer complètement le local pour y accueillir l'orchestre dans une
toute nouvelle disposition que je venais de mettre au
point. L'argent destiné à régler les frais occasionnés
ne fut pas facile à obtenir, on peut se le figurer ; mais
je tins bon, et parvins à faire construire une nouvelle
estrade qui me permettait de rassembler l'orchestre
au milieu pour qu'il fût entouré du grand chœur,
disposé sur des sièges surélevés rappelant ainsi la
forme d'un amphithéâtre. Cela donnait au chœur un
effet de puissance exceptionnel tandis que, dans les
passages purement symphoniques, l'ingénieuse disposition de l'orchestre lui permettait de jouer avec
énergie et précision.

À la répétition générale déjà, la salle était bondée.
Reissiger commit alors l'incroyable folie d'intriguer
contre la symphonie auprès du public et d'attirer son
attention sur la regrettable façon dont Beethoven
s'était fourvoyé. Niels Gade[3] en revanche, qui diri-

geait à cette époque les concerts du Gewandhaus à
Leipzig, et qui était venu nous écouter, m'assura
après la répétition générale qu'il eût volontiers payé
un autre billet d'entrée pour pouvoir entendre encore
une fois le récitatif des contrebasses. Hiller, lui, prétendit que j'avais été trop loin dans les changements
de tempo. Je compris plus tard ce qu'il avait voulu
dire, à la façon dont il dirigea lui-même des œuvres
orchestrales pleines d'esprit ; j'aurai l'occasion d'en
parler. Mais il était indiscutable que le succès remporté par le concert dépassait toutes nos attentes,
même auprès des non-musiciens. Je me souviens
d'un philologue, le docteur Köchly, qui s'approcha
alors de moi et m'avoua que, pour la première fois de
sa vie, il lui avait été possible de suivre avec intérêt,
d'un bout à l'autre, une composition symphonique.
Quant à moi, j'éprouvai le sentiment réconfortant de
posséder en moi les facultés et la force nécessaires
pour mener à bien tout ce que j'entreprenais quand
je le voulais sérieusement. Mais il me restait à me
demander pour quelles raisons je n'étais pas encore
arrivé à mettre ces facultés au service de mes propres
conceptions artistiques. J'avais obtenu le succès
complet avec la *Neuvième Symphonie* de Beethoven,
que d'aucuns trouvaient problématique et qui n'avait
jamais acquis de véritable popularité ; et pourtant
mon *Tannhäuser* me montrait, chaque fois qu'il était
représenté à Dresde, que je n'avais pas encore trouvé
de quelle manière en faire un succès. Comment y
arriver ? C'était la question mystérieuse qui allait
déterminer l'évolution future de Ma vie. —

[*Au cours de l'été 1846, Wagner rend visite à Louis
Spohr à Leipzig, puis il commence la composition de*
Lohengrin. *Au début de l'année 1847, il dirige* Iphi-

génie en Aulide *de Gluck, dont il remanie la partition, et révise la traduction pour essayer de se rapprocher d'Euripide. Il propose ensuite un programme de réforme de l'organisation du théâtre, mais celui-ci est refusé. Ses relations avec Lüttichau se tendent.]*

Dans ce sentiment de renoncement d'une part et d'émulation d'autre part, je pus jouir, cet été-là, d'une tranquillité presque complète, et de l'agrément de mon nouveau logement. J'achevai donc mon *Lohengrin* dans les dispositions d'esprit les plus favorables. La gaieté intense, inconnue jusqu'alors, qui m'animait à cette époque provenait de ce qu'à côté de mes compositions je me livrais avec ardeur aux lectures évoquées précédemment : j'avais atteint une maturité de l'esprit et du sentiment qui me permettait de comprendre Eschyle pour la première fois. Les commentaires de Droysen[1], très éloquents, me permirent de me représenter l'image enivrante des représentations tragiques athéniennes avec une telle clarté qu'à la lecture de l'*Orestie* je m'imaginais être plongé dans une de ces représentations, qui exerçaient sur moi une très forte fascination. Rien ne m'ébranla autant qu'*Agamemnon*, et jusqu'à la fin des *Euménides* je demeurai dans un état d'exaltation qui a fait qu'ensuite je n'ai jamais pu me réconcilier tout à fait avec la littérature moderne. Mes conceptions du drame et du théâtre ont été fortement marquées par ces impressions. Passant par les autres poètes tragiques, j'arrivai à Aristophane. Après avoir travaillé assidûment toute la matinée à *Lohengrin*, j'allais l'après-midi m'abriter de l'accablante chaleur estivale sous les épais ombrages de la partie du jardin qui m'était réservée : je ne saurais décrire l'humeur exubérante dans laquelle me jetait la lecture des pièces d'Aristophane, après que, par ses *Oiseaux*, j'eus sondé la profondeur et la richesse de ce favori des Grâces, comme il se nommait hardiment lui-même. Je me plongeai aussi dans les meilleurs dialogues de Platon ; *Le Banquet* en particulier me permit d'entrer si intimement en contact avec la merveilleuse beauté de la vie grecque qu'il me semblait en vérité être davantage chez moi à Athènes que dans notre monde moderne.

Mes lectures ayant un but absolument précis, je ne songeai pas à me laisser guider par une quelconque histoire de la littérature et je me lançai dans l'étude de travaux historiques qui me paraissaient appropriés : *Alexandre le Grand* et l'*Histoire de l'hellénisme* de Droysen ainsi que les ouvrages de Niebuhr et de Gibbon, avant de passer à l'Antiquité germanique, pour laquelle je retrouvai Jacob Grimm, qui était devenu mon guide familier. Tout en cherchant à comprendre les anciennes épopées allemandes de façon plus approfondie que je ne l'avais fait auparavant en lisant uniquement les *Nibelungen* et le *Heldenbuch* [1], je fus captivé par les *Recherches sur l'histoire des légendes héroïques allemandes* de Franz Josef Mone [2] sur ce même *Heldenbuch* : leur incroyable richesse me séduisit, même si, à cause de leur hardiesse, les travaux de Mone suscitaient des réserves de la part de spécialistes plus rigoureux. Irrésistiblement attiré vers les sources nordiques de ce texte, je cherchai, autant que cela m'était possible sans connaître les langues scandinaves, à me familiariser avec l'*Edda* et avec les textes en prose des légendes héroïques. La lecture de la *Wälsungasaga* eut une influence importante sur la façon dont mon imagination commençait à s'emparer de ces sujets que j'avais appris à connaître à travers les *Recherches* de Mone. La conscience que j'avais depuis longtemps de la profondeur primitive de ce vieux monde légendaire devint bientôt assez nette pour que je puisse lui donner une forme plastique qui constitua la base de mes travaux postérieurs.

Toutes ces idées se bousculaient et mûrissaient en moi tandis que, dans une joie radieuse, j'achevais la composition des deux premiers actes de *Lohengrin* — le dernier ayant été réalisé antérieurement. Et pendant que je rompais avec le passé pour me construire ce monde nouveau, qui m'apparaissait de plus en plus clairement comme le refuge dans lequel je pourrais échapper à la médiocrité de l'opéra et du théâtre modernes, ma santé se fortifiait et mon moral était à ce point raffermi que j'oubliais dans une inébranlable bonne humeur tous les soucis que me causait ma situation.

[Wagner se rend en septembre 1847 à Berlin, où l'on donne Rienzi, *pour tenter d'y faire représenter* Tannhäuser. *Il y rencontre l'illustre écrivain romantique Ludwig Tieck, dont il espère une recommandation pour être introduit auprès du roi de Prusse.]*

Je me souvenais que quelques années auparavant, lorsque nous avions, Madame von Lüttichau et moi, eu des discussions sur le thème de Lohengrin, elle avait envoyé mon texte, ainsi que celui de *Tannhäuser*, à son célèbre ami Ludwig Tieck. Celui-ci me reçut donc comme une vieille connaissance et mes longues conversations avec lui me furent très précieuses. Tieck s'était fait, il est vrai, une réputation un peu discutable par la facilité avec laquelle il donnait des recommandations aux auteurs dramatiques en quête de protection. En l'occurrence, je n'en ressentis pas moins un plaisir extrême à l'entendre protester avec une véhémence particulière contre les représentants de la nouvelle littérature dramatique qui s'efforçaient d'imiter l'habileté des dramaturges français; et il prit des accents mélancoliques pour se plaindre de la disparition de toute préoccupation poétique chez ces auteurs. Mon livret de *Lohengrin* obtint toute son approbation, mais il ne comprenait pas comment il serait possible de le mettre en musique sans bouleverser totalement les principes qui étaient à la base de l'opéra tel qu'il existait alors. Il émit surtout des inquiétudes pour des scènes telles que le dialogue entre Ortrud et Friedrich von Telramund au début du deuxième acte. Mes explications sur la façon de résoudre ces difficultés et sur ma conception de la musique dramatique idéale suscitèrent, me parut-il, un intérêt sincère de sa part. Mais plus je m'enthousiasmais, plus son visage prenait une expression de tristesse lorsque j'évoquais mes espérances d'obtenir l'approbation du roi et son soutien pour la réalisation de mes projets. Il ne doutait pas que le roi m'écouterait attentivement et accueillerait mes idées avec sympathie, mais il me conseillait de ne pas compter sur un résultat concret si je ne voulais pas m'exposer à une amère déception. «Que pouvez-vous attendre d'un souverain qui s'enthousiasme aujourd'hui pour l'*Iphigénie en Tauride* de Gluck et demain pour la *Lucrezia Borgia* de Donizetti?» Mais l'entretien avec Tieck était si captivant que je ne pris pas sérieusement en compte l'amertume de ses remarques. Il me promit volontiers de recommander chaleureusement mon livret au conseiller Illaire et me dit au revoir avec beaucoup de bienveillance et de souhaits affectueux, mais dubitatifs.

*[Wagner n'obtient finalement pas d'audience auprès
du roi, et les représentations de* Rienzi *ne rencontrent
qu'un succès mitigé. Le compositeur rencontre le célèbre
musicologue Adolf Bernhard Marx, qui se montre pessimiste sur les perspectives de la vie musicale berlinoise, et il est ensuite poliment éconduit par Meyerbeer,
dont il est venu solliciter l'appui. N'ayant pu obtenir
que l'on monte* Tannhäuser, *il quitte Berlin, découragé, au début du mois de novembre 1847.]*

Au commencement du mois de février 1848, on
m'annonça le décès de ma mère. Je me hâtai de me
rendre à Leipzig pour son enterrement et j'eus la joie
de pouvoir contempler une dernière fois et avec une
profonde émotion le visage serein et paisible de la
défunte. Les dernières années de sa vie, autrefois si
active et si agitée, s'étaient passées dans un heureux
bien-être et une sorte d'humeur enfantine et tranquille.
Au moment de mourir, elle s'était comme transfigurée ; souriante et humble, elle s'était écriée : « Ah !
que c'est beau, que c'est doux, que c'est divin !
Comment ai-je mérité une telle grâce ? » Nous dépo-
sâmes son cercueil dans la tombe par un matin
glacial. La motte de terre gelée que je pris, suivant
l'usage, pour la jeter sur le cercueil, tomba sur le
couvercle avec un bruit violent qui m'effraya. Au
retour du cimetière, en allant chez mon beau-frère
Hermann Brockhaus* où la famille se réunit durant
une heure, je marchais seul avec Heinrich Laube,
qui avait beaucoup aimé ma mère. Il se montra
inquiet de ma très mauvaise mine. Puis il m'accompagna à la gare. Nous échangeâmes nos sentiments
sur l'incroyable oppression qui accablait notre époque,
et étouffait selon nous toute aspiration élevée en
encourageant la bassesse et la médiocrité. Pendant

le court trajet de Leipzig à Dresde, j'eus pour la première fois nettement conscience de l'isolement complet
dans lequel je me trouvais. Je ne pouvais m'empêcher de penser que la mort de ma mère avait rompu
les liens naturels entre frères et sœurs, absorbés par
leurs intérêts personnels et par leurs propres familles.
Morne et transi, je me réfugiai donc vers la seule
chose qui pût me consoler et me réchauffer, l'achèvement de mon *Lohengrin* et mes lectures des anciens
textes allemands.

Alors arrivèrent ces derniers jours de février, qui
devaient amener une nouvelle révolution en Europe.
De toutes les personnes que je connaissais, j'étais de
ceux qui croyaient le moins à l'imminence ou même
à la possibilité d'un grand bouleversement politique.
Mes premières réflexions sur ces questions dataient
de la révolution de Juillet et de la longue et systématique réaction qui l'avait suivie. Entre-temps,
j'avais découvert Paris, et les symptômes observés ne
m'avaient jamais fait soupçonner l'approche d'un
grand mouvement révolutionnaire. J'avais vu Louis-
Philippe construire les «forts détachés» entourant la
capitale ; on m'avait expliqué la fonction stratégique
des nombreux postes de police fortifiés disséminés
dans la ville, et j'étais de l'avis de ceux qui pensaient
que tout était prévu pour étouffer la moindre velléité
de soulèvement du peuple parisien. Et lorsque, à la
fin de l'année précédente, avec la guerre du «Sonderbund[1]» en Suisse, et au début de cette année,
avec la réussite de la révolution en Sicile[2], tous les
regards s'étaient dirigés avec curiosité vers Paris, je
n'avais nullement pris part à la crainte et à l'attente
générales. Les nouvelles des mouvements inquiétants
dans la capitale française arrivèrent bien jusqu'à nous,
mais je contestai, notamment en discutant avec

Röckel, que ce fût sérieux. Je me trouvais au pupitre
de chef d'orchestre pour une répétition de *Martha*[1]
lorsque, pendant la pause, Röckel vint m'annoncer,
de l'air satisfait de quelqu'un qui a raison, la fuite de
Louis-Philippe et la proclamation de la République à
Paris. J'en éprouvai une singulière surprise, et pourtant je ne pus m'empêcher de sourire du peu d'importance que me paraissait avoir la chose. Cependant,
l'agitation s'accrut autour de moi et finit par me
gagner. Les «journées de mars» étaient imminentes,
et de tous côtés arrivaient les nouvelles les plus étonnantes. Même notre petit pays de Saxe connut l'agitation des députations et des pétitions révolutionnaires ;
mais, durant plusieurs jours, le roi leur tint tête : il
n'avait pas encore mesuré l'importance du mouvement et l'atmosphère qui régnait dans le pays. Le
soir d'un de ces jours chargés d'inquiétude, comme
si un orage se préparait, nous donnâmes notre troisième grand concert d'abonnement, auquel le roi et
la cour assistèrent comme aux autres. En commémoration de la mort de Mendelssohn, j'avais inscrit
en première partie de programme sa symphonie en
la mineur, l'*Écossaise*. Elle répondait d'une façon
curieuse, avec son atmosphère toujours légèrement
oppressée, même dans les moments d'explosion de
joie, à l'angoisse ressentie par le public pour la famille
royale. Je ne cachai pas au Konzertmeister Lipinsky
mon regret d'avoir si maladroitement composé le
programme de ce jour, car à cette symphonie en
mineur succédait la *Cinquième* de Beethoven, en
mineur également. Le violoniste polonais, spirituel et
parfois excentrique, me consola en s'exclamant avec
un regard singulièrement narquois : «Bah! quand
nous aurons joué les deux premières mesures de la
symphonie, en *ut mineur*, personne ne saura plus si

nous avons exécuté celle de Mendelssohn en *majeur* ou en *mineur*!» Ces deux mesures furent heureusement précédées, à notre grande surprise, par l'acclamation d'un patriote qui tout à coup cria du milieu de la salle: «Vive le roi!» De bruyantes et chaleureuses manifestations d'approbation fusèrent de tous côtés. Lipinsky avait eu raison: la symphonie, avec le déchaînement de passion qui anime son premier mouvement, résonna comme un ouragan d'allégresse; elle a sans doute rarement produit un si grand effet sur l'auditoire que ce soir-là. — Ce fut le dernier concert de ce genre que je dirigeai à Dresde.

L'inévitable revirement politique eut lieu peu de temps après. Le roi congédia son ministère et en forma un autre, en partie libéral, en partie composé d'énergiques et véritables amis du peuple qui, dès leur nomination, proclamèrent les mesures à prendre pour l'élaboration d'une constitution démocratique. Ce dénouement et la joie qu'en manifesta l'ensemble de la population me touchèrent profondément. J'eusse donné beaucoup pour trouver le moyen de me rapprocher du roi et me convaincre moi-même de la confiance affectueuse qu'il devait avoir en la sincérité de l'amour de son peuple. Le soir, on illumina la ville comme pour une fête. Le roi passa dans les rues en voiture découverte. Je suivis, très agité, ce souverain qui allait à la rencontre du peuple; je courus même parfois, afin d'arriver au bon moment aux endroits où il me semblait indispensable qu'un vivat particulièrement cordial vînt réjouir et consoler le cœur de ce prince. Ma femme fut fort effrayée lorsque, très tard, je rentrai absolument épuisé et enroué d'avoir tant crié.

Les événements de Vienne et de Berlin, et leurs résultats extraordinaires en apparence, ne me tou-

chèrent cependant que comme d'intéressantes nouvelles de journaux ; la convocation d'un Parlement à
Francfort à la place de la diète dissoute me parut une
nouvelle aussi étrange que sympathique. Toutefois,
ces faits si importants n'arrivèrent pas à interrompre
un seul jour mon travail régulier, et j'éprouvai un
orgueilleux plaisir à achever la partition de mon
Lohengrin précisément pendant les derniers jours de
cet incroyable mois de mars. Je terminai l'instrumentation de la musique avec le départ du chevalier du
Graal vers des lointains mystérieux.

À cette époque, je reçus un jour la visite d'une
jeune Anglaise mariée à Bordeaux, Madame Jessie
Laussot* ; elle était accompagnée de Karl Ritter*, qui
avait alors à peine dix-huit ans. Ce jeune homme, né
en Russie de parents allemands, appartenait par sa
famille aux émigrés qui, établis en Courlande, reve-
naient se fixer à Dresde où les attirait leur intérêt
pour la vie artistique. Je me rappelai l'avoir reçu peu
de temps après la première de *Tannhäuser* ; il était
venu me demander de mettre ma signature sur une
partition de l'opéra qu'il venait de se procurer chez
l'éditeur. J'appris alors que cet exemplaire appartenait à Madame Laussot, qui avait assisté à la représentation et qui, aujourd'hui, désirait me connaître.
La jeune femme m'exprima son admiration avec une
grande timidité et d'une façon qui m'était encore
inconnue. Elle regrettait de devoir, pour des raisons
familiales, quitter Dresde, son séjour favori, ainsi
que la famille Ritter dont elle me révéla le grand
dévouement à ma personne. J'éprouvai un sentiment
étrange et tout nouveau quand ces jeunes amis me
quittèrent. Depuis l'époque du *Vaisseau fantôme*, où
Alwine Frommann* et Karl Friedrich Werder étaient
venus à moi, j'éprouvais pour la première fois ce sen-

timent de sympathie à la fois si lointain et si familier,
et que je ne ressentais jamais dans mon entourage.
J'invitai le jeune Ritter à venir me trouver quand il
lui plairait, et à m'accompagner à l'occasion dans
mes promenades. Sa très grande timidité semble
l'avoir empêché de le faire et je me rappelle ne l'avoir
vu chez moi que fort rarement. Plus tard, toutefois, il
se joignit à Hans von Bülow*, avec lequel il s'était
lié, et qui venait de s'inscrire à l'université de Leipzig
pour y suivre des études de droit. Celui-ci, plus
loquace et communicatif, me témoigna un attachement sincère auquel je ne pus m'empêcher de répondre.
C'est chez lui que je vis les premiers signes extérieurs
de l'enthousiasme politique. Sur son chapeau et sur
celui de son père s'affichait la cocarde noir, rouge et
or[1].

Ayant mis la dernière main à mon *Lohengrin*, j'eus
le loisir de m'intéresser à la marche des événements
et je ne pus rester indifférent à l'effervescence qu'avaient
provoquée l'idée de l'unité allemande et les espoirs
qui s'y rattachaient. Mon jugement politique s'était
suffisamment affirmé, notamment au contact de mon
ami Hermann Franck, pour ne pas attendre grand-
chose d'efficace du nouveau Parlement ; néanmoins,
je subissais inévitablement l'influence optimiste de
l'opinion générale, qui était convaincue de l'impossibilité d'un retour de la situation antérieure. Mais au
lieu de paroles, je voulais des actions, et des actions
qui pousseraient nos princes à rompre définitivement avec leur système de valeurs si contraire à l'intérêt public allemand. Je m'enthousiasmai au point
que j'adressai aux princes et aux peuples allemands
un appel poétique populaire, les conviant à la guerre
contre la Russie, car c'était de là qu'était venu le malheureux mouvement autocratique qui avait aliéné

l'affection des peuples envers leurs souverains. Voici une des strophes de cet appel :

> *C'est le vieux combat contre l'Est*
> *Qui reprend aujourd'hui :*
> *Le peuple qui désire la liberté*
> *Ne doit pas laisser son glaive rouiller*[1].

N'étant pas en relation avec des journaux politiques et ayant appris par hasard que Berthold Auerbach[2] se trouvait à Mannheim, où la situation était particulièrement agitée, je lui envoyai ma poésie en le priant d'en faire ce que bon lui semblerait, sachant qu'il était fortement impliqué dans les événements. Il ne m'a jamais répondu.

Tandis que le Parlement de Francfort[3] faisait ses premières armes et qu'on ne savait trop à quoi rimeraient les discours enflammés de ces gens totalement impuissants, je fus fortement impressionné par le comportement de la population viennoise conduite par cette Légion académique[4] dont la force se révélait si subitement : elle avait repoussé victorieusement, en mai 1848, une tentative de réaction, après que celle-ci eut triomphé à Naples et alors que la situation était encore indécise à Paris. J'avais assez d'expérience pour savoir qu'on ne peut guère compter sur la raison et la sagesse du peuple, mais seulement sur sa capacité d'action, qui émane de l'enthousiasme ou de la nécessité absolue. J'accueillis donc les journées de Vienne, auxquelles avaient pris part aussi bien la jeunesse cultivée que la classe ouvrière, avec un tel enthousiasme que je ne pus m'empêcher d'exprimer encore ma façon de penser dans un nouvel appel poétique populaire. Je l'envoyai à la *Öster-*

reichische Zeitung qui le fit paraître dans ses colonnes
avec mon nom en toutes lettres.

Le grand changement politique avait entraîné à
Dresde la fondation de deux associations. La première
était le *Deutscher Verein* [Association allemande];
son programme défendait l'idée d'une «monarchie
constitutionnelle sur des bases démocratiques élar-
gies». Ses visées n'étaient guère subversives, autrement mon ami Eduard Devrient et le professeur
Rietschel ne se seraient pas trouvés parmi ses fondateurs. À cette première association, qui réunissait tous
ceux qui avaient peur d'une vraie révolution, s'opposait le *Vaterlands-Verein* [Association pour la patrie].
On y défendait essentiellement la notion de «base
démocratique» et l'idée de «monarchie constitutionnelle» n'était qu'une couverture à l'intention des
autorités.

Röckel, qui semblait avoir perdu toute confiance
dans la monarchie, était un ardent défenseur de cette
dernière association. Le pauvre homme se trouvait
en fort mauvaise posture. Depuis longtemps déjà, il
avait renoncé à tout espoir de réussir une carrière de
musicien. Son travail de directeur de la musique n'était
plus qu'une corvée pour lui et malheureusement il
était si peu rétribué qu'il n'arrivait pas à nourrir
avec ses appointements une famille qui grandissait
d'année en année. Il avait une répugnance insur-
montable pour les leçons particulières, qui auraient
pu lui apporter un revenu confortable avec tous les
étrangers fortunés installés à Dresde. Röckel faisait
donc des dettes et menait une existence difficile. Père
d'une nombreuse famille, il ne voyait d'autre ressource
que d'émigrer en Amérique pour recommencer sa
vie comme «*farmer*» et assurer l'avenir des siens par
son intelligence et le travail de ses mains. Pendant

toutes ces années-là, il ne m'entretenait durant nos promenades que de ses lectures d'ouvrages d'économie. Il employait les leçons qu'il en tirait à essayer d'améliorer sa situation d'homme endetté. Lorsque vinrent les troubles de 1848, il se tourna immédiatement vers ce qu'il y avait de plus extrême, ce parti socialiste qui semblait étendre sa menace depuis Paris. Toutes ses connaissances s'étonnèrent du grand changement qui s'était si soudainement opéré en lui ; il prétendait avoir soudain découvert sa vraie vocation, celle d'«agitateur». Sa faconde, qu'il n'osait pourtant jamais montrer sur la tribune publique, se développait dans l'intimité avec une énergie étourdissante. Il ne supportait pas la moindre contradiction et il se détournait définitivement de ceux qu'il ne parvenait pas à convaincre. À force de creuser jour et nuit les problèmes qu'il cherchait à résoudre, son entendement s'aiguisa ; il réfutait de façon péremptoire la plus banale objection, de sorte qu'il finit par prêcher dans le désert. Il était à l'aise avec tous les sujets. Le *Vaterlands-Verein* avait nommé un comité chargé d'élaborer un projet d'armement populaire ; outre Röckel, il comprenait quelques démocrates farouches ainsi que des experts militaires ; parmi ceux-ci on remarquait l'ancien fiancé de la Schröder-Devrient, mon vieil ami le lieutenant Hermann Müller. Avec un autre officier, un certain Zichlinsky, il était le seul officier de l'armée saxonne à prendre part au mouvement politique. En tant qu'ami des arts, j'assistais aux séances de ce comité comme à l'ensemble de leurs activités. Si j'ai bonne mémoire, ce projet, qui fut finalement imprimé, renfermait des principes très justes, quoique sans doute inapplicables dans le contexte politique de l'époque, portant sur la constitution d'une vraie défense nationale.

Moi-même, je me sentais de plus en plus encouragé à donner mon avis sur ces questions politiques et sociales qui occupaient tout le monde, surtout lorsque je constatai l'effroyable platitude et la banalité des formules dans lesquelles se complaisaient les meneurs aussi bien dans les réunions que lorsqu'on parlait avec eux en privé. Je me disais certes que ceux qui étaient vraiment au fait de ces choses s'interdisaient d'intervenir tant que cet absurde tohu-bohu serait à l'ordre du jour (c'était, à mon grand regret, le cas de Hermann Franck), mais de mon côté, je me sentais l'envie, dès que l'occasion s'en présentait, de discuter à mon gré de ces problèmes et de leurs implications. Naturellement, les journaux jouaient un rôle stimulateur extrêmement puissant. Le *Vaterlands-Verein*, aux réunions duquel je me mêlais en simple spectateur lorsqu'elles avaient lieu dans un jardin public, avait proposé comme thème de discours à ses orateurs : « République ou monarchie ? » Mon étonnement fut grand de découvrir l'incroyable trivialité avec laquelle cette question était traitée ; on ne savait dire qu'une chose : que la république était certainement préférable, mais que si la monarchie se conduisait bien, on pourrait au besoin s'en contenter. Ce sujet ayant donné lieu à diverses discussions animées, je développai mon opinion personnelle dans un article[1] que je fis paraître sans le signer dans le *Dresdener Anzeiger*. Je désirais attirer l'attention des quelques esprits sérieux sur la valeur des formes de gouvernement plutôt que sur leur forme extérieure. Après avoir décrit ce qui était selon moi nécessaire à l'amélioration de la situation politique et sociale et en avoir évoqué les conséquences, je me demandais si cet idéal n'était pas réalisable avec un roi à la tête de l'État. J'allais jusqu'à dépeindre ce roi imaginaire convaincu lui-même que pour atteindre ses buts les plus élevés, il lui faudrait administrer un État conçu selon des principes républicains. Toutefois, je croyais devoir conseiller à ce roi de se montrer plus confiant vis-à-vis de son peuple que cela n'était possible s'il avait pour seul entourage l'atmosphère trouble de la cour et de la noblesse. Je finissais en disant que le roi de Saxe me paraissait avoir été choisi par le destin pour montrer le bon exemple aux princes allemands. — Röckel trouva cet article inspiré par l'ange de la conciliation. Craignant qu'il ne passât inaperçu dans la presse, et faisant grand cas de mon talent d'orateur, il me pressa de le lire publiquement à la prochaine réunion du *Vaterlands-Verein*. Sans trop savoir si je me déciderais à prendre la parole, je me rendis à cette séance, mais l'assommant radotage d'un avocat nommé Blöde et d'un maître fourreur du nom de Klette, qu'on considérait alors à Dresde comme les réincarnations de Démosthène et de Cléon, me décida à monter sur cette tribune peu ordinaire où, mon papier à la main, je fis à quelque trois mille personnes une lecture énergique de cet article.

L'effet en fut terrifiant. Les auditeurs stupéfaits ne retinrent du discours du königlicher Kapellmeister que ses propos contre les courtisans du roi, et la nouvelle de cette affaire incroyable se répandit comme une traînée de poudre. Le lendemain, pendant que je dirigeais une répétition de *Rienzi*, qui devait être joué le jour suivant, on vint de plusieurs côtés à la fois me féliciter de mon courage et de mon dévouement ; mais le jour de la représentation, Eisolt, le factotum de l'orchestre, me prévint qu'elle n'aurait pas lieu, qu'il y avait un empêchement. Et en vérité, la sensation que j'avais produite prenait de telles proportions que la direction craignait d'importantes

manifestations si l'on donnait *Rienzi*. Dans les journaux, ce fut un déluge d'imprécations et de sarcasmes
qui s'abattit sur moi sans que je pusse songer à me
défendre. Même la garde communale saxonne se
sentit offensée et son commandant me demandait
réparation. Mais c'est parmi les fonctionnaires et les
petits employés de la cour que je m'étais créé les
ennemis les plus acharnés — et ils le sont restés
jusqu'aujourd'hui. J'appris qu'ils ne cessaient, autant
que cela était en leur pouvoir, d'assaillir le roi et l'intendant pour les supplier de me chasser tout de suite.
Il me parut donc opportun d'écrire directement au
monarque pour lui expliquer ma conduite, impré-
voyante certes, mais non coupable. J'envoyai cette
lettre à Monsieur von Lüttichau en le priant de la
faire parvenir au roi. En même temps, je demandai
un bref congé, escomptant que mon absence de
Dresde laisserait à cette fâcheuse effervescence le
temps de se calmer. L'étonnante et amicale bienveillance que Monsieur von Lüttichau me témoigna à
cette occasion me fit une forte impression, et je ne
cherchai pas à la lui cacher. Mais quand, plus tard, il
ne domina plus la colère que lui avaient causée différentes affaires ainsi que mon article (sur lequel il se
méprenait totalement), je me rendis compte que ce
n'était pas par pure bonté que cet homme avait été si
conciliant au début, mais plutôt par obéissance à la
volonté du souverain. Face à toutes ces cabales et à
l'intervention de Monsieur von Lüttichau, qui voulait
m'infliger une punition, le roi avait interdit qu'on
vînt désormais l'importuner à ce sujet. Après cette
expérience édifiante, je me flattais de penser que le
roi avait compris ma lettre ainsi que mon article bien
mieux que la plupart des gens.

[En juillet 1848, Wagner se rend à Vienne, où il essaie de faire connaître ses idées de réforme de l'organisation des théâtres et rencontre Franz Grillparzer (« le seul auteur dramatique que j'aie vu en uniforme de fonctionnaire »). À son retour à Dresde, il doit affronter une cabale de musiciens qui demandent sa révocation. Röckel est renvoyé de ses fonctions à cause de ses activités politiques subversives et se lance dans la rédaction d'un journal politique.]

Röckel étant accaparé par tous les comités possibles, je ne le voyais plus guère qu'à l'occasion de rares promenades, pendant lesquelles je débattais et spéculais longuement avec cet homme étrangement agité, mais dont l'esprit demeurait clair et réfléchi. Il rêvait d'une réorganisation complète de l'ordre civil établi en transformant ses bases sociales. S'appuyant sur les leçons de Proudhon et d'autres socialistes, il voulait détruire la puissance du capital par un travail immédiatement productif et construire un nouvel ordre du monde plus moral ; par ces affirmations séduisantes, il finit par me gagner à ses idées, à partir desquelles je pouvais à mon tour travailler à la réalisation de mon idéal artistique. Deux de ses assertions me frappèrent particulièrement. Le mariage tel que nous le connaissons ne devait plus exister à l'avenir[1]. Je lui demandai comment il se représentait nos relations toujours changeantes avec des femmes qui se conduiraient de façon certainement douteuse ? Il me répondit un peu indigné, mais bienveillant, que nous ne pouvions pas nous faire une idée de ce que sont en réalité la pureté des mœurs et les rapports entre les sexes aussi longtemps que nous ne nous serions pas libérés du joug des métiers, des corporations et autres contraintes. Je n'avais qu'à réfléchir à ce que pourrait faire le seul amour d'une femme pour un homme lorsque auraient disparu les préoccupations d'argent, de propriété, de rang social, les préjugés sur la famille et les contraintes qui en résultent. — Une autre fois je lui demandai où il trouverait les hommes qui voudraient se livrer à un travail intellectuel ou artistique lorsque tous seraient réduits au même état d'ouvriers. Il me répliqua que précisément le fait que tous prendraient leur part de besogne, selon les forces et le talent de chacun, ferait disparaître totalement ce que le travail a de pénible, et même la notion de travail : il ne resterait plus au final qu'une activité qui revêtirait nécessairement un caractère artistique. N'est-il pas prouvé dès maintenant que le champ sur lequel peine un seul paysan produit moins que le même champ lorsqu'il est entretenu par plusieurs jardiniers ? Ces points de vue, que Röckel m'exposait avec une emphase superbe, m'incitaient à réfléchir et à développer le projet d'une possible société humaine qui répondrait totalement à mon idéal artistique le plus élevé.

Dans un premier temps, je dirigeai mes pensées vers ce qui me touchait de plus près, vers le théâtre. L'impulsion m'en était venue de l'intérieur et de l'extérieur. La toute nouvelle et très démocratique loi électorale sur l'élection des députés prévoyait un renouvellement de la représentation nationale en Saxe. Presque partout, on élisait des députés radicaux ; on devait donc s'attendre, si la tendance se confirmait, à des changements importants dans le budget de l'État. Il semblait acquis que la liste civile du roi serait soumise à une sévère réévaluation : tout ce qui semblait superflu dans le budget de la cour devait être supprimé et le théâtre était menacé de se voir retirer sa subvention inscrite sur la liste civile, car on considérait cette institution comme inutile et réservée seulement à la partie corrompue de la société. Dans l'intérêt du théâtre et vu l'importance que je lui accordais, je me sentis dans l'obligation de fournir aux ministres les explications qu'ils pourraient donner aux députés pour leur démontrer que le théâtre, s'il n'était, par son activité actuelle, pas digne d'un sacrifice quelconque de la part de l'État, deviendrait plus mauvais et plus néfaste encore pour les mœurs publiques si le gouvernement renonçait à exercer cette surveillance protectrice dont on considère par ailleurs qu'elle est nécessaire dans le domaine du culte et de l'éducation. Toute la question se réduisait pour moi à fixer les lignes principales d'une organisation par laquelle serait assurée la réalisation des plus nobles idées artistiques. J'esquissai donc un plan qui permettrait, avec la somme allouée jusqu'alors sur la liste civile, de créer un Théâtre national du royaume de Saxe et de subvenir à ses besoins[1].

[Les autorités ne donnent pas suite au projet du compositeur. Le 24 septembre 1848, un concert est organisé pour célébrer le 300ᵉ anniversaire de la Königliche Kapelle. Wagner propose des extraits de Lohengrin, *qui sont accueillis froidement.]*

En octobre, les événements de Vienne[2] eurent d'importantes répercussions chez nous. Chaque matin des affiches rouges et noires s'étalaient sur les murs ; on y lisait des appels à prêter main-forte aux Viennois et des imprécations à l'adresse de la « monarchie rouge » (opposée à la « république rouge » qui avait été tant décriée) et d'autres mots d'ordre du même genre. Sauf sur les personnes qui étaient initiées à la marche des choses, et qui ne couraient pas les rues, ces événements produisaient sur la population un effet inquiétant. Lorsque Windischgrätz entra à Vienne, que Fröbel fut gracié et Blum fusillé, il sembla que tout allait exploser à Dresde. On organisa une grande manifestation en hommage à Blum ; un cortège interminable parcourut la ville, les ministres marchaient en tête et, à l'amusement général, le prudent Monsieur von der Pfordten dut y prendre part à son corps défendant. À partir de ce jour, l'horizon politique s'assombrit de plus en plus et tout le monde semblait s'attendre à une catastrophe. Blum s'étant autrefois fait craindre et haïr comme agitateur à Leipzig, on alla jusqu'à prétendre à haute voix que sa mort était due à la grande-duchesse Sophie, qui aurait voulu rendre ainsi un service à sa sœur, la reine de Saxe. Des bandes de réfugiés viennois, dans l'uniforme de la Légion académique, arrivèrent à Dresde et vinrent grossir le nombre des individus menaçants que l'on rencontrait de plus en plus fréquemment. Un soir, alors que je me rendais au théâtre pour diriger une représentation de *Rienzi*, le factotum de l'orchestre vint m'annoncer que plusieurs messieurs désiraient me parler ; presque aussitôt je vis devant moi une demi-douzaine de ces personnages. Ils m'appelèrent « frère démocrate » et me demandèrent d'assister gratuitement à la représentation. Je reconnus enfin l'un d'eux, un nommé Häfner, ancien homme de lettres, petit homme bossu au chapeau calabrais horriblement cabossé. Il m'avait été présenté par Uhl, à Vienne, lors de ma récente visite au club politique. Malgré ma gêne face aux musiciens qui assistaient stupéfaits à cette rencontre, je ne cherchai aucunement à me justifier. J'allai tranquillement à la caisse et me fis donner six coupons que j'offris à mes singuliers visiteurs, après quoi ceux-ci s'éloignèrent, non sans

m'avoir, devant tout le monde, chaleureusement
serré les mains. Je doute que cet épisode ait servi à
consolider ma situation de Kapellmeister aux yeux
du personnel et de la direction du théâtre, mais il est
certain que jamais je n'ai été applaudi avec plus de
frénésie que ce soir-là, après tous les actes de *Rienzi*.

Plus généralement, il semble que le public du théâtre
ait voulu désavouer les spectateurs dresdois qui avaient
accueilli avec une froideur ostensible mes concerts
d'orchestre, et il s'était formé en ma faveur un parti
presque passionné. Que ce fût dans *Tannhäuser* ou
dans *Rienzi*, toujours il m'acclamait et, bien que l'attitude de ce parti ne fût pas du goût de l'intendant,
celui-ci se sentait obligé de me traiter avec un certain
respect. Un jour, Monsieur von Lüttichau m'offrit
de faire jouer prochainement mon *Lohengrin*. Je lui
expliquai la raison qui m'avait empêché de lui proposer mon œuvre plus tôt ; à présent, le personnel de
l'Opéra me paraissait suffisamment nombreux et
j'étais tout disposé à préparer cette représentation. À
cette époque, le fils de mon vieil ami Ferdinand Heine
était revenu de Paris où il avait été envoyé par la
direction pour étudier la peinture auprès d'artistes
décorateurs comme Édouard Desplechin et Jules
Dieterle. Il lui restait à faire ses preuves à Dresde
pour obtenir une place au Hoftheater. C'est pourquoi il avait demandé qu'on le chargeât de peindre
les décors de *Lohengrin*, ce qui avait amené Monsieur von Lüttichau à jeter les yeux sur mon dernier
ouvrage. Comme j'avais donné mon accord, on accéda
au vœu du jeune Heine.

Cette tournure des choses me causa une vive satisfaction, car je voyais dans la préparation de cette
œuvre une occupation salutaire qui me distrairait, je
l'espérais, de toutes les agitations et des troubles de

ces derniers temps. Aussi mon effroi fut-il grand
lorsqu'un jour le jeune Wilhelm Heine vint m'annoncer
qu'on lui avait soudain décommandé les décors de
Lohengrin en lui donnant l'ordre de commencer
ceux d'un autre opéra. Je ne prononçai pas un mot et
ne m'informai en aucune façon des motifs de cette
conduite étrange. Plus tard, sur la foi des affirmations faites par Monsieur von Lüttichau à ma femme,
j'ai regretté de l'avoir considéré comme l'auteur de
cet affront et de m'être définitivement détourné de
lui. Bien des années après, il expliquait encore à
ceux qui l'interrogeaient à ce sujet que la cour était
alors encore trop mal disposée à mon égard et que,
malgré son désir sincère de faire représenter mon
opéra, il s'était alors heurté à des difficultés insur-
montables. — Quoi qu'il en soit, l'amertume que j'en
ressentis eut une influence décisive sur mon état
d'esprit : puisqu'il me fallait renoncer à tout espoir
de me réconcilier avec le théâtre par une belle représentation de *Lohengrin*, je tournai le dos à cet univers,
je me désintéressai de tout ce qui aurait pu consolider ma place de Kapellmeister à Dresde, et me vouai
entièrement à la conception de projets artistiques
dont la réalisation concrète n'était même pas imaginable dans les institutions théâtrales de l'époque.

Je me mis donc à exécuter un projet auquel je
réfléchissais depuis longtemps sans oser le réaliser :
La Mort de Siegfried. Ce faisant, je ne pensais ni au
théâtre de Dresde ni à aucun autre théâtre royal ; la
seule chose qui comptait pour moi était de m'engager dans une entreprise qui m'éloignerait une fois
pour toutes de ce monde absurde. Comme il n'y avait
plus moyen de m'adresser à Röckel, je lus mon poème
à Eduard Devrient, la seule personne avec qui je
pusse m'entretenir encore de questions de théâtre et

d'art dramatique. Il m'écouta étonné et comprit que je cherchais à me détourner totalement du monde du théâtre moderne, qui n'avait selon moi pas d'avenir ; mais il ne partageait naturellement pas mon point de vue. Il s'efforça pourtant de se pénétrer de mon œuvre et se dit qu'elle n'était peut-être pas si étrange et qu'elle pourrait être exécutée. Il prouva qu'il s'était sérieusement posé la question en attirant mon attention sur un problème : j'en demandais trop au public, qui aurait été obligé, pour bien comprendre le contenu, de compléter par lui-même de nombreux épisodes simplement suggérés dans le texte. Il me fit remarquer qu'avant de voir Siegfried et Brünnhilde se déchirer, il fallait avoir connu auparavant le bonheur sans nuage qu'ils avaient vécu autrefois. J'avais, en effet, fait débuter le poème de *La Mort de Siegfried* par les scènes qui forment aujourd'hui le premier acte du *Crépuscule des Dieux*, et tout ce qui concerne la liaison antérieure de Siegfried et de Brünnhilde était seulement relaté, à l'intention du spectateur, dans un dialogue à la fois lyrique et épique entre l'épouse du héros abandonnée et la troupe de Walkyries[1] passant devant son rocher. L'observation d'Eduard Devrient me donna immédiatement l'idée d'ajouter les scènes qui composent maintenant le prologue du drame.

Pour diverses raisons, mes relations avec Eduard Devrient devinrent à cette époque de plus en plus chaleureuses. Souvent il invitait chez lui un cercle choisi d'auditeurs pour des lectures dramatiques auxquelles j'assistais volontiers car, à mon étonnement, le lecteur faisait preuve d'un talent qui lui manquait sur la scène. Par ailleurs, je trouvais réconfortant de pouvoir parler avec quelqu'un qui me comprenait de la fâcheuse dégradation de mes rela-

tions avec l'intendant. Devrient paraissait prendre
cela à cœur et voulait éviter une rupture irrémé-
diable, même si je lui laissais peu d'espoir à ce sujet.
À l'approche de l'hiver, la cour était rentrée à Dresde ;
elle venait souvent au spectacle et je reçus à diverses
reprises des marques de son mécontentement quant
à mon travail de Kapellmeister. Il parut une fois à la
reine que j'avais « mal dirigé » *Norma*, et une autre
fois que dans *Robert le Diable* j'avais « mal battu la
mesure ». Monsieur von Lüttichau étant chargé de
me faire part de ces réprimandes, nos entretiens
n'étaient guère de nature à améliorer nos relations.

Cependant je ne croyais pas que les choses en arri-
veraient au pire, dans la mesure où l'on ne percevait
qu'une effervescence diffuse et une indécision passionnée. Sans doute la réaction qui se préparait n'était
pas encore assez sûre de sa victoire et, en attendant,
on préférait éviter tout éclat. Ainsi notre direction
générale ne mit point d'obstacle à ce que les membres
de la Königliche Kapelle, suivant ainsi l'air du temps,
se constituent en une société ayant pour but de veiller
à leurs intérêts civiques et artistiques. Un jeune
musicien, nommé Theodor Uhlig*, y déployait une
activité intense. C'était un violoniste âgé d'à peine
plus de vingt ans, avec un visage remarquablement
noble, intelligent et doux ; il se distinguait de ses collègues de l'orchestre par son sérieux et son caractère
paisible, mais d'une grande fermeté. En diverses
occasions, il avait attiré mon attention par l'acuité
de son regard et ses vastes connaissances en musique.
Je ne tardai pas à le choisir pour m'accompagner
dans les promenades où autrefois Röckel avait marché
à mes côtés ; son esprit éveillé et son ardent désir de
s'instruire me le rendaient sympathique. Un jour, il
me demanda de venir assister à une réunion de

l'«Association des membres de l'orchestre», et d'y prendre la parole afin d'encourager les musiciens dans leur volonté de faire progresser les choses. Ceux-ci m'écoutèrent avec la plus grande attention quand je leur résumai le rapport sur la réforme de l'orchestre que le directeur général avait rejeté l'année précédente. Après leur avoir exposé mes intentions et mes plans, je leur dis qu'ayant perdu tout espoir d'obtenir personnellement quoi que ce fût de l'intendance, je leur conseillais de prendre eux-mêmes l'initiative de la réforme. Cette proposition fut accueillie avec enthousiasme. Si Monsieur von Lüttichau permettait aux musiciens de se réunir en séances relativement démocratiques, il ne manquait pas de se tenir au courant des velléités que pouvait avoir leur association de commettre des actes de haute trahison : il avait ses espions, entre autres un corniste du nom de Levy, personnage détestable, honni de tous les musiciens, mais grand protégé de l'intendant. Mes paroles furent donc rapportées (avec exagération sans doute) à Monsieur von Lüttichau, qui trouva, le moment venu, l'occasion de me faire sentir derechef son autorité. Je fus convoqué dans son bureau et dus subir la colère, longuement réprimée, que lui avaient inspirée certaines de mes actions ; il me fit voir aussi qu'il était au courant du plan de réforme que j'avais proposé au ministère. Il me dit cela en employant des expressions du dialecte populaire de Dresde que je n'avais jamais entendues : il savait, dit-il, que j'avais essayé de le «doubler» avec ma requête sur la réforme du théâtre. Je ne me gênai plus alors pour lui dire ma façon de penser quant aux relations que nous entretenions et, comme il me menaçait de faire un rapport au roi et de réclamer mon renvoi, je lui répliquai le plus calmement du monde qu'il n'avait qu'à faire ce qu'il voulait, car je comptais de toute façon sur la justice du monarque qui écouterait ma défense aussi bien que l'accusation ; d'ailleurs j'espérais bien qu'on en arriverait là, car c'était pour moi l'unique moyen de parvenir à Sa Majesté et de lui exposer ce dont j'avais à me plaindre, tant dans mon propre intérêt que dans celui de l'art et du théâtre. Cette réponse ne fut pas du goût de Monsieur von Lüttichau qui me demanda comment il fallait donc s'y prendre avec moi, puisque même lorsqu'il tentait de trouver un terrain d'entente, j'affirmais ouvertement que discuter avec lui était peine perdue. Nous nous quittâmes en haussant l'un et l'autre les épaules. L'entretien parut cependant avoir contrarié mon ancien protecteur ; il s'adressa à Eduard Devrient, qu'il savait posé et raisonnable, afin que celui-ci use de son influence et me fasse entendre raison. Mais après s'être acquitté de sa mission et avoir discuté avec moi, Devrient fut obligé de reconnaître en souriant qu'il ne pouvait pas faire grand-chose, et comme je répétais constamment que plus jamais je ne me présenterais aux réunions avec l'intendance, et il déclara que c'était au fond à Monsieur von Lüttichau de se débrouiller seul pour régler le problème.

Aussi longtemps que mon destin me retint encore à Dresde comme Kapellmeister, je subis les conséquences de la disgrâce royale et directoriale. Les concerts d'abonnement que j'avais organisés l'hiver précédent furent confiés à Reissiger ; ils retombèrent immédiatement dans l'insignifiance des concerts ordinaires. Le public s'en désintéressa rapidement et l'on eut du mal à en assurer le maintien. À l'Opéra je n'étais pas arrivé à imposer qu'on reprenne *Le Vaisseau fantôme*, dans lequel le talent de Mitterwurzer,

arrivé à maturation, aurait pu donner le meilleur.
Ma nièce Johanna, à laquelle j'avais destiné le rôle
de Senta, trouvait que le rôle ne lui convenait pas et
qu'il ne lui offrait pas l'occasion de porter de brillants costumes ; elle préférait *Zampa* et *La Favorite*,
en quoi elle était soutenue par mon ancien champion
de *Rienzi*, Tichatschek, et elle était ravie à l'idée de
pouvoir s'accoutrer des trois brillants costumes que
la direction devait lui fournir pour ces rôles. Du reste,
ces deux fortes têtes de l'Opéra de Dresde s'étaient
alliées pour résister à mon rigorisme en matière de
répertoire et m'avaient prouvé leur animosité en
obtenant qu'on joue, à ma grande humiliation, cette
Favorite de Donizetti dont à Paris, autrefois, il m'avait
fallu réaliser les arrangements pour Schlesinger.
J'avais combattu de toutes mes forces contre le choix
de cet opéra dont le rôle de l'héroïne convenait parfaitement, de l'avis même de mon frère, à la voix de
ma nièce. Mais lorsqu'on eut vent de mon différend
avec l'intendant, de mon renoncement volontaire à
toute influence et de ma disgrâce manifeste, on en
profita, puisque c'était mon tour, pour me forcer à
diriger cette œuvre que j'exécrais. En outre, ma principale activité dans le théâtre royal était de diriger
Martha de Flotow, ouvrage qui n'attirait jamais
grand public mais qui était facile à monter et qu'on
donnait très souvent pour meubler la programmation. Aussi, lorsque je jetais un coup d'œil rétros-
pectif sur ma carrière de Kapellmeister, qui durait
depuis sept ans, j'éprouvais une véritable humiliation à constater le piètre résultat auquel avaient
abouti tous les efforts que j'avais déployés pour cette
institution. Je me disais que si j'étais amené à quitter
Dresde sur-le-champ, il ne resterait pas la moindre
trace de mon activité et que si le roi avait à trancher

le différend entre l'intendant et moi, il lui faudrait, malgré toute sa bienveillance à mon égard, donner raison au courtisan, ne fût-ce qu'à cause des conséquences. — J'éprouvai cependant une grande satisfaction le dimanche des Rameaux de l'année 1849. Afin de s'assurer une bonne recette, l'orchestre avait encore choisi la *Neuvième Symphonie* de Beethoven et les musiciens se donnèrent toutes les peines du monde pour que l'exécution fût impeccable. Le public l'accueillit avec un enthousiasme sincère. Mikhaïl Bakounine*, qui se cachait de la police, avait assisté en secret à la répétition générale ; mais à la fin de l'audition, il était venu sans crainte vers moi, devant l'orchestre, et m'avait crié que si toute musique était condamnée à disparaître dans la conflagration universelle qui se préparait, nous devions, au péril de notre vie, sauver cette symphonie. Peu de semaines après ce concert, il sembla que la « conflagration universelle » était sur le point d'embraser les rues de Dresde et que Bakounine y prendrait les fonctions d'artificier en chef.

Je connaissais depuis quelque temps cet homme hors du commun et j'étais entré en relation avec lui de façon étrange. Autrefois déjà, son nom avait attiré mon attention dans les journaux à propos de faits surprenants. Russe lui-même, il s'était présenté à Paris dans une réunion de Polonais et avait déclaré qu'il importait peu d'être russe ou polonais : il s'agissait avant tout d'être un homme libre. Plus tard, Georg Herwegh* me raconta qu'à cette même époque, à Paris, Bakounine avait renoncé à tous les revenus qu'il tenait de sa famille russe, assez aisée, et qu'un jour il avait donné à un mendiant sur les boulevards les deux francs qui constituaient toute sa fortune : il lui était pénible de savoir la liberté de son existence

entravée par un souci de prévoyance. La présence de
Bakounine à Dresde me fut révélée par Röckel, chez
lequel il logeait. Mon ami, qui menait déjà sa vie en
marge de la société, m'invita à faire la connaissance
du révolutionnaire. Celui-ci était poursuivi par le
gouvernement autrichien pour avoir pris part aux
événements de Prague à l'été 1848, ainsi qu'au congrès
panslave[1] qui les avait précédés. Ne voulant pas
s'éloigner trop de la Bohême, Bakounine restait donc
à Dresde, mais se faisait une règle d'être prudent. Il
avait fait sensation à Prague en lançant un appel aux
Tchèques dans lequel il leur conseillait de ne pas
chercher secours auprès des Russes contre la germa-
nisation qui les inquiétait, mais bien plutôt de se
défendre par le feu et l'épée de l'influence de ces
Russes comme de tout autre peuple tyrannisé par le
despotisme. Une connaissance superficielle des idées
de Bakounine avait suffi à dissiper les préjugés nationaux qu'un Allemand comme moi pouvait avoir contre
lui. Lorsque je le vis en personne, placé sous la
fragile protection de Röckel, je fus d'abord étonné de
l'étrange et imposante personnalité de cet homme,
alors dans la pleine vigueur de la trentaine. Tout en
lui était colossal, et d'une force qui trahissait une
naïveté primitive. Je ne crois pas qu'il ait jamais
beaucoup attaché d'importance à notre rencontre :
au fond, il ne paraissait plus beaucoup s'intéresser
aux intellectuels. Ce qu'il voulait, c'étaient des natures
énergiques et brutales. Mais sur ce point (je m'en
aperçus par la suite), c'était plus une exigence théorique qu'un sentiment personnel qui s'exprimait en
lui, et il se plaisait surtout à parler et à débattre ; il
aimait les discussions orales socratiques et se sentait
immédiatement à l'aise lorsque, étendu sur le dur
canapé de son hôte, il pouvait débattre avec divers

interlocuteurs des problèmes de la révolution. Dans
ces joutes oratoires, il demeurait toujours vainqueur,
car il était impossible de se défendre contre les arguments qu'il avançait avec la plus grande assurance et
qui atteignaient les dernières limites du radicalisme.
Il était loquace et, dès le premier soir que nous nous
rencontrâmes, il me raconta sa vie. Officier russe issu
d'une grande famille, étouffant sous le joug étroit du
militarisme, il avait été poussé par la lecture de
Rousseau à saisir le prétexte d'un congé pour fuir en
Allemagne. À Berlin, il s'était jeté sur l'étude de la
philosophie avec l'ardeur d'un barbare qui s'éveille à
la civilisation. La philosophie de Hegel dominait alors ;
il se l'appropria si rapidement que, par un essai
nourri de la dialectique hégélienne la plus stricte, il
en remontra aux disciples les plus célèbres du maître.
Après avoir alors, comme il disait, mis la philosophie
au rebut, il était allé prêcher le communisme en
Suisse ; puis, passant par la France et l'Allemagne, il
était revenu à la frontière des pays slaves, dont il
attendait (parce qu'ils étaient selon lui moins per-
vertis par la civilisation) la régénération du genre
humain. Il fondait ses espérances sur le caractère
slave qui était particulièrement prononcé dans le
type national russe. Le trait principal de ce caractère, il croyait le reconnaître dans la fraternité naïve
dont fait preuve le paysan russe et dans la haine
naturelle qu'il a contre le seigneur qui l'opprime :
instinct de l'animal mordant l'homme qui le persé-
cute. Il en voulait pour preuve le goût enfantin et
diabolique du peuple russe pour le feu — Rostop-
chine l'avait exploité en inventant son stratagème
contre Napoléon, lors de l'incendie de Moscou. Bakounine pensait qu'il suffirait de persuader le paysan russe,
chez qui la bonté naturelle de la nature humaine

accablée était restée la plus pure, que l'incendie des
châteaux seigneuriaux et de tout ce qui va avec était
juste et œuvre agréable à Dieu, pour provoquer un
mouvement général dont résulterait tout au moins
la destruction de ce qui, aux yeux mêmes du plus
profond philosophe de l'Europe civilisée, constitue
la source de la misère du monde moderne. Mettre en
branle cette force destructrice semblait à Bakounine
être le seul but valable de l'activité d'un homme raisonnable. (Et tandis qu'il prêchait à sa façon ces terribles principes, il ne cessa, durant toute une heure,
de faire écran avec ses larges mains pour que l'éclat
éblouissant de la lumière ne me fît pas mal aux yeux).
Cet anéantissement de toute civilisation était un objectif
qui soulevait son enthousiasme ; pour y arriver, il
voulait user de tous les leviers politiques possibles.
Cette idée constituait son seul divertissement et provoquait souvent chez lui une sorte de gaieté ironique.
Il recevait dans sa cachette les représentants de
toutes les sensibilités révolutionnaires, mais il attirait principalement les Slaves, car il pensait que
c'étaient eux qui, pour commencer, lui seraient les
plus utiles dans son projet de destruction du despotisme russe. Il n'avait aucune confiance dans les
Français, malgré leur république et leur socialisme à
la Proudhon. Il ne me donna jamais son opinion sur
les Allemands. La démocratie, la république et tout
ce qui va dans ce sens ne lui paraissaient pas dignes
d'attention et il balayait de sa critique impitoyable
les objections de ceux qui songeaient à reconstruire
ce qu'il voulait détruire. Je me souviens qu'un Polonais, effrayé de ses théories, observa qu'une organisation étatique serait pourtant nécessaire pour
préserver du pillage le particulier qui avait cultivé
son champ. Bakounine lui répliqua : « Tu n'auras

donc qu'à élever soigneusement une barrière autour de ton champ et à recréer la police. » Le Polonais se tut, interdit. En guise de consolation, le révolutionnaire lui expliqua que le monde nouveau se reconstruirait de lui-même. Nous n'avions à nous préoccuper que d'une chose : d'où viendrait la force destructive ? Y avait-il peut-être quelqu'un d'assez fou pour se figurer qu'il survivrait au grand cataclysme ? Qu'on se représente donc l'Europe avec Saint-Pétersbourg, Paris et Londres transformés en monceaux de ruines : peut-on supposer qu'en face de ces décombres gigantesques, les incendiaires auront encore conscience d'eux-mêmes ? Mais, à ceux qui se déclaraient prêts à se dévouer, Bakounine, pour les troubler, expliquait que le plus grand ennemi n'était point le prétendu tyran, mais bien le philistin repu dont le type parfait était pour lui le pasteur protestant. Bakounine ne voulait croire à l'humanité de ce dernier que lorsqu'il l'aurait vu livrer aux flammes sa propre maison, sa femme et ses enfants.

De telles assertions me déconcertèrent d'autant plus que Bakounine se révéla par ailleurs être un homme sensible et aimable. Il semblait comprendre mes préoccupations et toutes mes inquiétudes sur le péril perpétuel que couraient mes idéaux et mes projets artistiques. Cependant il refusa d'en entendre le détail. Il ne voulut pas connaître non plus mes travaux sur les Nibelungen. Séduit par la lecture des Évangiles, j'avais esquissé à cette époque le plan d'une tragédie destinée à la scène idéale de l'avenir : *Jésus de Nazareth*[1]. Bakounine me pria de lui en épargner le récit et comme, par quelques indications orales, je tâchais de l'y intéresser, il me souhaita bonne chance en me demandant instamment de représenter Jésus comme un être faible. Quant à la musique, il me conseilla de réaliser toutes les variations possibles sur un seul texte : le ténor devait chanter : « Décapitez-le », le soprano : « Pendez-le », tandis que la basse répétait : « Feu ! Feu ! » Pourtant cet homme monstrueux me procura un sentiment de satisfaction le jour où je parvins à lui faire écouter les premières scènes de mon *Vaisseau fantôme*. Ayant joué et chanté, je m'étais arrêté un moment, lorsque Bakounine, qui avait été plus attentif que nul autre, s'écria : « C'est merveilleusement beau ! » et me demanda de continuer. Comme il menait la triste existence d'un homme obligé de se cacher sans cesse, je l'invitais parfois le soir chez nous. Ma femme lui offrait à souper de petits morceaux de viande froide et de fines tranches de saucisson. Mais au lieu d'en faire de parcimonieux sandwiches à la mode saxonne, notre convive engloutissait tout en une fois. Constatant l'ahurissement de Minna, j'eus la faiblesse de faire remarquer à mon hôte comment on se servait chez nous… alors il m'avoua en souriant qu'il était déjà rassasié et qu'on pouvait bien lui permettre de manger à sa façon. La coutume de boire le vin dans de petits verres le surprit de même. Il lui répugnait de prendre le vin en petites doses bourgeoisement distribuées, afin de faire durer le plaisir qu'on ressent à satisfaire le besoin de boire de l'alcool ; un bon coup d'eau-de-vie, prétendait-il, répond infiniment mieux à ce besoin. Il éprouvait d'ailleurs la plus grande antipathie pour la modération calculée qui prolonge le plaisir ; un vrai homme ne recherche rien de plus que le nécessaire apaisement du besoin. Et le seul et unique plaisir de la vie digne de l'homme, c'est l'amour.

De nombreux autres détails me prouvaient que, chez cet homme singulier, une barbarie ennemie de toute culture allait de pair avec les exigences de l'idéalisme le plus pur ; aussi les sentiments que j'éprouvais à son égard oscillaient-ils entre un effroi involontaire et une irrésistible attirance. Il aimait à m'accompagner dans mes promenades solitaires ; il ne craignait pas d'y rencontrer des espions et il était bien aise de faire un peu d'activité physique nécessaire à sa santé. Mes tentatives pour lui faire comprendre mon idéal artistique restèrent sans résultat aussi longtemps que nous restâmes sur le terrain de la discussion. Tout lui semblait prématuré et il ne voulait point admettre qu'on pût déterminer les lois de l'avenir à partir des besoins d'une mauvaise réalité présente, car cet avenir serait la résultante d'une organisation toute différente du monde social. Comme il n'avait en vue que la destruction et rien que la destruction, je finis par me demander comment mon bizarre ami songeait à mettre en œuvre cette destruction. Alors, ainsi que je l'avais pressenti, je constatai clairement le peu de fondement des hypothèses sur lesquelles reposait son plan d'action. Si mes espérances en matière d'organisation artistique de la société humaine faisaient de moi à ses yeux un rêveur n'ayant aucun sens des réalités, ses hypothèses quant à l'indispensable destruction de toutes les institutions incarnant la culture moderne étaient tout aussi infondées. À première vue, il est vrai, Bakounine paraissait être au centre d'une conspiration universelle, mais je m'aperçus finalement que toutes ses spéculations n'aboutissaient qu'à un vague projet de révolution, semblable à celle de Prague, qui n'était au fond que le résultat du rassemblement de quelques étudiants. Lorsque Bakounine jugea le moment propice, il décida, un soir, de partir pour Prague, muni du passeport d'un commerçant anglais ; le voyage n'était pas sans danger. Il fut obligé aussi de sacrifier à la culture bourgeoise son énorme chevelure bouclée et sa longue barbe et, comme on ne pouvait avoir recours au barbier, c'est Röckel qui s'en chargea. Quelques amis assistèrent à l'opération ; elle s'exécuta au moyen d'un rasoir émoussé, et seul le patient fut insensible aux souffrances occasionnées par la manœuvre. On se sépara de Bakounine avec la pensée de ne plus le revoir vivant. Huit jours après, il était de retour et reconnut qu'il avait été mal renseigné sur les affaires de Prague et la poignée de blancs-becs qui les menaient. Il s'attira à ce sujet les railleries affectueuses de Röckel et acquit parmi nous la réputation d'un conspirateur incapable de transformer la théorie en action. Plus tard, toutes ses hypothèses sur le peuple russe se montrèrent aussi arbitraires et infondées que l'espoir placé dans les jeunes révolutionnaires de Prague. S'il s'était créé une réputation d'individu extrêmement dangereux, c'était avant tout par les points de vue théoriques qu'il propageait ici et là, mais en aucun cas parce qu'il s'était fait connaître par des actions concrètes.

[Tandis que la situation politique est de plus en plus tendue à Dresde, le compositeur apprend que Liszt va jouer Tannhäuser *à Weimar. Il demande un congé pour s'y rendre.]*

Peu de jours me séparaient de la réalisation de ce petit projet de voyage, mais ils furent néfastes. Le 1ᵉʳ mai, les Chambres étaient dissoutes par le nouveau ministère Beust, nommé par le roi afin de mettre en œuvre la réaction. Il fallait par conséquent que je vienne en aide à Röckel et aux siens. Sa qualité de député l'avait jusqu'alors préservé des poursuites de

droit pénal ; les Chambres étant dissoutes, il ne béné-
ficiait plus d'aucune protection et le seul moyen
d'échapper à la prison était la fuite. N'ayant aucun
autre moyen de le secourir, je lui promis de veiller à
la continuation de son journal, car cette publication
faisait en partie vivre sa famille. Alors que Röckel
venait de passer la frontière de Bohême et que, de
mon côté, je me démenais à l'imprimerie pour trouver
de quoi remplir les colonnes du journal, les troubles
attendus depuis longtemps éclataient de tous côtés à
Dresde : multiplication des députations, manifestations populaires le soir, réunions tumultueuses des
comités et apparition de signes avant-coureurs de
combats de rue. Le 3 mai, la foule qui se pressait
dans les rues faisait prévoir qu'elle arriverait incon-
testablement où on la poussait, car la reconnaissance
de la Constitution du Reich allemand[1], réclamée par
toutes les députations du pays, avait été refusée par
le gouvernement avec une fermeté qui n'était plus
dans ses habitudes. L'après-midi, j'assistai en simple
auditeur à une séance du *Vaterlands-Verein* : j'agis-
sais dans l'intérêt du journal de Röckel, que je
continuais à diriger pour les raisons humaines et
économiques déjà évoquées. Je fus frappé par l'attitude de ces hommes que la faveur populaire avait
portés à la tête des assemblées. Évidemment ces
gens étaient dépassés par les événements. Ce fut le
cas notamment lorsque, comme souvent en de telles
circonstances, la pression terroriste des militants des
basses classes s'exerça sur les représentants des théories démocratiques. J'entendis toutes sortes de propositions insensées et des réponses indécises. La
nécessité d'organiser la défense était au centre des
débats ; on discuta de la façon de se procurer des
armes, mais dans une telle confusion que lorsqu'on

jugea venu le moment de se séparer, je n'emportai de la séance qu'une impression de grand désordre. Je m'éloignai avec le peintre Kaufmann, un jeune artiste dont j'avais remarqué, à l'exposition de Dresde, quelques cartons esquissant l'«histoire de l'esprit humain». Je me souvins qu'alors j'avais observé le roi de Saxe, examinant les tableaux. Arrivé devant l'un des cartons de Kaufmann représentant la torture d'un hérétique sous l'Inquisition espagnole, le monarque avait secoué la tête et s'était détourné de ce sujet, qui sans doute lui paraissait repoussant. Tout en m'entretenant avec le peintre pâle et préoccupé à la pensée des événements qui étaient sur le point de se produire, j'arrivai place de la Poste, devant la fontaine érigée sur les plans de Semper... Soudain, de la tour de l'église Sainte-Anne voisine, le tocsin résonna. «Grand Dieu! voilà que ça commence!» s'écria mon compagnon bouleversé, et il disparut. On m'a dit plus tard qu'il demeurait à Berne comme réfugié politique, mais je ne l'ai plus jamais revu.

Le son si rapproché de cette cloche me produisit, à moi aussi, un effet surprenant. C'était un après-midi très ensoleillé, et aussitôt j'observai le même phénomène que celui que décrit Goethe lorsqu'il cherche à se rendre compte de la sensation que lui produisit la canonnade de Valmy. Toute la place me parut baignée d'une lumière dorée presque brune, à peu près comme à Magdebourg le jour de l'éclipse de soleil. J'éprouvai une sorte d'immense bien-être et une envie de me jouer de ce qui jusqu'alors m'avait paru si grave. C'est dans cette disposition d'esprit que je me rendis chez Tichatschek, sans doute parce qu'il demeurait tout près. Je pensais lui demander un des fusils qu'en sa qualité de chasseur passionné il entretenait avec grand soin. Je ne rencontrai que sa femme, lui-même était en vacances ; la peur qu'elle montra m'excita à la gaieté. Je lui conseillai de mettre les fusils de son mari à la disposition du Comité des Patriotes et de s'en faire donner un reçu ; car autrement la populace viendrait bientôt les lui prendre. J'ai appris plus tard que mon humeur excentrique d'alors me fut comptée comme un crime. Puis je retournai dans la rue voir ce qu'il y avait de nouveau, outre le tocsin et la lumière dorée. Au Vieux-Marché, j'aperçus un groupe où l'on discutait vivement : à mon agréable surprise, j'y reconnus Madame Schröder-Devrient. Elle arrivait de Berlin et avait appris que devant son hôtel on avait tiré sur le peuple, ce qui l'avait bouleversée au suprême degré. À Berlin, elle avait été témoin d'une émeute réprimée par la force des armes et elle était indignée de retrouver le même spectacle dans sa bonne ville de Dresde, qu'elle croyait si pacifique. Se détournant à ma vue de la foule stupide qui écoutait ses propos passionnés avec un plaisir infini, elle parut ravie d'avoir quelqu'un à qui elle pût s'adresser et demander de tout faire pour empêcher ces actes répugnants. Je la retrouvai le lendemain chez mon vieil ami Heine où elle s'était réfugiée ; là, constatant mon sang-froid, elle me supplia encore de chercher à arrêter ces luttes homicides. J'appris plus tard que la conduite de Madame Schröder-Devrient en cette occasion la fit accuser par la suite de haute trahison et d'incitation à la révolte. Et elle fut obligée de se défendre et de prouver son innocence devant le tribunal pour ne pas perdre la pension que lui avaient assurée ses longues années d'activité à l'Opéra de Dresde.

Le fameux 3 mai, je me dirigeai d'abord vers les quartiers de la ville où, d'après la rumeur publique, il y avait eu du sang versé. J'appris qu'au moment de la relève de la garde civile, devant l'arsenal, une dispute avait eu lieu entre civils et militaires parce qu'une audacieuse bande de gens du peuple avait voulu s'emparer du dépôt d'armes. La foule avait été dispersée par la bravoure de la soldatesque tirant quelques coups de mitraille. Je m'approchais du théâtre des événements en empruntant la Ramische Gasse, quand je croisai une compagnie de la garde communale qui s'était trouvée exposée de manière totalement involontaire au feu des soldats. Je remarquai un des gardes que son camarade soutenait par le bras : il s'efforçait de marcher rapidement, bien que sa jambe droite n'obéît plus à sa volonté. En apercevant les gouttes de sang qu'il laissait sur son passage, plusieurs personnes crièrent : « Mais il saigne ! » Ce spectacle m'émut fortement et je compris soudain le cri qui résonnait autour de moi : « Aux barricades ! Aux barricades ! » Machinalement, je suivis le mouvement de la foule qui refluait vers l'arsenal et le Vieux-Marché.

[Wagner assiste alors à une réunion des insurgés dans la salle du Conseil municipal, mais les choses sont très confuses.]

Le jeudi 4 mai, je me rendis à l'hôtel de ville, qui était devenu pour ainsi dire le siège du mouvement révolutionnaire. La nouvelle que le roi et toute la cour, sur le conseil de son ministre Beust[1], avaient quitté le palais pour se rendre en bateau à la forteresse de Königstein sur l'Elbe, remplit d'effroi la partie modérée de la population qui espérait encore un accord pacifique entre le monarque et son peuple. Dans un tel contexte, le Conseil municipal se sentait dépassé par les événements et appela à son aide ceux des membres de la Chambre saxonne qui n'avaient pas quitté Dresde ; ces derniers se réunirent à l'hôtel de ville pour conférer sur les mesures à prendre afin de protéger l'État, qui semblait être sur le point de s'écrouler. On envoya une députation au ministère ; elle revint en disant qu'il était introuvable. En même temps, la nouvelle se répandit que, en vertu d'un accord signé au préalable avec le roi de Prusse, celui-ci allait expédier des troupes pour occuper Dresde. Tous réclamaient que l'on prenne des mesures pour se protéger contre l'attaque de troupes étrangères. Le même jour arriva la nouvelle de la victoire du mouvement nationaliste allemand en Wurtemberg, où l'armée, par sa déclaration de fidélité au Parlement, avait déjoué les intentions du gouvernement, de telle sorte que celui-ci avait accepté, bon gré mal gré, la Constitution de Francfort. Les politiciens réunis à l'hôtel de ville en tirèrent la conclusion qu'à Dresde aussi les choses pourraient s'arranger à l'amiable, pour peu qu'on parvînt à décider les troupes saxonnes à adopter une attitude analogue à celles du Wurtemberg. Le roi se verrait ainsi dans l'obligation salutaire de se montrer bon patriote et de s'opposer à l'occupation de son pays par les Prussiens. Il s'agissait donc de faire comprendre aux soldats se trouvant encore à Dresde l'importance de l'attitude qu'ils adopteraient. Ne voyant que cet unique moyen de sortir du chaos et de conclure une paix honorable, j'avoue que, pour une fois, je me laissai entraîner à lancer une action qui, du reste, demeura absolument infructueuse. Je persuadai l'imprimeur du journal de Röckel de ne composer qu'une seule feuille, mais du plus grand format possible, et de réduire le texte à ces mots imprimés en caractères lisibles : « Êtes-vous avec nous contre les troupes étrangères ? » Ces feuilles furent fixées aux barricades dont nous pensions qu'elles seraient attaquées les premières; elles devaient rappeler leur devoir aux soldats saxons pour le cas où ils seraient contraints de nous attaquer. Naturellement ces affiches ne furent remarquées que de ceux qui me dénoncèrent plus tard. Toute la journée s'écoula en discussions tumultueuses et en pénibles moments d'agitation, ce qui ne permit pas d'éclaircir la situation. La vieille ville barricadée offrait un tableau intéressant, et moi qui suivais avec passion les préparatifs de la défense, je fus surpris et amusé de voir Bakounine surgir tout à coup de la retraite dans laquelle il était jusque-là prudemment resté et se promener en habit noir par-dessus les obstacles entassés dans la rue. Mais je me trompais en le croyant heureux et satisfait de la marche des choses. Toutes les mesures prises pour la résistance lui paraissaient, au contraire, naïves et imparfaites, et il me déclara ne reconnaître qu'un seul avantage à la situation dans laquelle se trouvait Dresde, celui de ne plus être obligé de se cacher de la police et de pouvoir songer à poursuivre son chemin sans être dérangé. Il trouvait que le mouvement était trop mou et n'était vraiment pas tenté d'y participer. Tandis qu'il déambulait ainsi, le cigare à la bouche, en se moquant de la naïveté des révolutionnaires dresdois, je m'arrêtai devant l'hôtel de ville à regarder les gardes communaux qui, le fusil au pied, répondaient à l'appel de leur commandant.

[Le 5 mai, un gouvernement provisoire est proclamé sur le balcon de l'hôtel de ville.]

Bakounine, qui continuait à se montrer de temps en temps, n'était cependant pas rassuré. Tandis que

le gouvernement provisoire plaçait tous ses espoirs
dans une solution pacifique obtenue en exerçant une
pression morale, Bakounine jugeait avec raison qu'on
se trompait et prévoyait clairement une attaque bien
préparée de la part des Prussiens. À son avis, on ne
pouvait s'en défendre que par des mesures stratégiques efficaces, et comme les révolutionnaires saxons
ne disposaient absolument pas des moyens militaires
nécessaires, il conseillait vivement de s'adresser à
quelques officiers polonais expérimentés qui demeuraient à Dresde. On s'indigna de cette proposition ;
d'ailleurs on comptait beaucoup sur les négociations
entamées avec le Parlement de Francfort, alors à
l'agonie. On voulait que tout s'accomplisse aussi légalement que possible dans un cadre parlementaire.
Somme toute, le temps passait agréablement ; par ces
magnifiques soirées printanières, les belles dames et
leurs cavaliers se promenaient dans les rues barrica-
dées : on eût dit que tout cela n'était qu'un spectacle
destiné à divertir le public. À moi aussi, ces scènes
étonnantes me procuraient une sensation de ravissement à laquelle se mêlait la pensée ironique que
toute cette histoire n'était pas vraiment sérieuse et
qu'une bienveillante proclamation du gouvernement
allait y mettre fin. Je rentrai donc chez moi très tard,
en franchissant sans me presser tous les obstacles
accumulés au milieu des rues, tout en réfléchissant à
un nouveau drame sur *Achille*[1] qui me préoccupait
depuis quelque temps. [...]

Le samedi 6 mai au matin, on s'aperçut que les
choses devenaient sérieuses : les troupes prussiennes
entrèrent dans le quartier de Neustadt et les militaires saxons qu'on n'avait pas encore osé envoyer à
l'attaque demeurèrent à leur poste. À midi, la trêve
cessa, les Prussiens soutenus par plusieurs canons

cherchèrent à s'emparer de l'une des positions principales des révolutionnaires, au Nouveau-Marché. Je
croyais encore que tout se déciderait dès qu'aurait
lieu le premier affrontement réel, car ni chez moi ni
chez les autres, je ne sentais l'ardeur et la gravité
indispensables à qui veut endurer des épreuves.
Entendant une forte fusillade, je regrettai seulement
de ne pouvoir assister directement à l'échauffourée
et j'eus l'idée de grimper sur le Kreuzturm. Je ne
pus, même de cette hauteur, me faire une idée claire
de la situation ; je constatai cependant qu'après une
heure de canonnade nourrie, les pièces d'artillerie
prussiennes se turent complètement et se retirèrent.
Le peuple salua cette retraite d'un formidable cri
d'allégresse. La première attaque paraissait donc
avoir été repoussée et, dès ce moment, l'intérêt que
je portais aux événements prit un caractère de plus
en plus passionné. [...]

Pendant le reste de la journée, le combat fut limité
à des escarmouches de tirailleurs autour des diverses
positions. Moi, je regrimpai sur le Kreuzturm, afin
d'avoir une vue d'ensemble des différents événements. Mais, pour y parvenir en venant de l'hôtel de
ville, il fallait traverser un espace exposé aux balles
des troupes postées dans le palais royal. Cet espace
restait complètement désert et je ne résistai pas à la
téméraire tentation d'y passer très lentement pour
me rendre au Kreuzturm : je m'étais en effet souvenu
qu'en de telles circonstances on recommande aux
jeunes soldats de ne jamais avancer précipitamment,
car cela attire les balles. Arrivé à mon poste élevé, je
trouvai d'autres spectateurs, venus les uns par curiosité, les autres envoyés par le commandement révolutionnaire pour observer les mouvements de l'ennemi.
Parmi ceux-ci, je rencontrai un instituteur nommé

Berthold, homme calme et doux, mais convaincu et résolu, avec lequel je m'égarai dans une discussion philosophique sérieuse qui nous conduisit jusque sur le terrain de la religion. Tout en causant, il avait, en disposant habilement et en renforçant une paillasse empruntée au gardien de la tour, fabriqué un abri contre les balles des carabiniers prussiens qui, depuis la tour de la Frauenkirche, avaient choisi comme cible le poste que nous occupions. Malgré l'approche de la nuit, je ne pus me décider à quitter mon intéressant refuge et, par l'entremise de l'assistant du gardien, je fis porter quelques lignes à ma femme dans le quartier de Friedrichstadt afin de la prévenir et de lui demander en même temps de me faire parvenir quelques provisions. C'est ainsi qu'à proximité de la cloche qui sonnait dans un vacarme effroyable, et tandis que les balles venaient sans interruption percuter contre les murailles de la tour, je passai là une des nuits les plus extraordinaires de *Ma vie*, Berthold et moi nous relayant pour monter la garde et dormir. Le dimanche 7 mai fut une journée admirable ; je fus réveillé par le chant d'un rossignol, qui montait du jardin Schütz, situé non loin de là ; le silence et une paix heureuse régnaient sur la ville et sur les environs de Dresde, qui se couvrirent de brouillard au lever du soleil. Dans ce brouillard, nous perçûmes clairement la musique de *La Marseillaise*, qui provenait des environs de la Tharanderstrasse ; à mesure qu'elle se rapprochait, la brume se dissipait et bientôt le soleil, répandant une lueur pourprée, fit étinceler les fusils d'une longue colonne qui arrivait sur la ville. Il n'était pas possible de résister à l'impression de ce spectacle ; ce que j'avais si longtemps regretté chez le peuple allemand, l'élément dont l'absence m'avait si longtemps chagriné, se présentait soudain à mes regards sous ses plus vives couleurs. Cette colonne, c'étaient plusieurs milliers d'hommes venus de l'Erzgebirge, des mineurs pour la plupart, bien armés et bien organisés, qui venaient défendre Dresde. Nous les vîmes défiler sur le Vieux-Marché, en face de l'hôtel de ville ; puis, après qu'on les eut acclamés, ils dressèrent leur camp sur la place et se reposèrent. De semblables renforts parvinrent à la ville toute la journée ; la bravoure dont on avait fait preuve la veille semblait porter ses fruits. Cependant les troupes prussiennes paraissaient avoir modifié leur plan d'attaque : au lieu de se concentrer sur une seule position, elles chargèrent sur différents points à la fois. Les nouveaux venus avaient apporté quatre petits canons appartenant à un certain Monsieur Thade von Burgk ; je le connaissais d'autrefois par le discours très bienveillant, mais ridiculement ennuyeux, qu'il avait prononcé à la fête anniversaire de la Liedertafel[1] de Dresde. Je me souvins de lui avec une certaine ironie lorsque, depuis les barricades, ses canons firent feu sur les assaillants. Mais je fus fortement impressionné lorsque, vers onze heures, je vis un violent incendie dévorer le vieil opéra où, quelques semaines auparavant, j'avais dirigé la dernière exécution de la *Neuvième Symphonie*. De tout temps, ce bâtiment conçu à l'origine pour être provisoire, et qui se trouvait rempli de bois et de toiles facilement inflammables, avait suscité des craintes en raison de sa vulnérabilité au feu. On me dit que l'incendie avait été allumé volontairement pour des raisons stratégiques, afin de prévenir une attaque de l'ennemi dans cette partie exposée de la ville, et de protéger la fameuse barricade de Semper d'une offensive militaire massive. J'en conclus qu'en ce monde de tels motifs sont toujours plus puissants que des considé-

rations d'esthétique car, depuis longtemps, on avait
réclamé en vain la démolition de cet affreux bâtiment
qui gâtait l'aspect de l'élégant Zwinger. Bourrée de
matériaux facilement inflammables, cette bâtisse aux
dimensions importantes ne fut bientôt plus qu'un
gigantesque brasier ; lorsque le feu atteignit la toiture
métallique de la galerie du Zwinger et que celle-ci,
sous l'action de la chaleur, se mit à ondoyer en de
magnifiques vagues bleuâtres, les spectateurs com-
mencèrent à regretter ce qui se passait, car on croyait
le cabinet d'histoire naturelle menacé. D'aucuns affir-
mèrent que la partie en péril était la salle des
armures, sur quoi un soldat milicien déclara que ce
n'était pas une mauvaise chose, si cela permettait de
faire brûler les «nobles empaillés». Par amour de
l'art, on empêcha cependant le feu de s'étendre et, en
réalité, il ne fit guère de dégâts. — Peu à peu, notre
poste d'observation, resté jusque-là assez tranquille,
se remplit d'une quantité de citoyens auxquels on
avait donné l'ordre de protéger depuis l'église l'entrée du Vieux-Marché, mal gardée du côté de la
Kreuzgasse. J'étais sans armes ; ma place n'était donc
plus ici. J'avais d'ailleurs reçu un message de ma
femme qui avait passé par de terribles inquiétudes et
qui me rappelait à la maison. Je ne parvins à atteindre
mon faubourg éloigné qu'avec mille peines et en
faisant maint détour pour éviter les rues où l'on se
battait et, surtout, la canonnade venant du Zwinger.
Notre appartement était plein de femmes surexcitées
réunies autour de Minna ; Madame Röckel, folle de
terreur, était là également : elle se figurait que son
mari, apprenant l'émeute de Dresde, était revenu et
se trouvait dans la mêlée. De fait, j'avais de mon côté
entendu dire que Röckel était de retour, mais je ne
l'avais pas aperçu moi-même.

[Le lendemain (le lundi 8 mai), Wagner retourne sur le théâtre des événements, où il rencontre Röckel, puis Bakounine.]

À l'hôtel de ville, je trouvai Bakounine qui m'apprit que, sur son conseil, le gouvernement provisoire s'était décidé à abandonner la position intenable qu'il avait à Dresde et à exécuter une retraite armée vers les montagnes de l'Erzgebirge, où viendraient le rejoindre les renforts arrivant de tous les côtés, en particulier de la Thuringe. Il y aurait moyen d'y rassembler des forces pour préparer la guerre populaire allemande qui allait sans aucun doute commencer, et on pourrait s'y lancer en position de force ; à Dresde, c'était impossible, car même les plus courageux combats menés dans ces rues couvertes de barricades n'étaient finalement rien d'autre que des émeutes urbaines. J'avoue que ce projet me parut grandiose et sensé. Au début, mon intérêt pour ces événements se limitait à un sentiment d'incrédulité un rien ironique qui s'était peu à peu transformé en étonnement ; mais maintenant, ce qui m'avait dans un premier temps semblé incompréhensible prenait tout son sens et me remplissait d'espoir. Sans éprouver le besoin de jouer un rôle quelconque dans ces événements ou de me faire attribuer une fonction, je ne m'embarrassai plus d'égards pour ma situation personnelle et je décidai de me laisser porter par le flot des événements et de m'engager avec délices et désespoir dans la voie que mon instinct m'indiquait. Ne voulant pas laisser ma femme seule à Dresde et abandonnée à son sort, j'inventai sur-le-champ un prétexte pour la faire venir à mes côtés, mais sans qu'elle se doute de mes intentions. Durant mon

retour précipité dans le faubourg de Friedrichstadt,
je m'aperçus que les communications entre ce quartier et le centre de la ville étaient pratiquement coupées
par les troupes prussiennes et je compris les suites
désagréables qu'aurait pour nous l'état de siège
résultant de l'occupation militaire. Il me fut facile de
convaincre Minna de la nécessité de se sauver avec
moi par la Tharanderstrasse, encore libre d'accès, et
de nous rendre à Chemnitz chez ma sœur Clara. Ma
femme fut prête en moins de rien et promit de me
rejoindre une heure plus tard dans le village le plus
proche où, prenant les devants avec mon petit chien
Peps, je devais tâcher de me procurer une voiture
pour notre voyage. Qu'elle était radieuse, cette matinée
de printemps où, avec le sentiment que c'était pour
la dernière fois, je pris le sentier où je m'étais pro-
mené si souvent solitaire ! Des alouettes volaient au-
dessus de ma tête, d'autres grisollaient dans les
sillons des champs, tandis que la canonnade tonnait
sans interruption dans les rues de Dresde. Ce bruit
sourd qui résonnait sans discontinuer depuis plusieurs jours de suite se grava si fortement dans mon
cerveau que je continuai à l'entendre bien après
m'en être éloigné, de même qu'autrefois à Londres,
après ma traversée de la mer du Nord, j'avais cru
sentir longtemps encore le balancement continuel
du bateau. Accompagné de cette musique effroyable,
je dis adieu à la ville dont j'apercevais encore les
tours, et je pensais en souriant que si, sept ans auparavant, mon entrée y était passée bien inaperçue,
mon départ aujourd'hui n'avait pas lieu sans éclat.

[Mais le compositeur cède à nouveau à son envie de
suivre les événements de près : il retourne à Dresde,
où les insurgés continuent de résister à l'assaut des

troupes prussiennes. Les principaux membres du gou-
vernement provisoire, conduits par Otto Leonhard
Heubner[1]*, quittent la capitale saxonne le 9 mai en*
direction de Chemnitz, mais à peine arrivés dans la
ville, ils sont arrêtés par les troupes du roi. Wagner,
qui avait fait une partie seulement du voyage avec eux,
échappe miraculeusement à la prison, et décide de se
rendre à Weimar pour y retrouver Liszt.]

J'avais du mal à confier à mon ami que je n'avais
pas quitté de manière très convenable ma place de
Königlicher Kapellmeister à Dresde. Au fond, je ne
me rendais pas très bien compte de ma situation vis-
à-vis de la justice de mon pays. Avais-je commis quelque chose de légalement répréhensible ? Je n'en savais
absolument rien. En attendant, les nouvelles les plus
alarmantes nous parvenaient sur ce qui se passait à
Dresde ; le régisseur Genast[2], notamment, provoqua
une vive émotion en répandant le bruit des actes incendiaires criminels qu'avait pu commettre Röckel, très
connu à Weimar. Je parlai alors ouvertement à Liszt,
qui comprit bientôt que, moi aussi, je m'étais trouvé
mêlé de près à ces événements effroyables. Pendant
un certain temps, il fut toutefois trompé par mon attitude : des raisons qui n'avaient rien à voir avec celles
que les tribunaux auraient pu attendre que je leur
donne me retenaient de me présenter officiellement
comme ayant fait partie des émeutiers. Je laissai
donc involontairement mon ami dans son erreur.
Nous nous réunissions chez la princesse Carolyne
de Sayn-Wittgenstein* dont j'avais fait la connaissance l'année précédente, à l'occasion d'un de ses
courts séjours à Dresde. Nous discutions avec animation de toutes sortes de problèmes artistiques. Un
après-midi, de vifs débats s'élevèrent à propos de

mon projet de tragédie sur *Jésus de Nazareth*. J'en
avais présenté l'esquisse verbalement à mes amis.
Liszt, lorsque j'eus fini, garda un silence désappro-
bateur, mais la princesse critiqua énergiquement le
choix d'un tel sujet pour la scène. Le peu de sérieux
que je mis à défendre mes thèses paradoxales me fit
prendre conscience de l'état moral dans lequel je me
trouvais. Même si cela ne se voyait pas extérieure-
ment, j'étais bouleversé jusqu'au tréfonds de mon
être par les choses que j'avais vécues. Il y eut ensuite
une répétition d'orchestre de *Tannhäuser*, qui fut pour
moi une grande stimulation artistique. La direction
de Liszt, plus musicale que dramatique, me fit goûter
pour la première fois le sentiment flatteur et réconfortant d'être vraiment compris par quelqu'un qui
pensait et ressentait comme moi. De plus, et malgré
l'état rêveur dans lequel je me trouvais, je fis quelques
observations utiles et décisives sur le travail des
chanteurs et du régisseur. Après cette répétition, je
fus invité par Liszt, avec Karl Stör, directeur de la
musique, et le ténor Franz Goetze à un dîner privé
dans un restaurant différent de celui qu'il fréquentait
d'habitude. J'y fus très effrayé de découvrir en Liszt
un trait de caractère qui m'était resté inconnu jusqu'alors. Lui, dont le tempérament était d'ordinaire
tout de calme et d'harmonie, s'emporta violemment
contre cette même société qui m'indignait tant, moi
aussi. Saisi par la découverte de cet aspect du comportement de cet homme hors du commun, mais
incapable de comprendre la logique de ses terribles
propos, je fus totalement déconcerté. Il fallut à Liszt
toute la nuit pour se remettre de la forte attaque de
nerfs qui suivit son exaltation. Mais je fus tout aussi
étonné le lendemain matin tôt de voir arriver mon
ami en tenue de voyage ; il m'annonça que, pour des

raisons qui m'échappaient, il devait se rendre à Karlsruhe, et il m'invita à l'accompagner jusqu'à Eisenach avec Stör. Chemin faisant, le chambellan, Monsieur de Beaulieu, nous arrêta pour nous dire que la grande-duchesse de Weimar, sœur du tsar Nicolas, désirait me recevoir dans son château d'Eisenach. J'objectai que mon costume de voyage n'était pas adapté à une telle visite, mais l'argument ne fut pas retenu et Liszt accepta en mon nom. Le soir, la grande-duchesse m'accueillit de la façon la plus chaleureuse ; elle s'entretint aimablement avec moi et demanda à son chambellan d'avoir pour moi tous les égards désirés. Liszt m'a assuré plus tard que sa noble protectrice savait déjà qu'on ne tarderait pas à me poursuivre depuis Dresde et qu'elle s'était hâtée de faire ma connaissance personnelle car elle pensait que, peu de jours après, cet entretien aurait été pour elle fort compromettant. — Liszt continua sa route et me laissa en compagnie de Stör et de Kühmstedt, directeur de la musique à Eisenach et habile contrapuntiste. Il les chargea de s'occuper de moi. Je visitai avec eux pour la première fois la forteresse de la Wartburg, qui n'avait pas encore été restaurée, et cette visite m'inspira de singulières réflexions sur ma destinée. N'était-il pas surprenant que je franchisse pour la première fois le seuil de ce bâtiment, qui comptait tellement pour moi, juste au moment où j'allais sans doute me voir forcé de quitter l'Allemagne ? Les jours suivants, de retour à Weimar, je reçus depuis Dresde les nouvelles les plus inquiétantes. Liszt, revenu le troisième jour, trouva une lettre de ma femme. Minna n'avait plus osé m'écrire directement et me disait qu'une descente de police avait eu lieu dans mon domicile à Dresde, où elle était retournée depuis quelque temps. Elle ajoutait qu'on l'avait avertie de me prévenir de ne pas rentrer à Dresde, car on avait donné l'ordre de m'incarcérer et un mandat d'arrêt avait été lancé contre moi[1]. À partir de ce moment, Liszt n'eut plus de soucis que pour ma personne ; il réunit un conseil d'amis expérimentés pour conférer sur les moyens de me préserver du danger qui me menaçait. Le ministre von Watzdorf, que j'étais déjà allé voir, était d'avis qu'au cas où je serais réclamé par la justice saxonne, je devrais tout simplement retourner à Dresde et qu'on m'y conduirait très convenablement en voiture particulière. Mais les bruits qui nous étaient parvenus sur les procédés brutaux des Prussiens et sur la manière dont ils se conduisaient pendant l'état de siège à Dresde étaient si inquiétants que Liszt et ses amis décidèrent de m'éloigner au plus vite de Weimar, où il était impossible d'assurer ma protection. J'insistai cependant pour ne pas quitter l'Allemagne sans avoir dit adieu à ma femme si inquiète, et je demandai de pouvoir rester encore quelque temps dans les environs de Weimar. On tint compte de mon désir, et le professeur Siebert proposa de me loger provisoirement à trois heures de là, à Magdala, chez l'intendant d'un domaine, un homme dont on était sûr. [...]

Enfin le 22 mai, jour de mon anniversaire de naissance, Minna arriva à Magdala. Ayant reçu ma lettre, elle avait accouru à Weimar, et là on lui avait indiqué où je me trouvais ; tout de suite elle me supplia de m'enfuir et de quitter l'Allemagne. J'essayai vainement de lui faire comprendre la noblesse de mes motivations, mais rien n'y fit : elle ne voyait en moi qu'un malheureux homme irréfléchi et mal conseillé qui s'était jeté, entraînant sa femme avec lui, dans la plus affreuse situation. Il fut décidé que, tandis qu'elle repasserait par Weimar, moi je quitterais Magdala à

pied en utilisant des petits sentiers ; nous nous retrou-
verions le lendemain soir à Iéna, chez le professeur
Wolff, où je lui dirais un dernier adieu. Je me mis donc
en route pour ce trajet de six heures, et au coucher
du soleil j'atteignis un haut plateau d'où j'aperçus
pour la première fois la gracieuse petite ville universitaire d'Iéna. Ma femme m'attendait chez Wolff, que
je connaissais déjà par l'intermédiaire de Liszt. Et de
nouveau, on tint conseil, en présence d'un certain
professeur Widmann. Que fallait-il faire ? En raison
de graves soupçons sur ma participation au soulèvement de Dresde, un mandat d'arrêt avait vraiment été
lancé contre moi. Je ne pouvais donc plus me trouver
en sûreté dans aucun des États de la Confédération
germanique[1]. Liszt me conseilla d'aller à Paris, où
j'aurais un nouveau champ d'activité. Widmann pensait
que je ne devais pas m'y rendre par Francfort et le
grand-duché de Bade, car là-bas tout était encore en
pleine effervescence, et la police y avait l'œil spécialement attentif aux individus qui étaient en voyage et
pouvaient sembler suspects. Le plus sûr était de passer
par la Bavière, assez calme alors, et d'atteindre d'abord
la Suisse ; de là, mon voyage vers Paris ne présente-
rait plus de danger. Ayant besoin d'un passeport, je
pris celui que m'offrait Widmann, établi en son nom
à Tübingen, mais périmé. Je partis donc en diligence
après avoir souffert douloureusement de l'adieu
complètement désespéré de ma femme.

*[Wagner parvient à se rendre à Paris sans être inquiété
par la police, en passant par Lindau, Zurich et Stras-
bourg.]*

Depuis mon entrée en Suisse jusqu'à mon arrivée
à Paris, mon humeur apathique et comme engourdie

avait fait place à une gaieté et à un bien-être que je ne connaissais pas encore. Je me sentais comme un oiseau heureux de n'être pas condamné à périr dans un marais. Mais, dès la première semaine de mon séjour dans la capitale française, je sentis que la réaction avait pris le dessus. J'avais été recommandé par Liszt à son ancien secrétaire Belloni ; celui-ci se crut obligé de me mettre aussi tôt que possible en relation avec un « auteur » que je ne connaissais pas, Gustave Vaisse, afin que je pusse composer un opéra sur un de ses textes. Cette offre ne me tentait pas le moins du monde ; et pour ne pas avoir à entrer en négociations avec lui, j'avançai le prétexte plausible du choléra qui ravageait Paris. Pour loger dans le voisinage de Belloni, je m'étais installé rue Notre-Dame-de-Lorette, et pas une heure ne s'écoulait sans que j'entende le roulement de tambour sourd qui annonçait le passage des cadavres emportés par les gardes nationaux. Malgré la chaleur accablante, il était défendu de boire de l'eau, et il fallait prendre les plus grandes précautions dans la manière de se nourrir. Tout cela me jeta dans un état de malaise qu'augmentait la physionomie extérieure de Paris, où régnait alors un profond sentiment d'abattement. La devise : « Liberté, égalité, fraternité » était encore inscrite sur tous les édifices publics et autres établissements de l'État. Mais jamais je n'avais vu circuler autant de *garçons caissiers* de banque, les longs sacs d'argent sur l'épaule et les gros portefeuilles à la main. On eût dit que la vieille ploutocratie, ayant triomphé de la propagande socialiste après avoir tremblé devant elle, s'efforçait de regagner la confiance publique par une pompe presque narquoise. Machinalement, j'étais entré dans le magasin de musique de Schlesinger. Le propriétaire en était maintenant un certain Monsieur Brandus, un personnage répugnant dont le caractère juif était plus marqué que celui de Schlesinger. Seul le vieux commis, Monsieur Henri, me reçut aimablement. Après que nous eûmes parlé un certain temps à haute voix dans le magasin qui paraissait vide, il me demanda, un peu gêné, si j'avais déjà salué « *mon maître* » Meyerbeer. « Monsieur Meyerbeer est ici ? demandai-je. — Certainement, fit-il encore plus gêné, il est là, tout près, derrière le bureau. » Comme je me dirigeais de ce côté, je vis Meyerbeer sortir, horriblement embarrassé, de l'endroit où, reconnaissant ma voix, il s'était tenu caché pendant dix minutes. En souriant, il s'excusa, prétextant avoir eu une épreuve à corriger d'urgence. C'en était trop, et je ne voulais plus voir ce personnage : j'avais eu trop de mauvaises expériences avec lui, en particulier la conduite désobligeante qu'il avait eue à Berlin à mon égard[1]. N'ayant plus affaire à lui maintenant, je le saluai d'un air gai assez dégagé qui m'était inspiré par le trouble qu'il montrait involontairement de me voir à Paris. Il croyait que je revenais tenter ma chance et parut fort étonné lorsque je l'assurai que la simple idée de faire une nouvelle tentative me dégoûtait. « Mais Liszt a pourtant écrit sur vous un brillant article dans le *Journal des Débats* ? — Ah bon ! répondis-je, j'étais loin de penser que le dévouement enthousiaste d'un ami pourrait immédiatement être pris pour un calcul stratégique mis au point de concert avec lui. — L'article a fait sensation. Il n'est pas croyable que vous ne cherchiez point à en tirer parti. » Ce déplaisant malentendu m'agaça et je certifiai avec une certaine vivacité à Meyerbeer que la tournure réactionnaire que prenaient les événements me poussait à m'occuper de tout autre chose que de productions artis-

tiques. Mais qu'espérez-vous donc de la révolution ?
riposta-t-il. Voulez-vous écrire des partitions pour les
barricades ? » Je répliquai que je ne songeais pas du
tout à écrire la moindre partition. Nous nous quittâmes sans être parvenus à nous comprendre.

*[Le compositeur se plonge dans la lecture de Proudhon
et apprend, découragé, l'échec des derniers soubre-
sauts révolutionnaires en Allemagne.]*

Ce qui m'attrista le plus fut une lettre de ma
femme, la première qu'elle m'eût écrite depuis fort
longtemps. Elle m'annonçait qu'elle ne pouvait plus
songer à vivre avec moi : après la façon totalement
inconsidérée dont j'avais gâché la chance qui m'avait
été donnée et perdu un emploi qui ne se représente-
rait plus, on ne pouvait exiger d'une femme qu'elle
consentît à me suivre dans de nouvelles aventures.
Tout d'abord, j'éprouvais de la compréhension pour
Minna, qui se trouvait dans une situation critique :
j'avais dû la laisser sans ressource aucune et n'avais
pu lui donner d'autre conseil que de vendre notre
mobilier de Dresde et de demander de l'aide à mes
parents de Leipzig. Jusqu'ici, la pensée de l'accablement dans lequel elle se trouvait était adoucie parce
que je me figurais qu'elle partageait mon enthousiasme, ce que plusieurs signes m'avaient autorisé à
penser pendant le déroulement des événements. Mais
elle remettait maintenant tout en cause et ne voulait
voir en moi que ce que lui dictait l'opinion publique,
avec la seule différence qu'elle admettait mon incon-
cevable légèreté comme circonstance atténuante.
Après que j'avais instamment prié Liszt de veiller de
son mieux sur elle, la conduite assez inattendue de
Minna m'ôta une partie de mes inquiétudes. Comme

elle me déclarait que, pour commencer, elle ne m'écrirait plus, je lui répondis que j'avais également l'intention de ne plus lui donner désormais de sujet d'inquiétude en la tenant au courant de mon sort si incertain. Alors, en esprit, je revécus les longues années de notre vie commune, depuis les premiers jours si orageux et si douloureux de notre mariage. Sans aucun doute, les mois de notre détresse parisienne avaient exercé une influence bienfaisante sur notre union. La misère que Minna avait acceptée si vaillamment et contre laquelle, moi, j'avais lutté activement, avait uni nos âmes d'un lien de fer. À Dresde, ma réussite professionnelle et mes fonctions à l'opéra, très enviables, avaient été pour Minna la belle récompense de tout ce qu'elle avait supporté avec moi. Être la femme du Kapellmeister représentait pour elle le summum de ce qu'elle pouvait attendre de la vie, et dans tout ce qui me rendait mes fonctions si amères, elle ne voyait qu'une menace à son bien-être matériel. La direction artistique que j'avais prise avec *Tannhäuser* lui faisait craindre déjà pour mes succès futurs et lui avait enlevé courage et confiance en l'avenir. Elle s'était détachée de moi à mesure que mes conceptions artistiques (dont je lui parlais de moins en moins) et mes rapports avec le théâtre et son intendant m'avaient éloigné de la voie — à son avis la seule qui valût — où elle se figurait avoir marché à mes côtés. Ma conduite dans la catastrophe de Dresde était à ses yeux le résultat de mes nouvelles erreurs; elle était due également à l'influence de gens sans conscience, comme ce malheureux Röckel, qui, flattant ma vanité, m'avaient entraîné avec eux à ma propre perte.

[Sentant qu'il n'a rien à attendre de Paris, le compositeur part s'installer à Zurich le 6 juillet 1849, où il est logé chez un vieil ami, le pianiste Alexander Müller. Il se lance dans la rédaction d'essais théoriques, à commencer par L'Art et la Révolution.*]*

Tous les jours, après mon indigeste repas chez les Müller, j'allais au « Café littéraire » et j'y prenais mon café au milieu des joueurs de yass et de dominos se livrant à de bruyantes plaisanteries. Là, je contemplais en rêvant les papiers peints assez ordinaires qui représentaient des paysages antiques et me rappelaient une impression que, dans ma jeunesse, j'avais reçue d'une aquarelle de Genelli, exposée dans la maison de mon beau-frère Brockhaus, où l'on voyait les Muses instruisant Dionysos. C'est là que me vinrent les principales idées de mon *Œuvre d'art de l'avenir*[1]. Je fus tiré un jour de mes rêveries par l'annonce de la présence à Zurich de Madame Schröder-Devrient ; c'était pour moi une nouvelle importante. Je me rendis sur-le-champ à l'hôtel « Zum Schwerte », où elle était descendue. À mon immense regret, j'appris qu'elle venait de repartir par le bateau à vapeur. Je ne l'ai plus jamais revue, et je n'ai appris sa mort douloureuse, survenue bien des années après, que par ma femme qui était restée en contact avec elle à Dresde.

Deux mois d'été s'étaient écoulés dans ce singulier état de liberté et de détachement quand, de Dresde, Minna me donna un signe de vie qui me réconforta. Malgré la façon brutale et offensante dont elle m'avait signifié notre séparation, je n'arrivais pas à m'imaginer que tout lien était rompu entre nous. Je m'étais informé de son sort auprès d'une de ses parentes dans une lettre qu'on lui fit sans doute lire ; d'autre part, j'avais veillé de mon mieux à ses besoins par mes recommandations réitérées à Liszt. Je reçus alors une réponse directe qui me découvrit non seulement l'énergie dont cette femme active faisait preuve dans sa situation difficile, mais aussi son désir sincère de revenir à mes côtés. Il est vrai qu'elle exprimait, avec un certain mépris, de gros doutes sur les perspectives de carrière qui s'étaient ouvertes pour moi à Zurich ; mais elle ajoutait qu'étant ma femme, elle était bien obligée de se risquer encore une fois à vivre auprès de moi. Elle espérait que Zurich ne serait qu'un lieu de passage et que je ne tarderais pas à m'installer à Paris pour y travailler sérieusement comme compositeur d'opéra. Elle m'annonçait, pour un certain jour de septembre, son arrivée en terre suisse, à Rorschach, avec le petit chien Peps, le perroquet Papo et sa prétendue sœur Natalie. Je louai donc pour nous tous une chambre et un cabinet de travail et, de Rapperswil, je me mis en route à pied pour Saint-Gall et Rorschach en passant par les charmants pays de Toggenburg et d'Appenzell. Une véritable émotion me saisit en voyant au port de Rorschach débarquer ma singulière famille, dont la moitié était composée d'animaux domestiques. Je fus particulièrement heureux, je l'avoue, de retrouver le petit chien et le perroquet. Ma femme s'empressa de refroidir mes sentiments en m'annonçant dès la première minute de nos retrouvailles que, pour peu que ma conduite laissât à désirer, elle était prête à retourner à Dresde où elle trouverait toujours aide et protection auprès de ses amis. Un seul coup d'œil sur la pauvre femme, qui avait beaucoup vieilli pendant notre courte séparation, suffit pour m'inspirer une pitié qui étouffa mon amertume. Je tâchai avant tout de remonter son courage et de la persuader que notre mauvaise fortune ne serait que passagère. Au début, je n'y réussis guère. Elle comparait avec humiliation l'aspect étriqué de la ville de Zurich à l'imposante Dresde. Les amis que je lui présentai ne lui en imposèrent pas non plus. Elle prenait le chancelier d'État Sulzer pour un simple greffier qui, en Allemagne, serait moins que rien, prétendait-elle. Elle était scandalisée parce que la femme d'Alexander Müller, mon hôte jusqu'alors, avait répondu à ses plaintes sur la misérable position où je l'avais mise en disant que c'était justement de ne pas avoir craint la misère qui faisait ma grandeur. Cependant, Minna m'apporta aussi quelque consolation en m'annonçant l'arrivée de divers objets de notre mobilier dresdois qui lui avaient paru indispensables à notre installation. Dans une bonne intention, elle m'avait fait expédier mon mauvais piano à queue de chez Breitkopf et Härtel ainsi que, dans son cadre gothique, la gravure de Cornelius pour la page de titre des *Nibelungen* qui était autrefois suspendue au-dessus de ma table de travail à Dresde. Avec ces quelques objets, nous résolûmes de nous installer dans un des petits logements des maisons Escher, au Zeltweg. À son arrivée à Zurich, il restait encore à Minna environ cent thalers du produit de la vente, très difficile et contestée de toutes parts, de notre mobilier dresdois. Elle pensait aussi avoir sauvé ma petite collection de livres, choisie avec le plus grand soin, en la confiant à Heinrich Brockhaus, beau-frère de mes sœurs, libraire et député saxon, qui l'avait priée instamment de lui remettre cette bibliothèque. Aussi fut-elle absolument consternée lorsque, plus tard, lui ayant demandé de nous envoyer mes livres, elle reçut de ce parent prévoyant une réponse lui expliquant qu'il les conserverait en gage jusqu'à ce que j'eusse acquitté la dette de cinq cents thalers que j'avais contractée chez lui les premiers temps difficiles de mon séjour à Dresde. Au cours de toutes ces années, il ne m'a jamais été possible de payer cette somme comptant ; ma bibliothèque, composée suivant mes goûts et mes besoins, est donc restée perdue pour moi.

[C'est pour les époux Wagner le retour des années difficiles. Le compositeur se plonge dans la lecture des écrits du philosophe matérialiste Ludwig Feuerbach. Poussé par Liszt, qui a usé de son influence pour que les Concerts de Sainte-Cécile programment l'ouverture de Tannhäuser, *Wagner accepte à contrecœur de se rendre à Paris pour tenter une nouvelle fois de s'y faire connaître comme compositeur d'opéra. De retour dans la capitale française au début de l'année 1850, il fréquente Semper, devenu exilé politique, et retrouve Kietz et Anders. Mais l'exécution de l'ouverture de* Tannhäuser *est remise en cause. Il reçoit alors de Jessie Laussot une invitation à lui rendre visite à Bordeaux.]*

Une excursion dans cette contrée méridionale encore inconnue, et chez des gens également inconnus, mais qui m'appréciaient, m'attirait et me flattait. J'acceptai, je réglai mon compte à Paris et pris la diligence. Passant par Orléans, Tours, Angoulême et longeant la Gironde, j'arrivai à Bordeaux où je fus reçu avec amabilité et beaucoup d'égards par le jeune marchand de vins Eugène Laussot et sa femme, ma gracieuse et compatissante amie.

Dans leur société, à laquelle se joignit Madame Taylor, mère de Madame Laussot, j'appris comment j'avais pu m'attirer de façon aussi surprenante la sympathie de personnes qui m'étaient jusque-là parfaitement étrangères. Jessie (on n'appelait la jeune

femme que par son prénom dans la maison) s'était
liée très intimement avec la famille Ritter pendant
un assez long séjour à Dresde et je n'avais aucune
raison de ne pas croire que l'intérêt qu'elle témoignait à mes œuvres et à mon sort ne lui vînt pas de
là. Depuis mon expulsion de Dresde et depuis que la
famille Ritter avait appris ma position précaire, on
avait délibéré entre Dresde et Bordeaux sur les
moyens de me venir en aide. Jessie affirma que l'initiative de ce beau geste revenait à Madame Julie
Ritter. Mais les revenus de celle-ci n'étant pas assez
élevés pour qu'elle pût m'offrir seule une subvention
suffisante, elle s'était mise en rapport avec la mère
de Jessie. Madame Taylor était veuve d'un avocat
anglais et possédait une belle fortune qui lui permettait d'entretenir complètement le jeune ménage de sa
fille. Les négociations avaient si bien abouti que peu
de temps après mon arrivée à Bordeaux, Madame
Taylor me pria, au nom des deux familles, d'accepter
une rente annuelle de trois mille francs jusqu'à ce
que ma situation se fût améliorée. Il me fallut alors
expliquer à mes bienfaiteurs les conséquences de
leur générosité, si je l'acceptais. Je ne pouvais plus
compter sur un succès de compositeur d'opéra, ni à
Paris ni ailleurs. Ce que je ferais, je n'en savais rien ;
mais j'étais décidé à ne pas m'astreindre à la honte
de démarches continuelles pour arriver à de tels
succès. Je ne crois pas me tromper en disant que
Jessie seule me comprit ; malgré toute l'amabilité
que me témoignaient Madame Taylor et son gendre,
je sentis bientôt qu'un mur infranchissable les séparait de moi, mais aussi de Jessie. Le jeune et bel époux
étant occupé toute la journée par ses affaires, et la
mère ne pouvant, à cause de sa surdité, prendre part
à notre conversation, Jessie et moi, nous étions

bientôt arrivés à une grande intimité dans nos discussions animées sur nos goûts et nos idées. Jessie, alors âgée de vingt-deux ans, ressemblait peu à sa mère et devait tenir tout à fait de son père. J'appris bien des choses passionnantes sur celui-ci. Une grande et riche bibliothèque qu'il avait léguée à sa fille témoignait des goûts peu ordinaires de cet homme qui, en dehors de ses lucratives fonctions d'avocat, s'était adonné à sa passion pour les lettres et les sciences. C'est de lui que Jessie, dès l'enfance, avait appris l'allemand, qu'elle parlait très correctement. Elle avait été élevée dans la lecture des contes des frères Grimm et elle connaissait parfaitement la littérature allemande. Bien entendu, elle possédait aussi l'anglais, de même que le français, qu'elle aimait moins cependant. Son instruction répondait donc aux plus hautes exigences. Elle comprenait tout avec une surprenante rapidité ; il suffisait que j'effleure un sujet pour qu'il lui devienne sur-le-champ familier. Il en était de même de la musique : elle déchiffrait avec la plus grande facilité et possédait une dextérité remarquable. Ayant appris à Dresde que je cherchais un pianiste qui fût capable de me jouer la grande sonate en *si majeur* de Beethoven, elle me fit la surprise d'exécuter d'un bout à l'autre cette œuvre extraordinairement difficile. Mais le plaisir que j'avais éprouvé en constatant cette facilité peu ordinaire se changea en terreur quand je l'entendis chanter. Sa voix de fausset, aiguë et stridente, où la force remplaçait l'expression, m'effraya au point que je ne pus m'empêcher de la prier de ne plus chanter. Elle écoutait mes conseils sur l'interprétation juste des sonates et s'efforçait de les suivre, sans cependant que je pusse avoir l'impression qu'elle arriverait jamais à réaliser tout à fait ce que je demandais. Je

lui fis la lecture de mes dernières œuvres littéraires
et elle me suivit avec facilité, même dans les passages les plus ardus. Mon poème dramatique sur *La
Mort de Siegfried* l'émut profondément ; mais elle
aimait plus encore l'esquisse de *Wieland le forgeron*[1].
Elle m'avoua par la suite qu'elle eût préféré choisir
le sort de la charitable fiancée de Wieland plutôt que
celui de Gutrune dans *Siegfried*. Dans ces conversations sur tant de sujets qui nous captivaient, la présence de notre entourage ne tarda pas à devenir une
gêne. Nous avions malheureusement dû nous avouer
que Madame Taylor ne serait jamais en état de se
rendre compte du véritable sens de la protection qu'elle
m'octroyait et, de plus, j'avais peu à peu constaté
avec effroi le manque d'entente du jeune couple,
surtout du point de vue intellectuel. Depuis longtemps
sans doute, Monsieur Laussot devait s'être aperçu de
l'aversion qu'il inspirait à sa femme, autrement il ne
se serait pas laissé emporter un jour à lui reprocher
avec éclat qu'elle n'eût pas même aimé l'enfant
qu'elle aurait eu de lui ; aussi considérait-il comme
un bonheur qu'elle ne fût pas devenue mère. Étonné
et attristé, je me trouvai devant une de ces infortunes
qui se cachent si fréquemment sous les dehors d'une
relation conjugale convenable. Mon séjour de trois
semaines touchait à sa fin, quand je reçus de Minna
une lettre qui assombrit totalement mon humeur.
Somme toute, ma femme était satisfaite d'avoir trouvé
de nouveaux amis ; mais elle me déclarait que si je
tardais encore à retourner à Paris pour tenter par
tous les moyens de faire jouer mon ouverture et en
exploiter le succès escompté, elle ne saurait plus que
penser de moi, et qu'en tout cas elle ne comprendrait
pas que je revienne bredouille à Zurich. Mon humeur
devint totalement noire lorsque j'appris, par un entre-

filet dans un journal, la condamnation à mort de Röckel, de Bakounine et de Heubner, et l'imminence de leur exécution[1]. J'écrivis à Röckel et à Bakounine une lettre d'adieu brève et énergique et, ne voyant aucun moyen de la leur faire parvenir à la forteresse de Königstein où ils étaient enfermés, j'eus l'idée de l'adresser à Madame von Lüttichau. Elle était la seule personne assez influente pour la faire transmettre à mes amis et j'étais sûr que, dans sa générosité et sa noblesse d'âme, elle respecterait et accomplirait mon désir, malgré nos divergences d'opinion. On m'a raconté plus tard que cette lettre tomba entre les mains de Monsieur von Lüttichau, qui la jeta au feu. Pour l'heure, cette douloureuse nouvelle me poussait à rompre avec tout mon passé, qu'il s'agît de Ma vie privée ou de mon activité artistique. Je voulais me lancer, fût-ce au prix des plus grandes privations, dans les hasards de l'inconnu. Je comptais abandonner à ma femme la moitié de la petite rente que m'accordaient mes nouveaux amis. Avec le reste j'irais en Grèce, en Asie Mineure, n'importe où et dans n'importe quelles conditions, pour oublier et me faire oublier. Je fis part de mes intentions à ma seule confidente d'alors, afin notamment qu'elle pût éclairer mes bienfaiteurs sur la façon dont je comptais dépenser leurs subsides. Elle en parut joyeusement surprise, et l'aversion que lui inspirait sa propre vie éveilla en elle le désir de se jeter elle aussi dans une semblable aventure. Elle m'exprima cette pensée par des allusions et par de brèves paroles. Sans trop savoir où cela nous conduirait et sans que nous nous fussions aucunement concertés, je quittai Bordeaux, plus agité qu'à mon arrivée, plein de regrets et d'inquiétude. Étourdi et incertain sur la façon dont je procéderais, je commençai par regagner Paris. Nous étions aux premiers jours d'avril.

[Wagner s'installe à Montmorency pour tenter de retrouver la paix intérieure tout en continuant de penser à s'enfuir avec Jessie. Il apprend alors l'arrivée de Minna à Paris, et charge Kietz de lui faire dire qu'il a quitté la ville. Le compositeur prend le train pour la Suisse, mais il est rattrapé par une lettre de Jessie Laussot qui a dévoilé à sa mère ses projets de fuite. Eugène Laussot veut retrouver Wagner pour lui «tirer une balle dans la tête». Ce dernier part sur-le-champ pour Bordeaux, dans l'espoir de régler l'affaire.]

Mon passeport me causa bien des ennuis à la frontière. Je dus indiquer le but exact de mon voyage, et c'est seulement sur mon assurance que de graves affaires de famille m'appelaient à Bordeaux que je pus obtenir des autorités la permission exceptionnelle de passer. Par Lyon et l'Auvergne, je roulai trois jours et deux nuits en diligence. Enfin, au jour levant, j'aperçus depuis une hauteur la ville de Bordeaux qu'éclairait un incendie. Descendu à l'«Hôtel des Quatre Sœurs», je me hâtai de faire parvenir à Monsieur Laussot un billet dans lequel je lui disais que je l'attendais et que je ne quitterais pas l'hôtel de la journée. Il était neuf heures du matin lorsque j'écrivis ces lignes. J'attendis en vain. Dans la soirée, je reçus une citation de la police qui m'enjoignait de me présenter immédiatement au commissariat. Là, on commença par me demander si mon passeport était en règle ; j'expliquai la situation dans laquelle je me trouvais à cause d'une importante et urgente affaire de famille. On me notifia alors qu'on se voyait forcé de m'interdire le séjour de Bordeaux, précisément à cause de ces affaires de famille. J'essayai d'en savoir plus, et on ne me cacha pas que cette procédure avait été engagée à la demande expresse de la famille concernée. Cette singulière explication me rendit sur-le-champ ma bonne humeur. Je demandai au commissaire de me laisser au moins deux jours pour me reposer après ce fatigant voyage ; il me les accorda volontiers, d'autant plus que je ne pourrais pas voir la famille en question, car elle avait, m'avoua-t-il, quitté Bordeaux à midi. Donc, je mis réellement ces deux jours à profit pour me rétablir. Mais je rédigeai une longue lettre à Jessie : je lui racontai tout ce qui s'était passé et ne lui cachai pas combien je trouvais honteuse la conduite d'un homme qui compromet l'honneur de sa femme par une dénonciation à la police. J'ajoutais que je ne pouvais plus avoir aucune relation avec elle tant qu'elle ne se serait pas libérée complètement de cette union indigne. Il s'agissait maintenant de faire parvenir ma lettre à destination. Les indications du commissaire n'avaient pas été assez précises pour que je pusse savoir si les Laussot avaient abandonné Bordeaux pour un ou plusieurs jours. Je résolus donc d'aller tout simplement porter moi-même cette lettre. Je sonnai. La porte s'ouvrit. Sans rencontrer personne, je montai au premier, traversai toutes les pièces ouvertes et, parvenu à la chambre de Jessie, je déposai ma lettre dans sa corbeille à ouvrage. Puis je repris tranquillement le même chemin sans voir âme qui vive. Ne recevant aucune nouvelle, je me remis en voyage au terme convenu et repartis par le chemin par lequel j'étais venu à Bordeaux.

[De retour en Suisse, Wagner fait de longues excursions dans les montagnes en compagnie du jeune Karl

Ritter. Il reçoit une lettre de Jessie Laussot, qui rompt toute relation avec lui : sa famille l'a convaincue qu'elle a été manipulée par un séducteur professionnel. La mère de Jessie a par ailleurs mis Minna au courant de l'affaire. Le compositeur reprend toutefois espoir en recevant une lettre de Liszt, qui s'est enthousiasmé pour Lohengrin *et veut monter l'opéra à Weimar.]*

Troisième partie
1850-1861

Minna avait eu la chance de découvrir dans les environs de la ville un logis qui répondait vraiment aux vœux que j'avais exprimés avant mon départ de Zurich. C'était, sur le lac, dans la commune d'Enge, à un bon quart d'heure du centre de Zurich, une vieille maison bourgeoise appelée «Zum Abendstern» («À l'étoile du berger») et appartenant à une aimable vieille dame, Madame Hirzel. Elle nous loua le premier étage pour un prix modéré, c'était un appartement indépendant, très calme, d'un confort restreint, mais suffisant. J'y arrivai le matin de bonne heure. Minna était encore au lit. Comme elle craignait que je ne fusse revenu auprès d'elle que par pitié, je dus la rassurer, mais lui fis promettre de ne jamais reparler de ce qui s'était passé. Au demeurant, elle se retrouva bien vite dans son élément en me montrant comment, grâce à son habileté, l'aménagement de l'appartement avançait. Et comme, nonobstant quelques périodes plus difficiles, nous entrions dans une époque d'amélioration progressive de notre situation matérielle qui allait durer plusieurs années, une certaine gaieté ne tarda pas à se répandre dans notre intérieur. Toutefois, je n'arrivai pas à étouffer complètement le désir qui me taraudait, et qui se manifestait parfois violemment, de rompre avec tout ce qui était devenu mon quotidien.

Au début, nos animaux domestiques, Peps et Papo, contribuèrent pour une grande part à l'agrément de notre ménage. Chien et perroquet m'aimaient énormément, parfois même de façon importune : Peps prétendait avoir sa place derrière moi, sur ma chaise de travail, et Papo m'appelait par mon nom : Richard, lorsque je m'absentais trop longtemps du salon. Quand je ne répondais pas, il arrivait en voletant dans mon cabinet et, posé sur ma table, se mettait à jouer d'une manière nerveuse avec les plumes et le papier. Il était si bien dressé que jamais il ne poussait son cri naturel d'oiseau : on ne l'entendait que parler ou chanter. Dès qu'il percevait mes pas dans l'escalier, il m'accueillait par la marche finale de la *Symphonie en ut mineur* ou par le commencement de la *Huitième Symphonie en fa majeur*, ou encore par un des joyeux motifs de l'ouverture de *Rienzi*. Quant à Peps, c'était un petit chien d'une nervosité extraordinaire ; mes amis l'appelaient « Peps l'agité », et à certains moments, on ne pouvait lui adresser de paroles affectueuses sans qu'il se mette à gémir et à hurler. Ces animaux remplaçaient manifestement les enfants qui nous manquaient, et comme ma femme éprouvait pour eux une tendresse presque passionnée, ils formaient entre nous un lien et un objet d'intérêts communs. Il n'en était pas de même de la malheureuse Natalie ; ses rapports avec Minna étaient une source intarissable de discussions entre nous. Jusqu'à son dernier jour, ma femme a gardé la singulière pudeur de ne pas avouer à la jeune fille qu'elle était sa mère, de sorte que Natalie se croyait sa sœur et ne comprenait pas qu'elle ne fût point traitée en égale. Minna, s'adjugeant l'autorité maternelle, s'offusquait constamment de voir l'enfant si mal élevée. Natalie, qui avait sans doute été délaissée et négligée à un moment décisif de son développement, était demeurée lourde de corps et d'esprit : petite et portée à l'embonpoint, elle semblait maladroite et sotte. De plus, son caractère, plutôt placide à l'origine, avait changé sous l'influence des gronderies et des sarcasmes de Minna ; il était devenu entêté et agressif. Les rapports difficiles entre les deux soi-disant sœurs troublaient la paix domestique de façon souvent extrêmement désagréable. Ma patience envers elles était surtout due à mon indifférence envers les relations entre les membres de mon entourage.

[En août 1850, Lohengrin *est monté par Liszt à Weimar ; Wagner reçoit des échos positifs de la représentation, malgré l'insuffisance de certains chanteurs. Sa vie zurichoise est marquée par de nouvelles amitiés : celle de Karl Ritter, qui se révèle être un musicien raté, celle du pianiste virtuose Hans von Bülow, à qui il apprend la direction d'orchestre, et celle du poète Georg Herwegh. Après la rédaction de son monumental essai* Opéra et Drame *en 1850, Wagner continue de travailler à son projet sur les Nibelungen : en mai 1851, il fait précéder la tragédie de* La Mort de Siegfried *d'une « comédie héroïque » sur* Le Jeune Siegfried. *Il retrouve également Theodor Uhlig, qui publie dans la presse des articles pour faire connaître les théories wagnériennes sur le drame musical.]*

Ses articles avaient attiré l'attention de Franz Brendel*, le rédacteur en chef de la *Neue Zeitschrift für Musik*[1]. Avec un instinct sûr, celui-ci devina la valeur du jeune homme. Devenu collaborateur de ce journal, Uhlig réussit facilement à tirer Brendel de son indécision et à pousser cet homme, dont les intentions étaient honnêtes et sérieuses, vers la «nouvelle tendance» qui devait faire sensation dans le monde de la musique. Je me sentis moi aussi obligé de proposer à cette revue une contribution, dont les conséquences furent désastreuses. Je m'étais aperçu qu'on y employait souvent, dans un sens très péjoratif, des formules telles que «mélismes juifs», «musique de synagogue» et autres expressions du même genre et qu'il n'en résultait que d'inutiles provocations[1]. Je me sentis donc poussé à examiner à fond la question de l'immixtion des juifs dans la musique moderne, à montrer leur influence et à énumérer les signes caractéristiques de ce phénomène. C'est ce que je fis dans un long essai intitulé *Le Judaïsme dans la musique*[2]. Je n'avais pas l'intention de nier en être l'auteur si on me posait la question, mais je pensais qu'il était préférable de prendre un pseudonyme afin d'éviter que ce sujet, qui était pour moi une chose sérieuse, ne devînt une affaire de personne et ne perdît ainsi le sens que je voulais lui donner. Le bruit que fit cet article et l'effroi qu'il répandit sont indescriptibles. L'hostilité incroyable à laquelle j'ai sans cesse été en butte jusqu'à aujourd'hui de la part de toute la presse européenne n'est compréhensible qu'à celui qui a été témoin de l'effroyable scandale provoqué par ma publication et qui sait que la presse européenne est presque exclusivement entre les mains des juifs. Ceux qui, au contraire, ne croient devoir rechercher le motif de ces incessantes persécutions que dans le rejet théorique et pratique de mes idées et de mes œuvres n'auront jamais une vision claire des choses. La parution de l'article provoqua une tempête qui s'abattit sur ce pauvre Brendel, qui n'avait pas vraiment conscience de son acte ; cela relevait du harcèlement et de la volonté caractérisée de nuire. La publication eut un autre effet immédiat : les rares personnes qui, grâce à Liszt, avaient jusque-là pris mon parti, s'empressèrent de garder un silence prudent ou adoptèrent même une attitude malveillante, car ils estimaient que, dans l'intérêt de leurs propres affaires, il serait bon de pouvoir prouver à l'occasion qu'ils s'étaient détournés de moi. Uhlig ne m'en témoigna que plus d'attachement. Brendel étant un peu pusillanime, il l'engagea à se montrer ferme et l'aida en fournissant constamment pour son journal des articles soit sérieux et approfondis, soit mordants et amusants. Il s'attaqua en particulier à notre principal adversaire, un certain Bischoff, de Cologne, que Ferdinand Hiller avait gagné à sa cause. C'est lui qui avait inventé pour nous désigner, moi et mes amis, la dénomination ironique de « musiciens de l'avenir[1] ». Il s'ensuivit entre eux une polémique assez divertissante, qui posa le principe fondamental du problème de la « musique de l'avenir ». Cette expression qui avait soulevé une tempête dans toute l'Europe, Liszt l'avait relevée et acceptée avec joie et orgueil. J'en avais, il est vrai, donné moi-même la première idée par le titre de mon livre : *L'Œuvre d'art de l'avenir*. Mais elle devint un véritable cri de guerre quand *Le Judaïsme dans la musique* eut libéré les flots de rage qui se déversèrent alors sur moi et mes amis. — Mon essai *Opéra et Drame* ne parut que dans la seconde moitié de l'année et, dans la mesure où il fut remarqué par les musiciens qui avaient alors une position dominante, il contribua largement à alimenter la fureur déchaînée contre moi. À partir de ce moment, cette animosité se transforma en perfidie et en calomnie : la manœuvre était en effet dirigée par un grand expert en la matière,

Monsieur Meyerbeer en personne. C'est lui qui,
jusqu'à sa fin bienheureuse, mena d'une main ferme
et sûre cette campagne de dénigrement.

Uhlig avait découvert *Opéra et Drame* dès le début
de cette tempête. Je lui avais en effet offert le manuscrit original, habillé d'une élégante reliure rouge.
Par antithèse à la pensée exprimée dans le *Faust* de
Goethe : « Grise, mon ami, est toute théorie », j'eus
l'idée d'y écrire en dédicace : « Rouge, mon ami, est
ma théorie. »

*[En juillet 1851, le compositeur entreprend de longues
randonnées et ascensions dans les Alpes en compagnie
de Karl Ritter et de Theodor Uhlig. Souffrant d'une
maladie nerveuse chronique, il se passionne pour l'hy-
drothérapie et suit une cure à Albisbrunn. En février
1852, il fait connaissance des époux Wesendonck, qui
viennent de s'installer à Zurich.]*

La connaissance que je venais de faire de la famille
Wesendonck m'ouvrait les portes d'une maison
agréable qui se distinguait avantageusement des inté-
rieurs zurichois. Monsieur Otto Wesendonck*, de
quelques années plus jeune que moi, avait acquis
une assez belle fortune comme associé d'une maison
de soieries de New York. Dans toutes les décisions
importantes de la vie, il semblait se laisser guider
par les goûts de sa jeune femme, qu'il avait épousée
quelques années auparavant. Ils étaient originaires
de la province rhénane et semblaient incarner l'aimable blondeur de leur pays. Ayant dû se fixer dans
une ville d'Europe favorable au développement de sa
firme américaine, Wesendonck avait choisi Zurich
de préférence à Lyon, sans doute parce que c'était une
ville germanophone. L'année précédente, ils avaient

assisté à l'exécution d'une symphonie de Beethoven que je dirigeais ; le concert avait fait sensation à Zurich, ce qui leur avait donné envie de me voir figurer dans le cercle de leurs relations.

[Au printemps, Wagner s'installe à la campagne pour travailler au livret de La Walkyrie *et entreprend, au cours de l'été, une longue randonnée pédestre.]*

Je commençai mon excursion par Alpnacht sur le lac des Quatre-Cantons ; je voulais la faire tout entière à pied en suivant un parcours qui contournait les points principaux de l'Oberland bernois et empruntait des sentiers alpins peu fréquentés. Je procédai de façon assez systématique et fis, entre autres, l'ascension du Faulhorn, dans l'Oberland bernois, qui était assez difficile à cette époque. Par la vallée du Hasli, j'arrivai ensuite à l'Hospice du Grimsel et m'informai auprès de l'aubergiste, homme de robuste apparence, sur les moyens d'escalader le Siedelhorn. Comme guide, il me recommanda l'un de ses valets. L'individu, d'aspect rude et antipathique, me conduisit sur les champs de neige non pas en suivant les chemins en lacet habituels, mais en ligne droite, ce qui me fit soupçonner qu'il avait l'intention de m'épuiser. Sur la cime du Siedelhorn, je jouis à la fois de la vue admirable sur la face interne des géants de l'Oberland, qu'on ne voit pas habituellement, et du spectacle des Alpes italiennes avec le mont Blanc et le mont Rose. Je n'avais pas manqué d'emporter une petite bouteille de champagne, pour imiter le prince Pückler dans son ascension du mont Snowdon, mais je ne sus à la santé de qui la vider. Pour redescendre, mon guide se laissa glisser avec une rapidité vertigineuse sur le névé en s'aidant de son alpenstock ;

moi, je le suivis lentement, enfonçant avec précaution mes talons dans la neige. Le soir, j'arrivai harassé à Obergestelen où je me reposai deux jours. [...] Je me remis en route avec mon peu rassurant guide, pour monter au glacier et au col de Gries et redescendre par le versant sud des Alpes. Lors de l'ascension, un spectacle attristant s'offrit à moi. La fièvre aphteuse se répandait parmi le bétail des hauts pâturages et de nombreux troupeaux regagnaient en longues files la vallée pour y être soignés. Les vaches, horriblement amaigries, ressemblaient à des squelettes, et c'était pitié de les voir se traîner péniblement. La nature florissante avec ses grasses prairies semblait contempler d'une joie maligne ces tristes troupeaux qui fuyaient. Arrivé au pied de la paroi abrupte du glacier, je me sentis abattu et mes nerfs étaient si épuisés que je déclarai à mon guide ne plus vouloir continuer. L'homme alors eut l'air de me narguer à cause de ma faiblesse et se moqua grossièrement de moi. La colère me rendit mes forces et je me mis à escalader si rapidement le glacier escarpé que ce fut maintenant le guide qui eut du mal à me suivre. Le passage du glacier, qui dura deux heures, présenta des dangers dont même le valet du Grimsel parut s'inquiéter, du moins pour sa propre personne. Une neige fraîchement tombée cachait les crevasses et empêchait de reconnaître les endroits dangereux. Le guide devait marcher en avant pour sonder le terrain. Enfin nous parvînmes au col qui, par une pente abrupte de neige et de glace, aboutissait à la vallée de Formazza. Et de nouveau mon compagnon se risqua dans une descente hasardeuse en me faisant prendre tout droit par les passages les plus raides, au lieu de suivre des lacets prudents, de sorte que nous nous trouvâmes tout à coup au beau milieu d'un éboulis en pente raide. Le péril était imminent. Je sommai donc impérieusement cet imprudent de retourner sur ses pas avec moi pour emprunter un sentier moins raide que j'avais aperçu assez loin de là. Il obéit en maugréant. Sortant de ce désert sauvage, je fus profondément impressionné par les premiers vestiges de civilisation. À la Bettelmatt, maigre alpage très élevé, le premier être humain que nous rencontrâmes fut un chasseur de marmottes. Le paysage désertique retrouva une certaine animation avec les spectaculaires chutes de la Tosa, torrent qui se précipite dans la vallée en bondissant sur trois gradins successifs et en formant des cascades d'une stupéfiante beauté. En poursuivant notre descente, nous vîmes la mousse et les lichens faire place à l'herbe et aux prairies et les broussailles se transformer en sapins et en pins toujours plus grands. Enfin, j'atteignis la charmante vallée au bout de laquelle se trouve le village de Pommath, en italien Formazza, but de notre course ce jour-là. Pour la première fois de Ma vie, je goûtai du rôti de marmotte. Dès le lendemain matin, à peine remis de ma grande fatigue par un sommeil insuffisant, je continuai mon chemin seul, après avoir payé et congédié mon guide, qui s'en retourna au Grimsel. Au mois de novembre de cette même année, j'appris qu'en confiant Ma vie à cet homme, je m'étais exposé à un véritable danger : toute la Suisse s'émouvait alors de l'incendie de l'Hospice du Grimsel, allumé par l'aubergiste lui-même, qui voulait ainsi forcer les communes à lui renouveler son bail. Voyant son crime découvert, il s'était noyé dans le petit lac au pied de l'Hospice. Le domestique qui l'avait secondé dans son œuvre d'incendiaire avait été arrêté. En lisant son nom, je vis que c'était l'homme que le trop bienveillant hôtelier m'avait donné comme guide dans ma course solitaire sur le glacier. J'appris encore que peu de temps auparavant deux voyageurs de Francfort, qu'il avait également accompagnés, étaient morts au cours d'un accident peu de temps avant mon excursion. Une fois de plus, je pus me féliciter d'avoir échappé à un danger mortel.

[*Wagner poursuit son périple jusqu'à Lugano où il est rejoint par Minna, Georg Herwegh et le docteur François Wille. De retour à Zurich, il apprend que* Tannhäuser *triomphe un peu partout en Allemagne. En octobre, il achève, avec* L'Or du Rhin, *le cycle de livrets pour les Nibelungen, dont il donne plusieurs lectures publiques en décembre. Au début du mois de janvier 1853, il apprend la mort de Theodor Uhlig, qui a succombé à trente et un ans à la phtisie. Après une série de concerts à Zurich, où des extraits du* Vaisseau fantôme, *de* Tannhäuser *et de* Lohengrin *obtiennent un grand succès, le compositeur, ne pouvant toujours pas se rendre en Allemagne, reçoit la visite de Franz Liszt, dont il découvre les compositions. Avant de se lancer dans la composition de* L'Anneau du Nibelung, *il veut faire un grand voyage en Italie.*]

Enfin arriva le mois de septembre, dont on m'avait dit qu'il était idéal pour visiter l'Italie. Je me mis en route par Genève, l'imagination remplie des choses extraordinaires qui m'attendaient et me permettraient de réaliser mon rêve. De nouveau, les aventures les plus surprenantes illustrèrent ce voyage jusqu'à Turin, où je parvins en voiture particulière après avoir franchi le col du Mont-Cenis. Cette ville me laissa indifférent ; au bout de deux jours, je filai sur Gênes. Là, enfin, le miracle désiré sembla s'accomplir. Aujour-

d'hui encore, l'admirable impression de Gênes riva-
lise avec tous mes autres souvenirs d'Italie. Pendant
quelques jours, je vécus dans une véritable ivresse.
Mais c'est peut-être ma solitude qui raviva bientôt en
moi cette impression que le monde m'était étranger
et que je n'y serais jamais chez moi. Incapable de
suivre un programme précis pour visiter les chefs-
d'œuvre de la ville, et sans qu'on m'ait donné aucune
indication, je me laissai aller à jouir de toutes ces
nouveautés d'une façon qu'on pourrait qualifier
d'improvisation musicale. Avant tout, je me mis à la
recherche du coin de terre tranquille où j'aurais envie
de rester pour jouir paisiblement de mes impressions, car toujours j'étais poussé par le besoin de
découvrir l'asile qui m'accorderait l'harmonieux repos
nécessaire à mon travail d'artiste. — Mais, ayant
abusé de boissons glacées, j'attrapai la dysenterie et
un abattement complet succéda à mon exaltation.
Pour fuir le vacarme du port près duquel je logeais et
trouver la tranquillité absolue, je crus bien faire de
m'embarquer pour La Spezia sur un bateau à vapeur,
huit jours après mon arrivée à Gênes. Le vent contraire
qui soufflait fit de cette unique nuit de navigation
une pénible aventure. Le mal de mer aggrava ma
dysenterie et j'arrivai à La Spezia dans un état d'épuisement si déplorable que je fus presque incapable de
me traîner jusqu'au meilleur hôtel qui, à mon grand
effroi, se trouvait situé dans une rue étroite et
bruyante. Après une nuit de fièvre et d'insomnie, je
me contraignis à une promenade dans les environs
de la ville, sur les collines couvertes de forêts de pins.
Tout me parut désert et nu, et je me demandai ce que
j'étais venu faire là. À mon retour l'après-midi, je
m'étendis, fourbu, sur un canapé très dur, attendant
le sommeil si désiré. Il ne vint pas. Je sombrai en

revanche dans un état somnambulique pendant lequel il me sembla que soudain je m'enfonçais dans un rapide courant d'eau. Le bruissement se transforma bientôt en un son musical : c'était un accord de *mi bémol majeur* qui se diffractait en vagues sonores ininterrompues ; puis ces vagues devinrent des figures mélodiques dont le mouvement allait en s'amplifiant, mais jamais l'accord parfait de *mi bémol majeur* ne se modifia, et son immuabilité semblait donner une signification profonde à l'élément liquide dans lequel je m'abîmais. Soudain, j'eus la sensation que les ondes se précipitaient en cascades sur moi et, épouvanté, je me réveillai en sursaut. Je reconnus immédiatement que le prélude orchestral de *L'Or du Rhin* tel que je le portais en moi sans être parvenu encore à lui donner une forme venait de se révéler. En même temps, je compris la singularité de ma nature : c'était en moi-même que je devais chercher la source de vie et non au-dehors.

Je résolus de retourner sur-le-champ à Zurich et de commencer la composition de mon grand poème. Je télégraphiai à ma femme pour lui demander de préparer mon cabinet de travail. Le soir même, je pris la diligence qui, descendant la Riviera di Levante, conduisait à Gênes. Pendant toute cette journée de voyage j'eus l'occasion d'admirer les beautés du pays ; les couleurs diverses que me présentait cette nature me ravissaient : le rouge des montagnes rocailleuses, le bleu du ciel et de la mer, le vert lumineux des pins et même le blanc éclatant d'un troupeau de bœufs agirent si fortement sur moi que je regrettai en soupirant de ne pas pouvoir jouir plus longtemps de tout cela pour affiner ma perception du sensible.

[Bientôt, le compositeur retrouve Liszt, qui l'entraîne à Paris, où il se rend en compagnie de Carolyne de Sayn-Wittgenstein. Il décide d'y rester quelques mois, fait venir Minna et retrouve ses amis Kietz et Anders. Les époux rentrent à Zurich le 28 octobre 1853. Au cours de l'année 1854, Wagner se consacre essentiellement à la composition de la musique de L'Anneau du Nibelung.*]*

Je me plongeai complètement dans mon travail. Le 26 septembre, j'achevai la copie au propre de la partition de *L'Or du Rhin*. Puis, dans la paisible solitude de ma maison, je pris connaissance d'un livre dont l'étude devait être pour moi de la plus haute importance[1]. Je veux parler du *Monde comme Volonté et Représentation* d'Arthur Schopenhauer*.

Herwegh m'avait signalé cet ouvrage en me racontant qu'il venait curieusement d'être découvert alors qu'il était paru depuis plus de trente ans. Lui-même s'y était intéressé suite à la lecture de l'article d'un certain Monsieur Frauenstädt, qui expliquait le destin singulier de ce texte. Je me sentis aussitôt attiré puissamment par cette œuvre et me consacrai à sa lecture attentive. À différentes reprises déjà, j'avais éprouvé le besoin intime de comprendre le véritable sens de la philosophie. Pendant mon premier séjour à Paris, ce désir avait été réveillé par mes conversations avec Lehrs. J'avais auparavant déjà essayé de le satisfaire en suivant les cours des professeurs de Leipzig et, plus tard, en parcourant les écrits de Schelling et de Hegel. Mais toutes les tentatives que j'avais entreprises m'avaient découragé et j'avais cru trouver les raisons de cet échec dans certains écrits de Feuerbach. Maintenant, je me sentis immédiatement captivé par le livre de Schopenhauer, non seu-

lement à cause de l'intérêt que m'inspirait sa curieuse
destinée, mais surtout à cause de la clarté, de la précision et de la vigueur de son style, qui me frappa
d'emblée dans la façon dont il aborde les problèmes
métaphysiques les plus difficiles. Il est vrai que j'avais
été influencé par le jugement d'un critique anglais.
Celui-ci avait déclaré en toute franchise qu'il avait
toujours eu un respect instinctif pour la philosophie
allemande mais que, comme celle-ci était souvent
totalement incompréhensible (c'était le cas notamment de Hegel), elle ne l'avait jamais entièrement
convaincu ; et il avait découvert en étudiant Schopenhauer que son incompréhension ne provenait
pas d'une incapacité de sa part à saisir les philoso-
phèmes, mais de la façon volontairement ampoulée
dont ils étaient exposés chez les autres auteurs. Ainsi
qu'il arrive toujours à ceux que passionne le sens de
la vie, je courus tout d'abord aux conclusions du
système de Schopenhauer. Bien que le côté esthétique de ce système me satisfît pleinement et que la
place importante qu'il attribue spécialement à la
musique me surprît, je fus effrayé, comme devait
l'être toute personne dans ma disposition d'esprit, de
sa conclusion morale : car l'étouffement de la volonté
et la plus complète résignation y sont considérés
comme le seul affranchissement possible des chaînes
de notre finitude d'individu incapable de concevoir
et de comprendre l'univers. Celui qui aurait voulu
tirer de la philosophie une légitimation de l'action
politique et sociale en faveur de la « liberté de l'individu » n'aurait donc pas trouvé son compte dans cet
ouvrage : l'auteur y démontre qu'il faut complètement
se détourner de ce chemin de l'action afin d'apaiser
les pulsions de l'individu. Au début, tout cela n'était
guère de mon goût. Je n'avais pas l'intention de

renoncer aussi rapidement à cette « gaieté » de la vision
du monde grecque qui avait présidé à la conception
de *L'Œuvre d'art de l'avenir*. Ce fut Herwegh qui, par
une remarque décisive, m'amena à réfléchir sur ma
façon de ressentir les choses. C'est, me dit-il, la découverte de l'inanité du monde phénoménal qui déter-
mine le tragique de la vie ; tout grand poète et même,
dans l'absolu, tout grand homme devrait se rendre
compte intuitivement de ce néant. Je songeai alors à
mon poème sur les Nibelungen et je m'aperçus avec
surprise que, dans mes idées poétiques, j'avais depuis
longtemps compris ce qui me rendait si perplexe
dans la théorie de Schopenhauer. De sorte que je
n'eus la réelle intelligence de mon Wotan[1] qu'à ce
moment. Ébranlé par cette découverte, je me replon-
geai dans l'étude attentive du livre de Schopenhauer.
Je me rendis compte alors qu'il s'agissait surtout
d'en comprendre la première partie, qui explique et
prolonge la théorie de Kant sur l'idéalité d'un monde
qui paraît fondé sur la réalité du temps et de l'espace, et je crus avoir fait le premier pas vers cette
compréhension quand je me fus convaincu qu'elle ne
s'acquiert qu'au prix de difficultés extrêmes. Pendant
bien des années, ce livre ne m'a plus jamais complètement quitté. L'été de l'année suivante, je l'avais lu
pour la quatrième fois. Son influence sur moi fut
extraordinaire et certainement décisive pour toute
Ma vie. Il m'apporta, dans le jugement que je portais
sur tout ce que j'avais perçu jusqu'alors uniquement
à travers mes sentiments, à peu près l'équivalent de
ce que m'avait appris mon vieux maître Weinlig en
me faisant apprendre à fond le contrepoint. Lorsque
plus tard, je fus de nouveau amené, pour différentes
raisons, à parler dans des essais du sujet qui me tient
particulièrement à cœur — mon art —, l'apport de la

philosophie de Schopenhauer y apparut on ne peut
plus clairement. — Pour l'heure, j'envoyai un exemplaire de mon poème sur les Nibelungen au philosophe vénéré, me contentant d'inscrire sous le titre
ces simples mots : «Hommage respectueux». Je n'y
joignis pas de lettre d'accompagnement, car non seulement j'éprouvais une grande timidité à m'adresser
à lui, mais aussi car je pensais que la lecture du
poème lui suffirait à comprendre qui j'étais, sans qu'il
me fût nécessaire de me présenter de façon circons-
tanciée. Je renonçai ainsi à la vanité de me voir
honoré d'une réponse de sa part, mais j'appris par la
suite, par Karl Ritter et par le docteur Wille, qui tous
deux avaient rendu visite à Schopenhauer à Francfort, que celui-ci avait parlé de mon œuvre en termes
bienveillants[1].

À côté de ces lectures philosophiques, je poursuivais la composition de *La Walkyrie* et menais toujours la même vie retirée, n'employant mes heures
de loisir qu'à de longues promenades dans les environs. Mais à cette époque, ainsi que c'était toujours le
cas quand je m'étais longtemps adonné à la musique,
je fus repris du besoin de faire œuvre de poète. La
disposition d'esprit grave dans laquelle m'avait mis
la lecture de Schopenhauer, et qui me poussait à en
exprimer la substance sous une forme extatique,
m'amena à concevoir le poème de *Tristan et Isolde*.
Je connaissais ce sujet pour l'avoir étudié à Dresde,
mais Karl Ritter avait de nouveau attiré mon attention sur celui-ci en me communiquant le plan d'un
drame qu'il venait de réaliser. J'avais d'ailleurs montré
à mon jeune ami les défauts de son travail. Il ne
s'était servi que des passages exubérants du roman ;
moi, au contraire, attiré par sa profondeur tragique,
j'écartai tout ce qui n'avait point de rapport avec ce

dernier aspect. Rentrant un jour d'une promenade, j'esquissai les trois actes dans lesquels je comptais condenser ma future version du sujet. Dans le dernier acte, j'insérai un épisode que j'éliminai plus tard : c'était une visite de Parsifal errant à la recherche du Graal au chevet de Tristan moribond. Tristan, blessé à mort et ne parvenant pas à mourir, se confondait dans mon esprit avec le personnage d'Amfortas dans le roman du Graal. —

[Wagner accepte, sur invitation d'un certain Monsieur Anderson, de diriger une représentation de Tannhäuser *à Zurich, mais il est déçu par la mauvaise qualité des exécutants. En janvier 1855, il est invité à diriger une série de concerts pour la Société philharmonique de Londres (Old Philharmonic Society). Arrivé en Angleterre le 2 mars, il rencontre les plus grandes difficultés à mobiliser les musiciens pour les faire sortir de la routine.]*

Il n'y eut de véritable stimulation qu'au septième concert : la reine Victoria le choisit pour sa visite annuelle à ces auditions. Elle avait fait demander par son mari, le prince Albert, qu'on jouât l'ouverture de *Tannhäuser*. Du fait de la présence de la cour royale, cette soirée prit un air d'agréable solennité. J'eus le plaisir d'être appelé auprès de la reine Victoria et du prince consort, et la conversation fut des plus intéressantes. Il fut question de la possibilité de représenter mes opéras au théâtre, mais le prince Albert objecta que les chanteurs italiens seraient incapables d'exécuter ma musique. À mon grand amusement, la reine répliqua qu'un grand nombre de ces chanteurs italiens étaient en réalité des Allemands. Je conservai de cette soirée une impression agréable,

mais il m'apparut clairement que rien ne changerait
pour autant : la grande presse continua à prétendre
que tous mes concerts faisaient fiasco. Ferdinand
Hiller, qui participait à cette époque à une fête de la
musique en Rhénanie, se crut autorisé à proclamer,
pour réchauffer le cœur de ses amis, que les choses
se passaient mal pour moi à Londres et que j'en étais
pour ainsi dire chassé. Cependant une belle satisfaction m'attendait au dernier des huit concerts : il s'y
passa une de ces scènes rares auxquelles on assiste
parfois quand les sentiments ont été longtemps
réprimés. Après mes succès, les membres de l'orchestre n'avaient pas tardé à s'apercevoir que pour
être dans les bonnes grâces de leur chef tout-puissant, Michele Costa, et ne pas risquer d'être remercié
tout de suite, il ne fallait en aucune façon me marquer
de la sympathie. De là le silence inexplicable des
musiciens qui s'étaient d'abord laissés aller à me
témoigner leur satisfaction. Mais maintenant, les
concerts prenant fin, ils laissèrent libre cours à leurs
sentiments et je fus bruyamment ovationné de tous
côtés ; quant au public, qui d'ordinaire quittait la
salle sans attendre les derniers accords, il forma
quelques groupes enthousiastes qui m'entourèrent
en m'acclamant et en me serrant les mains. Je n'aurais pu souhaiter une plus belle manifestation de
sympathie de la part des musiciens et du public au
moment de mes adieux.

   *[À Londres, Wagner fréquente assidûment le musi-
cien Ferdinand Praeger, ami d'enfance de Röckel, ainsi
que Prosper Sainton, premier violon de l'orchestre, et
son colocataire, le musicien Lüders.]*

Notre petit cercle s'agrandit de façon très intéressante par l'arrivée de Berlioz, également appelé à Londres pour diriger deux concerts de la New Philharmonic Society. Habituellement, cet orchestre était dirigé par le docteur Wylde, homme particulièrement débonnaire, mais d'une incapacité frisant le ridicule. Je ne sais pas grâce à quelles relations cet Anglais joufflu était arrivé à ce poste ; il avait dû prendre des leçons particulières de direction d'orchestre auprès de Lindpaintner à Stuttgart, et ce dernier n'était pas parvenu à lui apprendre autre chose qu'à s'efforcer de suivre tant bien que mal avec sa baguette un orchestre qui jouait à sa guise. J'entendis une symphonie de Beethoven exécutée de cette façon et, à ma surprise, le public éclata en applaudissements tout aussi véhéments que lorsque je dirigeais la même œuvre avec autant de précision que de flamme. Toutefois, et pour donner quelque rayonnement à ces concerts, on avait fait venir Berlioz. Je l'entendis donc diriger quelques œuvres classiques, en particulier une symphonie de Mozart, et je fus stupéfait de voir ce chef, si énergique quand il dirigeait ses propres compositions, s'abandonner ici à une routine digne des plus médiocres batteurs de mesure. Plusieurs de ses œuvres, notamment quelques morceaux de bravoure de la symphonie *Roméo et Juliette*, me firent certes une nouvelle fois forte impression, mais j'étais maintenant mieux à même de comprendre les faiblesses qui entachent les meilleures idées de ce musicien extraordinaire, alors qu'autrefois, à Paris, je ne ressentais qu'une sorte de malaise proportionnel à l'effet que ses œuvres produisaient sur moi. — Mais j'étais très curieux de voir Berlioz, avec qui je fus plusieurs fois invité à dîner chez Sainton. Je découvris soudain un homme tour-

menté, à la sensibilité déjà largement émoussée, si
remarquablement doué pourtant. Moi qui n'étais venu
à Londres que poussé par le besoin de distraction et
de découvrir de nouvelles choses, je pouvais m'es-
timer extrêmement favorisé si je me comparais à
Berlioz qui, bien plus âgé que moi, n'y avait été attiré
que par l'appât de quelques guinées. Je ne percevais
en lui que fatigue et désespoir et j'éprouvai soudain
la plus profonde pitié pour cet artiste dont la supériorité par rapport à tous ses rivaux était éclatante.
Berlioz sembla apprécier l'atmosphère de joyeuse
convivialité que j'instaurai ; lui, d'ordinaire un peu
renfermé, se dégelait de façon perceptible pendant
les heures cordiales que nous passions ensemble. Il
me raconta bien des détails amusants sur Meyerbeer
et sur l'impossibilité d'échapper à ses flatteries lorsqu'il voulait obtenir un article élogieux. Avant la
première du *Prophète*, le compositeur avait donné
l'habituel «dîner de la veille», et comme Berlioz
s'excusait de ne pouvoir y assister, Meyerbeer lui en
avait fait d'amicaux reproches en le priant de
racheter le chagrin qu'il lui causait par un «très joli
article» sur son opéra. Berlioz déclarait qu'il n'y
avait pas moyen de faire accepter un article contre
Meyerbeer dans un journal parisien. — Il m'était
moins facile de m'entretenir avec lui de questions
artistiques plus profondes, j'avais alors affaire à un
Français s'exprimant en termes catégoriques et défi-
nitifs, si sûr de lui qu'il ne lui venait même pas à
l'idée qu'il pouvait ne pas avoir bien compris son
interlocuteur. Un jour où j'étais en humeur de m'épancher, je cherchai à lui expliquer, constatant à ma
grande surprise que je maîtrisais soudainement le
français, quel était selon moi le secret de la «création
artistique». J'essayai de lui expliquer la force des

impressions que la vie extérieure produit sur l'âme : ces impressions nous tiennent enchaînés jusqu'à ce que nous puissions nous en délivrer en donnant forme, à l'intérieur de notre âme, à des objets qui ne sont pas le produit de ces impressions extérieures, mais résultent au contraire de leur mise en sommeil ; l'objet artistique ne résulte donc pas de l'effet produit par les impressions extérieures et ne prend forme qu'au moment où nous nous en libérons[1]. Berlioz eut un sourire d'intelligente condescendance et dit : « *Nous appelons cela : digérer.* » Je fus très étonné de la rapidité avec laquelle il avait compris mes explications laborieuses et, plus généralement, de la manière dont ce nouvel ami se comportait avec moi. Je l'invitai à assister à mon dernier concert et au petit dîner d'adieu que je donnai chez moi pour quelques intimes. Il ne resta pas longtemps à notre réunion et prétexta un malaise. Mes autres amis ne me cachèrent pas qu'à leur avis Berlioz était vexé des adieux trop enthousiastes que venait de m'adresser le public. […]

Dans mes loisirs, je me rendis dans plusieurs théâtres de Londres. Les scènes londoniennes étaient assez intéressantes, sauf celles des théâtres d'opéra, où je ne mis naturellement pas les pieds. C'est le petit Adelphi Theatre, sur le Strand, qui m'attirait le plus : Praeger et Lüders durent m'y accompagner souvent. On y donnait, sous le nom de *Christmas*, des contes populaires dramatisés. L'une de ces représentations m'intéressa spécialement, car la pièce reposait sur un assemblage des contes les plus connus ; elle se déroulait en continu, sans interruption entre les actes. Cela commençait par *L'Oie d'or*, on passait ensuite aux *Trois souhaits*, puis au *Chaperon rouge*, où le loup devenu un ogre chantait un couplet fort comique, et le spectacle se terminait par *Cendrillon*, avec l'ajout de divers éléments. Ces pièces étaient données avec de beaux décors et de bons acteurs, elles étaient un excellent exemple de la façon dont on peut distraire le peuple par l'imagination. [...]

Un petit théâtre éloigné du centre, à Marylebone, cherchait à cette époque à attirer le public par des pièces de Shakespeare et j'assistai là à une représentation des *Joyeuses Commères de Windsor* qui m'étonna réellement par sa justesse et sa précision. *Roméo et Juliette*, au Haymarket Theatre, me procura une impression favorable aussi, malgré la médiocrité de la troupe. J'y constatai une justesse de la mise en scène qui provenait sans doute encore de la tradition de Garrick[1]. Je fus victime dans ce théâtre d'une illusion que je n'ai pas oubliée. Après le premier acte, je témoignai à Lüders, qui m'accompagnait, mon étonnement de ce qu'on fît jouer Roméo par un vieil acteur d'au moins soixante ans, qui s'efforçait de suppléer à sa jeunesse envolée par des accents doucereux et efféminés. Lüders jeta alors un regard sur le programme et s'écria : «Sapristi ! mais c'est une femme !» Et, en effet, c'était l'actrice américaine Miss Curshman, qui autrefois avait été célèbre. — Il me fut impossible, malgré les efforts que je déployai, d'obtenir une place au Princess Theatre pour *Henri VIII*. Cette pièce avait un succès extraordinaire car elle était donnée dans un style moderne réaliste, avec une mise en scène très travaillée et spectaculaire.

Dans le domaine de la musique, qui m'était plus familier, je me souviens de plusieurs concerts de la «Sacred Music Society» auxquels j'assistai dans la grande salle de l'Exeter Hall. Les oratorios qu'on y donnait presque chaque semaine étaient joués avec une impeccable sûreté rendue possible par la régularité de leurs exécutions. Je dois m'incliner devant la grande précision avec laquelle chantait le chœur de sept cents chanteurs, qui atteignait parfois un haut niveau d'excellence, notamment dans le *Messie* de Haendel. C'est ici, du reste, que je saisis le véritable esprit du culte que les Anglais rendent à la musique. Ce culte est étroitement lié au protestantisme anglais et c'est pourquoi l'oratorio attire plus de public que l'opéra. L'exécution d'un oratorio offre ainsi l'avantage de servir en quelque sorte d'office religieux. De même qu'à l'église on s'assied le livre de prières à la main, de même à ces concerts tous les auditeurs ont sous les yeux la réduction pour piano de Haendel, dont on achète à la caisse l'édition populaire pour un shilling. Les auditeurs suivent attentivement la partition afin de ne perdre, semble-t-il, aucune des nuances et de pouvoir les souligner au bon moment comme, par exemple, aux premières notes de l'*Alléluia*, pour lequel il est d'ailleurs de mise de se lever. Au début, cette manifestation fut sans doute un acte spontané d'enthousiasme, mais on n'en continue pas moins de perpétuer scrupuleusement cette tradition à chaque exécution du *Messie*.

Tous ces souvenirs restent liés dans ma mémoire à un malaise permanent, dû sans doute au climat de Londres en cette saison, dont on sait la détestable réputation. J'étais perpétuellement refroidi et le lourd régime alimentaire anglais que, sur le conseil de mes amis, j'essayai de suivre pour lutter contre le froid, ne me procura aucun soulagement. Je n'arrivais pas non plus à bien chauffer mon appartement, et le travail que j'avais emporté en pâtit sérieusement. L'instrumentation de *La Walkyrie* que j'avais espéré achever à Londres n'avança que d'une centaine de pages. Ce qui ralentissait le plus mon travail, c'était le fait que les esquisses à partir desquelles je devais réaliser l'instrumentation n'avaient pas été faites en prévision de la longue interruption qui allait suivre leur conception. Souvent je me trouvais devant ma feuille griffonnée au crayon comme devant une page couverte de signes inconnus que je n'arrivais pas à déchiffrer.

[Wagner rentre en Suisse le 30 juin 1855, où il se remet au travail sur les bords du lac des Quatre Cantons.]

À la mi-août, nous regagnâmes Zurich où, retrouvant mes anciennes connaissances, je me remis tranquillement à instrumenter *La Walkyrie.* Du monde extérieur me venaient des nouvelles sur la popularité croissante de *Tannhäuser* dans les théâtres allemands ; peu à peu s'y joignit *Lohengrin*, dont la destinée avait été si incertaine au début. L'intendant du Hoftheater de Munich, Franz Dingelstedt, entreprit d'introduire *Tannhäuser* dans une région que Lachner[1] ne m'avait guère rendue favorable. Le succès fut réel, paraît-il ; mais pas suffisant, selon ses dires, pour qu'il puisse me verser ponctuellement les tantièmes promis. Toutefois, les revenus dont je disposais étaient suffisants ; grâce aux soins de mon consciencieux ami Sulzer, qui en avait la gestion, ils me permettaient de me livrer sans soucis à mes travaux. Malheureusement, avec le début des rigueurs climatiques, je fus assailli par un nouveau fléau. Conséquence probable du fâcheux climat de Londres, je fus sujet pendant tout l'hiver à des accès d'érysipèle, qui reparaissaient au moindre manquement à mon régime ou au plus faible refroidissement. Je souffrais surtout de devoir si souvent interrompre ma besogne, car pendant ces jours de maladie, je pouvais tout au plus me distraire par la lecture. Le livre qui me captiva le plus alors fut l'*Introduction à l'histoire du bouddhisme*, d'Eugène Burnouf[1] ; j'y trouvai même matière à un poème dramatique qui est resté à l'état d'ébauche et m'a toujours accompagné depuis. Un jour peut-être parviendrai-je à le terminer. J'ai intitulé cette pièce *Les Vainqueurs*[2]. Elle repose sur cette légende simple : une jeune fille Chandala est reçue dans le vénérable ordre mendiant de Çakya Mouni grâce à son amour sublimé par la douleur et la pureté pour Ananda, le disciple principal de Bouddha. J'ai été amené à choisir ce sujet d'une grande simplicité autant pour sa beauté profonde et sans apprêt que pour le lien particulier que j'y trouvais avec le procédé de composition musicale que j'étais en train de développer. Les vies antérieures de toutes les créatures que rencontre Bouddha sont aussi présentes à son esprit que leur incarnation du moment. Cette histoire acquérait donc sa signification par le fait que les souffrances passées des personnages principaux resurgissaient dans leur vie actuelle sous la forme d'un présent immédiat. Je reconnus tout de suite la possibilité de faire entendre et de communiquer aux sentiments les réminiscences de cette double vie au moyen de la musique[3] ; c'est pourquoi je chéris particulièrement ce sujet que je me suis promis de mettre un jour en musique.

[Au début de l'année 1856, tandis qu'il travaille à l'instrumentation de La Walkyrie *et met en chantier le poème de* Tristan et Isolde, *le compositeur fréquente Karl Ritter, venu s'établir à Zurich, ainsi que l'écrivain Gottfried Keller et l'architecte Gottfried Semper. En mai, il reçoit la visite de Tichatschek, puis se rend en cure à Genève où il reste de mi-juin à mi-août pour*

faire soigner ses problèmes nerveux par le docteur
Vaillant.]

Je me mis donc en route pour Zurich d'assez
bonne humeur, prenant le coupé de la diligence pour
éviter à mon chien Fips le désagréable trajet en
chemin de fer. À la maison, je trouvai ma femme
rentrée de Seelisberg où elle avait fait sa cure de lait,
et auprès d'elle, ma sœur Clara, la seule personne de
ma parenté qui soit venue me voir dans mon asile
suisse. Nous fîmes avec elle une excursion à Brunnen,
mon lieu de prédilection, au bord du lac des Quatre
Cantons, et nous y jouîmes d'une admirable soirée
d'été avec un splendide coucher de soleil et autres
beaux effets de la nature alpestre. À la tombée de la
nuit, tandis que la pleine lune luisait sur le lac, je reçus
un charmant hommage, organisé par notre enthousiaste hôtelier, le colonel Auf-der-Mauer, qui savait
que je venais souvent à Brunnen. La fanfare locale,
composée de musiciens amateurs, tous paysans des
bords du lac, s'installa dans deux barques illuminées
de lanternes vénitiennes, s'approcha de notre hôtel
situé sur la rive et, avec une simplicité toute suisse,
attaqua quelques-unes de mes compositions. Si la
mesure et l'unisson laissaient quelque peu à désirer,
l'entrain et la conviction y étaient. Après le petit
discours respectueux qu'on m'adressa et auquel je
répondis cordialement, on servit quelques bouteilles
de vin sur le quai, et des mains rugueuses vinrent
serrer vigoureusement les miennes. Bien des années
après, je n'ai jamais visité ces rives sans être arrêté
par quelque bonjour familier ou quelque poignée de
main amicale. Ne sachant pas toujours ce que pouvait
bien vouloir de moi tel batelier ou tel paysan, je le
questionnais et, chaque fois, je constatais que lui aussi

était un de ces musiciens qui, par ce beau soir d'été, avaient manifesté de si bonnes intentions à mon égard.

À Zurich, notre vie quotidienne fut animée par le long séjour qu'y fit ma chère sœur Clara. J'aimais beaucoup Clara, qui était vraiment l'âme musicale de notre famille. Elle me faisait du bien surtout par la sourdine que sa présence mettait à nos scènes de ménage. Atteinte d'une maladie de cœur, Minna devenait de plus en plus violente, entêtée et soupçonneuse. — J'attendais pour octobre la visite de Liszt qui, accompagné cette fois d'une assez grande société, pensait s'arrêter un certain temps à Zurich. Mais je ne pus attendre jusque-là pour me mettre à la composition de *Siegfried*. Dès le 22 septembre, je commençai à en réaliser l'esquisse. C'est alors qu'un des plus grands fléaux de mon existence s'abattit sur moi. Depuis peu de temps, un ferblantier avait installé son atelier vis-à-vis de notre maison et, toute la journée, il m'assourdissait avec ses coups de marteau bruyants et incessants. Dans mon dépit de ne pas pouvoir habiter un logis indépendant et à l'abri du vacarme, je fus sur le point de renoncer à composer jusqu'à ce que mon souhait légitime se fût réalisé. Mais la colère que je nourrissais contre le ferblantier me fit précisément trouver, dans un moment d'exaspération, le motif musical de la fureur de Siegfried contre Mime, le forgeron bon à rien. Sur-le-champ, je jouai, en *sol mineur*, ce thème naïvement querelleur et tapageur et, toujours en colère, j'en chantai en même temps les paroles à ma sœur. Cela nous fit tellement rire que je me décidai à persévérer encore dans mon travail.

[En octobre 1856, Liszt arrive à Zurich, bientôt rejoint par Carolyne de Sayn-Wittgenstein et sa fille

*Marie. Pendant plus d'un mois, Wagner mène avec eux
une vie sociale brillante. Mais, à cause de Liszt, il se
brouille avec Karl Ritter. Au printemps 1857, il s'installe dans le voisinage immédiat du couple Wesendonck qui met à sa disposition une petite maison,
appelée l'«asile». Il songe à abandonner provisoirement la composition de* Siegfried *pour se consacrer à
celle de* Tristan et Isolde, *qui lui semble plus facile à
faire représenter sur les scènes allemandes.]*

À la même époque, les Wesendonck prirent possession de leur nouvelle villa, débarrassée enfin des
stucateurs et des tapissiers de Paris. Mes relations
avec eux entrèrent alors dans une phase qui, sans
être importante en soi, amena pourtant des changements notables dans mon existence. Les rencontres
quotidiennes que nous valait notre voisinage de campagne avaient forcément rendu ces relations plus
intimes. Or, j'avais remarqué à plusieurs reprises déjà
que Wesendonck, avec son honnêteté un peu rus-
tique, manifestait une certaine inquiétude de ce que
je devenais si familier dans sa maison. Pour le chauffage, l'éclairage ou l'heure des repas, on avait envers
moi des égards qui lui paraissaient empiéter sur ses
droits de maître du logis. Quelques explications en
privé devinrent nécessaires : il en résulta une entente
plus ou moins tacite qui, avec le temps, prit une singulière importance aux yeux des autres gens. De
sorte que nous dûmes mettre dans nos relations une
certaine réserve qui fut souvent une source d'amusement pour nous deux. Chose remarquable, cette intimité de voisins commença précisément avec le début
de la rédaction du poème de *Tristan et Isolde*. [...]
J'avais à peu près achevé le premier acte de *Tristan*
quand se présenta à Zurich un jeune couple qui

suscita en moi le plus vif intérêt. Dans les premiers jours de septembre, Hans von Bülow descendit en effet à l'hôtel « Zum Raben » avec sa jeune femme, Cosima*, la fille de Liszt. Comme ils étaient venus principalement pour me rendre visite, j'allai les y prendre pour les emmener dans ma petite maison où je les hébergeai pendant quelques semaines.

Le mois de septembre s'écoula donc très agréablement en leur compagnie. Je terminai tout le poème de *Tristan* que Hans me mettait au net, acte par acte. Au fur et à mesure, j'en faisais aussi la lecture à mes amis. Enfin, je pus lire le tout à un groupe d'amis proches, qui furent très impressionnés. Madame Wesendonck ayant paru particulièrement émue par le dernier acte, je lui dis en guise de consolation qu'il ne fallait pas s'en attrister : dans le meilleur des cas, une telle situation ne pouvait se dénouer autrement, et Cosima me donna raison. Nous fîmes aussi beaucoup de musique, car j'avais enfin trouvé en Bülow un pianiste à la hauteur des arrangements si difficiles que Karl Klindworth avait faits de mes Nibelungen. Hans parvint même à si bien se familiariser avec mes esquisses de composition pour *Siegfried* qu'il réussit à les jouer comme s'il avait devant lui une véritable réduction pour piano ; suivant mon habitude, j'en chantai en même temps tous les rôles. Parfois nous avions quelques auditeurs, dont le plus fidèle était Madame Wille*. Cosima écoutait la tête penchée et ne disait rien ; quand on insistait pour la faire parler, elle se mettait à pleurer.

Mes jeunes amis me quittèrent à la fin du mois de septembre et retournèrent à Berlin où il leur fallait régler les aspects matériels de leur installation dans la vie de couple.

[Wagner se consacre à la composition de Tristan, *qu'il n'interrompt que pour un bref séjour à Paris en janvier 1858, où il espère faire jouer* Tannhäuser. *De retour à Zurich, il organise le 31 mars (pour faire taire les rumeurs concernant sa liaison avec Mathilde Wesendonck*) un concert Beethoven à l'occasion de l'anniversaire d'Otto Wesendonck.]*

Mes amis Wesendonck, à qui j'avais spécialement offert cette marque de distinction, furent remplis d'une émotion vive et profonde. Cette fête produisit sur moi une impression mélancolique ressemblant à un avertissement du destin : mon mariage était arrivé à un point de non-retour et je ne pouvais pas aller plus loin. La corde de l'arc était trop tendue. Madame Wille m'avoua plus tard qu'elle avait ce soir-là ressenti la même chose concernant ma situation personnelle. Le 3 avril, j'expédiai au graveur de Leipzig le premier acte de la partition de *Tristan et Isolde*. J'avais promis à Madame Wesendonck le brouillon du prélude où l'instrumentation était notée au crayon. Je le lui adressai donc avec un billet dans lequel je lui faisais part, avec calme et gravité, de l'état d'esprit dans lequel je me trouvais alors. Or, depuis un certain temps, ma femme se posait des questions sur ses relations avec notre voisine ; elle se plaignait aigrement de ne pas être traitée par Madame Wesendonck avec les attentions dues à la femme d'un homme qu'on aimait tant recevoir chez soi. D'une manière générale, elle estimait que, dans nos relations, les visites de notre voisine étaient plus pour moi que pour elle. Cependant Minna n'avait pas encore laissé sa jalousie s'exprimer ouvertement. Ce matin-là, se promenant dans le jardin, elle aperçut le domestique qui portait mon envoi : elle l'arrêta, lui prit la lettre et l'ouvrit[1]. Incapable de comprendre la disposition d'esprit que révélaient ces lignes, elle s'attacha à leur sens littéral, en fit une interprétation triviale et se crut en droit de venir dans ma chambre me faire les reproches les plus singuliers sur l'affreuse découverte qu'elle se figurait avoir faite. Elle m'a avoué plus tard que rien ne l'avait autant indignée que le grand calme et l'apparente indifférence avec lesquels je réagis. En vérité, je ne lui répondis pas un mot, je changeai à peine de position et la laissai tout simplement ressortir de la chambre. Mais, au fond de moi, je pensai que c'était bien là la forme insupportable que prendrait désormais le lien conjugal si péniblement renoué huit ans auparavant et qui entraverait toujours mon existence. J'intimai à Minna l'ordre de se tenir tranquille et d'éviter toute maladresse vis-à-vis de nos voisins, que ce fût dans ses jugements ou dans sa façon d'agir. Puis je m'efforçai de lui faire comprendre ce que signifiait pour nous cet incident, si futile en soi. Elle parut vraiment comprendre et me promit de bien se comporter et de ne plus se laisser aller à sa stupide jalousie. Malheureusement la pauvre femme souffrait des conséquences de l'aggravation de sa maladie de cœur et ne pouvait se défaire de ses idées noires ni surmonter la nervosité douloureuse qui l'accablait. Elle crut soulager son cœur par le seul moyen qui lui parut efficace : dans une intention qu'elle croyait bonne, elle mit notre voisine en garde contre les conséquences que pourrait avoir une intimité imprudente avec moi. Rentrant d'une promenade, je rencontrai Monsieur et Madame Wesendonck sur le point de sortir en voiture. Je remarquai qu'elle était très troublée, tandis que lui souriait d'un air de singulière satisfaction. Je compris rapidement ce qui s'était passé, car ma femme aussi était extraordinairement contente. Elle me tendit la main en toute loyauté et m'annonça qu'elle me rendait son affection. Lui ayant demandé si par hasard elle avait manqué à sa promesse, elle me répondit, confiante, qu'en femme avisée elle avait effectivement dû remettre les choses en ordre. Je lui fis alors comprendre qu'elle aurait à supporter toutes les conséquences de son parjure ; dans un premier temps, il me paraissait inévitable qu'elle partît dès les jours suivants en cure à Brestenberg sur le lac de Hallwyl, comme cela avait du reste été convenu entre nous. On nous avait recommandé cette station balnéaire pour la santé de Minna : le médecin de l'endroit faisait faire des cures excellentes aux malades qui souffraient du cœur. Minna était d'accord pour se soumettre à un traitement médical. Ayant soigneusement évité de me renseigner auprès de nos voisins sur ce qui s'était effectivement passé, je l'accompagnai quelques jours plus tard, avec son perroquet, jusqu'à ce lieu de cure plutôt confortable, situé dans un endroit agréable à quelques heures de Zurich. Lorsque je quittai Minna, elle sentit à mon adieu que le moment était aussi triste que grave. Je ne pus guère la consoler, sinon en essayant de minimiser les conséquences que son parjure aurait sur notre vie future.

À mon retour, je devais apprendre les détails de la conduite de Minna envers notre voisine. Se trompant grossièrement sur la nature de mes relations tout amicales avec cette jeune femme, qui ne songeait vraiment qu'à veiller à mon repos et à mon bien-être, Minna était allée jusqu'à la menacer de faire des révélations à son mari. Madame Wesendonck, se sentant innocente, avait été blessée au point de ne plus savoir que penser de moi : elle ne pouvait comprendre que j'eusse pu laisser ma femme dans sa funeste erreur. Par l'intervention pleine de tact de notre amie commune, Madame Wille, je fus finalement blanchi de toute responsabilité dans la conduite de Minna. Mais on me fit en même temps comprendre qu'il serait impossible à l'offensée de remettre jamais les pieds chez nous ou de continuer à fréquenter Minna. On ne voulut pas comprendre ni admettre que, dans ces conditions, la seule solution était pour moi de renoncer à ma maison et de quitter Zurich. J'espérais pourtant moi-même qu'avec le temps les choses s'arrangeraient, puisque mes relations avec mes amis avaient certes été troublées, mais pas rompues. Mais pour cela, il fallait que la santé de ma femme s'améliore afin qu'elle puisse reconnaître la folie de son comportement et renouer ainsi des relations avec nos voisins.

[Wagner est alors invité à Lucerne pour y rencontrer le grand-duc de Weimar, Charles Alexandre, à qui il parle d'une éventuelle représentation de Tristan.*]*

Peu de temps après cette excursion je vis arriver Carl Tausig* chez moi ; il était muni d'une lettre de recommandation de Liszt. Il avait alors seize ans et frappait ceux qui le rencontraient par son physique gracieux et frêle auquel s'alliaient une intelligence et un comportement d'une maturité exceptionnelle. À Vienne, où il s'était produit comme pianiste, on l'avait surnommé le « Liszt de l'avenir ». Au demeurant, il se comportait déjà comme tel. Mais, à mon épouvante, il fumait les cigares les plus forts qu'il pût se procurer. Sa résolution de passer quelque temps dans mon voisinage me réjouit : à côté de son comportement amusant, encore un peu enfantin, mais en

même temps très intelligent, je dirais même déjà rusé,
son jeu absolument maîtrisé et sa faculté de compréhension musicale étaient pour moi très réjouissants.
Il déchiffrait à vue tout ce qu'on voulait et, pour
m'amuser, il réalisait avec ses doigts incroyablement
agiles les tours de force les plus extravagants. Il
s'installa donc dans mon voisinage et devint mon
convive à tous les repas ; il dut m'accompagner dans
mes promenades régulières vers la vallée de la Sihl,
mais il chercha bientôt à s'en dispenser. Il m'accompagna même à Brestenberg. Toutefois, comme j'y
allais presque chaque semaine pour m'inquiéter des
résultats de la cure sur Minna, il ne tarda pas à se
soustraire également à ces excursions : ni Brestenberg ni la société de Minna ne semblaient être de
son goût.

Cependant, il ne put éviter de se trouver régulièrement en présence de cette dernière, lorsque, à la fin
du mois de mars, elle interrompit sa cure pour venir
passer quelques jours près de moi et s'occuper des
soins domestiques. Je m'aperçus alors, à la conduite
de Minna, qu'elle croyait n'avoir plus besoin d'attacher grande importance aux récents événements.
Elle se figurait qu'il s'était agi simplement d'une
« petite amourette » à laquelle elle avait mis bon
ordre. Comme elle en parlait sur un ton narquois fort
désagréable, il me fallut un soir, malgré tous les
égards que j'avais pour sa santé, lui expliquer clairement la situation dans laquelle elle nous avait mis et
lui démontrer qu'à la suite de sa désobéissance et
de sa conduite ridicule envers notre voisine, il était
improbable que nous pussions rester dans notre
« asile » où nous venions de nous établir au prix d'importants efforts. Je la prévins qu'elle devait envisager
sérieusement l'éventualité d'une séparation entre

nous puisque, si nous devions renoncer à l' «asile», il n'était pas question pour moi de reprendre notre vie commune en un autre lieu. Toutes les choses graves qu'à cette occasion je dis à ma femme sur notre vie passée parurent l'émouvoir violemment, surtout lorsqu'elle comprit qu'elle était responsable de l'effondrement de notre existence, édifiée avec tant de difficultés. Pour la première et unique fois de Ma vie, je l'entendis se plaindre avec douceur et dignité. Pour la première et unique fois aussi, elle me donna une preuve de tendre humilité en me baisant la main, quand je la quittai, au milieu de la nuit. Cela me toucha profondément et éveilla en moi l'espoir que le caractère de cette pauvre femme pût changer de manière radicale. Et de nouveau germa en moi l'idée que nous pussions reprendre la vie que nous avions menée jusque-là.

[Wagner retourne provisoirement vivre à l'«asile» avec Minna, où il reçoit de nombreuses visites — Tausig, Tichatschek et le ténor Albert Niemann*, Hans et Cosima von Bülow, Karl Ritter et le pianiste Karl Klindworth —, mais reste d'une humeur sombre. Après avoir dénoncé son bail, il décide au mois d'août 1858 de partir en Italie, sans sa femme.]

J'avais annoncé à Karl Ritter, qui demeurait à Lausanne, mon projet de me rendre en Italie. Je fus étonné d'apprendre, dans sa réponse, qu'il songeait lui aussi à quitter la Suisse et à aller s'installer en Italie. Il irait seul, sa femme devant passer l'hiver en Saxe pour des raisons de famille. Il s'offrait à moi comme compagnon de voyage. Je m'en réjouis d'autant plus qu'il avait fait un séjour à Venise l'année précédente et m'assurait qu'à cette saison le climat y

était fort supportable. Je me décidai donc à partir
avec lui le plus tôt possible. D'abord, je dus m'occuper de mon passeport : j'attendais des ambassades
de Berne l'assurance qu'en tant que réfugié politique
je ne serais pas inquiété à Venise. Cette ville sous
administration autrichienne ne faisait pas partie de
la Confédération germanique. Liszt, auprès de qui je
m'étais enquis à ce sujet, me déconseilla formelle-
ment d'y aller ; en revanche, un de mes amis qui, à
Berne, s'était renseigné auprès du consul d'Autriche,
put me rassurer sur mes craintes. De sorte qu'après
avoir passé à peine huit jours à Genève, je pus
annoncer à Karl Ritter que j'étais prêt à partir. J'allai
donc le prendre à Lausanne dans sa curieuse villé-
giature et nous nous mîmes en route.

Nous ne parlâmes plus de tout cela et nous nous
abandonnâmes silencieusement à nos impressions
de voyage. Après avoir passé le Simplon, nous atteignîmes le lac Majeur. De Baveno, je retournai visiter
les îles Borromées. Là, sur les terrasses de l'Isola
Bella, en compagnie de mon jeune ami, qui n'était
jamais indiscret et plutôt trop silencieux, je jouis
d'une admirable matinée de fin d'été ; pour la première fois depuis longtemps, je me sentais parfaitement tranquille et me remis à rêver d'un avenir
différent et harmonieux. — Par Sesto Calende, nous
poursuivîmes en voiture de poste notre chemin vers
Milan. C'est à peine si Karl me permit d'admirer le
célèbre dôme, tant il était pressé d'arriver à sa chère
Venise. Moi, j'étais heureux d'être entraîné ainsi.
Lorsque le 29 août, au coucher du soleil, nous vîmes
Venise émerger de la surface de l'eau depuis la digue
du chemin de fer, Karl eut un mouvement si brusque
de joie et d'enthousiasme que son chapeau s'envola
par la fenêtre de la voiture. Je ne voulus pas demeurer

en reste et lançai également le mien par la portière.
Nous arrivâmes donc nu-tête à Venise. Tout de suite,
nous prîmes place dans la gondole qui devait nous
transporter à la Piazzetta San Marco en suivant le
Grand Canal. Le temps s'était subitement obscurci ;
la vue de la gondole m'effraya franchement. Malgré
tout ce que j'avais entendu dire de ces embarcations
peintes noir sur noir, leur aspect produisit sur moi
une surprise désagréable. Lorsque, dans la nôtre, il
me fallut me glisser sous le drap noir qui lui servait
de toit, je fus saisi de la même angoisse que celle que
j'avais autrefois éprouvée face à une épidémie de
choléra : véritablement je crus me trouver dans un
convoi mortuaire en temps de peste. Karl m'assura
que cela faisait toujours cette impression la première
fois, mais qu'on s'y habituait bien vite. Puis ce fut le
très long trajet au travers du sinueux Grand Canal :
rien de ce que je voyais ne parvenait à m'ôter mon
inquiétude. Là où Karl admirait, entre des murs
délabrés, la Ca' d'Oro de Fanny Elssler[1] ou tout autre
palais célèbre, mon regard mélancolique se posait
toujours sur les ruines gisant entre ces édifices inté-
ressants. Je finis par ne plus rien dire et consentis à
débarquer à la fameuse Piazzetta pour visiter le palais
des Doges. Mais je me réservai de l'admirer quand je
serais débarrassé de l'humeur mélancolique où m'avait
jeté mon arrivée à Venise.

À l'hôtel Danieli, où nous descendîmes, on nous
donna de tristes chambres ayant vue sur de petits
canaux étroits. Aussi, dès le lendemain matin, j'allai
à la recherche d'un logis qui me convînt pour un
long séjour. J'appris que dans l'un des trois palais
Giustiniani, non loin du Palazzo Foscari, il y aurait
quelque chose à louer, car les étrangers l'évitaient en
hiver à cause de sa mauvaise exposition. J'y trouvai

en effet des pièces extraordinairement vastes qui,
m'assura-t-on, demeureraient toutes inoccupées. Je
me réservai donc un énorme et imposant salon avec
une grande chambre à coucher contiguë et me hâtai
d'y faire monter mes bagages. Et le 30 août au soir,
je pouvais me dire que j'étais installé à Venise. —
Mon choix avait été déterminé avant tout par mon
souci de pouvoir travailler sans être dérangé. J'écrivis
aussitôt à Zurich pour qu'on m'expédiât mon piano
à queue Érard ainsi que mon lit, car je sentais que
j'allais découvrir à Venise ce qu'est le froid. De plus,
je finis par ne plus supporter les murs grisâtres de
mon salon ; ils s'accordaient trop mal, me semblait-
il, avec un plafond de bon goût entièrement peint *al
fresco*. Je me décidai donc à les faire recouvrir d'une
tapisserie fort ordinaire, mais de couleur rouge foncé.
Ces travaux amenèrent bien du remue-ménage. Cependant, je les endurais sans difficultés, surtout quand,
de mon balcon, j'admirais avec un plaisir grandissant
le superbe canal en me disant : c'est ici que j'achè-
verai *Tristan*. [...]

Pendant les sept mois que je passai à Venise, je
n'eus de contact avec le monde qu'en de rares occasions, et j'observai toujours le déroulement de ma
journée avec la plus stricte régularité. Jusqu'à deux
heures, je travaillais ; puis je montais dans la gondole
qui m'attendait pour me conduire, par le sévère
Grand Canal, à la joyeuse Piazzetta, dont la grâce et
la gaieté m'insufflaient à chaque fois une vie nouvelle. J'entrais dans mon restaurant habituel, place
Saint-Marc et, après le repas, je me promenais, seul
ou avec Karl, sur la Riva degli Schiavoni, poussant
jusqu'au Giardino pubblico, le seul endroit de Venise
planté d'arbres. À la tombée de la nuit, je reprenais
une gondole pour retourner chez moi. Par le Grand

Canal, devenu plus austère encore et plus silencieux, j'arrivais devant le vieux Palazzo Giustiniani dont la façade sombre n'était éclairée que par la lumière de ma lampe. Lorsque j'avais encore un peu travaillé, à huit heures, j'entendais régulièrement le clapotement de l'eau qui m'annonçait que la gondole de Karl abordait ; il venait prendre le thé et causer quelques heures avec moi. Je ne dérogeai que rarement à cette règle de vie pour aller au théâtre, de préférence à celui de Camploy, où l'on jouait fort bien les comédies de Goldoni. L'opéra ne m'inspira qu'une curiosité passagère. Le plus souvent, surtout quand le mauvais temps empêchait la promenade, nous allions en matinée au théâtre Malibran, où l'on donnait des pièces populaires. L'entrée était de six kreutzers ; on y donnait des drames de chevalerie devant un bon public qui les écoutait en manches de chemise. À ma surprise, et à mon véritable enchantement, j'y ai vu une comédie bouffonne : *Le Baruffe chiozzotte*, que Goethe avait vue aussi avec grand plaisir dans ce même théâtre[1]. C'était donné avec un réalisme que rien n'approche dans mes souvenirs.

Pour le reste, le peuple vénitien, tellement opprimé et dénaturé, n'offrait rien de bien attrayant à mon observation ; au milieu des somptueuses ruines de cette admirable cité, rien d'autre ne se présentait à moi que les impressions qu'on peut avoir dans une station balnéaire destinée aux étrangers. Chose curieuse, ce fut le caractère très allemand de la bonne musique militaire, toujours admirable dans l'armée autrichienne, qui me fit reprendre en quelque sorte contact avec le public. Les chefs d'orchestre des deux régiments autrichiens en garnison à Venise désiraient faire exécuter quelques-unes de mes ouvertures, en particulier celles de *Rienzi* et de

Tannhäuser. Ils me prièrent de bien vouloir assister dans les casernes aux répétitions de leurs hommes. J'y rencontrai tout le corps des officiers et l'on me traita avec beaucoup de respect. Les deux fanfares militaires jouaient à tour de rôle le soir sur la place Saint-Marc, brillamment éclairée et dont l'acoustique était parfaite pour ce type de formation. Plusieurs fois, les premiers accords de mes ouvertures me surprirent à la fin de mon repas. Alors j'allais à la fenêtre du restaurant et je ne sais ce qui me grisait davantage, de la vue de l'admirable place inondée de lumière et remplie de promeneurs ou de la glorieuse harmonie musicale qui montait dans les airs et transfigurait la scène. Mais il y manquait ce qu'on eût pu attendre d'un public italien : parmi les milliers d'auditeurs faisant cercle autour des musiciens et écoutant avec une attention soutenue, jamais deux mains ne se seraient levées pour applaudir. Le moindre signe d'approbation pour une fanfare militaire autrichienne eût été considéré comme une trahison envers la patrie. — Toute la vie publique de Venise souffrait de cette singulière tension entre la population et les autorités ; elle se manifestait spécialement vis-à-vis des officiers autrichiens qui ne se mêlaient pas plus aux Vénitiens que l'huile ne se mêle à l'eau. Le peuple ne témoignait du reste pas plus de sympathie au clergé qui, pourtant, était pour l'essentiel d'origine italienne. Sur la place Saint-Marc, j'assistai au passage d'une procession de prêtres en grande cérémonie, et je vis le peuple ricaner ouvertement à leur vue.

Ritter avait de la peine à me faire rompre la régularité de ma journée quand il me priait de l'accompagner dans une visite à une galerie ou une église. À chaque fois qu'il me fallait me déplacer à travers la ville, j'étais en permanence ravi par les beautés et curiosités architecturales si diverses que je rencontrais à chaque pas. Mais durant tout le temps que je passai à Venise, ce furent les fréquentes promenades en gondole au Lido qui me procurèrent les plus grandes jouissances. Le retour surtout, au coucher du soleil, me plongeait à chaque fois dans un enchantement incomparable. C'est dans une telle occasion qu'au mois de septembre, par une soirée merveilleuse, nous pûmes admirer l'apparition irréelle de la grande comète : elle se montra dans tout son éclat et chacun y vit le signe précurseur d'une catastrophe militaire. D'autres fois, c'était le chant d'une chorale populaire qui, sous la direction d'un employé de l'Arsenal de Venise, produisait l'effet d'une idylle de la lagune. Ces hommes chantaient des airs populaires harmonisés d'instinct, le plus souvent à trois voix. Il y avait là quelque chose de nouveau pour moi : la voix dominante ne montait pas plus haut que la tessiture de l'alto et n'atteignait donc pas celle du soprano, ce qui conférait à l'ensemble un caractère à la fois juvénile et viril inconnu jusque-là. Par les belles soirées, ils passaient en chantant sur le Grand Canal dans une immense gondole illuminée et, s'arrêtant devant l'un ou l'autre palais (où sans doute on les avait commandés et rémunérés), donnaient une sorte de sérénade. D'ordinaire ils étaient suivis par une quantité innombrable de gondoles. — Pendant une nuit d'insomnie, étant allé sur mon balcon vers trois heures du matin, j'entendis pour la première fois le célèbre et ancien chant des gondoliers. Je crus reconnaître que le premier appel, rauque et plaintif, qui résonna dans la nuit silencieuse, venait du Rialto, situé à une distance d'un quart d'heure environ. Un appel analogue lui répondit de plus loin encore, venant de la direction opposée. Ce dialogue extraor-

dinaire et mélancolique continua ainsi par intervalles parfois assez longs et j'en fus si impressionné
qu'il me fut impossible de fixer dans ma mémoire
son contour musical, au demeurant fort simple. Un
autre soir, je fis une expérience qui me fit comprendre toute la poésie de ce chant populaire. Je rentrais fort tard en gondole par les canaux sombres ;
tout à coup, la lune se leva, éclairant et les palais
indescriptibles, et mon gondolier qui maniait lentement son énorme rame, debout à l'arrière de mon
embarcation. Au même instant, celui-ci poussa un
cri qui ressemblait presque à un hurlement d'animal :
c'était un gémissement venu du fond de sa gorge, qui
montait en crescendo jusqu'à un « oh ! » prolongé et
se transformait finalement en une exclamation musicale : « Venezia ! » Je fus tellement ébranlé par ce que
je venais d'entendre que je ne me souviens pas clairement de ce qui suivit. Les sensations que j'éprouvai
là et qui, dans mon esprit, caractérisaient Venise, ne
s'effacèrent point de tout mon séjour ; elles sont
demeurées en moi jusqu'à l'achèvement du deuxième acte de *Tristan* et peut-être m'ont-elles suggéré
indirectement la mélodie plaintive et traînante du
chalumeau du berger au commencement du troisième acte.

*[Wagner apprend par une lettre de François Wille le
scandale qui a éclaté à Zurich après son départ et qui
a atteint les Wesendonck. Il demande en vain à Lüttichau d'intercéder en sa faveur afin qu'il obtienne l'autorisation de revenir en Allemagne. Alors que la situation
politique se tend entre la population vénitienne et l'occupant autrichien, le compositeur, surveillé par la
police, est contraint de quitter Venise pour la Suisse le
24 mai 1859. Après un arrêt à Milan, où il visite le*

musée de Brera et assiste à une représentation à la Scala[1]*, qui le laisse froid, il rend une brève visite aux Wesendonck, puis s'installe à Lucerne, où il entame la composition du troisième acte de* Tristan. *Après quelques hésitations, il décide finalement de vivre à Paris, où il espère reprendre la vie commune avec Minna. Arrivé à Paris le 15 septembre, il loue une maison rue Newton, où il s'installe à grands frais. Il a vendu les droits de* L'Or du Rhin *à l'éditeur Schott de Mayence, ce qui lui permet d'organiser au début de l'année 1860 un concert afin de présenter ses œuvres au public parisien.]*

La première de ces répétitions eut lieu dans la salle Herz[2] et provoqua chez les musiciens une indignation contre moi qui tourna presque à l'émeute. J'avais à combattre leurs mauvaises habitudes auxquelles je ne voulais point céder et je m'efforçai d'expliquer la rationalité de mon point de vue. Ils se révoltèrent surtout contre ma façon de battre la mesure à 6/8 selon le modèle de celle à 4/4, tandis qu'eux réclamaient en protestant violemment que je batte la mesure *alla breve*[3]. J'en appelai avec véhémence à la discipline qui doit régir tout bon orchestre ; ils me répondirent qu'ils étaient des citoyens libres et non des soldats prussiens. Finalement, je m'aperçus que cette fois-ci le problème était dû principalement à une mauvaise disposition de l'orchestre et je prévis donc une organisation différente pour la répétition suivante. Après avoir tenu conseil avec mes amis, je me rendis ce matin-là de bonne heure à la salle de concert et fis répartir les pupitres de façon plus adéquate ; puis je commandai pour les musiciens un bon petit-déjeuner auquel je les invitai avant de commencer la répétition. Je leur dis que le succès du concert dépendait de la répétition du jour, et que nous ne quitterions donc pas cette salle tant que nous ne nous serions pas mis d'accord. Je les priai de répéter avec moi pendant deux heures et d'accepter ensuite, pour se restaurer, une modeste collation dans le salon voisin, après quoi aurait lieu une seconde répétition que je paierais naturellement en sus. Cette proposition eut un résultat extraordinaire et la disposition judicieuse de l'orchestre contribua à entretenir une excellente atmosphère. L'effet favorable que produisit le prélude de *Lohengrin* suscita des manifestations d'enthousiasme et, dès la fin de cette première répétition, musiciens et auditeurs, parmi lesquels se trouvait Gaspérini*, me firent une véritable ovation. Je retrouvai cet état d'esprit positif et réjouissant lors de la répétition générale qui eut lieu sur la scène du Théâtre-Italien. Je pus même renvoyer assez rudement un trompettiste négligent sans que ses collègues prissent son parti par camaraderie.

Le premier concert eut finalement lieu le 25 janvier 1860. Tous les morceaux que j'avais tirés de mes différents opéras, *Tristan et Isolde* compris, furent accueillis favorablement, et même avec enthousiasme. L'un de ces extraits, la marche de *Tannhäuser*, fut interrompu par des bravos impétueux, provoqués, semblait-il, par la surprise qu'on avait de constater que ma musique contenait aussi des mélodies d'une certaine ampleur, bien qu'on eût prétendu le contraire.

Très content de la qualité du concert et de l'accueil qu'on lui avait fait, je fus confronté dès le lendemain à de tout autres impressions, suscitées par les propos tenus dans la presse. Pour les journalistes, Belloni avait vu juste : en ne les invitant pas, nous avions excité leur fureur. Mais si j'avais organisé ce concert, c'était parce que je misais davantage sur l'action de

mes amis que sur l'éloge des critiques pour promouvoir mes œuvres, et je fus donc moins troublé par les
vociférations de ces derniers que par l'absence de
signe encourageant de la part des premiers. J'étais
surtout inquiet de ce que, dans cette salle qui m'avait
paru bien remplie, les recettes n'eussent pas été
plus fortes. Nous avions encaissé cinq à six mille
francs, mais les frais dépassaient onze mille francs.
Ceux-ci eussent pu être partiellement couverts par
un second concert moins onéreux si l'on avait pu
espérer de meilleures recettes. Mais Belloni et Gaspérini secouaient la tête d'un air dubitatif. Il fallait se
rendre à l'évidence : les Français n'apprécient pas
vraiment les concerts et ne s'estiment satisfaits que
si on leur propose quelque chose de dramatique,
c'est-à-dire des costumes, des décors, des ballets et
d'autres choses de ce genre. Au deuxième concert, le
1er février 1860, il y eut si peu de places vendues que,
pour sauver les apparences, mes agents se virent
forcés de remplir artificiellement la salle. Il me fallut
bien les laisser faire. Plus tard, j'ai été étonné d'apprendre comment ils s'y étaient pris pour peupler les
premiers balcons de ce théâtre aristocratique de telle
façon que même nos ennemis n'y avaient vu que du
feu. La recette réelle, en revanche, ne dépassa guère
les deux mille francs et il fallut toute mon obstination
et mon mépris des ennuis qui en découleraient pour
ne pas décommander le troisième concert, prévu le
8 février.

J'avais maintenant épuisé les honoraires versés
par Schott, dont une partie avait déjà été consacrée
à mon ménage, devenu plus dispendieux. D'autres
subsides étaient donc nécessaires. J'en obtins, non sans
peine, par l'entremise de Gaspérini, Monsieur Adrien
Lucy, receveur général des Bouches-du-Rhône, venu

de Marseille ; en fait, je comptais le gagner à ma cause pour des projets qui allaient bien au-delà de ces concerts. Il devait arriver à Paris à cette époque. Mon ami Gaspérini se croyait en droit d'espérer qu'un succès significatif de ma musique auprès du public le déterminerait à prendre la généreuse décision de soutenir financièrement mon projet de faire venir une troupe d'opéra allemande à Paris. Malheureusement, Monsieur Lucy ne fut pas présent au premier concert ; il n'assista qu'à une partie du deuxième et s'y endormit. Comme on lui demanda une avance de quelques milliers de francs pour que le dernier concert pût avoir lieu, il en conclut que ce prêt le débarrasserait de toute nouvelle prétention de notre part et il sacrifia volontiers cette somme afin de se dispenser de devoir prendre part à mes projets. Même si ce troisième concert ne m'était finalement plus d'aucune utilité, je me réjouis de sa bonne exécution ainsi que de l'accueil d'un public que mes agents avaient dû, il est vrai, renforcer encore, mais parmi lequel les spectateurs payants étaient cependant plus nombreux que précédemment.

Si j'étais mécontent du fiasco financier de mon entreprise, j'étais dédommagé par la satisfaction que j'éprouvais à constater l'effet considérable produit sur quelques personnes. Sans contredit, cette impression immédiate, jointe à l'effet indirect des propos tenus dans la presse, me mit fort en vedette à Paris. On admira surtout la témérité dont j'avais fait preuve en n'envoyant d'invitation à aucun journal. J'avais deviné d'avance le comportement des critiques ; cependant je fus peiné de constater que même quelqu'un comme Monsieur Franc-Marie, correspondant de *La Patrie*, se crut obligé, par esprit de camaraderie, de nier la sympathie que je lui inspirais, et cela après

Troisième partie : 1850-1861   381

m'avoir fait part de sa vive émotion et exprimé sa
gratitude à la fin du premier concert. Un article de
Berlioz dans *Le Journal des débats* causa un véritable
scandale : il commençait par des phrases entortillées
et finalement m'attaquait par de perfides insinuations.
Je ne voulus pas laisser impunie la vilaine conduite
de cet ancien ami et lui répondis par une lettre que
j'eus grand-peine à faire traduire en bon français et
plus encore à faire paraître dans ce même journal.
Cette lettre attira précisément de mon côté tous ceux
qu'avait impressionnés ma musique. Parmi eux se
trouvait un certain Monsieur Perrin, ancien directeur de l'Opéra-Comique, bel esprit fortuné et peintre
amateur, qui devint plus tard directeur du Grand
Opéra. Il avait entendu *Lohengrin* et *Tannhäuser* en
Allemagne, et la manière dont il m'en parla me
donna à espérer que, si l'occasion s'en présentait, il
mettrait son point d'honneur à importer mes œuvres
en France. [...]
  Je passe sous silence bien des personnes avec qui
je fus brièvement en contact à cette époque, parmi
lesquelles se distinguait un comte russe portant le
nom de Tolstoï. Mais je ne saurais oublier l'impression remarquable que me laissa le romancier Champfleury* grâce à l'aimable et passionnante brochure
qu'il écrivit sur moi et mes concerts. Quelques apho-
rismes qui paraissaient avoir été rédigés de façon
improvisée montraient en réalité que l'auteur possédait de ma musique et de ma personnalité une compréhension telle que je ne l'avais encore rencontrée
que dans les réflexions de Liszt sur *Lohengrin* et
Tannhäuser, et que je n'avais plus retrouvée ensuite
sous une forme aussi idoine et éloquente. Je fis ensuite
personnellement la connaissance de Champfleury,
qui était lui-même un homme fort simple, et même

débonnaire, un homme dont l'espèce rare semble près de s'éteindre dans le peuple français.

Je fis une connaissance plus importante encore à sa façon en la personne du poète Baudelaire*. Il se présenta à moi dans une lettre où il me disait les sensations que lui avait fait éprouver ma musique, à lui qui ne croyait posséder que le sens des couleurs et non celui des sons. Le ton singulièrement fantastique et hardi de ses épanchements me fit deviner en Baudelaire un esprit extraordinaire qui approfondissait avec une fougueuse énergie et jusque dans leurs ultimes conséquences les impressions qu'il avait reçues de ma musique. À sa signature il n'ajouta pas son adresse afin, dit-il, que je ne pense pas qu'il désirait quelque chose de moi. Bien entendu, je parvins tout de même à le retrouver, et il ne tarda pas à se joindre au cercle de connaissances que désormais je réunissais chez moi le mercredi soir.

Car je recevais le mercredi soir. Suivant les conseils de mes anciens amis de Paris, parmi lesquels Gaspérini demeurait le plus fidèle, je m'étais conformé aux usages français et j'avais fini par tenir salon dans ma petite maison de la rue Newton. Minna, malgré la grande peine qu'elle avait à s'en tirer avec les quelques misérables bribes de français qu'elle possédait, y paradait en respectable maîtresse de maison. Ce salon, où les Ollivier* venaient en amis, fut pendant un certain temps très fréquenté. Je pus y renouer des relations avec une vieille connaissance, Malwida von Meysenbug*, qui devait rester mon amie pour la vie. Je ne l'avais rencontrée qu'une seule fois auparavant, pendant mon séjour à Londres en 1855, mais j'avais à cette époque déjà correspondu avec elle au sujet de mon ouvrage *L'Œuvre d'art de l'avenir*, pour lequel elle s'était enthousiasmée. En la rencontrant à

Londres dans la famille Althaus, je l'avais trouvée pénétrée de toutes sortes de désirs et de projets pour le perfectionnement du genre humain, que de mon côté je professais dans mon essai. Or, à la suite de la découverte de Schopenhauer, qui m'avait ouvert les yeux sur l'essence tragique du monde et sur l'inanité de ses phénomènes, je m'étais détourné avec une certaine exaspération de mon ancienne utopie. Mon enthousiaste amie n'avait pas compris mon revirement et, dans nos discussions à ce sujet, je lui avais produit l'effet d'un renégat d'une belle cause, ce qui me navrait. Nous nous étions ainsi séparés en complet désaccord. Aussi fus-je quelque peu effrayé de retrouver Malwida à Paris. Mais le mauvais souvenir de nos discussions londoniennes s'effaça dès qu'elle m'eut expliqué que ces disputes d'autrefois l'avaient, de son côté, poussée à étudier sans plus attendre la philosophie de Schopenhauer. Elle s'y était mise sérieusement et s'était bientôt rendu compte combien ses considérations sur le bonheur de l'humanité, défendues alors avec véhémence, avaient dû m'agacer par leur platitude. Devenue mon adepte la plus dévouée, elle se faisait un devoir de veiller le plus sérieusement du monde à mon bien-être. Par convenance, je l'avais poussée à se lier d'amitié avec ma femme et, malgré les apparences que je tâchais encore de préserver, l'horrible malaise qui régnait dans ma maison ne lui avait pas échappé ; elle s'efforça donc de remédier affectueusement aux inconvénients de notre situation, car elle n'ignorait pas non plus la précarité de ma situation matérielle à Paris, aggravée par l'insuccès de mon entreprise. Les sommes énormes que m'avaient coûté mes trois concerts n'étaient plus un secret pour aucun de mes amis. Malwida eut bientôt deviné dans quelle impasse j'étais acculé : de nul

côté ne s'ouvrait une perspective de résultat concret
qui eût pu compenser mes sacrifices. De sa propre
initiative, elle décida que son devoir était de me venir
en aide et, dans ce but, me fit faire la connaissance
d'une certaine Madame Schwabe, veuve d'un riche
négociant anglais ; mon amie occupait en effet les
fonctions de préceptrice de la fille aînée de cette
dame. Malwida ne me dissimula pas ce que cette
relation aurait de pesant pour moi, mais elle comptait sur la bonté supposée de cette femme assez grotesque, ainsi que sur sa vanité, qui la pousserait
certainement à se montrer reconnaissante pour l'honneur que je lui ferais en lui ouvrant les portes de mon
salon.

[Wagner obtient de Madame Schwabe un prêt de
trois mille francs. Cette dernière refusera que le com-
positeur la rembourse lorsqu'il voudra s'acquitter de
sa dette.]

Je fis également la rencontre, très amicale, de
Rossini. Un journaliste facétieux lui avait prêté un
bon mot : au cours d'un dîner, Rossini aurait servi à
son ami Caraffa, qui s'était déclaré en faveur de ma
musique, du poisson sans sauce, arguant que son ami
aimait la musique sans mélodie. Tout de suite Rossini
protesta ouvertement contre une telle accusation et
affirma de façon solennelle que c'était une « mauvaise
blague » ; jamais, disait-il, il ne se serait permis une
plaisanterie pareille à l'égard d'un homme qu'il
voyait en train d'élargir le domaine de son art. Après
avoir appris cela, je n'hésitai pas à aller lui faire une
visite ; Rossini me reçut avec une amabilité que j'ai
décrite plus tard dans un essai consacré à mes souvenirs sur ce compositeur italien[1]. — Je n'eus pas moins

de plaisir à apprendre que mon ancienne connaissance Halévy avait amicalement pris parti pour moi dans la querelle que soulevait ma musique.

[Wagner entame de nombreuses tractations pour tenter de faire représenter ses œuvres à Paris. Il apprend finalement que, par l'entremise de la princesse Metternich*, qui a vu l'œuvre à Dresde, l'empereur Napoléon III a donné l'ordre de représenter Tannhäuser *au Grand Opéra, ce qui oblige le compositeur à renoncer à son projet primitif de faire jouer ses œuvres en France par une troupe allemande.]*

J'avais donc à m'entendre avec Alphonse Royer[1], directeur du Grand Opéra, pour la représentation de *Tannhäuser*. Deux mois s'écoulèrent sans qu'il me fût possible de savoir au juste si je devais dire oui ou non dans cette affaire. Pas un de nos entretiens ne finissait sans que Royer ne me recommandât d'intercaler un ballet dans le deuxième acte. Par mon éloquence, je parvins à l'étourdir, mais jamais à le convaincre. — En attendant, il me fallut bien songer à faire traduire convenablement mon poème.

[Contraint de représenter son opéra en version française, Wagner s'adresse successivement à un certain Monsieur de Charnal, au ténor Gustave Hippolyte Roger puis, insatisfait de ces premiers essais, il confie la traduction au chanteur Richard Lindau[2], qui s'adjoint les services du fonctionnaire des douanes Edmond Roche.]

Nous tombâmes d'accord que, pour commencer, Lindau devait faire du poème une traduction littérale en prose. Mais elle se fit attendre et je n'appris que plus tard la raison de ce retard. Lindau n'était pas même capable d'exécuter ce simple travail et il avait dû le confier à un pauvre diable de Français qui savait l'allemand et auquel Lindau avait promis des honoraires qu'il m'extorqua par la suite. Pendant ce temps, Roche versifia quelques strophes de mon texte et ses vers me plurent beaucoup. Ayant donc en main les preuves des compétences de mes collaborateurs, je me présentai chez Royer pour qu'il donnât son assentiment à mon choix. Il ne parut pas apprécier que je m'adresse à des inconnus pour ce travail, mais j'insistai pour qu'on fît du moins un essai. Dans mon désir opiniâtre de ne pas enlever ce travail à Roche, et ayant constaté d'autre part la totale nullité de Lindau, je travaillai moi-même, non sans difficultés, à cette traduction. Les deux hommes passaient souvent quatre heures de suite chez moi pour réaliser péniblement quelques vers, et souvent j'étais tenté de flanquer Lindau à la porte : non seulement il ne comprenait pas un traître mot du texte allemand, mais il avait toujours les conseils les plus impertinents à nous donner. Si je persévérais dans cette absurde collaboration malgré l'irritation dans laquelle elle me plongeait, c'était uniquement à cause de Roche, auquel je voulais accorder la part de gain qui lui reviendrait de ce travail.

Ce labeur pénible dura plusieurs mois. Pendant ce temps, j'entamai avec Royer les préparatifs de la représentation de *Tannhäuser*, il fallut en particulier discuter de la distribution des rôles. Il me parut singulier que le directeur ne me propose aucun des artistes du Grand Opéra. Du reste, ils m'étaient tous antipathiques, à l'exception de Madame Gueymard que j'eusse aimée pour le rôle de Vénus ; mais, pour d'obscures raisons, on ne voulut pas d'elle. Afin de mieux connaître les artistes du Grand Opéra, j'assistai à plusieurs représentations. Je vis ainsi *La Favorite*, *Le Trouvère* et *Sémiramis*, mais ces représentations ne servaient qu'à réveiller en moi la voix qui me disait nettement que je me fourvoyais avec ce projet. Et à chaque fois en rentrant, je me sentais enclin à renoncer à l'aventure. Cependant, dès que je voyais Monsieur Royer, je me laissais séduire par la générosité avec laquelle il m'offrait à nouveau de faire venir tous les acteurs que je désirais, ce qui de fait était en son pouvoir. Il s'agissait surtout de trouver un ténor pour le rôle principal ; il était évident pour moi qu'il fallait engager le célèbre Niemann de Hanovre, dont tout le monde faisait le plus grand éloge. Même des Français comme Foucher de Careil et Perrin[1], qui l'avaient entendu dans mes opéras en Allemagne, certifiaient son talent. Le directeur parut comprendre qu'une semblable acquisition serait en tout état de cause avantageuse pour son théâtre, et c'est ainsi qu'on invita Niemann à venir à Paris en vue d'un engagement. Monsieur Royer souhaitait aussi me voir accepter d'engager pour le rôle de Vénus Madame Fortunata Tedesco*, véritable « tragédienne » à ce qu'on disait, et dont la beauté ferait merveille dans le répertoire du Grand Opéra. Sans avoir vu cette dame, je donnai mon consentement à cet excellent choix. J'acceptai aussi l'engagement de Mademoiselle Marie Sax, jeune cantatrice dont la fort belle voix n'était point gâtée encore, et celui du baryton italien Ferdinand Morelli, que j'avais entendu lors d'une des représentations auxquelles j'avais assisté et dont le bel organe sonore m'avait conquis : il contrastait agréablement avec les voix souffreteuses auxquelles on confiait les rôles de ce type dans l'opéra français. Je pensais donc avoir pris toutes les mesures nécessaires à la réussite de l'entreprise, mais en réalité je ne croyais guère à son succès.

[Pour satisfaire une riche mécène, la comtesse Marie Kalergis, Wagner organise un concert privé, au cours duquel il interprète, en compagnie de Pauline Viardot, le deuxième acte de Tristan et Isolde. *Ils sont accompagnés au piano par Karl Klindworth. Berlioz, que Pauline Viardot aimerait réconcilier avec Wagner, y assiste également. Un second concert, consacré au premier acte de* La Walkyrie, *est donné peu après en présence du ténor Albert Niemann.]*

Celui-ci avait répondu à l'appel du directeur Royer en vue de son engagement. Malheureusement, il ne me fit pas la même impression favorable qu'autrefois, lorsqu'il m'avait rendu visite à Zurich. Je fus effrayé par le cynisme grossier dont il faisait preuve désormais. À peine eut-il franchi le seuil de ma porte qu'il me demanda : « Eh bien ! Voulez-vous de moi, oui ou non ? » Cependant, lorsque nous fîmes ensemble une visite au directeur, il s'efforça de bien se comporter et de faire bonne impression. Il y réussit : un ténor ayant comme lui une taille de géant était un véritable phénomène qui surprenait tout le monde. Il lui fallut toutefois se soumettre à un semblant d'audition, et pour se produire il choisit le récit du pèlerinage de Tannhäuser, qu'il chanta et joua sur la scène du Grand Opéra. Madame Kalergis et la princesse de Metternich, qui avaient assisté en cachette à cette répétition, furent enthousiasmées, de même que les membres de la direction. On l'engagea pour huit mois avec un traitement de dix mille francs par mois et cet engagement valait exclusivement pour *Tannhäuser*, car je crus devoir m'opposer à ce que le chanteur se produisît dans tout autre opéra auparavant.

L'engagement de Niemann, qui s'était effectué à des conditions si exorbitantes, me remplit soudain d'un sentiment de puissance que je n'avais jamais ressenti jusqu'alors. Je voyais maintenant assez souvent la princesse de Metternich, véritable protectrice de toute mon entreprise ; son mari aussi m'accueillit avec une chaleur qui se communiqua aux cercles diplomatiques qu'ils fréquentaient. La princesse paraissait jouir à la cour impériale d'une influence toute-puissante ; dans toutes les affaires me concernant, le terrible ministre d'État Achille Fould[1], par ailleurs si influent, n'était pas en situation d'entreprendre quelque chose contre moi. La princesse elle-même m'enjoignit de ne m'adresser qu'à elle si j'avais des vœux particuliers : elle saurait toujours me contenter et elle y mettrait d'autant plus d'ardeur qu'elle voyait bien que je manquais moi-même de confiance dans le succès de l'entreprise.

[Désormais autorisé à se rendre en Allemagne, excepté en Saxe, Wagner fait un voyage à Francfort en compagnie de Minna, où il retrouve son frère Albert en juillet 1860, mais n'ose pas rendre visite à Arthur Schopenhauer, puis il rentre à Paris pour les préparatifs de Tannhäuser.*]*

Monsieur Royer me déclara que la traduction que j'avais fait réaliser, au prix d'immenses efforts, par mes deux volontaires n'était pas utilisable et il me recommanda instamment de la faire remanier de fond en comble par Monsieur Charles Truinet*, connu sous l'anagramme de Nuitter. Cet homme, jeune encore, à la physionomie ouverte et sympathique, m'avait offert, quelques mois auparavant, ses services pour la traduction de mon opéra. Avocat au barreau de Paris, Truinet était le confrère d'Émile Ollivier, et c'est celui-ci qui me l'avait envoyé. Très fier d'avoir Lindau sous la main, je l'avais alors éconduit. Mais après tout ce que m'avait exposé Monsieur Royer, la nouvelle proposition de la part de Truinet ne pouvait m'être que bienvenue. Celui-ci ne savait pas l'allemand, mais il m'expliqua qu'il pouvait se faire aider par son vieux père, qui avait longtemps voyagé en Allemagne et avait acquis quelques rudiments d'allemand. De fait, une connaissance spécifique de la langue allemande n'était pas nécessaire, puisqu'il s'agissait seulement de donner un tour plus français aux vers craintivement élaborés par Roche sous la férule de l'impertinent Lindau, qui s'imaginait être la science infuse. Je fus bientôt conquis par la patience inlassable avec laquelle Truinet se soumettait aux modifications continuelles que réclamaient mes exigences de musicien. Il fallait écarter Lindau, dont l'incompétence était maintenant avérée, pour l'empêcher d'intervenir dans cette nouvelle version, et garder Roche comme collaborateur, dans la mesure où son travail servait de base à la nouvelle versification. Mais Roche ne pouvant s'absenter que difficilement de son bureau aux douanes, je lui rendis sa liberté. Truinet était entièrement libre de son temps et pouvait donc se mettre en contact avec lui quotidiennement. Je compris bientôt que son titre d'avocat n'était guère qu'un ornement : il ne songeait pas à plaider le moindre procès et tout son intérêt se portait sur l'administration du Grand Opéra auquel l'attachaient d'ailleurs ses fonctions d'archiviste. Associé à l'un ou à l'autre de ses camarades, il composait de modestes comédies pour le théâtre du Vaudeville, les petits théâtres, et même pour les Bouffes Parisiens, mais éprouvait une certaine gêne à parler de ce domaine de son activité et se dérobait toujours quand on l'interrogeait à ce propos. Bien que je lui fusse fort reconnaissant d'avoir réalisé pour mon *Tann-häuser* un texte parfaitement chantable et, de l'avis général, fort acceptable, je ne me rappelle pas avoir été enthousiasmé par les dons poétiques ou esthétiques de Truinet. Mais je reconnaissais la valeur de cet ami compétent et chaleureux qui me resta toujours entièrement dévoué, même dans les moments les plus difficiles. Je ne crois pas avoir jamais rencontré une personne ayant un jugement aussi fin pour ce qui est des problèmes les plus délicats, ni un ami possédant une volonté plus énergique dans la défense de mes opinions, qu'il faisait toujours siennes.

Nous avions d'abord à accomplir ensemble un travail tout nouveau. J'avais saisi l'occasion de cette représentation de *Tannhäuser*, qui se préparait avec tant de soin, pour réaliser quelque chose qui m'avait toujours paru nécessaire : en amplifier et en parfaire la première scène afin de lui donner tout son poids. J'écrivis le texte en vers allemands libres, afin de laisser au traducteur toute liberté de réaliser en français les vers appropriés. On m'assura que les vers de Truinet n'étaient pas mal réussis, et c'est directement sur ceux-ci que je composai la musique, quitte à adapter ultérieurement le texte allemand à la musique déjà composée. — De plus, las de lutter contre la direction à propos du grand ballet qu'elle réclamait, j'avais fini par me résoudre à développer considérablement la scène introductive du Venusberg, de façon à permettre au corps de ballet de s'y livrer sans retenue à tous les exercices chorégraphiques possibles. Je pensais qu'ainsi on n'aurait plus à se

plaindre de ma mauvaise volonté. La composition de
ces deux scènes m'occupa pendant tout le mois de
septembre, alors que je commençais parallèlement
les répétitions avec piano dans le foyer du Grand
Opéra.

Les artistes, dont certains avaient été engagés spécialement pour cette œuvre, se trouvaient rassem-
blés au complet, et j'étais impatient de découvrir de
quelle façon on répétait une œuvre nouvelle dans un
théâtre français. La méthode appliquée se caractérisait par une grande sécheresse jointe à une précision
extraordinaire. Le chef de chant, Monsieur Eugène
Vauthrot, excellait sous ce rapport. N'ayant jamais
obtenu de lui la moindre marque d'approbation,
j'aurais pu le croire mal disposé envers moi, s'il ne
m'avait pas prouvé combien il prenait la chose au
sérieux par le soin qu'il mettait dans l'exercice de ses
fonctions. Il insista sur différentes corrections importantes à opérer dans le texte afin qu'il correspondît
mieux à la ligne de chant. Fort de ma connaissance
des partitions de Boieldieu et d'Auber, je m'étais
imaginé que les Français étaient totalement indiffé-
rents à l'accentuation des syllabes muettes aussi bien
dans la poésie que dans le chant. Vauthrot m'assura
que c'était le cas des compositeurs, mais jamais des
bons chanteurs. Aux craintes répétées qu'il exprima
sur les longueurs de l'ouvrage, je répliquai que je ne
comprenais pas son inquiétude : on ne pouvait pas
ennuyer un public habitué à trouver son plaisir dans
l'audition de *Sémiramis* de Rossini, qu'on jouait si
souvent alors. Vauthrot réfléchit et me donna raison
pour ce qui est de la monotonie du sujet et de la
musique ; seulement j'oubliais que dans ces représentations le public ne s'occupe ni de l'action ni de la
musique, car son attention se porte uniquement sur

la virtuosité des chanteurs. Or, mon *Tannhäuser* n'avait pas été composé dans cette optique ; l'eût-il été d'ailleurs, que je n'aurais eu aucun chanteur virtuose à ma disposition. La seule exception était cette plantureuse chanteuse juive à l'aspect légèrement grotesque, cette Madame Tedesco* qui revenait d'une tournée triomphale au Portugal et en Espagne, où elle avait chanté dans des opéras italiens. Elle paraissait fort satisfaite d'avoir, grâce à mon indifférence, obtenu un engagement au Grand Opéra. Je dois dire cependant qu'elle se donna toutes les peines du monde pour incarner un rôle destiné à une authentique tragédienne et qui devait lui être totalement étranger. Pendant un certain temps, elle obtint même d'assez bons résultats ; l'inclination évidente que les nombreuses répétitions avaient fait naître entre elle et Niemann y contribua sans doute. Le ténor, de son côté, s'appropriait fort bien la prononciation du français, de sorte que ces répétitions, dans lesquelles Mademoiselle Sax se montra elle aussi à son avantage, autorisaient tous les espoirs. Il est vrai que je n'avais pas encore découvert sous son vrai jour Louis Dietsch*, chef d'orchestre chargé de la direction de mon opéra. Conformément à la tradition de l'institution, il n'assistait en effet qu'occasionnellement aux répétitions avec piano, uniquement pour se rendre compte des intentions des chanteurs. Quant au régisseur de l'Opéra, Monsieur Cormon, il assistait également aux répétitions et réglait accessoirement quelques jeux de scène avec la vivacité et le savoir-faire habituels aux Français. S'il arrivait que ce dernier ou quelqu'un d'autre ne comprît pas bien ce que je voulais, on s'efforçait toujours d'appliquer scrupuleusement mes décisions, car j'étais considéré comme tout-puissant et chacun se figurait que, par l'entre-

mise de la princesse de Metternich, j'obtiendrais de
la direction tout ce que je voulais. Un certain nombre
de faits accréditaient cette croyance. Ayant appris,
par exemple, que mes répétitions risquaient d'être
dérangées par le prince Poniatowski, désireux de
faire reprendre un de ses opéras qui avait fait un four,
je me plaignis auprès de l'intrépide princesse. Aussitôt, celle-ci réussit à obtenir un ordre impérial par
lequel l'opéra princier était écarté. Cela ne me gagna
naturellement pas l'amitié de ce monsieur : je m'en
aperçus bien lorsque j'allai le voir à ce propos.

*[Gêné par des travaux publics rue Newton, Wagner
s'installe rue d'Aumale à l'automne 1860. Fin octobre,
il tombe gravement malade, atteint de fièvre typhoïde.
Les répétitions de* Tannhäuser *sont suspendues pendant
plusieurs semaines.]*

Dès le commencement de cette année 1861, le
laisser-aller des répétitions lié à mon état de santé fit
place à une sérieuse reprise en main de tous les détails
du spectacle. Je constatai un changement marqué
dans l'état d'esprit de tous les participants. Le nombre
exagéré de répétitions me donnait à croire que la
direction obéissait à un ordre venu d'en haut sans
vraiment croire au succès de l'entreprise. Et en vérité,
je voyais de plus en plus clairement ce qu'il advien-
drait de l'affaire. Depuis longtemps, je savais ce que
j'avais à attendre de la presse, tout entière aux ordres
de Meyerbeer. La direction aussi semblait s'en être
rendu compte ; après de nombreuses tentatives pour
mettre la presse dans de bonnes dispositions à mon
égard, elle avait fini par se convaincre que la téméraire représentation de mon *Tannhäuser* ne ren-
contrerait qu'un accueil hostile. Cette conviction

commençait, du reste, à être partagée en haut lieu et l'on cherchait par tous les moyens à gagner à ma cause la partie du public qui ferait pencher la balance. Un jour, le prince de Metternich m'invita à me présenter chez le comte Walewski[1], récemment nommé ministre d'État. Cette entrevue fut accompagnée d'une certaine solennité qui se manifesta surtout dans le discours persuasif que m'adressa le comte. Il s'efforça de me faire comprendre qu'on ne désirait que ma fortune en me préparant un triomphe : mais ce succès dépendait de moi et de ma bonne volonté à insérer un ballet au deuxième acte. On ferait brillamment les choses : je pourrais choisir parmi les plus célèbres danseuses de Saint-Pétersbourg et de Londres, et leur engagement serait signé dès que je me serais décidé à confier à leur collaboration le succès de mon œuvre. Je crois que je fis preuve de la même éloquence pour dire que je refusais la proposition. Mais elle fut sans effet, et je fis la sourde oreille lorsque le ministre m'expliqua que mon ballet du premier acte ne comptait pas : les habitués qui venaient à l'Opéra uniquement pour le ballet ne dînaient qu'à huit heures et n'arrivaient au théâtre que vers dix heures, c'est-à-dire au milieu de la représentation. J'objectai que si je ne pouvais contenter ces messieurs, j'espérais cependant produire une certaine impression sur le reste du public ; mais Walewski, avec sa gravité imperturbable, me répliqua que le succès dépendait uniquement de ces messieurs, car eux seuls étaient assez puissants pour contrecarrer l'inimitié de la presse. Je restai sourd à ces arguments et j'offris de renoncer plutôt à la représentation de *Tannhäuser*. Alors, avec le même sérieux, il m'assura que sur les ordres de l'empereur, auxquels tout le monde devait se soumettre, je pouvais agir à

ma guise et qu'on s'efforcerait de me satisfaire et
qu'en me mettant en garde, il ne faisait que me
donner un conseil d'ami.

Les suites de cette entrevue ne tardèrent pas à se
révéler de bien des manières. Je mis toute mon ardeur
à l'exécution des grandes scènes chorégraphiques
extravagantes du premier acte et demandai l'aide du
maître de ballet Marius Petipa*. Mais je voulais des
choses impossibles, absolument étrangères aux ballets
habituels : je parlai à Petipa des danses des Ménades
et des Bacchantes et ne fis que l'étonner profondément. Comment pouvais-je me figurer qu'il arriverait à faire exécuter des danses si excentriques à ses
petites élèves ? Ne savais-je pas qu'en plaçant mon
ballet au premier acte j'avais renoncé d'emblée à la
participation des grandes danseuses de l'Opéra ? En
compensation, Petipa m'offrit, pour remplir le rôle
des Grâces, trois danseuses hongroises qui venaient
de se produire dans une féerie à la Porte Saint-
Martin. Quoique au fond je fusse bien aise de ne pas
dépendre des grandes ballerines de la maison, je
demandai avec insistance que l'on utilise pleinement
le corps de ballet. J'aurais surtout voulu que l'ensemble des hommes du corps de ballet fût sollicité,
mais on me fit comprendre que je n'obtiendrais personne que quelques tailleurs qui, moyennant cinquante francs par mois, prennent des poses gênées le
long des coulisses pendant que les ballerines solistes
exécutent leurs pas et leurs entrechats. Finalement
je voulus me rattraper sur les costumes et j'exigeai
qu'on me soumît des modèles originaux. On me lassa
par mille ruses et expédients, et mon fidèle ami
Truinet me confia enfin que la direction était décidée
à ne pas dépenser un sou pour un ballet qu'elle
considérait comme manqué. C'était là le premier des

signes qui me firent bientôt comprendre que l'administration du théâtre était elle-même convaincue que les efforts déployés pour mon opéra étaient peine perdue.

Ce sentiment de découragement pesa alors sur tous les préparatifs de cette représentation, sans cesse ajournée. Depuis le mois de janvier, les répétitions étaient entrées dans la phase de mise en place des mouvements scéniques et des répétitions d'orchestre. Tout était réglé avec une minutie qui, au début, m'avait été fort agréable, mais que je finis par trouver gênante quand je constatai que ces éternelles répétitions diminuaient l'ardeur des interprètes. Si j'avais pu prendre les choses en main, on aurait marché rapidement et sûrement vers le but. Cependant ce n'était pas la fatigue seule qui faisait perdre au chanteur Niemann, mon principal interprète, l'enthousiasme et l'énergie que son rôle lui avait inspirés au début. Il avait engagé une partie de ses appointements pour s'assurer l'appui de la critique parisienne et, à la suite de ces tentatives de corruption, il avait compris qu'on avait juré l'échec de mon opéra et il était convaincu de ne pouvoir être sauvé que s'il désertait et se produisait dans un opéra de Meyerbeer. À partir de ce moment-là, mon ténor tomba dans une mélancolie à laquelle il essayait devant moi de donner un caractère « démoniaque ». Il prétendait ne pouvoir considérer les choses qu'avec pessimisme et, à ce propos, me fit une critique fort pertinente de l'institution du Grand Opéra, de son public et de ses chanteurs, dont aucun n'était selon lui capable d'exécuter son rôle dans le sens où je l'entendais. Il fit toute une série de remarques, avec lesquelles je ne pouvais qu'être d'accord quand je pensais à la façon dont était abordée mon œuvre, concernant le chef de chant, le régisseur, le maître de ballet, le chef des chœurs et, surtout, le chef d'orchestre. Et Niemann, qui au début s'était fait un principe de chanter son rôle dans son intégralité absolue, me demandait maintenant des coupures. Comme je m'étonnais, il me répondit que je ne devais pas m'imaginer que tel ou tel passage était d'une importance capitale, et que de toute façon nous nous trouvions embarqués dans un projet qu'il s'agissait de réaliser le plus sommairement possible. Il réclama ensuite que l'on supprime ce passage auquel j'attachais tant d'importance dans l'*adagio* du deuxième finale et dans lequel il nous avait tous tellement émus lors des premières répétitions. Comme je m'y opposai, il me fit savoir par courrier qu'il n'avait pas envie de mettre en danger sa voix et sa réputation pour moi et que si je ne voulais pas couper ce passage, je n'avais qu'à trouver un autre chanteur. Je savais désormais que j'avais affaire à quelqu'un que la lâcheté avait transformé en bête sauvage et je me désintéressai de mon chevalier qui n'avait même plus le courage de courtiser Vénus. Je renonçais désormais à discuter avec lui de son rôle.

Les répétitions de *Tannhäuser* se traînèrent donc dans cette atmosphère peu encourageante jusqu'aux « générales ». Mes anciens amis, les compagnons de mes années passées, arrivaient en foule à Paris pour assister à la « gloire » de ma première. Il y avait Otto Wesendonck, Ferdinand Praeger, le pauvre Kietz auquel, par-dessus le marché, je dus payer le voyage et l'hôtel. Heureusement il y avait aussi Monsieur Chandon, d'Épernay, qui apportait une caisse de « fleur du jardin », son meilleur champagne : on devait la boire pour fêter le succès de *Tannhäuser*. Bülow vint aussi, triste et accablé par ses propres soucis et espé-

rant que le succès de mon entreprise réussirait à le
rasséréner et à lui redonner du courage. Je n'eus pas
le cœur de lui confier d'emblée que les choses se présentaient mal ; au contraire, le voyant si déprimé,
j'essayai de faire bonne figure. Seulement, comme il
comprit ce qu'il en était dès la première répétition à
laquelle il assista, je ne lui dissimulai plus rien et nous
attendîmes les représentations, qui avaient encore
été retardées, dans une mélancolie qu'animaient
seuls ses efforts incessants pour me rendre service.
De quelque côté qu'on considérât cette grotesque
entreprise, on ne se heurtait qu'à des problèmes et à
de l'incompétence : il était par exemple impossible
de réunir à Paris les douze cors de chasse qui, à
Dresde, avaient fait retentir avec tant de hardiesse
les appels du premier acte. Il m'avait fallu prendre
contact avec un homme terrible, Monsieur Sax, le
fameux fabricant d'instruments. Il vint à mon secours
en me procurant toutes sortes d'équivalents tels que
le saxophone et le saxhorn. Et c'était ce même Sax
qui dirigeait la musique de scène ! Jamais je ne réussis
à la lui faire jouer correctement.

Mais le problème principal provenait de l'incapacité du chef d'orchestre, Monsieur Dietsch, dont je
n'avais pas soupçonné jusque-là à quel point il était
incompétent. Dans nos innombrables répétitions avec
orchestre, je m'étais habitué à considérer Dietsch
comme une machine, et de ma place sur la scène, vis-
à-vis de son pupitre, je le dirigeais, lui et l'orchestre,
indiquant mes *tempi* avec tant de fermeté que je ne
croyais pas possible de les modifier, même quand je
ne serais plus à proximité pour intervenir. Mais aussitôt que Dietsch était livré à lui-même, tout s'effon-
drait : il n'y avait plus un tempo, plus une nuance
dont l'exécution fût sûre et fiable. Je vis le grave

danger qui nous menaçait. Si aucun des chanteurs
n'était à la hauteur de son rôle et n'était capable d'en
obtenir l'effet voulu, si cette fois-ci le nerf vital des
représentations parisiennes, le ballet et l'éclat de la
mise en scène ne contribuaient que peu ou pas du tout
à la réussite de l'ensemble, si enfin l'esprit de l'œuvre
et ce je ne sais quoi qui touchait la fibre intime des
Allemands même dans les plus mauvaises représentations n'éveillaient ici qu'un sentiment d'étrangeté,
il ne restait plus que l'orchestre, censé exprimer la
quintessence de ma musique, pour impressionner le
public parisien. Encore fallait-il qu'il jouât avec
énergie et passion. Mais hélas, sous la direction de
Dietsch tous les contours de ma musique s'effaçaient
et s'évanouissaient dans un chaos incolore, les chanteurs perdaient leur assurance et même les pauvres
petites danseuses perdaient la mesure en voulant
exécuter leur *pas* trivial. Je crus donc devoir réclamer
un autre chef et m'offris, au besoin, de remplacer
Dietsch moi-même. Cette réclamation porta à son
comble la confusion qui s'était installée autour de ma
personne. Même l'orchestre, qui connaissait pourtant depuis longtemps l'incompétence de Dietsch et
la raillait ouvertement, prit le parti de son chef offi-
ciel contre moi. La presse se déchaîna contre mon
« *arrogance* », et Napoléon III, devant toute cette agitation, ne trouva d'autre solution que de me conseiller
de renoncer à ma prétention, car elle risquait d'ébranler
tout à fait ma situation et le succès de mon opéra.
Comme dédommagement, on m'autorisa à reprendre
les répétitions et à en ordonner autant que je le juge-
rais bon.

Cette solution qui consistait à augmenter le nombre
de répétitions ne pouvait avoir d'autre résultat que
de nous fatiguer jusqu'au dégoût, moi et tout le per-

sonnel de l'Opéra, sans que pour autant Monsieur Dietsch fût plus fiable en matière de *tempi*. Aussi, lorsque je fis mine d'user de la permission impériale afin que la représentation pût avoir lieu dans de meilleures conditions, ce fut un tollé général parmi les membres de l'orchestre, qui se montrèrent particulièrement impétueux dans leur opposition. Je vis alors que ma relative puissance n'était plus prise au sérieux par la direction du théâtre, et comme la lassitude ne faisait que s'accentuer de tous côtés, je résolus, pour reprendre l'expression consacrée, de «retirer» ma partition, c'est-à-dire de renoncer à faire représenter mon opéra. J'adressai dans ce sens une requête motivée au ministre d'État Walewski ; mais il me répondit qu'il était impossible d'accéder à mon désir, les frais occasionnés par les préparatifs de la pièce ayant été trop considérables. Je ne me déclarai pas satisfait de cette raison et j'appelai à mon aide les amis qui s'étaient le plus intéressés à mon entreprise, le comte von Hatzfeld et Émile d'Erlanger entre autres, et les réunis pour discuter des moyens d'empêcher la représentation de *Tannhäuser* à l'Opéra. (Le hasard voulut qu'Otto Wesendonck fût aussi de cette réunion ; il attendait toujours le plaisir d'assister à la première. C'est alors sans doute qu'il se convainquit du caractère désespéré de la situation et se hâta de reprendre le chemin de Zurich. Praeger était parti de même ; seul Kietz tint bon, tout en s'efforçant de trouver à Paris les quelques subsides qu'il lui fallait pour vivre.) On décida dans cette réunion de s'adresser une seconde fois à l'empereur, mais, comme précédemment, sa réponse fut tout simplement une permission de répéter tant que cela me paraîtrait nécessaire. Lassé jusqu'au fond de l'âme et sans aucune illusion sur l'issue de l'entreprise, je laissai alors les choses suivre leur cours.

Après avoir donné l'autorisation de fixer la date de la première dans cet état d'esprit pessimiste, je fus en butte à de singulières pressions. Chacun de mes amis et partisans exigeait de moi une bonne place pour la représentation. Or, la direction m'avait signifié qu'en de telles occasions, la répartition des places était l'apanage exclusif de la cour et des administrations qui en dépendaient directement. Je ne devais apprendre que trop tôt à qui l'on avait distribué les billets! Pour le moment, j'étais fort embarrassé de ne pouvoir contenter une grande partie de mes amis. Quelques-uns firent preuve d'une susceptibilité excessive, étant persuadés que je les négligeais. Champfleury me reprocha par lettre mon crime de lèse-amitié; Gaspérini se brouilla ouvertement avec moi parce que je n'avais pas réservé la plus brillante des loges à son protecteur, le receveur général Lucy, venu de Marseille, qui était également mon créancier. Même Blandine Ollivier qui, pendant les répétitions, avait témoigné le plus chaleureux enthousiasme vis-à-vis de mon œuvre, crut à un manque d'égards total de ma part envers mes meilleurs amis lorsqu'elle et son mari n'eurent à leur disposition que de modestes fauteuils d'orchestre. Il fallut tout le sang-froid d'Émile Ollivier pour que mon amie, qui se croyait offensée, accepte d'entendre mes explications sur l'incroyable situation à laquelle je me voyais acculé. Seul le pauvre Bülow comprenait et souffrait avec moi: il ne recula devant aucune peine pour me soutenir dans cette insupportable situation. La façon dont la première fut accueillie le 13 mars ouvrit enfin les yeux à mes amis[1], et ils comprirent que je ne les avais pas invités pour les faire assister à un de mes triomphes.

J'ai déjà suffisamment parlé en d'autres endroits du déroulement de cette soirée[1] ; mais je peux me flatter d'avoir vu l'intérêt pour mon opéra prendre le dessus, car mes adversaires ne purent atteindre leur but, qui était d'empêcher à tout prix la représentation d'arriver à son terme. Le lendemain, mes amis, et Gaspérini le tout premier, m'attristèrent en me reprochant de ne pas avoir été capable de contrôler la distribution des billets. Meyerbeer s'y entendait mieux, prétendaient-ils : depuis ses premières expériences à Paris, il n'autorisait jamais la création d'un de ses opéras sans s'être assuré que toutes les places, jusque dans les coins les plus reculés de la salle, fussent occupées par des personnes qui lui étaient acquises. Moi, je n'avais même pas songé à pourvoir mes meilleurs amis, tel ce Monsieur Lucy. Je n'avais donc à m'en prendre qu'à moi-même de mon échec. Toute la journée se passa ainsi pour moi à écrire des lettres d'excuses et à faire des démarches de réconciliation. De tous côtés, on me pressait de réparer à la représentation suivante l'erreur que j'avais commise à la première, et chacun avait un bon conseil à me donner. La direction ne mettant qu'un nombre très restreint de billets à ma disposition, il me fallut en acheter moi-même et, pour cela, me procurer de l'argent. Comme il me répugnait de m'adresser à Émile d'Erlanger ou à un autre de mes amis, Gaspérini se souvint qu'un correspondant de Wesendonck, un négociant du nom d'Aufmordt, avait offert de nous aider de cinq cents francs. Curieux de voir ce qu'on obtiendrait en mettant en œuvre cet artifice que j'avais négligé jusque-là, je laissai agir à leur guise ceux qui se montraient si soucieux de mon bonheur.

La deuxième représentation eut lieu le 18 mars, et tout marcha vraiment très bien durant le premier

acte. L'ouverture avait été accueillie par des applaudissements nourris, sans susciter de protestations.
On venait d'applaudir vivement le septuor du finale,
quand Madame Tedesco, qui se montrait finalement
enchantée de son rôle de Vénus parce qu'elle pouvait
y porter une perruque blonde poudrée d'or, me cria
triomphalement que tout allait bien et que nous étions
victorieux. J'étais dans la loge du directeur. Soudain,
au milieu du deuxième acte, des sifflets stridents
retentirent. Alors Royer se tourna vers moi d'un air
absolument résigné et dit : « *Ce sont les Jockeys ; nous
sommes perdus.* » Ces messieurs du Jockey-Club faisaient la pluie et le beau temps au théâtre. À la demande
de l'empereur sans doute, on avait dû négocier avec
eux, leur demandant de laisser passer tranquillement
trois représentations de mon opéra, à l'issue desquelles
celui-ci serait réduit aux proportions d'un simple
lever de rideau et serait suivi d'un véritable ballet.
Mais ils n'avaient pas accepté ce compromis, d'abord
parce qu'au cours de la première représentation si
mouvementée je n'avais pas eu le comportement
d'un homme qui consentirait à un tel arrangement ;
ensuite parce qu'ils craignaient qu'en laissant deux
soirées se dérouler sans troubles, ils ne permissent à
l'œuvre de gagner suffisamment de partisans pour
que la direction l'Opéra s'autorisât à l'infliger trente
fois *de suite* aux amateurs de ballet. Ils étaient décidés
à s'y opposer tant qu'il en était encore temps. L'excellent Monsieur Royer comprit sur-le-champ que
ces messieurs ne plaisantaient pas et il abandonna la
lutte, malgré l'appui de l'empereur et de l'impératrice qui assistaient, stoïques, au vacarme de leurs
propres courtisans.

Mes amis furent bouleversés par ce qui s'était passé.
Après la représentation, Bülow se jeta en sanglotant

au cou de Minna ; celle-ci avait bien remarqué les grossièretés que ses voisins lui adressaient parce qu'ils avaient reconnu ma femme en elle. Notre fidèle domestique souabe, la brave Thérèse elle-même, avait été injuriée par un agitateur excité ; mais s'apercevant qu'il comprenait l'allemand, elle lui avait lancé à la face un vigoureux « Schweinhund[1] » qui lui avait imposé silence pour quelque temps. Kietz restait sans voix, et quant à la « *fleur du jardin* » de Chandon, elle languissait dans le garde-manger.

Lorsque j'appris que, malgré tout cela, on projetait une troisième représentation, je ne vis que deux solutions : ou bien tenter une nouvelle fois de retirer ma partition, ou bien exiger que mon opéra fût joué un dimanche, hors abonnement. Je pensais qu'une telle représentation ne serait pas perçue comme une provocation par les *habitués* car ils avaient l'habitude de louer ces jours-là leurs loges à des personnes manifestant leur intérêt pour la représentation. Ce stratagème sembla rencontrer l'approbation de la direction et des Tuileries ; on l'accepta en refusant toutefois d'annoncer que ce serait la troisième et dernière représentation. Minna et moi n'y assistâmes point. Il m'était aussi odieux d'entendre insulter ma femme que les chanteurs. Pour ce qui est des chanteurs, j'avais appris que Niemann parvenait à se tirer d'embarras, lorsque les manifestations de mécontentement du public s'éternisaient, en haussant les épaules et en montrant, comme pour s'excuser, la loge d'avant-scène dans laquelle j'étais censé me trouver. Mais je plaignais de tout mon cœur Morelli et Mademoiselle Sax, qui continuaient à m'être aveuglément dévoués. Déjà, à la première, croisant Mademoiselle Sax dans le corridor, au moment de retourner à la maison, je l'avais raillée en plaisantant de ce qu'elle avait été sifflée ; mais elle m'avait répondu avec sérieux et fierté : « *Je le supporterai cent fois comme aujourd'hui. Ah, les misérables* [1] *!* » Morelli, obligé de subir les clameurs des perturbateurs, avait été confronté à un singulier incident. Je lui avais enseigné minutieusement le jeu de scène que j'attendais de lui au troisième acte, entre la disparition d'Elisabeth et le début de la « romance à l'étoile ». Il ne devait pas quitter le banc de pierre sur lequel il était assis, à demi tourné vers le public au moment d'adresser son adieu à celle qui partait. Il lui en avait coûté de m'obéir, car il prétendait que c'était contre tous les usages en cours à l'opéra de chanter un passage aussi important ailleurs que sur le devant de la scène, face à la salle. Lorsque pendant la représentation il prit sa harpe avant de commencer à chanter, une voix cria dans le public : « *Ah ! il prend encore sa harpe !* » La salle éclata alors de rire. Comme les coups de sifflet qui s'ensuivirent semblaient ne pas vouloir s'arrêter, Morelli décida courageusement de laisser son instrument et de se diriger, comme le veut la tradition, vers la rampe. Il dut chanter vaillamment sa grande romance sans aucun accompagnement (car Dietsch ne s'y retrouva qu'après la dixième mesure). Le public se calma alors, retint son souffle, et lorsque le chanteur eut fini, il le couvrit d'applaudissements.

Mes acteurs ayant le courage d'affronter de nouvelles tempêtes, je ne pouvais y faire opposition, mais je ne voulus plus être le spectateur impuissant des indignes procédés auxquels ils s'exposaient. Je restai donc chez moi pendant cette troisième représentation, dont le succès était plus que compromis. D'acte en acte, des messagers vinrent nous renseigner. Dès la fin du premier, Truinet s'était rangé à mon avis : il fallait absolument retirer la partition. Les Jockeys, au lieu de suivre leur coutume et de ne pas venir au théâtre le dimanche, s'y étaient rendus au grand complet dès le début de la représentation afin de ne pas laisser passer une seule scène sans manifester. On me raconta que, dès ce premier acte, il avait fallu interrompre à deux reprises la représentation par des pauses d'un quart d'heure, tant les luttes furent vives. Le reste du public, sans vouloir pour autant exprimer un quelconque jugement sur mon œuvre, avait résolument pris parti contre le comportement de voyous de ces chahuteurs. Malheureusement mes partisans étaient désavantagés par rapport à mes adversaires : lorsque, épuisés d'avoir battu des mains et crié bravo, ils arrêtaient leurs applaudissements et leurs cris, les Jockeys recommençaient tranquillement à faire entendre leurs sifflets de chasse et leurs flageolets, si bien que c'est eux qui avaient le dernier mot. Pendant un entracte, l'un d'eux vint dans la loge d'une dame distinguée qui, blême de colère, le présenta à l'une de ses amies par ces mots : « *C'est un de ces misérables, mon cousin.* » Celui-ci conserva sa mine souriante et répondit : « Que voulez-vous ? Cette musique commence à me plaire mais, vous comprenez, il faut tenir sa parole. Permettez que je retourne à l'ouvrage ! » Et, sur ces paroles, il prit congé. — Le lendemain, je rencontrai l'aimable ambassadeur de Saxe, Monsieur von Seebach, absolument aphone ; comme ses amis, il avait totalement perdu la voix à force de manifester le soir précédent. La princesse de Metternich était elle aussi restée chez elle : il lui avait suffi de supporter durant deux représentations les offensantes huées de nos adversaires. Elle évoqua le degré de violence qu'avait atteint leur fureur en me racontant qu'elle s'était querellée ouvertement avec ses meilleurs amis. Elle leur avait dit : « Ne me parlez pas de votre liberté française. À Vienne, où il y a encore une vraie noblesse, on ne verrait jamais un prince de Lichtenstein ou de Schwarzenberg sifflant *Fidelio* de sa loge et réclamant un ballet.» Je crois qu'elle avait dit aussi sa façon de penser à l'empereur et que celui-ci s'était demandé si par une ordonnance de police il n'y aurait pas moyen de mettre des bornes à la conduite inconvenante de ces messieurs. Malheureusement, ils appartenaient presque tous à la maison impériale. Des bruits ayant couru à propos de telles mesures, mes amis crurent qu'on me préparait une victoire lorsque, à la troisième représentation, ils virent les couloirs du théâtre remplis d'agents de la paix. Mais on découvrit plus tard que ces précautions avaient été prises pour protéger les Jockeys, car on craignait que le parterre n'essayât de leur faire payer leur insolence. Il paraît que la représentation, si elle put avoir lieu jusqu'au bout, fut troublée continuellement par d'interminables chahuts. Après le deuxième acte, la femme du ministre révolutionnaire hongrois, Madame de Szemere, arriva chez nous tout en larmes, assurant qu'il était impossible d'y tenir. Personne ne sut me renseigner clairement sur la manière dont se déroula le troisième acte. Cela doit avoir ressemblé à une bataille dans une atmosphère de poudre à canon.

Je priai mon ami Truinet de revenir le lendemain matin afin de rédiger avec moi une note à la direction ; j'y déclarais que je retirais ma partition parce que je ne pouvais plus souffrir que les chanteurs fussent insultés à ma place par certains spectateurs sans que l'administration impériale trouvât le moyen de les protéger. J'interdisais, en tant qu'auteur, toute autre représentation de l'œuvre. Il n'y avait aucune fanfaronnade dans cette démarche de ma part : les quatrième et cinquième représentations étaient bel et bien annoncées et l'administration me répondit qu'elle avait des engagements envers le public, qui continuait de se bousculer pour assister au spectacle. Mais dès le lendemain, je faisais, par l'entremise de Truinet, paraître ma lettre dans *Le Journal des Débats* ; enfin, après de nouvelles hésitations, l'administration déclara qu'elle consentait à me rendre mon ouvrage.

[L'échec de Tannhäuser *vaut à* Wagner *l'admiration et l'amitié de nombreuses personnalités françaises, notamment Charles Gounod, Charles Baudelaire et Gustave Doré. Il reçoit en outre de nombreuses propositions, plus ou moins sérieuses, pour faire jouer ses œuvres à Paris, mais il comprend vite que l'intérêt qu'il suscite est plus commercial qu'artistique. Le 15 avril 1861, il part pour Karlsruhe, où il pense avoir de bonnes chances de faire jouer* Tristan et Isolde *à la cour du grand-duc, puis il se rend à Vienne, afin de s'assurer la collaboration de chanteurs compétents. Le 11 mai, il assiste pour la première fois à une représentation de* Lohengrin, *qui l'impressionne fortement. Devant l'enthousiasme suscité par* Lohengrin *et* Le Vaisseau fantôme *auprès du public, la direction de l'opéra de Vienne projette de donner* Tristan et Isolde. *S'ensuit une série de déplacements à Zurich, Karlsruhe et Paris, où il retrouve Liszt. Constatant l'échec de son aventure parisienne et celui de son couple, il envoie Minna en cure à Bad Soden et se défait de son logement de la rue d'Aumale. Du 11 au 30 juillet 1861, il est hébergé à la légation de Prusse (hôtel de Beauharnais, rue de Lille) par le comte Albert de Pourtalès, diplomate prussien d'origine franco-suisse. Il y travaille, en collaboration avec Nuitter, à la traduction du* Vaisseau fantôme. *Le 30 juillet, les époux Wagner partent pour l'Allemagne et se séparent à Francfort.]*

Quatrième partie
1861-1864

De nouveau ma route me conduisit à travers la Thuringe et me fit repasser au pied de la Wartburg qui se trouva ainsi associée de façon singulière à mes retours en Allemagne ou à mes départs de ce pays. À deux heures du matin, j'arrivai à Weimar et le lende-main, alors que je m'installais dans la chambre qui m'avait été réservée à la villa Altenburg, Liszt me fit remarquer avec insistance que je me trouvais dans l'appartement de la princesse Marie de Sayn-Witt-genstein. Ces dames n'étaient plus là pour nous recevoir : la princesse Caroline était à Rome, sa fille était à Vienne, mariée au prince Konstantin zu Hohenlohe. Il n'était resté à la villa Altenburg que la gouvernante de Marie, Miss Andersen, qui devait aider Liszt à recevoir ses hôtes. Du reste, on allait mettre la maison sous scellés ; le jeune oncle de Liszt, Eduard, était même arrivé de Vienne pour faire l'inventaire de toute la propriété. Une grande hospi-talité n'en régnait pas moins dans la villa où logeaient la plupart des musiciens venus pour cette fête de la musique, appelée «Tonkünstler-Versammlung[1]». Deux des principaux invités, Bülow et Cornelius, étaient déjà là. Tous les artistes, y compris Liszt, étaient coiffés de casquettes de voyage et je compris que c'était pour mieux marquer le caractère très

familier du festival campagnard qu'on organisait à
Weimar. Franz Brendel et sa femme avaient été installés avec une certaine pompe à l'étage supérieur de
la maison. Bientôt la villa Altenburg fourmilla de
musiciens ; je retrouvai parmi eux mon vieil ami
Draesecke, ainsi que le jeune Weissheimer* que Liszt
m'avait une fois envoyé en visite à Zurich. Tausig
vint aussi, mais il se tint généralement à l'écart de
nos réunions très détendues, occupé qu'il était à
courtiser une jeune dame. Comme compagne de mes
petites promenades, Liszt m'adjugea Emilie Genast* ;
je ne m'en plaignis pas, car elle était fort intelligente
et spirituelle. Je fis aussi la connaissance du violoniste Damrosch. La présence d'Alwine Frommann
me remplit de joie : Ma vieille amie était venue elle
aussi, bien qu'elle fût en froid avec Liszt. Lorsque
enfin Blandine et Émile Ollivier arrivèrent de Paris
et furent logés tout près de ma chambre, ces jours
heureux prirent un caractère de gaieté exubérante.
Le plus pétulant de tous était certainement Bülow. Il
devait diriger l'orchestre dans la *Faust-Symphonie*
de Liszt et il y fit preuve d'une ferveur extraordinaire. Il savait par cœur toute la partition et réussit
à la faire jouer avec une précision, une finesse et une
ardeur merveilleuses par un orchestre dont les
membres n'appartenaient pourtant pas à l'élite des
musiciens allemands. Après cette symphonie, l'œuvre
la plus réussie fut la musique que Liszt avait composée pour *Prométhée*. Je fus également particulièrement ému par le cycle de lieder *Renoncement*, composé
par Bülow et chanté par Emilie Genast. [...]

Après une semaine très animée et très riche, le
moment de nous séparer arriva. J'eus la chance de
pouvoir faire en compagnie de Blandine et d'Émile
Ollivier une grande partie de mon voyage vers Vienne.

Ils avaient décidé d'aller voir Cosima à Bad Reichenhall, où elle faisait une cure. En prenant congé de Liszt à la gare, nous parlâmes de Bülow, qui s'était si brillamment distingué au cours des derniers jours et qui était parti la veille. Nous nous répandîmes en éloges sur lui et j'ajoutai par plaisanterie qu'il n'aurait pas eu besoin d'épouser Cosima, à quoi Liszt répondit en s'inclinant légèrement : « C'était du luxe. »

[Après une étape à Munich, Wagner et les Ollivier arrivent à Bad Reichenhall le 12 août 1861.]

Cosima nous attendait et nous conduisit dans les chambres qu'elle avait retenues pour nous. Avant tout, nous fûmes heureux de voir qu'elle se portait bien mieux que nous n'avions osé l'espérer ; on m'avait en effet donné des nouvelles alarmantes de sa santé. On lui avait prescrit une cure de lait à Bad Reichenhall. Le lendemain matin, nous l'accompagnâmes jusqu'au chalet où elle prenait son breuvage, mais elle semblait avoir moins confiance dans ce remède que dans l'air vivifiant de la montagne et dans les promenades. Les deux sœurs, heureuses de se revoir, se laissaient aller à une gaieté dont nous entendions les éclats de loin, car nous étions généralement exclus de leurs tête-à-tête ; elles s'enfermaient dans leur chambre pour causer plus intimement. Il ne me restait donc que la conversation française de mon ami Ollivier sur des sujets politiques. Cependant il m'arriva de pouvoir pénétrer auprès des jeunes femmes ; une fois, j'avais pris le prétexte de leur annoncer mon intention de les adopter, puisque leur père ne se souciait plus d'elles. Ce projet fut accueilli avec moins de confiance que de gaieté. Je me plaignis un jour à Blandine de la « sauvagerie » de

Cosima ; elle ne me comprit pas tout de suite, mais, à
la fin, elle me déclara que le terme que j'avais
employé signifiait en fait «*timidité d'un sauvage*[1]».
Au bout de bien peu de jours, il me fallut continuer
mon voyage si agréablement interrompu. Je dis adieu
à mes amis et, sur le seuil de la maison, je rencontrai
le regard de Cosima, timide et presque interrogateur.

[*Arrivé à Vienne le 14 août 1861, Wagner apprend
que les répétitions de* Tristan *sont repoussées parce
que le ténor Alois Ander est malade. Il en profite pour
rendre visite à quelques connaissances.*]

À Vienne, je retrouvai aussi mon vieil ami Heinrich Laube. Depuis plusieurs années déjà, il était
directeur du Théâtre impérial-royal, le k. k.[2] Hof-
Burgtheater. Lors de mon dernier séjour, il avait cru
de son devoir de me présenter à différentes sommités
littéraires. Homme pratique, pour lui les «sommités
littéraires», c'étaient les journalistes et les critiques.
Pensant qu'il me serait particulièrement bénéfique
de rencontrer Eduard Hanslick*, il avait invité celui-
ci à l'un de ses grands dîners, et avait été très étonné
de ce que je ne lui eusse pas adressé une seule fois la
parole. Laube m'avait prédit alors que j'aurais de la
peine à triompher sur le terrain artistique dans la
capitale autrichienne. Lorsque je revins à Vienne, ce
dernier m'accueillit simplement en vieil ami et m'offrit de partager sa table pour le déjeuner aussi souvent
que cela me plairait ; je pourrais y goûter le bon
gibier qu'il y servait en chasseur passionné. Je ne
profitai pourtant pas très souvent de cette invitation :
autour de la table, la conversation tournait exclusivement autour des affaires quotidiennes du théâtre
dans ce qu'elles ont de plus banal. Après le repas

apparaissaient généralement des acteurs et des auteurs qui venaient prendre le café et fumer le cigare avec Laube. On se réunissait autour d'une grande table et, tandis que lui se reposait silencieusement en s'enveloppant de nuages de tabac, sa femme faisait la conversation avec ses hôtes. Par amour pour son mari, Madame Laube jouait pleinement son rôle d'épouse du directeur et jugeait nécessaire d'exprimer son opinion en termes choisis sur des choses auxquelles elle n'entendait absolument rien. Pourtant elle avait conservé le caractère bon enfant que j'aimais tant en elle autrefois, et lorsque, sans gêne aucune, je la contredisais, ce qu'aucun de ses courtisans ne se fût hasardé à faire, elle répliquait généralement avec une gaieté non dissimulée aux rectifications que j'apportais de la façon la plus directe. Avec elle et son mari, je ne m'entretenais que par plaisanteries et bons mots, car ce qui leur paraissait sérieux ne m'intéressait pas du tout. Elle en vint ainsi à me considérer comme un écervelé, si bien que plus tard, ayant assisté à mes concerts viennois, elle me déclara avec un étonnement bienveillant que je ne dirigeais pas mal du tout ; elle ne s'y attendait aucunement eu égard à ce que les journaux avaient dit de moi.

[Wagner comprend qu'en l'absence de ténor, le projet de représenter Tristan *à Vienne est dans une impasse. Il rejoint les Wesendonck à Venise au début du mois de novembre, où il se lance dans le projet des* Maîtres chanteurs. *De retour à Vienne le 13 novembre 1861, il organise un concert avec des extraits de* Tristan *et entre en pourparlers avec l'éditeur Schott de Mayence pour lui vendre les droits de ses partitions. Ne sachant pas où se fixer, le compositeur retourne à Paris entre décembre 1861 et février 1862, où il trouve de nom-*

breuses portes fermées, mais peut se consacrer à la
rédaction du livret des Maîtres chanteurs. *Il reprend*
bientôt sa vie d'errance et envisage de s'établir à Karls-
ruhe, puis à Mayence. C'est finalement à Biebrich
(Wiesbaden) qu'il se fixe pour quelque temps à partir
de février 1862. Il y reçoit la visite inopinée de Minna,
mais leurs disputes continuelles compromettent défi-
nitivement toute velléité de reprendre leur vie de couple,
et ils en viennent à faire le partage de leurs biens
domestiques. Wagner fréquente à cette époque le com-
positeur Wendelin Weissheimer, l'actrice Friederike
Meyer et la jeune Mathilde Maier* de Mayence.]

Les personnes qui demeuraient dans le voisinage
de mon asile de Biebrich se comportèrent très amicalement envers moi lorsque, le soir du 22 mai, jour
de mon anniversaire, elles acceptèrent ma modeste
invitation. Mathilde Maier, sa sœur et son amie
tirèrent fort adroitement parti de mon pauvre assor-
timent de vaisselle ; devenues en quelque sorte les
maîtresses de maison, ce furent elles qui firent les
honneurs du logis.

Mais de nouveau ma tranquillité fut troublée par la
correspondance de plus en plus tendue avec Minna.
Lui ayant désigné Dresde comme lieu de résidence,
mais voulant encore lui épargner l'humiliation du
divorce, j'avais fini par accomplir les démarches que,
par son entremise, me demandait le ministre de la
Justice de Saxe. J'avais donc réclamé mon amnistie
et l'on me l'avait accordée, m'autorisant ainsi à me
fixer à Dresde. Alors Minna se crut en droit de louer
un grand appartement et de l'installer au mieux avec
le mobilier que je lui avais laissé ; elle se figurait que
je me déciderais bien à venir le partager avec elle,
par intermittence du moins. Je dus lui fournir sans

protester les neuf cents thalers qu'elle exigea pour
cela. Mais plus je me montrais résigné sur ce point,
plus elle semblait blessée par la froideur de mes
lettres. Elle m'adressait des reproches à propos de
toutes sortes de prétendus torts anciens, et le faisait
en employant des termes de plus en plus grossiers.
Finalement, j'eus recours à mon vieil ami le docteur
Pusinelli* qui, par affection pour moi, était fidèlement
venu en aide à cette femme au caractère si difficile ;
je lui demandai d'administrer à Minna le remède
drastique que ma sœur Clara m'avait recommandé
peu avant, et qui était le meilleur moyen d'adoucir
ses souffrances : je le chargeai de lui faire comprendre qu'un divorce était devenu inévitable. Cette
mission ne fut pas des plus aisées à remplir pour le
pauvre Pusinelli, et il s'en acquitta avec le plus grand
sérieux. Il me raconta que Minna fut d'abord fort
effrayée et qu'elle refusa catégoriquement de consentir
jamais de son plein gré au divorce. Toutefois, la pré-
diction de ma sœur s'accomplit : le comportement de
Minna changea dès lors de façon spectaculaire. Elle
cessa de me tourmenter et parut prendre son parti
de la situation. Pusinelli lui ayant prescrit une cure à
Bad Reichenhall pour soulager sa maladie de cœur,
je lui envoyai l'argent nécessaire et elle passa un été
convenable au lieu même où, l'année précédente,
j'avais rencontré Cosima.

[Alors qu'il travaille à la composition des Maîtres
chanteurs de Nuremberg, *le compositeur apprend
que* Lohengrin *est donné à Karlsruhe. Il s'y rend à la
fin du mois de mai 1862 et assiste incognito à une
représentation pour y entendre Ludwig Schnorr von
Carosfeld* dans le rôle-titre. Il se lie alors d'amitié
avec le ténor et son épouse Malwine. À Biebrich, il*

reçoit de nombreuses visites au cours de l'été 1862 : les
Schnorr, Hans et Cosima von Bülow ainsi qu'August
Röckel, enfin sorti de prison. Mais après le départ de
ses visiteurs, il est de nouveau confronté à d'insolubles
problèmes financiers.]

J'étais en plein dans ces soucis quand, à ma grande
surprise, la direction de l'Opéra de Vienne m'invita
à venir préparer la représentation de *Tristan*. On
m'annonçait que les difficultés étaient levées, car
Ander était complètement guéri de sa maladie de
gorge. J'éprouvai un sincère étonnement à cette nouvelle et, m'étant informé, j'appris ce qui s'était passé
à Vienne pendant tout ce temps. Avant mon dernier
départ de cette ville, Madame Luise Dustmann*, qui
semblait s'être prise de passion pour le rôle d'Isolde,
s'était efforcée d'écarter le véritable obstacle à la
réussite de mon entreprise. Dans ce but, elle avait
donné une soirée à laquelle nous avions été invités
tous les deux, le docteur Hanslick et moi. La cantatrice savait que si on ne parvenait pas à gagner cet
homme à ma cause, on n'arriverait à rien. Comme
j'étais fort bien disposé ce jour-là, il me fut aisé de
traiter Hanslick comme une connaissance superficielle jusqu'au moment où il m'attira à l'écart pour
une discussion en tête à tête. Hanslick m'assura, au
milieu de larmes et de sanglots, qu'il ne pouvait supporter davantage d'être méconnu par moi ; ce qu'il
avait dit de ma musique ne provenait pas de sa
méchanceté, mais bien plutôt de son ignorance et il
me suppliait de l'éclairer et de l'instruire. En me
donnant cette explication, il était si fortement ému
que je ne pus vraiment que le consoler et lui promettre que je m'intéresserais sérieusement à ses futurs
travaux. Et, en vérité, peu de temps avant mon

départ, j'avais appris que Hanslick s'était exprimé
devant des personnes que je connaissais dans les
termes les plus excessivement laudatifs sur moi et
sur mon amabilité[1]. Or, ce revirement avait eu une
telle influence sur les chanteurs de l'Opéra et surtout
sur le conseiller aulique Raymond, qui avait l'oreille
du premier chambellan, qu'en haut lieu on s'était
mis enfin à considérer la représentation de *Tristan*
comme une question d'honneur pour Vienne. Et c'est
pourquoi maintenant on me rappelait.

*[Wagner ne se rendra à Vienne qu'au début du mois
de novembre 1862. Le 12 septembre, il dirige une représentation de* Lohengrin *à Francfort, puis part pour
Dresde. En chemin, il visite la Wartburg en cours de
restauration, mais ne goûte guère les fresques réalisées
par Moritz von Schwind. Après avoir assisté le 1ᵉʳ novembre au Gewandhaus de Leipzig à un concert présentant des œuvres de Weissheimer ainsi que le prélude
de* Tristan et Isolde *et celui des* Maîtres chanteurs de
Nuremberg *(dont c'est la toute première exécution
publique), il retrouve Dresde pour la première fois
depuis son exil. Il loge chez Minna du 3 au 7 novembre
1862.]*

Il me fut donc possible de me rendre pour quelques
jours à Dresde tant pour apporter des subsides à ma
femme que pour lui témoigner l'estime qui devait la
réconforter dans la position difficile où elle était. —
Minna vint me prendre à la gare et me conduisit
dans l'appartement qu'elle venait d'installer dans la
Walpurgisstraße, une rue qui n'existait pas encore à
mon départ de Dresde. En arrangeant ce logis avec
son habileté coutumière, Minna avait certainement
été guidée par le souhait de me voir m'y plaire. Sur

le seuil, un petit tapis m'accueillit par le mot « Salve »
qu'elle y avait brodé. Je reconnus immédiatement les
rideaux de soie rouge et les meubles de notre salon
parisien ; une vaste chambre à coucher et un cabinet
de travail très confortable m'étaient réservés personnellement ainsi que le salon ; ma femme s'était
contentée d'une petite chambre à alcôve, sur la cour.
Dans mon cabinet de travail paradait le grand bureau
d'acajou que je m'étais fait faire jadis lorsque j'avais
été nommé Kapellmeister ; après ma fuite de Dresde,
il avait été acheté par Madame Ritter qui l'avait
ensuite cédé à son gendre, le musicien Otto Kummer.
Minna le lui avait emprunté et me proposait maintenant de le racheter pour soixante thalers, si je le souhaitais. Comme je n'en témoignais aucune envie,
l'humeur de ma femme s'assombrit. La pensée de
rester en tête à tête avec moi inquiétait et gênait
Minna, aussi avait-elle invité ma sœur Clara à venir
de Chemnitz partager sa chambre pour quelques
jours. Clara fit preuve de sa bonté et de son tact habituels ; elle plaignait Minna et eût voulu l'aider à supporter ces temps douloureux, mais toujours avec
l'intention de fortifier en elle la pensée que notre
séparation définitive était nécessaire. C'est pourquoi
elle la mit clairement au courant de mes soucis
d'argent. Ils étaient si gros, ces soucis, que ma femme
en fut assez fortement alarmée pour que cela contre-
balance l'inquiétude qui la rongeait par ailleurs. Du
reste, nous passions l'essentiel de notre temps en
compagnie d'autres personnes, ce qui me permit
d'éviter toute explication avec Minna ; nous vîmes
ainsi la famille de Fritz Brockhaus avec sa fille Clara,
devenue Madame Klessinger, les Pusinelli, le vieux
Ferdinand Heine et enfin les époux Schnorr. —
J'employais mes matinées à faire des visites. Lorsque,

me rendant chez le ministre Bär pour le remercier de mon amnistie, je traversai, pour la première fois après tant d'années, les rues de Dresde; elles me firent une impression d'ennui et de vide: la dernière fois où je les avais vues, elles étaient recouvertes d'incroyables barricades et offraient alors un spectacle infiniment plus intéressant. Je ne rencontrais pas un visage connu! Même le marchand de gants, chez lequel je m'étais toujours fourni autrefois, sembla ne pas me reconnaître lorsque j'entrai dans le magasin. C'est alors que surgit un homme assez âgé, très ému, les yeux pleins de larmes. C'était le vieux musicien Karl Kummer, le hautboïste le plus génial que j'aie jamais rencontré et pour lequel, à cause de son talent, je m'étais presque pris de tendresse jadis. Nous nous embrassâmes amicalement et je lui demandai s'il jouait toujours aussi bien de son instrument; il m'assura qu'après mon départ, il n'avait plus trouvé de réel plaisir à la musique et que, depuis longtemps, il avait pris sa retraite. M'informant de toute la vieille garde de l'orchestre, j'appris qu'elle était ou morte ou retraitée: le grand contrebassiste Dietz, notre intendant von Lüttichau, le Kapellmeister Reissiger, tous enterrés; Lipinsky était depuis longtemps retourné en Pologne; le violoniste Schubert ne jouait plus. Tout cela me semblait à la fois si nouveau et si triste. Le ministre Bär m'exprima ses inquiétudes persistantes au sujet de mon amnistie, qu'il avait pourtant eu le courage de signer lui-même. Il craignait que ma vogue de compositeur d'opéra ne donnât lieu à des démonstrations fâcheuses; je me hâtai de le rassurer en lui promettant de ne m'arrêter que peu de jours à Dresde et de ne pas mettre les pieds au théâtre. Il me congédia en soupirant profondément et en me jetant un lourd regard.

*[Le 7 novembre 1862, le compositeur quitte Dresde
et fait ses adieux à Minna. Il ne la reverra plus. Il se
rend à Vienne où les répétitions de* Tristan et Isolde
*ont repris. La présence dans la capitale autrichienne
de Friederike Meyer, qui espère obtenir un rôle au
Burgtheater, lui vaut l'inimitié de Luise Dustmann,
interprète d'Isolde et sœur de l'actrice, qui est convaincue
qu'il entretient une liaison avec celle-ci.]*

Mêlé à ces pénibles histoires, je n'avais pourtant
pas négligé mes relations avec mes anciens amis de
Vienne. Un incident curieux s'était produit dès mon
arrivée. Comme je l'avais déjà souvent fait en d'autres
endroits, j'avais prévu de faire une lecture de mes
Maîtres chanteurs à la famille Standhartner, qui
avait cru bien faire en invitant Monsieur Hanslick à
venir m'écouter, puisque aussi bien il comptait maintenant parmi mes amis. Mais au cours de la lecture,
on s'aperçut que le dangereux critique était de plus
en plus contrarié et pâle. Lorsque j'eus terminé, il
partit sans qu'on pût le retenir, prenant congé sur un
ton visiblement irrité. Mes amis tombèrent d'accord
que Hanslick devait avoir considéré mon poème
comme une satire dirigée contre lui et notre invitation à venir l'écouter comme une insulte[1]. En effet,
à partir de ce moment, ses sentiments envers moi
changèrent du tout au tout et prirent un caractère de
violente hostilité dont j'eus bientôt à supporter les
conséquences.

*[En décembre 1862 et janvier 1863, Wagner organise
plusieurs concerts au cours desquels sont créés des
extraits du* Ring ; *ils se soldent par un important
déficit. Le ténor Alois Ander tombe de nouveau malade*

et la première de Tristan *est repoussée. Le compositeur accepte alors une invitation à diriger des concerts à Saint-Pétersbourg. Après avoir réglé quelques affaires personnelles à Biebrich, il se rend en Russie en faisant étape à Berlin (où il voit les Bülow le 19 février) et à Königsberg (les 20 et 21 février).]*

À Königsberg, il y eut un arrêt d'une demi-journée et une nuit, mais peu désireux de revoir ces lieux si néfastes dans Ma vie, je ne quittai pas ma chambre d'hôtel et ne me souciai même pas de savoir la rue où je logeais. Le lendemain de bonne heure, je me remis en route vers la frontière russe. Quelque peu troublé par le souvenir de la façon illégale dont je l'avais passée autrefois, j'examinai le visage de mes compagnons pendant ce long trajet. L'un d'eux, un gentilhomme livonien d'origine allemande, me frappa surtout par le ton dur et cassant de hobereau avec lequel il exprimait son mécontentement quant à l'émancipation accordée par le tsar aux paysans russes. Je compris alors que d'éventuelles aspirations à la liberté du peuple russe n'avaient guère de soutien à espérer de la part de l'aristocratie allemande fixée dans les provinces baltes. Près de Saint-Pétersbourg, je fus très effrayé de voir le train s'arrêter et des gendarmes y monter faire une perquisition. Ils recherchaient, paraît-il, des personnes soupçonnées d'avoir participé aux dernières émeutes de Pologne. À l'une des dernières stations avant la capitale, les places libres de mon compartiment furent envahies par des hommes dont les hauts bonnets de fourrure russes m'inspirèrent d'autant plus d'inquiétude que ces gens ne me quittaient pas des yeux. Soudain, la figure de l'un d'eux s'éclaira et il me salua d'un air enchanté en m'annonçant que lui et ses compagnons étaient des membres de l'orchestre impérial envoyés à ma rencontre. Ils étaient tous allemands. À la gare de Saint-Pétersbourg, ils me conduisirent triomphalement vers d'autres musiciens qui nous attendaient en grand nombre avec le comité de la Société philharmonique. On m'avait recommandé de me loger dans une pension allemande située dans un bâtiment donnant sur la perspective Nevski. J'y fus accueilli avec beaucoup de prévenance par la femme d'un négociant allemand, Madame Kunst, qui m'avait préparé un salon réservé ayant vue sur la grande rue animée et veilla à mon confort. Je prenais mes repas avec les autres pensionnaires. Je fréquentais surtout le compositeur Alexandre Serov*, que j'avais connu à Lucerne et que j'invitais à partager mes repas. Il était tout de suite venu me rendre visite et j'avais dû constater qu'il occupait à Saint-Pétersbourg une misérable situation de censeur des journaux allemands. Fort négligé dans sa tenue, souffreteux et besogneux, il gagna ma sympathie par son esprit indépendant et sa sincérité ; ces qualités, jointes à un excellent jugement, avaient fait de lui un critique influent et redouté. Je m'en aperçus lorsqu'en haut lieu on me pria d'user de mon influence sur Serov pour qu'il se retînt un peu dans son acharnement à poursuivre Anton Rubinstein, qu'on se donnait beaucoup de mal à protéger. Lorsque je lui fis part de cette demande, il me détailla toutes les raisons pour lesquelles il considérait l'activité de Rubinstein comme funeste à l'art en Russie ; je lui demandai s'il lui était possible, pour me faire plaisir, d'arrêter de le persécuter au moins pendant la durée de mon séjour à Saint-Pétersbourg, car je ne souhaitais pas être considéré comme le rival de Rubinstein. Il s'écria alors avec une violence maladive : «Je le hais et ne peux faire aucune concession.»

Entre nous deux, en revanche, l'entente fut parfaite. Serov me comprenait si bien que bientôt nous ne discutions presque plus qu'en plaisantant, car dans toutes les questions sérieuses, nous étions du même avis. Rien n'égalait la sollicitude avec laquelle il cherchait toujours à me rendre service. Il s'occupa de faire traduire en russe le texte des extraits de mes opéras qui devaient être exécutés dans mes concerts ainsi que les textes d'accompagnement. Avec beaucoup de discernement, il s'occupa de trouver les chanteurs les plus aptes à rendre justice à ma musique. En assistant aux répétitions et aux auditions, il se considérait comme récompensé de toute la peine qu'il s'était donnée ; sa figure rayonnante m'encourageait et me stimulait sans cesse. — L'orchestre que je réunis autour de moi dans la grande et belle salle de la «Société de la noblesse» me procura aussi la plus vive satisfaction. Il était composé de cent vingt musiciens choisis dans les orchestres impériaux — pour la plupart de valeureux instrumentistes qu'on n'employait d'ordinaire que pour accompagner les ballets et les opéras italiens. Ils étaient tous ravis de pouvoir, sous la direction d'un chef tel que moi, se consacrer exclusivement à de la musique de qualité.

Le premier concert ayant obtenu un succès considérable, on s'intéressa à moi dans les cercles auxquels, discrètement mais chaudement, j'avais été recommandé par Marie Kalergis*. Ma protectrice cachée avait su préparer avec adresse ma présentation à la grande-duchesse Hélène[1]. Tout d'abord je fis usage d'une recommandation de Standhartner* pour le docteur Arneth, qu'il avait connu à Vienne et qui était le médecin personnel de la grande-duchesse. Celui-ci me présenta à Mademoiselle von Rhaden, sa dame d'honneur la plus proche. La connaissance

seule de cette dame m'eût contenté, car je rencontrai
en elle une femme d'une culture parfaite, au jugement sûr et au maintien noble ; mais l'intérêt manifeste qu'elle me témoigna fut toujours accompagné
d'une certaine inquiétude qui paraissait se rapporter
à la grande-duchesse. Mademoiselle von Rhaden semblait sentir que quelque chose devait être fait pour
moi, quelque chose de plus important que ce qu'elle
pouvait attendre de l'esprit et du caractère de sa maîtresse. Cependant, je ne fus pas tout de suite introduit
jusqu'à la grande-duchesse Hélène ; auparavant je
fus invité chez la dame du palais à une soirée à
laquelle elle devait prendre part. Anton Rubinstein
avait été chargé d'en faire les honneurs artistiques : il
me présenta à la dame du palais et celle-ci se hasarda
alors à me conduire vers sa maîtresse. Les choses se
déroulèrent alors pour le mieux et, peu de temps
après, je reçus une invitation directe au thé de la
grande-duchesse. Outre Mademoiselle von Rhaden,
j'y vis la seconde dame d'honneur, Mademoiselle
von Stahl, ainsi qu'un vieux monsieur cordial, qu'on
me dit être le général von Brebern, vieil ami de Son
Altesse. Il faut croire que Mademoiselle von Rhaden
avait bien œuvré en ma faveur, car la grande-duchesse
manifesta le désir que je lui présente mon poème de
L'Anneau du Nibelung. N'en ayant pas d'exemplaire
sur moi, mais sachant que Weber à Leipzig en avait
terminé l'impression, je lui télégraphiai d'envoyer
sur-le-champ à la cour princière les volumes déjà
prêts. Pour le moment, mes protecteurs durent se
contenter d'une lecture des *Maîtres chanteurs.* La
grande-duchesse Marie y assista aussi : belle encore
et de taille distinguée, elle était fille de l'empereur
Nicolas et connue par sa vie assez passionnée. Ce
qu'elle pensait de mon poème me fut rapporté par

Mademoiselle von Rhaden ; il paraît qu'elle n'avait pas cessé de trembler que Hans Sachs ne finisse par épouser Eva.

Quelques jours après, les exemplaires de mon poème de *L'Anneau du Nibelung* arrivèrent séparément et les familiers du thé de la grande-duchesse se regroupèrent quatre fois autour de moi pour en entendre la lecture. Le général von Brebern y assistait régulièrement et sombrait dans un sommeil profond dans lequel il pouvait « s'épanouir comme une rose », selon les termes de la jolie et joyeuse Mademoiselle von Rhaden ; c'était l'occasion pour la jeune et radieuse Mademoiselle von Stahl de se livrer à d'aimables plaisanteries sur lui pendant que, par des corridors et des escaliers sans fin, je reconduisais les deux dames d'honneur à leurs appartements situés à l'autre bout du palais.

Comme autre personnage de marque, je ne rencontrai que le comte Mikhaïl Wielhorski, lequel, occupant à la cour impériale une position éminente, s'était imposé comme « protecteur de la musique ». Lui-même était convaincu de son remarquable talent de violoncelliste. Ce vieux monsieur parut fort amicalement disposé en ma faveur et très satisfait de ma façon de diriger. Il m'assura avoir découvert la *Huitième Symphonie* (en *fa majeur*) de Beethoven grâce à moi. De même, il croyait avoir saisi tout à fait le sens de l'ouverture de mes *Maîtres chanteurs*, au contraire de la grande-duchesse Marie qui la prétendait incompréhensible. Mais, à son avis, c'était une affectation de la part de la princesse. Autrement, comment se serait-elle enthousiasmée pour le prélude de *Tristan*, dont lui, musicien cultivé, n'avait pu suivre la musique qu'avec beaucoup d'efforts ? Lorsque je répétai cette appréciation de Wielhorski à Serov, celui-ci s'écria enthousiasmé : «*Ah! l'animal de comte! Cette femme connaît l'amour*[1]!» — Le comte offrit en mon honneur un splendide dîner auquel furent invités aussi Anton Rubinstein et Madame Abaza. Après le repas, je demandai de la musique à Rubinstein, et Madame Abaza insista pour qu'il choisît ses *Chansons persanes*. Le musicien en parut irrité, car il pensait avoir créé d'autres belles choses encore. Néanmoins, ces compositions et leur exécution me donnèrent une excellente opinion du talent des deux artistes. Madame Abaza avait été attachée comme cantatrice à la cour de la grande-duchesse et s'était mariée à un Russe riche et cultivé qui m'invita chez lui aussi et me reçut avec distinction. Entre-temps, un baron du nom de Vietinghoff s'introduisit auprès de moi en sa qualité de musicien amateur passionné ; il m'honora d'une invitation à une réunion où je retrouvai Ingeborg Stark, une belle Suédoise qui jouait du piano et composait des sonates, et que j'avais connue à Paris. Elle me stupéfia par le rire imperti- nent auquel elle se laissa aller quand Monsieur le baron joua ses œuvres. À part cela, elle se donnait des airs fort sérieux, car elle était, disait-elle, fiancée à Hans von Bronsart*. — J'avais échangé des visites amicales avec Rubinstein ; il se montra convenable à mon égard, quoique un peu mélancolique. Il m'as- sura qu'il songeait à quitter sa position de Saint- Pétersbourg ; il en était las, principalement à cause des attaques de Serov. Comme je devais donner pro- chainement un concert à mon bénéfice, on jugea qu'il serait pertinent de m'introduire également dans le monde des négociants pétersbourgeois. J'assistai donc à une audition donnée dans la salle du Cercle des négociants. Dans l'escalier déjà, je fus reçu par un Russe fortement aviné qui se présenta comme

Kapellmeister. Il avait sous ses ordres quelques musiciens issus de l'orchestre impérial et leur fit exécuter l'ouverture de *Guillaume Tell* de Rossini ainsi que celle d'*Oberon* de Weber. Les timbales avaient été remplacées par un petit tambour militaire, ce qui produisit un effet singulier dans le beau passage de la transfiguration de l'ouverture d'*Oberon*.

Si, pour mes propres concerts, les orchestres m'emplirent de satisfaction, les chanteurs, en revanche, me donnèrent beaucoup de mal. J'avais en la personne de Mademoiselle Bianchi un soprano satisfaisant ; mais pour la partie de ténor, je dus me contenter d'un certain Monsieur Setov qui avait plus d'aplomb que de voix. Il rendit cependant possible l'audition de la « scène de la forge » de *Siegfried* en donnant l'illusion du chant par sa présence sur le podium, tandis que l'orchestre seul devait se charger de produire tout l'effet. Après les deux concerts de la Société philharmonique, je m'occupai du mien, qui eut lieu dans la salle de l'Opéra impérial. Pour me seconder dans son organisation, on m'adjoignit un musicien retraité qui, en compagnie de Serov, passa de longues heures dans ma chambre. Quoique celle-ci fût bien chauffée, il ne consentit jamais à enlever sa fourrure, et comme son incapacité nous causait mille ennuis, nous tombâmes d'accord pour voir en lui « l'âne vêtu de la peau du lion ». Le concert réussit au-delà de toute attente, et je crois n'avoir jamais été accueilli par le public avec un tel enthousiasme : dès mon apparition, je fus salué par un tel déluge d'applaudissements que j'en fus décontenancé — ce qui pourtant ne m'arrive pas facilement. Le dévouement et la ferveur de l'orchestre contribuèrent sans doute largement à soulever l'enthousiasme du public, car c'étaient toujours mes cent vingt musiciens qui chaque

fois relançaient les acclamations. C'était manifestement quelque chose de nouveau à Saint-Pétersbourg.
Je les entendais s'échanger entre eux des remarques
telles que : «Reconnaissons que maintenant nous
savons ce que c'est que la musique!» Le Kapellmeister
Schuberth, qui m'avait jusque-là discrètement aidé
de ses conseils pratiques, mit la situation à profit en
me demandant de participer au prochain concert qui
aurait lieu à son bénéfice. J'en fus assez contrarié,
car je voyais bien que son but était de m'extorquer
une recette qui promettait d'être brillante en la
faisant passer de ma poche dans la sienne. J'écoutai
pourtant le conseil de mes amis et acceptai de rejouer,
huit jours plus tard, les morceaux à succès de mon
programme. L'auditoire fut de nouveau très nombreux et le succès aussi éclatant; mais la belle recette
de trois mille roubles fut encaissée par cet être malingre
que le sort punit de m'avoir exploité, car, dans le
cours de la même année, Karl Schuberth mourut
inopinément.

Heureusement, j'avais de nouveaux succès et de
nouveaux gains en perspective grâce au contrat que
j'avais signé avec le général Lvov, intendant du
Théâtre de Moscou. Je devais y donner trois concerts
pour lesquels on me garantissait la moitié des recettes
et, au minimum, mille roubles par soirée. J'arrivai à
Moscou par un temps désagréable où le gel et la pluie
alternaient; refroidi, souffrant et d'humeur chagrine,
je me logeai dans une pension allemande fort mal
située. L'intendant me fit piètre impression, malgré
la décoration qu'il portait autour du cou. Après avoir
réglé avec lui les détails pratiques et m'être entendu
avec un ténor russe et une cantatrice italienne retraitée
sur le difficile choix des morceaux, je commençai sans
tarder les répétitions d'orchestre. Je fis la connais-

sance du directeur de la «Société russe de musique»,
Nikolaï Rubinstein, le jeune frère d'Anton. Dans son
domaine, Nikolaï Rubinstein était considéré comme
une autorité à Moscou, mais il se montra toujours
fort modeste et prévenant à mon égard. L'orchestre
comprenait une centaine de musiciens qui étaient au
service du tsar pour accompagner les ballets et les
opéras italiens, et se révélèrent dans l'ensemble de
nettement moins bon niveau que leurs collègues de
Saint-Pétersbourg. Toutefois, il y avait parmi eux un
petit nombre d'instrumentistes à cordes très capables
et absolument dévoués à ma personne ; l'un d'eux,
l'excellent violoncelliste von Lutzau, un homme plein
d'esprit, était une de mes vieilles connaissances de
Riga. Mais je fus surtout enchanté par le jeu du violoniste Albrecht, le frère du passager du train qui, à
mon arrivée à Saint-Pétersbourg, m'avait tant effrayé
par son bonnet de fourrure. Malgré ces quelques
exceptions, j'eus l'impression de déchoir, artistique-
ment parlant, en travaillant avec l'orchestre de Moscou.
Je me fatiguais sans recueillir aucun plaisir de ma
peine, et mon irritation atteignit son comble lorsque
je vis mon ténor arriver aux répétitions en chemise
rouge : c'était sa façon de manifester contre ma
musique et de me témoigner sa patriotique répugnance à chanter la «scène de la forge» de *Siegfried*,
qu'il exécutait du reste dans le style fade et maniéré
des Italiens. Le matin du premier concert, je fus pris
d'une forte fièvre catarrhale et il me fallut annoncer
que j'étais malade et annuler l'audition. Mais dans ce
Moscou inondé de neige fondue, il semblait impossible de prévenir le public à temps dans un cas semblable. Devant le théâtre, on vit défiler inutilement
de nombreux et brillants équipages, au grand mécontentement de ceux qui les occupaient et apprenaient

trop tard qu'ils s'étaient déplacés en vain. Après vingt-quatre heures de repos, j'insistai pour que mes trois concerts eussent lieu dans l'espace de six jours, comme le prévoyait le contrat : j'étais poussé par le désir d'en finir au plus vite avec une entreprise qui me semblait indigne de moi. Le Grand Théâtre était à chaque fois bondé d'auditeurs qui étalaient une élégance à laquelle je n'étais pas accoutumé ; pourtant, d'après les calculs de l'Intendance impériale, je ne parvins pas à dépasser en recettes la somme qui m'avait été garantie. Mais je me sentis dédommagé par l'accueil chaleureux que l'on me fit à chaque concert et, surtout, par l'enthousiasme de l'orchestre. Ces messieurs m'envoyèrent une députation pour réclamer un quatrième concert. Je refusai. Alors on me demanda de diriger, tout au moins, une répétition, honneur que je déclinai également avec un sourire. Pour finir, l'orchestre organisa un banquet en mon honneur, à la fin duquel Nikolaï Rubinstein me porta un toast très aimable et de bon ton, avant que les démonstrations d'amitié ne deviennent quelque peu tumultueuses. Quelqu'un m'avait pris sur son dos et me promenait ainsi à travers la salle et il faillit en résulter une bagarre, parce que chacun voulait en faire de même. Les membres de l'orchestre s'étaient cotisés et me firent présent d'une tabatière en or sur le couvercle de laquelle étaient gravées ces paroles du chant de Siegmund dans *La Walkyrie* : « *Doch einer kam* » (« Quelqu'un est venu »). Je répondis à ce cadeau par ma photographie grand format, que je dédiai à l'orchestre en y transcrivant la fin du vers précédent : « *Keiner ging* » (« Personne n'est parti »).

[Après être repassé par Saint-Pétersbourg et avoir tenté d'obtenir une invitation pour l'année suivante, le

compositeur quitte la Russie à la fin du mois d'avril 1863 et part pour Vienne après une nouvelle escale à Berlin.]

J'arrivai sans encombre à Berlin, où je me rendis immédiatement chez les Bülow. Dans ces derniers mois, j'étais resté sans aucune nouvelle de la santé de Cosima et j'étais très inquiet en sonnant à sa porte. Ce fut sa domestique qui m'ouvrit; elle refusa d'abord de m'introduire: «Madame est souffrante, me dit-elle. — Est-elle vraiment malade?» demandai-je; et comme la fille souriait d'un air entendu, je compris ce qu'il en était en réalité. Aussitôt, je me hâtai d'aller saluer Cosima, qui avait accouché depuis un certain temps de sa fille Blandine; elle se trouvait en pleine convalescence et refusait les visites des personnes ordinaires. Tout semblait aller pour le mieux. Hans lui aussi était gai, car il croyait que mes succès de Russie m'avaient délivré pour longtemps de mes soucis d'argent. Mais en réalité, je savais que cela ne serait vrai que si je pouvais réaliser mon vœu d'aller passer chaque année quelques mois à Saint-Pétersbourg pour y diriger des concerts. Or, une lettre détaillée de Mademoiselle de Rhaden expliquant son télégramme précédent vint me rappeler qu'il ne fallait pas compter là-dessus. Ce courrier me fit songer à ménager sérieusement mon pécule. Après en avoir déduit les frais de voyage et de séjour, la pension versée à Minna et la somme due à mon marchand de meubles de Wiesbaden, il ne me restait plus guère que quatre mille thalers. Il me fallait renoncer à mon projet d'acheter un terrain et d'y construire une maison. Néanmoins, je ne me laissai attrister par aucune préoccupation: j'étais trop heureux de retrouver Cosima si bien portante et de si agréable humeur.

Tous deux d'une gaieté pétulante, nous refîmes une
promenade dans une splendide voiture par les allées
du Tiergarten et, le soir, nous dînâmes joyeusement
à l'«Hôtel de Russie», en tâchant de nous persuader
que les mauvais jours étaient derrière nous.

Mais avant toute chose, il me fallait retourner à
Vienne. Je venais, il est vrai, d'apprendre que la
représentation de *Tristan* était ajournée encore une
fois, à cause de la fatigue de Madame Dustmann. Mais
désirant surveiller de près cette affaire si sérieuse, et
Vienne étant la seule ville germanophone où j'eusse
tant de perspectives de succès pour mes projets artistiques, il me semblait judicieux de m'y installer pour
quelque temps. Tausig, que je retrouvai en plein épa-
nouissement artistique, m'y encouragea fortement,
se faisant fort de dénicher, aux environs de la capitale autrichienne, la demeure agréable et tranquille
qu'il me fallait. Avec l'aide de son propriétaire, il
trouva exactement ce que je cherchais. Dans la très
accueillante maison du vieux baron von Rackowitz,
à Penzing, on mit à ma disposition tout l'étage supérieur et un beau jardin ombragé dont j'avais la jouissance exclusive, moyennant un loyer annuel de douze
cents guldens. — J'y rencontrai le concierge Franz
Mrazek[1], un homme très prévenant que je pris immédiatement à mon service ainsi que sa femme Anna,
personne pleine de charme et d'intelligence. Ils
devaient partager durant plusieurs années les vicissitudes de ma destinée. — Mais pour installer cet asile
auquel j'aspirai depuis si longtemps et que je pusse y
trouver la paix nécessaire à mon travail, il me fallut
de nouveau dépenser de l'argent. Je fis venir de Biebrich ce qui restait de mon ancien mobilier ainsi que
mes récentes acquisitions et mon piano Érard. Le
12 mai 1863, par un beau temps printanier, j'entrai

dans cet agréable logis. Pour commencer, l'agitation où me jetait le souci d'arranger confortablement les pièces me fit perdre beaucoup de temps. C'est alors que je pris contact avec la maison Philipp Haas & Söhne, ce qui eut par la suite de fâcheuses conséquences. En attendant, chaque démarche que j'entreprenais pour rendre mon logis plus agréable me mettait en joie. Ma salle de musique était prête : le piano à queue y avait été installé et les murs étaient ornés de gravures d'après Raphaël qui m'étaient revenues lors du partage de Biebrich. Le soir du 22 mai, pour fêter mon anniversaire de naissance, la Société chorale des négociants vint me donner une sérénade aux lampions ; une députation d'étudiants s'y était jointe et l'on m'adressa des discours fervents. Je fis servir du vin et tout se passa à merveille. Le ménage Mrazek tenait très convenablement mon logis et le talent culinaire d'Anna me permit même d'inviter plusieurs fois Tausig et Cornelius à ma table.

Malheureusement, mon repos fut encore troublé à diverses reprises par les violents reproches de Minna à propos de tout ce que je faisais. Ayant résolu de ne plus jamais lui répondre directement, je m'adressai à sa fille Natalie (qu'elle n'avait toujours pas reconnue) et la renvoyai à ce dont nous étions convenus l'année précédente.

Comme je ressentais vivement la privation de présence féminine, notamment pour tenir mon foyer, j'écrivis à Mathilde Maier, à Mayence, en lui demandant ingénument de venir vivre auprès de moi afin de remplir ce vide. Je croyais cette amie assez sensée pour qu'elle ne se méprît pas sur ma proposition[1]. Sans doute ne m'étais-je pas trompé, mais je n'avais pas tenu compte de la réaction de sa mère et de son entourage bourgeois. Mon invitation semble leur avoir causé une agitation telle que finalement Mathilde chargea son amie Luise Wagner de me donner le conseil de bon sens de commencer par divorcer. Pour le reste, il serait ensuite facile de s'entendre. Horriblement effrayé, je retirai sur-le-champ ma proposition, que je déclarai irréfléchie, et je m'efforçai de calmer les émotions qu'elle avait provoquées. [...]

Jusqu'alors, je n'étais pas arrivé à trouver pour mon travail le calme auquel j'aspirais et en fonction duquel j'avais tout organisé. Le vol de la tabatière en or que m'avaient offert les musiciens de Moscou me fit souhaiter avoir un chien. Mon aimable vieux propriétaire me céda alors son chien de chasse Pohl, dont il ne se servait plus guère, l'un des animaux les plus fidèles et les plus gentils que j'aie jamais possédés. En sa compagnie, je faisais quotidiennement de grandes promenades dans les environs, qui offraient des paysages particulièrement séduisants. Pour l'heure, je restais assez seul : une grave maladie força Tausig à garder le lit longuement, et Cornelius souffrait d'une blessure à la jambe qu'il s'était faite en descendant maladroitement de l'omnibus à Penzing. Je poursuivis les relations fort amicales que j'avais entamées avec Standhartner et sa famille ainsi qu'avec le frère cadet de Heinrich Porges*. Fritz Porges était un futur médecin d'agréable caractère dont j'avais fait la connaissance à l'occasion de la sérénade que m'avait donnée la « Société chorale des négociants ». C'est même lui qui l'avait organisée.

J'étais convaincu que je ne pouvais plus espérer une reprise des répétitions de *Tristan* à l'Opéra : j'avais appris que la fatigue de Madame Dustmann n'avait été qu'un prétexte, et que l'aphonie complète d'Ander était le véritable motif de la nouvelle interruption des répétitions. L'honnête Kapellmeister Esser* cherchait toujours à me persuader de confier la partie de *Tristan* à un autre ténor attaché au théâtre, un certain Walther, mais ce dernier m'était tellement antipathique que je ne pus même pas me contraindre à l'écouter une seule fois dans *Lohengrin*. Je ne me souciai donc plus du tout de cette affaire et m'efforçai de m'absorber dans la composition de mes *Maîtres chanteurs*. Je me mis à instrumenter la partie déjà composée du premier acte, dont je n'avais encore achevé que quelques fragments. Mais, à l'approche de l'été, de nouveaux soucis matériels s'annoncèrent, venant me gâter le moment présent. J'avais des engagements à tenir, en particulier envers Minna, et je me rendis compte qu'il me fallait de nouveau songer à gagner de l'argent.

[Pressé par ses besoins d'argent, le compositeur accepte de diriger plusieurs concerts en Hongrie (à Pest) et en Allemagne — son projet de retourner en Russie ayant échoué, de même que son souhait d'être appelé à la direction artistique de l'Opéra de Vienne. Après avoir vainement tenté d'obtenir des subsides de la part de Schott à Mayence, il accepte de diriger un concert à Löwenberg en Silésie.]

Le concert à Löwenberg était mon seul espoir de gagner encore un peu d'argent. Je me mis donc en chemin en faisant un petit détour par Berlin pour éviter Dresde. J'y arrivai le 28 novembre, très fatigué après une longue nuit de voyage. J'avais demandé aux Bülow de me recevoir, et ils me prièrent instamment de repousser mon départ pour la Silésie, que j'avais prévu pour le jour même, et de leur accorder une journée. Hans désirait surtout me voir assister

au concert qu'il dirigeait le soir même, et c'est ce qui
me décida aussi à rester. Le temps était couvert, triste
et froid et, tout en nous entretenant de mon affreuse
situation, nous nous efforcions de garder notre bonne
humeur. Pour augmenter mes fonds, nous résolûmes
de charger notre vieil ami Weitzmann* de vendre la
tabatière en or du grand-duc. Pendant que je dînais
avec les Bülow à l'«Hôtel Brandenburg», on m'apporta les quatre-vingt-dix thalers qu'il en avait obtenus,
ce qui donna lieu à quelques plaisanteries sur mon
soudain «enrichissement». Bülow ayant à s'occuper
des préparatifs de son concert, je me promenai de
nouveau seul dans une belle voiture avec Cosima.
Alors le silence remplaça les badinages de notre précédente promenade : les yeux dans les yeux, nous
nous sentions submergés par le désir impérieux de
nous avouer la vérité ; nous n'avions pas besoin de
parler pour comprendre le malheur infini qui nous
accablait. À travers les larmes et les sanglots, nous
nous fîmes un aveu muet, celui d'appartenir l'un à
l'autre. Cela nous soulagea. Nous ressentîmes un
apaisement profond qui nous permit d'assister au
concert sans être oppressés. Je parvins même à me
concentrer sur l'exécution fine et entraînante de la
petite ouverture de concert en *ut majeur* de Beethoven, ainsi que sur l'ouverture de *Paris et Hélène*
de Gluck, que Hans avait remaniée avec infiniment
de délicatesse. Alwine Frommann se trouvait également au concert ; pendant la pause, nous la rencontrâmes sur le grand escalier. Puis la seconde partie
ayant déjà commencé, nous restâmes longtemps
ensemble dans le vestibule désert, assis sur une marche
de l'escalier, à discuter chaleureusement et sereinement avec cette vieille amie. Après le concert, il nous
fallut nous rendre chez Weitzmann pour un souper

dont le menu copieux nous mit dans un désespoir presque furieux, nous qui aspirions à la tranquillité de l'âme. Enfin, cette journée s'acheva. Après une nuit passée chez les Bülow, je poursuivis mon voyage. En quittant Cosima, je me rappelai l'adieu si émouvant qu'elle m'avait fait à son départ de Zurich. J'avais l'impression que le temps écoulé depuis lors n'était qu'un mauvais rêve qui disparaissait sous les sensations de ces deux jours mémorables et décisifs de mon existence. Si, autrefois, ce que je n'avais fait que pressentir vaguement sans le comprendre m'avait forcé au silence, aujourd'hui, il m'était tout aussi impossible de mettre des mots sur ce que nous nous étions avoué en silence. — Le Kapellmeister Seifriz* m'attendait dans une gare silésienne et me conduisit à Löwenberg dans une voiture du prince.

Le vieux prince de Hohenzollern-Hechingen, que son amitié pour Liszt avait disposé en ma faveur, savait ma situation précaire par Heinrich Porges, qui avait séjourné quelque temps chez lui. Il m'avait invité pour que je donne un concert privé dans son modeste château. Le prince me reçut amicalement et m'installa au rez-de-chaussée de la maison, dans un logement où il se faisait souvent conduire dans son fauteuil roulant, quand il sortait de ses appartements situés dans l'autre aile. Là, je me sentis plutôt à mon aise et repris même un peu d'espoir. Aussitôt, je fis répéter par le très convenable orchestre princier les extraits que j'avais choisis dans mes opéras. Mon hôte assistait régulièrement aux répétitions et en témoignait une grande satisfaction. Les repas étaient pris en commun, dans une ambiance détendue. Le jour du concert, il y eut une sorte de dîner de gala dans lequel, à ma surprise, je rencontrai Henriette von Bissing, sœur de Madame Wille de Mariafeld,

que j'avais bien connue à Zurich. Elle possédait des
terres non loin de Löwenberg et le prince l'avait
invitée en bon voisin. Elle avait gardé pour moi un
attachement fervent, était très sensée et spirituelle,
et devint ma compagne favorite. Le concert se déroula
fort bien et le prince me demanda le lendemain de
diriger encore, mais pour lui seul, la *Symphonie en
ut mineur* de Beethoven. Madame von Bissing, qui
était veuve depuis quelque temps, assista également
à cette audition et elle me promit de venir à Breslau
pour le concert que je devais y donner. Avant mon
départ de Löwenberg, le Kapellmeister Seifriz me
remit quatorze cents thalers d'honoraires de la part
du prince et m'exprima les regrets de son maître de
ne pouvoir se montrer plus généreux envers moi
pour le moment. Franchement étonné, car mes expériences ne m'avaient pas accoutumé à d'aussi aimables
procédés, je fus heureux d'exprimer ma reconnaissance chaleureuse à ce valeureux prince.

Je partis donc pour Breslau où le premier violon
Leopold Damrosch, que je connaissais de ma dernière visite à Weimar, et qui m'était recommandé
par Liszt, avait arrangé un concert pour moi. Malheureusement, comme je m'y étais attendu, tout avait
été pitoyablement organisé et j'en ressentis une
impression de grande tristesse et de découragement.
La salle, qui servait habituellement de local à bière,
était affreuse ; dans le fond se dressait une scène de
théâtre d'été que fermait un rideau d'une horrible
vulgarité. Il me fallut y faire construire une estrade
pour l'orchestre, et je fus si dégoûté de l'entreprise
que je faillis renvoyer sur-le-champ les musiciens qui,
du reste, ne m'inspiraient aucune confiance. Mon
pauvre ami Damrosch, fort effrayé, me promit de
neutraliser l'abominable odeur de tabac répandue

dans la salle. Quoiqu'il ne pût m'offrir aucune garantie quant aux recettes, je me résolus à diriger ce concert afin de ne pas trop lui faire du tort. À mon grand effroi, la salle, surtout dans les premières rangées, était presque exclusivement remplie de juifs et je dus constater que si le concert me valut un certain succès, je ne le devais qu'à l'enthousiasme de cette partie de la population ; je m'en rendis compte le lendemain au dîner que Damrosch organisa pour moi et où il n'y eut que des juifs. Sortant du concert, le soir, j'avais en revanche été frappé comme par un rayon de lumière venu d'un monde meilleur en voyant tout à coup Mademoiselle Marie von Buch* devant moi. Venue avec sa grand-mère du domaine des Hatzfeld pour assister à mon concert, elle avait attendu le départ du public dans un semblant de loge formée de quelques planches, car elle voulait me saluer. À la fin du dîner de Damrosch, la jeune dame revint me trouver en costume de voyage, et me témoigna encore la grande sympathie qu'elle éprouvait pour ma triste situation. De retour à Vienne, je lui écrivis et la remerciai de cette attention ; elle me répondit en me demandant un feuillet d'album. Encore sous l'effet de l'émotion que j'avais éprouvée en quittant Berlin, je le lui envoyai en y ajoutant ces quelques mots de Calderón : « Ce qu'il est impossible de taire et impossible de dire ! » De cette manière heureusement ambiguë, je croyais faire part à un être ami de l'unique sentiment qui vivait en moi.

[Les soucis matériels du compositeur ne cessent de le tourmenter. Les promesses de soutien financier de Madame von Bissing ne se réalisent pas et, au début de l'année 1864, il accepte de se rendre à Kiev pour y donner un concert.]

Au milieu de ces soucis, nous étions arrivés à la fin du mois de février. J'étais occupé à préparer mon plan de route pour la Russie en compagnie de Cornelius quand je reçus de Kiev et d'Odessa la nouvelle que, pour cette année, il fallait renoncer à tout projet artistique dans ces villes[1]. Dans ces conditions, je ne pouvais plus songer à rester à Vienne, ni à conserver mon logement à Penzing. Je n'avais plus aucun espoir de trouver un moyen quelconque, même provisoire, de gagner de l'argent et, du fait de la pratique bien connue de l'usure, mes dettes avaient atteint un montant si exorbitant que je me sentais vraiment menacé : sans un secours extraordinaire, je risquais d'être atteint dans ma personne même. Je m'ouvris alors en toute sincérité à Eduard Liszt, juge à la cour d'appel impériale et oncle de mon vieil ami Franz, pour qu'au moins il me donnât des conseils. Dès mon premier séjour à Vienne, il m'avait montré un dévouement chaleureux et je savais pouvoir trouver en lui un homme prêt à me rendre service. En ce qui concernait le paiement de mes traites, il ne vit évidemment d'autre solution que l'intervention d'un riche bienfaiteur qui indemniserait mes créanciers. Pendant quelque temps, il espéra obtenir les fonds nécessaires d'une certaine Madame Schöller, riche femme de négociant et grande admiratrice de mes œuvres. Standhartner, pour lequel je n'avais pas de secrets, crut également qu'il pourrait faire quelque chose de son côté. Je restai donc dans l'expectative durant quelques semaines, jusqu'au moment où il apparut que mes amis pourraient tout au plus réunir la somme dont j'avais besoin pour organiser ma fuite en Suisse, qui me semblait inévitable. Là, je serais à l'abri des poursuites et je pourrais attendre d'être en

mesure de rembourser mes traites. Cette éventualité
plaisait spécialement à l'homme de loi qu'était Eduard
Liszt car, de cette façon, il pourrait trouver un moyen
de faire punir les usuriers qui m'avaient si indigne-
ment exploité. [...]

Comme mes amis me conseillaient vivement de
me tenir prêt à fuir le plus tôt possible et que mon
chemin me conduisait en Suisse, j'avais écrit à Otto
Wesendonck pour lui demander de bien vouloir me
recevoir dans sa maison. Il refusa catégoriquement.
Je ne pus m'empêcher de lui répondre en lui faisant
remarquer la petitesse de son attitude. Il s'agissait
maintenant de donner à mon départ l'apparence d'un
voyage de courte durée et de faire croire que je serais
rapidement de retour. Standhartner, soucieux de
rendre mon départ le plus discret possible, m'invita
à déjeuner dans sa maison où déjà ma malle avait été
apportée par mon domestique Franz Mrazek. Le cœur
serré, je dis adieu à celui-ci, à sa femme Anna et au
bon chien Pohl. Le gendre de Standhartner, Karl
Schönaich, et Cornelius m'accompagnèrent à la gare ;
le premier sanglotait, accablé ; le second, au contraire,
affectait une humeur légère. Je pris le train dans
l'après-midi du 23 mars 1864. Mon intention était de
rester incognito deux jours à Munich et de m'y reposer
des terribles angoisses qui m'avaient secoué. Je passai
ces jours au « Bayerischer Hof », ne quittant mon hôtel
que pour de rares courses en ville. C'était le Vendredi saint. Le temps rude et froid semblait mettre
son empreinte sur toute la population qui, vêtue de
deuil, se rendait d'église en église. Peu de jours auparavant, le roi Maximilien II, si cher aux Bavarois,
était mort, laissant la couronne à son jeune fils qui,
bien que n'ayant que dix-huit ans et demi, avait pourtant l'âge légal de régner. Dans une vitrine, je vis le

portrait du jeune roi, Louis II, et je fus profondément
ému, ainsi qu'on l'est toujours quand on voit la jeunesse et la beauté dans une situation qu'on suppose
très difficile. Je me composai alors à moi-même une
épitaphe humoristique[1]; puis, sans être inquiété, je
traversai le lac de Constance. De nouveau, j'arrivais
à Zurich en fugitif désireux de trouver un asile; je me
dirigeai tout droit vers Mariafeld, la propriété du
docteur Wille.

Cet ancien ami de Zurich m'était demeuré un peu
étranger; je m'étais lié davantage avec sa femme:
c'est à elle que j'avais écrit pour lui demander l'hospitalité. Je voulais rester chez elle quelques jours, le
temps de trouver un logis approprié dans une des
localités des bords du lac de Zurich. Elle m'accueillit
amicalement. Son mari était absent, en train de faire
un voyage d'agrément à Constantinople. Il ne me fut
pas difficile d'exposer ma situation à cette amie, qui
s'offrit de bon cœur à me venir en aide. Elle commença par m'arranger quelques pièces dans la dépendance habitée autrefois par Madame von Bissing, dont
on avait malheureusement enlevé l'ancien mobilier
assez confortable. Je voulus pourvoir moi-même à
ma nourriture, mais Madame Wille ne me le permit
pas; et je cédai à sa prière de la laisser prendre soin
de moi. Comme les meubles manquaient, elle crut
pouvoir s'adresser à Madame Wesendonck; celle-ci
envoya immédiatement ce dont elle pouvait se passer
dans son intérieur et me fit même expédier un pianino.
Pour éviter que les choses soient mal interprétées,
Madame Wille souhaitait que j'aille voir mes vieux
amis de Zurich, mais mon état maladif, qu'aggravait
le froid de mon logement difficile à chauffer, m'en
empêcha; ce furent finalement Otto et Mathilde Wesendonck qui vinrent à Mariafeld. Ce ménage semblait

se trouver dans une période trouble et tendue dont je devinais un peu la raison, sans que, pour cela, ma manière d'être changeât à leur égard. Le mauvais temps et ma triste humeur augmentaient mes souffrances catarrhales et m'empêchaient d'aller dans les villages voisins à la recherche d'un logement. Enveloppé du matin au soir dans ma pelisse de Karlsruhe, je passais d'abominables journées que je tuais en m'engourdissant par la lecture des livres que Madame Wille me faisait parvenir l'un après l'autre dans ma retraite. Je lus *Siebenkäs* de Jean Paul Richter, le Journal de Frédéric II, Jean Tauler, des romans de George Sand, Walter Scott et même *Felicitas*, dû à la plume même de ma bienveillante hôtesse. De l'extérieur je ne reçus que de véhémentes lamentations de Mathilde Maier ainsi que l'envoi surprenant et réjouissant de soixante-quinze francs de tantièmes parisiens, venant de Truinet. Nous eûmes alors un entretien avec Madame Wille ; sur un ton où se mêlaient l'allégresse et l'humour noir, nous nous demandâmes ce qu'il me fallait faire pour sortir de cette déplorable situation. Nous eûmes, entre autres, l'idée d'amener ma femme à un divorce, afin que je pusse me remarier richement. Tout me paraissant opportun, et aucune démarche inutile, j'écrivis réellement à ma sœur Luise Brockhaus pour lui demander d'avoir avec Minna un entretien sérieux, dans lequel elle la persuaderait de se contenter de sa pension annuelle et de renoncer à ses droits sur ma personne. Je reçus en guise de réponse le conseil solennel de songer d'abord à consolider ma réputation et à acquérir un crédit indiscutable par la composition d'une nouvelle œuvre ; ce serait plus utile que d'entreprendre des démarches excentriques. Dans tous les cas, je ferais bien de briguer la place de Kapellmeister

vacante à Darmstadt. — Les nouvelles de Vienne
étaient très mauvaises. Tout d'abord Standhartner
m'annonça que pour sauver mon mobilier, resté
dans mon logement à Penzing, il avait conclu une
vente fictive avec un négociant de Vienne. Je répondis
de façon passablement indignée, car en procédant
ainsi on lésait mon propriétaire, auquel je devais
prochainement payer le loyer. Grâce à Madame Wille,
je pus disposer de l'argent nécessaire pour payer ce
loyer et l'envoyer sur-le-champ au baron de Rackowitz ;
mais alors, j'appris que Standhartner et Eduard Liszt
avaient déjà fait place nette chez moi. Avec le prix
des meubles, ils avaient réglé le loyer et m'avaient
ainsi coupé toute possibilité de revenir à Vienne, ce
qui, à leur avis, eût été dangereux pour moi. En
même temps, Cornelius m'apprenait que Tausig, qui
m'avait cautionné pour une de mes lettres de change,
était de ce fait empêché de rentrer à Vienne comme
il le souhaitait (il était alors en Hongrie). J'en fus tellement peiné que je décidai de retourner moi-même
immédiatement à Vienne à mes risques et périls.
J'annonçai ma résolution à mes amis de là-bas. Mais
auparavant, je voulus encore essayer de me procurer
la somme qu'il me fallait pour proposer une transac-
tion à mes créanciers. Dans ce but, je m'étais adressé
à Schott en accompagnant ma demande pressante
de reproches véhéments sur sa conduite à mon égard,
et je me décidai à aller attendre à Stuttgart le résultat
de ces efforts, afin d'être plus près de Mayence. J'avais
encore d'autres raisons de quitter la Suisse.

Le docteur Wille était de retour, et je n'avais pas
tardé à m'apercevoir que ma présence à Mariafeld
l'inquiétait car, sans doute, il craignait que je ne fisse
appel à sa bourse. Éprouvant cependant un peu de
gêne lorsqu'il vit quel était mon comportement à son

égard, il m'avoua dans un moment d'agacement qu'il avait envers moi les sentiments bien excusables de celui qui, habitué à jouir de quelque considération au milieu de ses pareils, se retrouve devant un homme face auquel il se sent étrangement inférieur : « On désire toujours être quelque chose dans sa propre maison et pas seulement le marchepied de quelqu'un d'autre. » Madame Wille, pressentant les dispositions de son mari, s'était entendue avec les Wesendonck pour que ceux-ci m'envoient cent francs tous les mois durant mon séjour à Mariafeld. Dès que je l'appris, je me sentis obligé d'annoncer à Madame Wesendonck mon départ immédiat de la Suisse en la priant amicalement de ne plus s'occuper de moi, mes affaires s'étant tout à fait arrangées à mon gré. Il paraît que Madame Wesendonck, ayant jugé cette lettre compromettante, la renvoya à Madame Wille sans l'ouvrir.

Je partis donc le 30 avril 1864 pour Stuttgart où, depuis quelque temps, Karl Eckert* était Kapellmeister au Königliches Hoftheater. J'avais lieu de croire à l'attachement de cet excellent homme, qui m'avait donné des preuves de son dévouement lorsqu'il était directeur de l'Opéra de Vienne, et qui avait assisté l'année précédente avec enthousiasme à mon concert de Karlsruhe. Du reste, je ne voulais de lui que son aide pour trouver le tranquille asile où je désirais me retirer pendant l'été à venir, et je pensais que je découvrirais peut-être quelque logement à Bad Cannstadt, près de Stuttgart. Là, j'achèverais aussi vite que possible le premier acte des *Maîtres chanteurs de Nuremberg* afin d'envoyer à Schott une partie du manuscrit que je lui avais annoncé comme étant bientôt terminé lorsque je lui avais demandé les avances qu'il me refusait depuis longtemps. Je voulais ensuite, à l'écart et — comme je l'espérais — à l'insu du monde, tenter de rassembler les fonds avec lesquels je pourrais régler mes dettes à Vienne. Eckert me reçut en véritable ami. Son épouse, une des plus belles femmes de Vienne, avait sacrifié une situation sociale avantageuse à la fantaisie d'épouser un artiste ; mais elle était demeurée suffisamment riche pour offrir à son Kapellmeister un intérieur confortable et accueillant, qui me fit alors une impression très chaleureuse. Eckert crut de son devoir de m'emmener chez le baron von Gall, intendant du Hoftheater. Celui-ci me parla avec intelligence et bienveillance de la situation difficile dans laquelle je me trouvais en Allemagne : toutes les portes me resteraient fermées aussi longtemps que les ambassadeurs de Saxe et leurs agents disséminés un peu partout chercheraient à me nuire en répandant les plus diverses calomnies sur mon compte. Lui-même, me connaissant mieux à présent, se sentait poussé à prendre mon parti auprès de la cour de Wurtemberg. Le soir du 3 mai, à une heure assez avancée, nous étions en train de nous entretenir de ces questions chez Eckert lorsqu'on m'apporta la carte d'un monsieur se disant « secrétaire du roi de Bavière ». Très désagréablement surpris de ce que ma présence à Stuttgart fût déjà connue par des personnes de passage, je fis répondre que je n'y étais pas et je ne tardai pas à retourner à mon hôtel. Là, on me dit encore qu'un monsieur de Munich désirait absolument me voir ; je donnai donc rendez-vous à l'étranger pour le lendemain à dix heures du matin. Me préparant au pire, je passai une mauvaise nuit. Le jour suivant, dans ma chambre, je reçus Monsieur Pfistermeister*, secrétaire du cabinet de Sa Majesté le roi de Bavière. Ce monsieur m'exprima tout d'abord sa grande joie de ce que, après m'avoir cherché vainement à Vienne et à Mariafeld

sur le lac de Zurich, où on lui avait donné des renseignements exacts, il avait enfin pu me trouver à Stuttgart. Puis il me remit un billet du jeune roi de
Bavière, ainsi que le portrait de celui-ci et une bague
comme cadeau. En peu de mots, mais qui atteignirent le cœur de Ma vie, le jeune monarque me déclarait son amour pour mon art et m'affirmait sa volonté
de me prendre sous son égide, comme il le ferait
d'un ami, afin de me préserver de toutes les iniquités
du destin. Alors Monsieur Pfistermeister m'annonça
qu'il était chargé de me conduire sur-le-champ auprès
du roi et me demanda la permission d'annoncer télégraphiquement notre arrivée à Munich pour le lendemain. À midi, j'étais invité chez Eckert, et Monsieur
Pfistermeister s'excusa de ne pouvoir m'y accompagner. Mes amis, parmi lesquels se trouvait aussi le
jeune Weissheimer d'Osthofen, furent stupéfaits et
ravis de la nouvelle que je leur apportais. On était
encore à table quand Eckert reçut de Paris un télégramme lui apprenant la mort de Meyerbeer[1] : alors
Weissheimer éclata d'un rire de rustre provoqué par
cette merveilleuse coïncidence qui empêchait le
maestro qui m'avait tant nui de vivre cet instant.
Monsieur von Gall, qui arriva à ce moment, me dit
avec un étonnement plein de bienveillance qu'à présent
je n'avais plus besoin de ses recommandations.
Ayant déjà ordonné la représentation de *Lohengrin*,
il me paya d'avance les honoraires stipulés. Le soir,
à cinq heures, je retrouvai Monsieur Pfistermeister à
la gare et nous partîmes ensemble pour Munich, où
ma visite au roi avait été annoncée pour le lendemain dans la matinée.

Le même jour j'avais reçu de Vienne de pressantes
conjurations de ne pas y retourner. De Ma vie, je ne
devais plus connaître de telles frayeurs. Le périlleux

chemin que mon destin avait tracé pour me faire
atteindre désormais le but le plus élevé n'irait pas
sans toutes sortes de soucis et de peines, inconnus
jusque-là; mais, sous la protection de mon noble
ami, le fardeau des vulgaires misères de l'existence
ne devait plus jamais me faire souffrir.

DOSSIER

CHRONOLOGIE

(1813-1883)

1813. *22 mai* : naissance de Wilhelm Richard Wagner à Leipzig.
       23 novembre : mort de son père Friedrich Wagner.
1814. Installation de la famille Wagner à Dresde.
       Sa mère Johanna épouse Ludwig Geyer (mort en 1821).
1822. Élève à la Kreuzschule de Dresde.
1826. La mère et les sœurs de Wagner s'installent à Prague, le
       jeune Richard reste à Dresde.
1827. Rédaction de la tragédie *Leubald et Adélaïde* au cours
       d'un séjour à Prague.
1828. Inscription à la Nikolaischule de Dresde.
1829. *Avril* : entend la cantatrice Wilhelmine Schröder-Devrient,
       prétendument dans *Fidelio*.
       Compose ses premières œuvres (deux sonates et un
       quatuor) au cours de l'été.
1830. Inscription à la Thomasschule de Leipzig.
1831. Prend des cours de composition auprès de Theodor
       Weinlig, cantor à la Thomaskirche.
       Décembre : création de son *Ouverture en ré mineur* au
       Gewandhaus de Leipzig.
1832. Composition de l'*Ouverture en ut majeur* au début de
       l'été, créée au conservatoire de Prague en novembre.
       Voyages à Vienne et à Prague au cours de l'été.
1833. *Janvier* : rencontre du poète contestataire Heinrich
       Laube. Début de la rédaction du livret des *Fées*. Devient
       chef de chœur au théâtre de Würzburg.
1834. *Début janvier* : retour à Leipzig.
       6 janvier : achève la partition des *Fées*.
       Mars : lecture de *La Jeune Europe* de Laube, œuvre phare
       du mouvement contestataire de « La Jeune Allemagne ».
       Juin : parution de son premier essai, *L'Opéra allemand*,

dans la *Zeitung für die elegante Welt*. Voyage en Bohême en compagnie de Theodor Apel. Début de la rédaction du livret de *La Défense d'aimer*.

Juillet : rencontre l'actrice Minna Planer à Bad Lauchstädt.

10 octobre : devient directeur de la musique du théâtre de Magdebourg.

1835. *Janvier* : composition de la musique de scène pour *Columbus*, drame de Theodor Apel.

Juillet : s'arrête pour la première fois à Bayreuth au retour d'un voyage à Prague.

Août : début de la rédaction du *Calepin rouge* (*Rote Brieftasche*) où il consigne ses notes autobiographiques.

1836. *Janvier* : achèvement de la partition de *La Défense d'aimer*.

29 mars : création à Magdebourg de *La Défense d'aimer*, rebaptisée *La Novice de Palerme* pour satisfaire la censure. Faillite du théâtre de Magdebourg.

Été : voyages à Berlin et à Königsberg.

Automne : projet d'opéra pour Paris, *La Noble Fiancée* d'après Heinrich König.

24 novembre : épouse Minna Planer dans l'église de Tragheim (Königsberg).

1837. *1er avril* : est nommé directeur de la musique au théâtre de Königsberg. Le théâtre fait faillite peu après.

Printemps : esquisse de livret pour un opéra-comique, *L'Heureuse Famille de l'ours*.

31 mai : Minna s'enfuit avec son amant Dietrich, première crise conjugale.

Juin-juillet : première esquisse du livret de *Rienzi*.

Août : devient directeur de la musique au Stadttheater de Riga.

Octobre : réconciliation avec Minna. Mort de sa sœur Rosalie.

1838. *5 août* : achèvement du livret de *Rienzi, le dernier des tribuns*.

1839. *Mars* : perd son emploi à Riga, où il est remplacé par Heinrich Dorn.

9 juillet : début de la fuite des époux Wagner vers la France pour échapper à leurs créanciers.

19 juillet : embarquement sur la *Thétis* à Königsberg.

29 juillet : escale à Sandvika, sur les côtes norvégiennes.

12 août : arrivée à Londres à l'issue d'un voyage particulièrement périlleux.

20 août : arrivée à Boulogne-sur-Mer. Rencontre avec Giacomo Meyerbeer.

17 septembre : arrivée à Paris, s'installe au 3, rue de la Tonnellerie.

Novembre : audition de la *Neuvième Symphonie* de Beethoven par l'Orchestre du Conservatoire, Wagner est fortement impressionné.

1840. *12 janvier* : achèvement de l'*Ouverture sur Faust*.

Mars : le Théâtre de la Renaissance accepte de programmer *La Défense d'aimer*, mais fait faillite peu après.

15 avril : emménagement rue du Helder.

Juillet : début de la collaboration avec la *Gazette musicale de Paris* de Maurice Schlesinger.

19 novembre : achèvement de la partition de *Rienzi*.

Novembre-décembre : Wagner vit de petits travaux qui lui sont confiés par Schlesinger.

1841. *Janvier-juin* : rédaction d'articles et de nouvelles pour la *Gazette musicale de Paris* et pour la *Dresdener Abendzeitung*.

Fin mars : Liszt reçoit Wagner, qui l'entend peu après en concert.

29 avril : emménagement à Meudon.

29 juin : par l'entremise de Meyerbeer, l'Opéra de Dresde accepte de représenter *Rienzi*.

2 juillet : vend le scénario du *Vaisseau fantôme* au directeur du Grand Opéra.

Juillet : début de la composition du *Vaisseau fantôme*.

Septembre : découverte de la philosophie matérialiste de Ludwig Feuerbach.

30 octobre : emménagement au 14, rue Jacob.

19 novembre : achèvement de la partition du *Vaisseau fantôme*.

1842. *7 avril* : retour en Allemagne du couple Wagner et installation à Dresde (le *12 avril*).

Juin-juillet : rédaction des premières esquisses de *Tannhäuser*.

26 octobre : création triomphale de *Rienzi* au Königlich Sächsisches Hoftheater de Dresde sous la direction de Carl Reissiger.

1843. Se lie d'amitié avec l'écrivain révolutionnaire anarchiste August Röckel et le médecin Anton Pusinelli.

2 janvier : création du *Vaisseau fantôme* à Dresde sous la direction du compositeur, avec un succès mitigé.

1er et 8 février : parution de l'*Esquisse autobiographique* dans la *Zeitung für die elegante Welt*.

2 février : Wagner est nommé au poste prestigieux de Königlich Sächsischer Hofkapellmeister et devient ainsi, avec Reissiger, premier chef d'orchestre de l'Opéra de Dresde.

Mars : dirige la première à Dresde de l'*Armide* de Gluck.

6 juillet : création de *La Cène des apôtres* dans la Frauenkirche de Dresde par 1 200 chanteurs et 100 musiciens.

1er octobre : s'installe luxueusement dans une maison située au 6, Ostra-Allee, à Dresde.

1844. *7 janvier* : création du *Vaisseau fantôme* à Berlin sous la direction du compositeur.

Octobre : séjour à Dresde de Gaspare Spontini pour les représentations de *La Vestale*.

14-15 décembre : cérémonie pour célébrer le retour en Allemagne des cendres de Carl Maria von Weber. Wagner a composé pour l'occasion une musique funèbre et lit un grand discours.

1845. *Avril* : achèvement (provisoire) de la partition de *Tannhäuser*.

16 juillet : rédaction de la première esquisse du livret des *Maîtres chanteurs de Nuremberg*.

3 août : achèvement de l'esquisse en prose de *Lohengrin*.

19 octobre : création de *Tannhäuser* à Dresde. L'opinion semble partagée, et Wagner est accusé par la presse d'être au service du parti catholique.

27 novembre : achèvement de la rédaction du livret de *Lohengrin*.

1846. *5 avril* : Wagner dirige la *Neuvième Symphonie* de Beethoven dans l'Alte Oper de Dresde (près du Zwinger) et obtient un succès phénoménal. Parmi les spectateurs se trouvent Hans von Bülow et Ludwig Schnorr von Carosfeld ; le compositeur Niels Gade assiste à la générale.

Août : Wagner rend visite au vieux Louis Spohr à Leipzig.

Octobre : projet de drame sur Frédéric II Barberousse.

1847. *Février* : il met en scène et dirige l'*Iphigénie en Aulide* de Gluck dont il a révisé la partition.

Été : le compositeur se plonge dans la mythologie scandinave.

26 septembre : il rend visite à Ludwig Tieck à Berlin et discute avec l'écrivain romantique de *Lohengrin*.

24 octobre : création de *Rienzi* à la Hofoper de Berlin.

6 novembre : retour de Wagner à Dresde, déçu de son expérience berlinoise. Premiers projets de réforme des institutions théâtrales.

1848. *9 janvier* : mort de sa mère Johanna à Leipzig.

13 mars : début des événements révolutionnaires à Dresde.

26 avril : achèvement de la partition de *Lohengrin*.

11 mai : le compositeur fait connaître son *Ébauche d'organisation d'un théâtre national allemand pour le royaume de Saxe*.

19 mai : s'adresse à Franz Wigand, député au Parlement de Francfort, pour réclamer une série de réformes politiques en Allemagne.

9-22 juillet : voyage à Vienne. Rencontres avec Eduard Hanslick et Franz Grillparzer.

4 octobre : rédaction du *Mythe des Nibelungen*, la première étude préparatoire à *L'Anneau du Nibelung*.

22 octobre : achève l'esquisse en prose de *La Mort de Siegfried*.

Décembre : Wagner donne une lecture publique de son poème *La Mort de Siegfried*. Lecture des *Leçons sur la philosophie de l'histoire* de Hegel.

1849. *Janvier* : rédaction d'une ébauche de drame sur *Jésus de Nazareth*, qui présente Jésus comme un révolutionnaire socialiste.

Mars : rencontre avec l'anarchiste russe Mikhaïl Bakounine, recherché par la police et hébergé par August Röckel.

8 avril : parution de l'essai *La Révolution*.

30 avril : début du soulèvement à Dresde. Röckel prend la fuite et Wagner assure la poursuite de la publication de son *Journal pour le peuple* (*Volksblätter*).

5-7 mai : Wagner parcourt les barricades et assiste aux combats de rue à Dresde, puis conduit Minna à l'abri à Chemnitz.

10 mai : la révolution a échoué. Wagner part se réfugier à Weimar, auprès de Franz Liszt et de Carolyne de Sayn-Wittgenstein.

19 mai : un mandat d'arrêt est publié par les autorités de Dresde contre le Kapellmeister Richard Wagner, qui doit fuir l'Allemagne.

18 juillet : installation à Zurich après un bref séjour à Paris.

Juillet-novembre : rédaction des essais *L'Art et la Révolution* et *L'Œuvre d'art de l'avenir*, où il est pour la première fois question du concept d'« œuvre d'art totale ».

1850. *Janvier-mars* : rédaction de deux esquisses en prose sur *Wieland le Forgeron*.

Février : voyage à Paris.

14 mars-15 mai : séjour à Bordeaux, puis échec du projet de fuite avec la jeune Jessie Laussot.

3 juillet : reprise de la vie commune avec Minna à Zurich.

3-6 septembre : publication de l'essai *Le Judaïsme dans la musique* dans la *Neue Zeitschrift für Musik*.

28 août : création de *Lohengrin* à Weimar sous la direction de Franz Liszt.

1851. *10 janvier* : fin de la rédaction de l'essai *Opéra et Drame*.

3 mai-24 juin : conception et rédaction du livret pour *Le Jeune Siegfried*.

Mi-août : achève la rédaction d'*Une communication à mes amis*.

3-20 novembre : esquisses en prose de *L'Or du Rhin* et de *La Walkyrie*.

1852. *Février* : première rencontre avec Otto et Mathilde Wesendonck.

Juillet : longues randonnées dans les Alpes.

Décembre : achève le texte de *L'Anneau du Nibelung*, sur lequel il a travaillé toute l'année.

18-19 décembre : première lecture publique de *L'Anneau du Nibelung* chez François et Eliza Wille à Mariafeld.

1853. *Février* : parution de l'édition privée du poème de *L'Anneau du Nibelung*.

16-19 février : grand succès des lectures publiques de *L'Anneau du Nibelung* à Zurich.

Août-septembre : premier voyage en Italie, financé par Otto Wesendonck (Turin, Gênes, La Spezia).

5 septembre : le prélude de *L'Or du Rhin* prend forme au cours d'un rêve à La Spezia.

9-28 octobre : Wagner accompagne Liszt et Carolyne de Sayn-Wittgenstein à Paris, où il voit pour la première fois la jeune Cosima.

1854. *25 janvier* : lettre à August Röckel dans laquelle Wagner donne une interprétation détaillée de *L'Anneau du Nibelung*.

Septembre : lecture du *Monde comme Volonté et Repré-sentation* de Schopenhauer.

26 septembre : achèvement de la partition de *L'Or du Rhin*.

Fin octobre : réfléchit à la conception de *Tristan et Isolde*.

1855. *2 mars-30 juin* : séjour à Londres pour une série de concerts avec la Old Philharmonic Society. Travail à la composition de *La Walkyrie*.

1856. *20 mars* : fin de la composition de *La Walkyrie*.

16 mai : rédaction d'une esquisse d'un drame boud-dhiste, *Les Vainqueurs*.

Septembre : début de la composition de *Siegfried*.

19 décembre : premières esquisses musicales de *Tristan et Isolde*.

1857 : *10 avril* : Wagner dit avoir eu l'inspiration pour un drame sur *Parzival* le jour du Vendredi saint.

28 avril : les époux Wagner emménagent dans l'« asile » à côté de la villa des Wesendonck.

9 août : interruption de la composition de *Siegfried* après le deuxième acte. Renonce provisoirement à poursuivre la mise en musique de *L'Anneau du Nibelung*.

Septembre : visite de Cosima et Hans von Bülow.

Octobre-décembre : début de la composition de *Tristan*. Composition simultanée des *Wesendonck-Lieder*.

1858. *7 avril* : éclat de Minna au sujet de Mathilde Wesen-donck.

29 août : arrivée à Venise en compagnie de Karl Ritter.

1859. *24 mai* : départ de Venise. Il se consacre à *Tristan*.

6 août : installé en Suisse, Wagner achève la partition de *Tristan*.

Septembre : Wagner s'installe à Paris au 16, rue Newton, où Minna le rejoint.

1860. *Janvier-février* : le compositeur organise trois concerts pour promouvoir ses œuvres à Paris.

Mars : Napoléon III donne l'ordre de représenter *Tann-häuser* au Grand Opéra.

Juillet-août : ayant obtenu une amnistie partielle, il fait un bref voyage en Allemagne.

15 octobre : emménagement au 3, rue d'Aumale.

1861. *13 mars* : la première de la nouvelle version (en français) de *Tannhäuser* au Grand Opéra se solde par un scan-dale historique. L'œuvre est retirée le 26 mars, après trois représentations. L'événement excite le ressentiment antifrançais dans les milieux musicaux allemands.

18 avril : retour en Allemagne (Karlsruhe).

11 mai : assiste pour la première fois à une représentation (en fait une répétition générale) de *Lohengrin* à Vienne.

Fin mai-fin juillet : séjour à Paris. Rencontre avec Baudelaire et Gounod.

19 octobre : séparation avec Minna.

Novembre : nouveau séjour à Vienne.

1862. *8 février* : installation à Biebrich (Wiesbaden).

21 février-2 mars : visite de Minna à Biebrich, nombreuses disputes.

26-28 mai : *Lohengrin* à Karlsruhe. Rencontre avec Ludwig et Malwine Schnorr von Carosfeld.

Juin : Minna refuse le divorce.

Juillet : visite de Hans et Cosima von Bülow à Biebrich. Début probable de la relation avec Cosima.

3 novembre : ayant obtenu son amnistie en Saxe, Wagner peut enfin retourner à Dresde, où il loge chez Minna, qu'il voit pour la dernière fois le 7 novembre.

1863. *mars-avril* : série de concerts à Saint-Pétersbourg et Moscou.

Fin juillet : concerts à Pest (Hongrie).

12 mai : installation à Penzing, près de Vienne.

1864. *23 mars* : poursuivi par ses créanciers, Wagner s'enfuit de Vienne. Il se réfugie d'abord à Mariafeld, chez Eliza Wille, puis à Stuttgart.

3 mai : il reçoit à Stuttgart la visite du messager du roi Louis II qui souhaite le délivrer de ses soucis matériels et le faire venir à Munich. Il apprend le même jour la mort de Meyerbeer. C'est à cet endroit que s'achève le récit de *Ma vie*.

1865. *10 avril* : naissance d'Isolde, fille de Wagner et de Cosima.

10 juin : création de *Tristan et Isolde* à Munich.

Juillet : début de la rédaction de *Ma vie*, dicté à Cosima.

1866. *25 janvier* : mort de Minna.

15 avril : installation à Tribschen, près de Lucerne.

1867. *17 février* : naissance d'Eva, la deuxième fille de Wagner et Cosima.

Septembre : rédaction de l'essai *L'Art allemand et la Politique allemande*.

Octobre : achèvement des *Maîtres chanteurs de Nuremberg*.

1868. *21 juin* : création des *Maîtres chanteurs* à Munich.
Novembre : rencontre avec Friedrich Nietzsche.
16 novembre : Cosima s'installe à Tribschen.

1869. *6 juin* : naissance de Siegfried Wagner.
22 septembre : création de *L'Or du Rhin* à Munich.

1870. *26 juin* : création de *La Walkyrie* à Munich.
20 juillet-7 septembre : rédaction de l'essai *Beethoven* (conçu comme une révision de la pensée de Schopenhauer).
25 août : mariage de Wagner et de Cosima à Lucerne.
25 décembre : *Siegfried-Idyll* joué à Tribschen.

1871. *17 avril* : visite de Bayreuth.

1872. *22 mai* : pose de la première pierre du Festspielhaus de Bayreuth.

1874. *28 avril* : emménagement dans la villa Wahnfried (Bayreuth).
21 novembre : achèvement de *L'Anneau du Nibelung*.

1876. *13 août* : début du premier Festival de Bayreuth.

1877. *Février-avril* : rédaction du livret de *Parsifal*.

1878. *Février* : début de la publication des *Bayreuther Blätter* (conçues à l'origine comme une revue wagnérienne).

1879. Poursuite du travail sur *Parsifal*, mis en chantier en 1877-1878.

1880. *Janvier-octobre* : voyage en Italie (Naples, Rome, Sienne, Venise).
***20 mars* : fin de la rédaction de *Ma vie*.**
19 juillet : fin de la rédaction de l'essai *Religion et Art*.

1881. *Février* : lecture de Gobineau.
Rédaction des essais *Connais-toi toi-même* et *Héroïsme et Christianisme*.
Novembre : séjour à Palerme.

1882. *13 janvier* : achèvement de la partition de *Parsifal*.
26 juillet : création de *Parsifal* à Bayreuth.

1883. *13 février* : mort à Venise (Palazzo Vendramin).
18 février : enterrement à Bayreuth.

GÉNÉALOGIE DE LA FAMILLE WAGNER

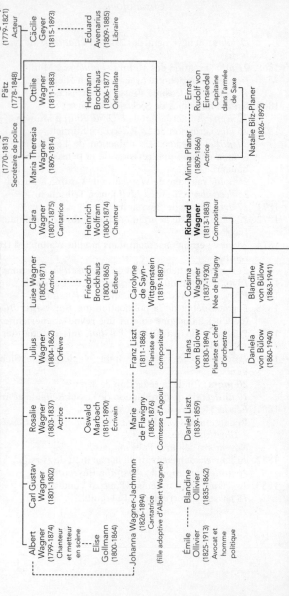

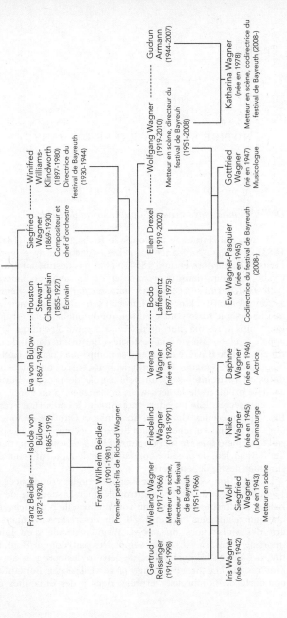

Franz Beidler ----- Isolde von
(1872-1930)   Bülow
                 (1865-1919)

Eva von Bülow ----- Houston
(1867-1942)   Stewart
                   Chamberlain
                   (1855-1927)
                   Écrivain

Siegfried ----- Winifred
Wagner   Williams-
(1869-1930)   Klindworth
Compositeur et (1897-1980)
chef d'orchestre Directrice du
                festival de Bayreuth
                (1930-1944)

Franz Wilhelm Beidler
(1901-1981)
Premier petit-fils de Richard Wagner

Gertrud ----- Wieland Wagner
Reissinger   (1917-1966)
(1916-1998) Metteur en scène,
             directeur du festival
             de Bayreuth
             (1951-1966)

Friedelind Wagner
(1918-1991)

Verena ----- Bodo
Wagner   Lafferentz
(née en 1920) (1897-1975)

Wolfgang Wagner ----- Gudrun
(1919-2010)   Armann
Metteur en scène, directeur du (1944-2007)
festival de Bayreuth
(1951-2008)

Ellen Drexel
(1919-2002)

Iris Wagner
(née en 1942)

Wolf
Siegfried
Wagner
(né en 1943)
Metteur en scène

Nike
Wagner
(née en 1945)
Dramaturge

Daphne
Wagner
(née en 1946)
Actrice

Eva Wagner-Pasquier
(née en 1945)
Codirectrice du festival de Bayreuth
(2008-)

Gottfried
Wagner
(né en 1947)
Musicologue

Katharina Wagner
(née en 1978)
Metteur en scène, codirectrice du
festival de Bayreuth (2008-)

De l'édition à usage privé à la publication de 1911

Ma vie, qui retrace le parcours de Richard Wagner (1813-1883) depuis sa naissance jusqu'à sa rencontre avec le roi Louis II de Bavière en mai 1864, n'était pas destiné au grand public, du moins dans un premier temps. Plusieurs documents l'attestent, parmi eux cette lettre adressée par le compositeur à sa sœur Luise Brockhaus le 6 janvier 1866 : « Naturellement, je ne dicte pas le texte pour qu'il soit rendu public, ce n'est que longtemps après ma mort qu'il servira d'appui à celui qui sera appelé à relater Ma vie à la postérité. » Écrite à la demande du roi Louis II de Bavière et dictée à sa compagne Cosima, l'auto-biographie de Wagner était initialement censée connaître une diffusion restreinte : seul un petit cercle de proches devait avoir le privilège de la découvrir, et s'engager à en garder le contenu secret. Elle fut offerte notamment à Louis II, à Franz Liszt, aux mécènes Marie von Schleinitz et Otto Wesendonck, ainsi qu'à l'ami zurichois Jakob Sulzer. Le compositeur espérait également que *Ma vie* permettrait à ses enfants, en particulier à Siegfried, de prendre connaissance, le moment venu, du singulier destin de leur père.

La rédaction s'étale sur une longue période : commencée le 17 juillet 1865, à une époque troublée par le scandale de la liaison adultérine avec Cosima von Bülow, elle n'est achevée que quinze ans plus tard, en 1880. Afin de préserver le manuscrit des vicissitudes du temps, Wagner décide d'en faire imprimer à ses frais dix-huit exemplaires par l'éditeur Bonfantini, à Bâle, en lui demandant de détruire les épreuves après l'impression. Le tirage à usage privé réalisé par Bonfantini comporte de nombreuses erreurs, dues à des difficultés de déchiffrage du manuscrit. Le premier volume est envoyé par Wagner à ses amis à l'occasion de Noël 1870. Le deuxième volume est achevé en août 1872, le troisième en juin 1874. Après une longue interruption, Wagner termine de rédiger la quatrième partie en avril 1880, la fait imprimer par Th. Burger à Bayreuth et l'offre à Louis II le 25 août.

Après la mort du compositeur, Cosima Wagner rappelle tous les exemplaires offerts et les garde jalousement à Wahnfried. Mais en 1892, la veuve de Bonfantini découvre que son mari avait, contre la volonté de Wagner, conservé secrètement un exemplaire des épreuves. Celui-ci tombe peu après entre les mains de Mary Burrell, riche collectionneuse anglaise qui réunit toutes sortes de documents concernant le compositeur qu'elle adule. Elle est cependant convaincue que le texte est un faux, rédigé par les ennemis de Wagner.

Pour faire taire les rumeurs concernant l'existence de ces Mémoires et leur contenu, Cosima décide finalement de les rendre publics, et ils paraissent officiellement en 1911. Mais le texte publié par Bruckmann à Munich n'est pas tout à fait identique à celui de Bâle : un certain nombre de passages pouvant nuire à l'image de la famille Wagner ou froisser des susceptibilités sont «corrigés» ou tout simplement supprimés. Exemple parmi tant d'autres, la version de 1911 coupe les remarques désobligeantes émises par le compositeur sur le comportement d'Albert Niemann lors des répétitions de *Tannhäuser* à Paris. Le ténor est en effet devenu entre-temps l'un des plus infatigables propagateurs de l'œuvre du maître, et il serait fort indélicat de publier une phrase telle que : «Je savais désormais que j'avais affaire à quelqu'un què la lâcheté avait transformé en bête sauvage.»

Remarques à propos de la traduction

Mais la fiabilité du texte n'est alors pas une préoccupation majeure : le wagnérisme est à son apogée en Europe, et le public se réjouit d'avoir accès à l'autobiographie du maître. Celle-ci est immédiatement traduite en français par Noémi Valentin (dates inconnues) et Albert Schenk (1873-1939), et leur version est publiée en même temps que l'original allemand, en 1911 et 1912. C'est cette traduction qui sert de base à la présente édition.

Malgré l'importance historique de ce travail, qui marque un jalon important dans l'histoire du wagnérisme français, il nous a semblé nécessaire de le réviser systématiquement afin d'y intégrer les corrections et ajouts de l'édition critique établie par Martin Gregor-Dellin. Publiée en 1963 aux éditions List à Munich, cette dernière s'appuie en effet sur les manuscrits originaux du texte dicté à Cosima, entre-temps acquis par les Archives nationales Wagner de Bayreuth : elle rétablit la totalité des passages supprimés ou modifiés en 1911 et corrige les erreurs de retranscription commises par Bonfantini.

Il faut toutefois rendre hommage au travail des traducteurs, à une époque où la traduction n'était pas une discipline universitaire consacrée et où les critères n'étaient pas ceux d'aujourd'hui en matière de précision et de fidélité au texte. Leur tâche était d'autant plus difficile que, lorsqu'il dicte *Ma vie* à Cosima, Wagner ne retrouve pas toujours l'élégance du style et la clarté des nouvelles rédigées à Paris dans les années 1840. La complexité de la syntaxe, la longueur des phrases, dont la logique n'est pas toujours irréprochable, l'excès de répétitions (à la limite de l'admissible en allemand, mais inacceptables au regard de la tradition française), l'abus d'adjectifs employés de façon peu rigoureuse (comme ce «*phantastisch*» omniprésent dans la première partie et dont le sens se dilue progressivement), font que traduire *Ma vie* en français relève de la gageure.

Noémi Valentin et Albert Schenk ont pris le parti d'alléger la syntaxe en redistribuant les phrases, de réduire le nombre de répétitions et de donner à l'ensemble une tournure plus élégante, conforme aux attentes du public français, et on leur sait gré d'avoir fluidifié l'écriture wagnérienne, quitte à s'éloigner parfois du texte allemand. Dans quelques passages malheureusement, la traduction tourne à la réécriture pure et simple : la simplification abusive de certains contenus, l'oubli de passages entiers, les germanismes et un certain nombre de choix sémantiques aléatoires qui infléchissent, minorent ou accentuent exagérément les sentiments ou réactions décrits par l'auteur, ne sont plus acceptables aujourd'hui et nous sommes employé à y remédier. De même, nous avons dû corriger de nombreuses erreurs dues à une méconnaissance manifeste de l'œuvre de Wagner comme des réalités musicales ou littéraires décrites par l'auteur : on ne saurait confondre des timbales avec une grosse caisse, ni transformer le «prélude» de *Lohengrin* en « prologue » de l'opéra ou présenter *Les Frères de Saint-Sérapion* d'Hoffmann comme un « conte », alors qu'il s'agit d'un cycle de nouvelles. Tout en essayant de préserver les grandes qualités stylistiques de la traduction de Valentin et Schenk, nous avons également tenté de l'actualiser afin qu'elle satisfasse aux critères de traduction contemporains, notamment en ce qui concerne l'épineuse question de la traduction des noms propres : celle-ci est moins systématique aujourd'hui qu'elle ne l'était dans la première partie du xxᵉ siècle, et plus personne aujourd'hui, pour prendre un exemple frappant, ne parlerait de Charles-Marie de Weber.

La présente édition : une version abrégée

La version de *Ma vie* présentée ici est abrégée : nous avons choisi de ne conserver que les passages les plus significatifs en éliminant une grande partie des pages consacrées à des considérations financières ou aux problèmes de santé de Wagner, dont le caractère répétitif ne présente plus guère d'intérêt pour le lecteur d'aujourd'hui, comme aussi ce qui a trait à des démêlés avec tel ou tel personnage aujourd'hui tombé dans l'oubli. Nous avons pris soin, en revanche, de conserver les passages que nous estimons les plus révélateurs : les années de formation, les rencontres sentimentales ou amicales, les commentaires sur la conception et la création des œuvres, les développements essentiels à la compréhension de l'esthétique wagnérienne, les morceaux de bravoure narratifs (la représentation ratée de *La Défense d'aimer*, le périlleux voyage de Königsberg à Londres, le portrait de Spontini, la révolution à Dresde, l'épisode de La Spezia, le premier séjour vénitien, etc.), sans omettre non plus, par souci d'honnêteté intellectuelle, un certain nombre d'épisodes ou de réflexions qui jettent sur Wagner un éclairage plus sombre, notamment à cause de son antisémitisme.

Les différents documents autobiographiques

Si elle est le texte autobiographique le plus abouti quant à sa forme et à sa prétention à l'exhaustivité, *Ma vie* n'est pas, loin s'en faut, l'unique document laissé par le compositeur dans ce domaine, et il peut être utile d'en faire un rapide inventaire. Les témoignages personnels en cette matière sont nombreux, et peu d'artistes ou écrivains ont laissé à la postérité un tel foisonnement de pages consacrées au récit de leur propre existence.

La source documentaire la plus riche est évidemment l'imposante correspondance de Wagner. À l'heure actuelle, il est toutefois difficile de l'exploiter de manière systématique : les *Lettres complètes* (*Sämtliche Briefe*) sont actuellement en cours de publication en Allemagne (vingt-deux volumes ont paru à ce jour, couvrant la période qui va jusqu'en 1870), et il n'existe pas en France de projet équivalent.

On dispose aujourd'hui de nombreux autres documents, comme la brève *Esquisse autobiographique* publiée en 1842-1843. On sait également qu'entre 1835 et 1846, Wagner a tenu un journal, appelé *Calepin rouge* (*Rote Brieftasche*), qui a servi de base à la rédaction de *Ma vie* avant d'être détruit. On lira avec intérêt le *Journal (Depuis ma fuite de l'asile)*, rédigé par le compositeur à Venise en 1858, témoignage de la violence et de la profondeur de sa passion pour Mathilde Wesendonck, que *Ma vie* présente de façon particulièrement édulcorée et stylisée. Pour la période munichoise qui suit immédiatement les événements consignés dans *Ma vie* (de 1864 à 1867), on ne dispose guère d'autre témoignage que celui des *Annales*, rédigées sous forme de notes entre Pâques 1846 et la fin de l'année 1868.

Il ressort de la correspondance du compositeur qu'il a eu l'intention, à différentes reprises, de poursuivre la rédaction de *Ma vie* jusqu'à l'année 1867, soit en dictant les pages complémentaires à Cosima (lettre à Louis II du 25 janvier 1880), soit en lui confiant l'entière responsabilité de leur rédaction (lettre à Louis II du 21-22 juillet 1865). Mais le projet n'a jamais abouti. C'est en fait le *Journal de Cosima*, rédigé sous la dictée ou le contrôle du maître entre 1869 et 1883, qui constitue la véritable continuation de *Ma vie*, tandis que le *Carnet brun* (*Das braune Buch*, 1865-1882), certes présenté comme un journal, comprend essentiellement des poèmes, des commentaires d'œuvres et des réflexions théoriques ou politiques.

Notons enfin que de nombreux textes publiés dans les treize volumes des *Œuvres en prose* (édition française réalisée par Jean-Gabriel Prod'homme à partir des *Sämtliche Schriften und Dichtungen*) de Wagner comportent d'importantes indications biographiques, comme par exemple *Une communication à mes amis* (1851), qui revient sur la rencontre avec Liszt, le *Compte rendu de l'exécution de la* Neuvième Symphonie *de Beethoven à Dresde en 1846 (tiré de mes souvenirs),* ou bien *Un souvenir sur Rossini* (1868).

NOTICES BIOGRAPHIQUES
DES PERSONNAGES DE *MA VIE*

ANDERS, Gottfried Engelbert (1795-1866)
Bibliothécaire et musicologue allemand émigré à Paris.

AUBER, Daniel-François-Esprit (1782-1871)
Compositeur français. Avec *La Muette de Portici* (1828), sur
un livret d'Eugène Scribe, il inaugura le genre du Grand
Opéra historique français et imposa dans l'opéra européen
le principe de la fin tragique. Souvent interprétée et perçue
à tort comme un opéra révolutionnaire, parce qu'une représentation de l'œuvre fut à l'origine de la révolution belge de
1830, *La Muette* a durablement impressionné Wagner. Il l'a
souvent dirigée et y a trouvé un modèle pour *Rienzi*, notamment à cause du rôle moteur qu'y joue la foule dans le développement de l'action.

BAKOUNINE, Mikhaïl (1814-1876)
Révolutionnaire et anarchiste russe. Après avoir rencontré
Proudhon et Marx à Paris en 1842, il soutint la révolution de
1848, participa au soulèvement de Dresde en 1849 et fut
condamné à mort. Sa peine fut commuée en prison à perpé-
tuité. Évadé des travaux forcés en Sibérie, il fonda en 1869
l'Alliance démocratique internationale, qui fut refusée par la
Première Internationale. Il joua un rôle important dans le
développement du mouvement révolutionnaire russe et fut
le premier à traduire Hegel et Marx en russe. Si Wagner
fréquenta régulièrement Bakounine pendant le soulèvement

* La première apparition de chacun de ces personnages est
signalée dans le texte par un astérisque.

de Dresde, ils ne restèrent pas en contact au-delà de 1849. En 1878, le compositeur voyait encore en lui «la personnification de l'avenir de la Russie» (*Journal de Cosima*). L'influence de sa pensée est sensible dans l'esquisse de drame *Jesus von Nazareth* ou dans les propos que tient Wagner sur son désir de réduire Paris en cendres (lettre à Uhlig du 22 octobre 1850).

BAUDELAIRE, Charles (1821-1867)
Si Wagner est devenu en France un phénomène littéraire et culturel majeur, c'est en grande partie à Baudelaire qu'il le doit. Dans des textes célèbres (notamment *Richard Wagner et Tannhäuser à Paris*), ce dernier rattache la musique de *Lohengrin* et celle de *Tannhäuser* à la théorie des correspondances. Ces écrits constituent à la fois l'acte de naissance du wagnérisme français et un point de départ du symbolisme.

BEETHOVEN, Ludwig van (1770-1827)
Pendant tout le XIXᵉ siècle, deux camps revendiquent l'héritage de Beethoven : les classiques, qui regardent avec suspicion les œuvres de la dernière période du maître (jugées trop éloignées de leurs canons), et les progressistes, qui voient dans la *Neuvième Symphonie* le point d'aboutissement du genre de la symphonie. Wagner fait partie des seconds et considère cette ultime symphonie, qui réunit la musique instrumentale et la musique vocale, comme le dépassement de la musique absolue (c'est-à-dire d'une musique purement formelle) et comme «la rédemption de la musique, sauvée de son propre élément, dans *l'art* universel» (*L'Œuvre d'art de l'avenir*). Ses exécutions de la *Neuvième Symphonie* sont considérées comme des jalons essentiels de l'histoire de la direction d'orchestre.

BELLONI, Gaetano (1810-1887)
Secrétaire particulier de Franz Liszt de 1841 à 1847.

BERLIOZ, Hector (1803-1869)
Les rapports entre Wagner et son illustre collègue français balancent entre l'estime, voire l'admiration réciproque, et le dénigrement mutuel. S'il est probable que le génie de l'orchestration de Berlioz a influencé le style de Wagner et si on a souvent vu dans le principe de l'idée fixe développé dans la

Symphonie fantastique un modèle pour le leitmotiv wagnérien, Berlioz est resté de son côté imperméable au drame
wagnérien.

BRENDEL, Franz (1811-1868)
Musicologue et essayiste, il dirigea de 1844 à sa mort la pres-
tigieuse *Neue Zeitschrift für Musik* (*Nouvelle revue musicale*),
dont il fit un fer de lance de la propagande wagnérienne. Il
lance en 1859 le concept de «Nouvelle école allemande»,
censée réunir le parti du progrès autour de Liszt, Wagner
et… Berlioz.

BROCKHAUS, Friedrich (1800-1865)
Époux de Luise Wagner, il dirigea de 1823 à 1849 les éditions Brockhaus, fondées par son père en 1814.

BROCKHAUS, Heinrich (1804-1874)
Frère de Friedrich Brockhaus, il dirigea avec ce dernier la
maison d'édition familiale entre 1823 et 1850. C'est lui qui
prit possession de la bibliothèque de Wagner lors de son exil
en Suisse.

BROCKHAUS, Hermann (1806-1877)
Philologue et orientaliste, le troisième frère Brockhaus
épousa Ottilie Wagner en 1836.

BRONSART VON SCHELLENDORF, Hans (1830-1913)
Compositeur, pianiste et chef d'orchestre proche de Franz
Liszt, qui lui dédia son *Deuxième concerto* pour piano.

BUCH, Marie VON (1842-1919) [Marie VON SCHLEINITZ]
Femme d'un ministre prussien influent, elle tint un salon à
Berlin, où elle fut une figure de proue de la vie culturelle et
sociale. Elle fut également l'un des soutiens les plus importants de Wagner.

BÜLOW, Hans Guido VON (1830-1894)
Compositeur, pianiste brillant et chef d'orchestre d'exception (c'est sous sa direction que l'orchestre philharmonique
de Berlin acquit le prestige qu'on lui connaît), il fut un
proche de Wagner jusqu'à ce que sa femme Cosima le quitte
pour ce dernier. Ses prises de position politiques sont mar-

quées par un militarisme convaincu et un antisémitisme virulent.

BULWER-LYTTON, Edward (1803-1873)
Homme politique et écrivain britannique, auteur de romans à succès dans la veine de Walter Scott (*Les Derniers Jours de Pompéi*, 1834). Son roman historique *Rienzi, Last of the Roman Tribunes* (1835) est traduit en allemand dès 1836 et sa problématique politique suscite un vif intérêt dans les milieux intellectuels progressistes ainsi que plusieurs adaptations dramatiques (Friedrich Engels, Julius Mosen, Carl Gaillard et Wagner).

CHAMPFLEURY [Jules François Félix Husson, dit] (1821-1889)
Journaliste, critique d'art et écrivain français. Défenseur du mouvement réaliste, il est également l'un des premiers soutiens français de Wagner, qu'il décrit dans *Grandes Figures d'hier et d'aujourd'hui* (1861) comme le «Courbet de la musique».

CORNELIUS, Peter (1824-1874)
Neveu du peintre Peter von Cornelius, ce compositeur proche de Liszt et de la «Nouvelle École allemande» chère à Franz Brendel est resté célèbre pour son opéra-comique *Le Barbier de Bagdad* (1858).

DESPLECHINS, Édouard (1802-1871)
Célèbre décorateur de théâtre, il a beaucoup collaboré avec Meyerbeer, Wagner et Verdi en particulier au Grand Opéra de Paris.

DEVRIENT, Eduard (1801-1871)
Chanteur, acteur et directeur de théâtre, Eduard Devrient fut attaché au théâtre de Dresde de 1844 à 1852. Il devint ensuite directeur du théâtre de Karlsruhe, où Wagner le soupçonna d'œuvrer contre lui. Auteur d'une importante *Histoire de l'art dramatique en Allemagne*, il est également le librettiste de *Hans Heiling* de Marschner. Son frère Karl August, acteur lui aussi, fut le premier époux de Wilhelmine Schröder-Devrient.

DEVRIENT, Emil (1803-1872)
Acteur, frère d'Eduard et de Karl August Devrient, il resta fidèle au théâtre de Dresde de 1831 à 1868.

DIETSCH, Louis (1803-1865)
Chef d'orchestre, il dirigea la création parisienne de *Tannhäuser* malgré les réticences du compositeur qui l'estimait incompétent. En 1842, il mit en musique *Le Vaisseau fantôme ou le Maudit des mers* sur un livret de Paul Foucher qui ne s'inspire que de loin du scénario de Wagner.

DORN, Heinrich (1804-1892)
Compositeur et chef d'orchestre à Leipzig (1829-1832), où il soutint le jeune Wagner, puis à Riga (1832-1843), où il l'évinça. Il fut le premier à composer un opéra sur *Les Nibelungen*, créé à Weimar en 1854 sous la direction de Liszt.

DUSTMANN-MEYER, Marie Luise (1831-1899)
Cantatrice attachée à l'Opéra de Vienne (1857-1875). Elle faillit créer le rôle d'Isolde, mais le projet fut interrompu en 1863, après 57 répétitions, ce qui ne l'empêcha pas de se faire ensuite une excellente réputation de chanteuse wagnérienne.

ECKERT, Karl (1820-1879)
Compositeur et chef d'orchestre proche de Wagner, il dirigea avec succès les premières viennoises de *Lohengrin* (1858) et de *Tannhäuser* (1859).

ESSER, Heinrich (1812-1879)
Chef d'orchestre à l'Opéra de Vienne à partir de 1847.

FISCHER, Wilhelm (1789-1859)
Chef de chœur à l'Opéra de Dresde, il fut l'un des principaux soutiens de Wagner, qui lui rendit un vibrant hommage à sa mort (*À la mémoire de L. Spohr et du chef de chœur W. Fischer*, 1860).

FRANCK, Hermann (1802-1855)
Critique musical et esthéticien allemand. Il publia en novembre 1845 un article présentant *Tannhäuser* comme l'acte de naissance de l'opéra allemand moderne, qui eut un large écho.

FROMMANN, Alwine (1800-1875)
   Artiste peintre, ancienne lectrice de la princesse Augusta de
   Saxe-Weimar-Eisenach, elle rencontra Wagner à Berlin en
   1844 et devint l'une de ses plus fidèles admiratrices.

GASPÉRINI, Auguste (1823-1868)
   Journaliste musical français faisant partie du cercle des
   proches amis de Wagner. Ses critiques ont été réunies dans
   La Nouvelle Allemagne musicale : Richard Wagner (1866).

GENAST, Emilie (1833-1905)
   Chanteuse et actrice, fille du régisseur Eduard Genast.

GLUCK, Christoph Willibald (1714-1787)
   Il fut le premier compositeur allemand à avoir tenté de
   réformer l'opéra afin de mettre la musique au service du
   drame et de renouer avec les principes de la tragédie grecque.
   On peut établir de nombreux parallèles entre la réforme de
   Gluck et celle de Wagner, même si ce dernier considérait
   que son aîné avait finalement échoué à rendre à l'opéra sa
   vérité dramatique et le qualifia de «révolutionnaire impuissant» (*Opéra et Drame*).

GRILLPARZER, Franz (1791-1872)
   Auteur dramatique autrichien. Grand amoureux de Mozart
   et de Rossini, partisan d'une esthétique musicale classique,
   il fit preuve d'une incompréhension totale pour la musique
   de Weber (qu'il accusa de tomber dans la «prose musicale»)
   et pour celle de Wagner, sur laquelle il s'exprima de façon
   assez sarcastique.

GRIMM, Jacob (1785-1863)
   Il fut, avec son frère Wilhelm, le fondateur de la philologie et
   des études littéraires allemandes. Il s'adonna à l'étude de
   textes anciens afin de constituer un patrimoine culturel qui
   pût servir de ciment identitaire à une Allemagne morcelée
   en petits États qui n'était pas encore une nation au sens
   moderne du terme. L'admiration de Wagner pour Jacob
   Grimm était immense. Le compositeur et librettiste emprunta
   aux *Légendes allemandes* (1816-1818) de nombreux éléments
   de *Tannhäuser* et de *Lohengrin* et puisa fortement dans la

Mythologie germanique (1844) lors de l'élaboration du livret de *L'Anneau du Nibelung*.

HALÉVY, Jacques-Fromental (1799-1862)

Compositeur français, célèbre notamment pour son Grand Opéra *La Juive* (1835). Wagner garda jusqu'à la fin de sa vie une réelle affection pour cet opéra et pour son compositeur, qui échappèrent à ses attaques antisémites. En 1842, il consacra trois articles assez laudatifs au compositeur et à son opéra *La Reine de Chypre*.

HANSLICK, Eduard (1825-1904)

Celui que Verdi qualifia de « Bismarck de la critique » pensait que le but de la musique n'est pas d'exprimer des sentiments, mais de montrer « des formes sonores en mouvement » (*Du beau musical*, 1854), ce qui le situe aux antipodes de l'esthétique wagnérienne. Très attaché aux formes classiques, Hanslick décrivit le principe du leitmotiv comme « l'absence de forme érigée en principe » (*idem*). Il fit également l'objet d'attaques antisémites dans l'essai *Le Judaïsme dans la musique* (1850).

HEINE, Ferdinand (1798-1872)

Régisseur et costumier à l'Opéra de Dresde, proche de Wagner, il publia un compte rendu enthousiaste de la première de *Rienzi* dans la *Neue Zeitschrift für Musik* (1er novembre 1842).

HEINE, Heinrich (1797-1856)

C'est par l'intermédiaire de Laube que Wagner rencontra le célèbre poète allemand, émigré à Paris depuis 1831 pour des raisons idéologiques et politiques. Si, dans un article de 1841, le compositeur prit la défense de l'écrivain injustement traité en Allemagne, tous ses écrits ultérieurs, c'est le cas en particulier de *Ma vie*, sous-estiment volontairement et considérablement le rôle que l'écrivain a joué dans sa propre évolution artistique : *Le Vaisseau fantôme* et, dans une moindre mesure, *Tannhäuser* sont largement redevables aux textes de Heine dans lesquels Wagner a puisé son inspiration.

HERWEGH, Georg (1817-1875)

Écrivain politique engagé, représentant typique de l'opposi-

tion libérale du milieu du xix⁰ siècle, c'est lui qui fit connaître
à Wagner la philosophie de Schopenhauer et, probablement,
la pensée de Karl Marx.

HILLER, Ferdinand (1811-1885)
Compositeur et chef d'orchestre allemand, directeur du
Gewandhaus de Leipzig de 1844 à 1847, il fut la victime
régulière d'odieuses attaques antisémites de la part de Wagner.

HOFFMANN, E.T.A. (1776-1822)
Avant de devenir l'un des écrivains majeurs du romantisme
allemand, Hoffmann fut compositeur. Son opéra *Undine*
(1814) est considéré comme le premier opéra romantique
allemand. Il est en outre l'auteur de nombreux textes sur la
musique qui ont profondément marqué la pensée du romantisme musical tout au long du xix⁰ siècle. L'influence d'E.T.A.
Hoffmann sur Wagner est absolument décisive et se manifeste à différents niveaux. Si Heine aurait dit, à propos des
nouvelles rédigées par Wagner, que Hoffmann n'aurait pas
fait mieux, il apparaît clairement que la rédaction de *Ma vie*
se nourrit des récits fantastiques de l'écrivain (notamment
des nouvelles où apparaît le musicien Johannes Kreisler),
tant dans la structuration du récit que dans les thèmes mis
en avant. Wagner partageait à l'évidence l'idée que la musique
est « le langage mystérieux d'un lointain royaume des esprits »
(*Kreisleriana*), et a conçu ses opéras romantiques (*Lohengrin*
en particulier) sur le principe, cher à Hoffmann (*Le Poète et
le Compositeur*), de la rencontre entre le réel et le monde
ineffable des esprits.

KALERGIS, Marie comtesse de (1822-1874)
Mécène polonaise d'origine allemande, elle reçoit de nombreux artistes dans son salon parisien, rue d'Anjou (1837-
1858), notamment Chopin, Heine, Musset, Gautier et Wagner.

KIETZ, Ernst Benedikt (1816-1892)
Peintre allemand installé à Paris, à qui l'on doit plusieurs
portraits de Wagner ainsi que de Heinrich Heine. Il fut un
proche du compositeur jusqu'au début des années 1860 et
resta ensuite en contact épistolaire avec Minna jusqu'à la
mort de cette dernière.

KLINDWORTH, Karl (1830-1916)
Pianiste et chef d'orchestre allemand, disciple de Liszt, il s'installe à Londres en 1854. Il a laissé à la postérité un grand nombre de réductions pour piano des opéras de Wagner.

KÜSTNER, Karl Theodor VON (1784-1864)
Directeur du Hoftheater de Munich (1833-1842), puis intendant général des théâtres royaux de Berlin de 1842 à 1851.

LAUBE, Heinrich (1806-1884)
Écrivain et homme de théâtre allemand. Rédacteur en chef, dans les années 1830, de la célèbre *Zeitung für die elegante Welt* (*Gazette pour le monde élégant*) de Leipzig, il fit de la revue une tribune des revendications «jeunes allemandes», exposées par ailleurs dans son roman *La Jeune Europe* (1833-1837) : liberté d'expression, libéralisation des mœurs, rejet de l'institution du mariage, apologie du cosmopolitisme. Ces prises de position, dont on trouve de nets échos dans plusieurs opéras de Wagner (*La Défense d'aimer*, *Tannhäuser*), lui valurent une condamnation à dix-huit mois de prison en 1837. Devenu ensuite un notable du monde artistique (il dirigea notamment le Burgtheater de Vienne), il se brouilla définitivement avec Wagner en 1868 à la suite de la publication d'une mauvaise critique des *Maîtres chanteurs de Nuremberg*.

LAUSSOT, Jessie (1829-1905), née Taylor
Mariée à Eugène Laussot lorsqu'elle devint la maîtresse de Wagner, elle se lia ensuite avec l'écrivain Karl Hillebrand, avec qui elle s'installa à Florence. Le compositeur leur rendit visite en 1876.

LEHRS, Samuel (1806-1843)
Philologue allemand installé à Paris, il devient un proche de Wagner lors de son premier séjour dans la capitale française et lui fait alors découvrir la littérature médiévale germanique.

LISZT, Franz (1811-1886)
Le célèbre pianiste et compositeur hongrois fut sans doute une des plus profondes amitiés de Wagner, même si la liaison entre ce dernier et Cosima provoqua une brouille de plu-

sieurs années entre les deux hommes (Liszt prit alors le parti de son gendre Hans von Bülow). Liszt s'est sincèrement engagé pour promouvoir l'œuvre de son cadet, par ses écrits et son activité de chef d'orchestre notamment. À l'opposé, le jugement de l'auteur de *Tristan* sur les compositions du pianiste virtuose semble plus réservé malgré un enthousiasme de façade. Beaucoup de choses les rapprochent toutefois dans leur conception de la musique, que ce soit leur admiration pour Beethoven, leur conviction d'incarner le progrès artistique ou leur volonté de donner à la musique un sens poétique et une profondeur littéraire.

LÜTTICHAU, Wolf August VON (1786-1863)
Intendant du Königlich Sächsisches Hoftheater de Dresde (1824-1863), il sut s'attacher quelques-unes des personnalités artistiques les plus importantes de son temps : Richard Wagner, Wilhelmine Schröder-Devrient, mais aussi, pour le théâtre, Eduard Devrient, Ludwig Tieck et Karl Gutzkow. C'est sous son intendance que fut construit le nouveau théâtre, conçu par Gottfried Semper (1838-1841). Si Lüttichau a beaucoup soutenu Wagner, les relations entre les deux hommes furent assez tendues. Il devait son poste d'intendant à ses réseaux au sein de la cour et non à quelque qualification professionnelle, et il n'était souvent qu'une simple courroie de transmission des volontés de la cour, laquelle gardait la haute main sur le fonctionnement et la programmation du théâtre.

MARSCHNER, Heinrich (1795-1861)
Compositeur allemand. Wagner était familier des « opéras romantiques » de Marschner : *Le Vampire* (1828), *La Juive et le Templier* (1829) ainsi que *Hans Heiling* (1833). La musicologie moderne voit dans ces œuvres une sorte de trait d'union entre Weber et les premiers opéras de Wagner. Marschner a cherché à transformer l'opéra romantique en Grand Opéra avec récitatifs et à sortir du schéma des arias traditionnelles en construisant des scènes dramatiques sur le principe de la libre alternance entre récitatif et arioso.

MAIER, Mathilde (1833-1910)
Wagner conserva jusqu'à la fin des années 1870 son amitié pour cette femme rencontrée chez l'éditeur Schott en 1862,

dont il admirait l'intelligence et avec qui il a un moment
songé refaire sa vie.

MENDELSSOHN-BARTHOLDY, Felix (1809-1847)
   Les rapports entre Wagner et celui qu'il surnommera «Haen-
   delssohn» furent toujours assez froids lors de leurs diverses
   rencontres. Après la mort de Mendelssohn, Wagner a multi-
   plié les attaques contre sa musique, qui est une des principales cibles du *Judaïsme dans la musique* (1850) : il la juge
   froide et artificielle. Seules ses ouvertures *Les Hébrides* et
   Mer calme et Heureux Voyage suscitent son admiration. L'activité de chef d'orchestre de Mendelssohn est également
   régulièrement dénigrée, notamment dans l'essai *Sur la direction d'orchestre* (1869), dans lequel Wagner critique les *tempi*
   trop rapides généralement adoptés par son confrère afin,
   selon lui, de cacher les imperfections de ses exécutions.

METTERNICH, Pauline princesse de (1836-1921)
   Femme de l'ambassadeur d'Autriche à Paris, elle s'enthousiasme pour la musique de Wagner et obtient de Napoléon III
   qu'il ordonne la représentation de *Tannhäuser* au Grand
   Opéra.

MEYER, Friederike (dates inconnues)
   Actrice allemande, sœur de la cantatrice Marie Luise Dustmann. La correspondance du compositeur laisse entendre
   qu'elle fut sa maîtresse, ce qu'il nie dans *Ma vie*.

MEYERBEER, Giacomo [Jakob Liebmann Meyer Beer] (1791-
1864)
   Aujourd'hui tombé dans un oubli relatif, il fut le compositeur
   le plus célèbre de son époque : *Robert le Diable* (1831), *Les
   Huguenots* (1836) et *Le Prophète* (1849) — composés pour le
   Grand Opéra de Paris sur des livrets d'Eugène Scribe —
   comptent parmi les plus grands succès européens du
   XIXe siècle. L'attitude de Wagner envers son aîné est pour le
   moins paradoxale. En 1840, il dit de lui : «Ce que Meyerbeer
   a écrit relève de l'histoire universelle, de l'histoire des cœurs
   et des sentiments, il a détruit les barrières des préjugés
   nationaux, il a réduit à néant les frontières étouffantes des
   idiomes linguistiques et il a écrit des actes de la musique
   [*Taten der Musik*]» (*À propos des* Huguenots *de Meyerbeer*). À

l'époque de la révolution de 1848, le jugement de Wagner change radicalement et, en même temps que se développe en lui un effroyable antisémitisme, il adopte à l'égard de son confrère un discours extrêmement dépréciatif, voire haineux (notamment dans *Ma vie*) et rabaisse son esthétique à un culte de l'«effet sans cause» (*Opéra et Drame*). La critique moderne s'accorde toutefois à reconnaître le rôle décisif qu'a joué le Grand Opéra de Scribe et Meyerbeer dans le développement artistique de l'auteur du *Ring*.

MEYSENBUG, Malwida VON (1816-1903)
  Femme de lettres allemande, militante féministe proche de Wagner et de Nietzsche.

MITTERWURZER, Anton (1818-1876)
  Baryton, créateur du rôle de Wolfram dans *Tannhäuser*, il fit l'essentiel de sa carrière à Dresde.

NIEMANN, Albert (1831-1917)
  Interprète du rôle-titre lors de la première parisienne de *Tannhäuser* en 1861, le ténor sera ensuite invité par Wagner pour chanter Siegmund dans *La Walkyrie* lors de l'inauguration du festival de Bayreuth en 1876. Il fut également le premier Tristan américain.

NUITTER [TRUINET], Charles (1828-1899)
  Bibliothécaire et librettiste que Wagner rencontra par l'intermédiaire d'Émile Ollivier, et qui fut l'un de ses plus fidèles soutiens français. Il traduisit non seulement le livret de *Tannhäuser*, mais aussi ceux du *Vaisseau fantôme*, de *Rienzi* et de *Lohengrin*. La version du Venusberg dite «de Paris», que l'on joue couramment aujourd'hui, s'appuie en réalité sur une traduction allemande d'une scène mise en musique par Wagner sur des vers rédigés en français par Nuitter.

OLLIVIER, Émile (1825-1913)
  Avocat et homme politique français, il fut ministre et (sans en avoir officiellement le titre) chef du gouvernement de Napoléon III; il épousa en 1857 Blandine (1835-1862), fille de Liszt et de Marie d'Agoult et sœur aînée de Cosima. Très apprécié de Wagner, il géra souvent ses affaires à Paris.

PETIPA, Marius (1818-1910)
Célèbre maître de ballet chargé de la chorégraphie de *Tann-häuser* à Paris en 1861. Wagner le jugeait «colossalement mauvais». Le nom est orthographié de manière erronée dans le texte allemand de *Ma vie* («Petitpas»).

PFISTERMEISTER, Franz Seraph VON (1820-1912)
Secrétaire de cabinet de Louis II de Bavière, il fut chargé par le souverain d'inviter Wagner à Munich. Très méfiant envers l'influence de ce dernier sur le roi, il intrigua ensuite beaucoup contre le compositeur.

PLANER, Natalie (épouse Bilz) (1826-1892)
Fille illégitime de Minna Wagner, qui la faisait passer pour sa sœur, elle vécut auprès du couple Wagner pendant une grande partie de leur vie commune. Ses lettres et ses Mémoires, qui donnent sur les relations entre Minna et Richard un tout autre éclairage que *Ma vie*, se trouvent aujourd'hui aux Archives nationales Richard Wagner de Bayreuth.

POHLENZ, Christian August (1790-1847)
Chef d'orchestre, directeur des concerts du Gewandhaus de Leipzig de 1827 à 1835.

PORGES, Heinrich (1837-1900)
Chef de chœur et critique musical, il publia des comptes rendus détaillés sur les répétitions de *L'Anneau du Nibelung* et de *Parsifal* sous le contrôle du compositeur en 1876 et 1882.

PUSINELLI, Anton (1815-1878)
Médecin de la famille Wagner à Dresde et ami intime du compositeur.

REISSIGER, Carl Gottlieb (1798-1859)
Chef d'orchestre et compositeur allemand, il fut directeur de la musique à l'Opéra de Dresde (1826) puis, après la disparition de Weber, il occupa les fonctions de Kapellmeister de 1827 à sa mort.

RITTER, Julie (1794-1869)
Mécène allemande, elle fut pour Wagner un soutien important.

RITTER, Karl (1830-1891)

Fils de Julie Ritter, ce jeune musicien fut proche de Wagner entre 1851 et 1859, avant de s'éloigner définitivement de lui.

RÖCKEL, August (1814-1876)

Compositeur et chef d'orchestre, révolutionnaire convaincu, il joua un rôle important dans l'évolution intellectuelle de Wagner, notamment en lui faisant connaître les idées de Proudhon et en lui présentant Bakounine. Ils resteront en contact bien après la révolution dresdoise de 1849, et leur volumineuse correspondance est une mine d'informations sur la pensée wagnérienne.

ROSSINI, Gioacchino (1792-1868)

Il fut, avant Meyerbeer, le compositeur d'opéra le plus célèbre et adulé en Europe. Si la rencontre entre Rossini et l'auteur de *Tannhäuser* fut cordiale, l'image que Wagner donne du maestro dans ses écrits est à peine moins négative que celle de Meyerbeer. Il voit dans ses opéras le triomphe de la « mélodie absolue », détachée de toute motivation dramatique : « la mélodie nue, agréable à l'oreille, la mélodie absolument mélodique, qui n'est que mélodie et rien d'autre » (*Opéra et Drame*). Wagner établit un parallèle implicite entre la « mélodie absolue » (c'est-à-dire la musique qui n'a pas de sens) et la monarchie absolue, réduisant ainsi le succès de Rossini à une forme d'expression artistique caractéristique de la Restauration et donc à un pur phénomène de mode.

SASSAROLI, Filippo (1775-?)

Celui qui fut l'un des tout derniers castrats italiens subjuguait le public par sa technique, son souffle et sa musicalité, jugés phénoménaux. Installé à Dresde entre 1802 et 1823, il eut les faveurs de Francesco Morlacchi (responsable du répertoire italien jusqu'en 1841) et de Weber, qui composèrent pour lui.

SAX [Sasse], Marie (1834-1907)

Soprano belge, interprète d'Elisabeth dans *Tannhäuser* à Paris en 1861 et créatrice du rôle d'Élisabeth de Valois dans le *Don Carlos* de Verdi (1867).

SAYN-WITTGENSTEIN, Carolyne zu (1819-1887)
Compagne de Franz Liszt entre 1848 et 1861, elle est probablement intervenue de manière décisive dans la rédaction
des essais dithyrambiques que Liszt consacra à Wagner,
malgré la jalousie grandissante qu'elle éprouvait envers
l'amitié liant les deux hommes.

SCHLESINGER, Maurice [Moritz] (1797-1871)
Fils de l'éditeur berlinois Adolf Martin Schlesinger (l'un des
principaux éditeurs de l'œuvre de Beethoven et de celle de
Weber en Allemagne), Maurice Schlesinger s'installa à Paris
en 1821, où il fonda sa propre maison d'édition. Il publia la
Gazette musicale, devenue en 1835 la *Revue et Gazette musicale*, ce qui fit de lui l'un des personnages les plus courtisés
du milieu musical parisien. Entre 1840 et 1841, Wagner
publia dans cette revue plusieurs essais et nouvelles (préala-
blement traduits en français), ensuite regroupés sous le titre :
Un musicien allemand à Paris. Nouvelles et essais. À la
demande de Meyerbeer, Schlesinger confia également à
Wagner plusieurs travaux de transcription, ce que le compositeur vécut comme une profonde humiliation.

SCHNORR VON CAROSFELD, Ludwig (1836-1865)
Fils du peintre Julius Schnorr von Carosfeld, le jeune ténor
impressionna fortement Wagner dans le rôle de Lohengrin à
Karlsruhe en 1862. Le compositeur lui confia ensuite la
création du rôle de Tristan à Munich en juin 1865. Sa partenaire dans le rôle d'Isolde fut alors sa femme Malvina (1825-
1904), célèbre cantatrice d'origine danoise. La mort du
chanteur, victime du typhus ou d'une méningite, quelques
semaines après la première, alimenta la légende du caractère inchantable des grands rôles wagnériens.

SCHOPENHAUER, Arthur (1788-1860)
La lecture du *Monde comme Volonté et Représentation* de
Schopenhauer marqua, au milieu des années 1850, un tournant essentiel dans la vision du monde de Wagner, influencée
jusque-là par le matérialisme de Feuerbach et l'optimisme
révolutionnaire. De cette philosophie pessimiste, le compositeur retint notamment la notion de renoncement au vou-
loir-vivre, qu'il plaça au cœur de ses derniers drames
musicaux. La conception métaphysique de la musique selon

Schopenhauer entraîna chez Wagner un retour à une approche romantique de l'art des sons dont il s'était quelque peu éloigné à la fin des années 1840. La pensée du philosophe constitue une sorte de trait d'union entre l'esthétique du premier romantisme allemand (Tieck et Wackenroder) et celle de *Tristan*, de *Parsifal* ou de l'essai sur *Beethoven* (1870), qui envisage la musique comme l'expression immédiate de l'absolu.

SCHRÖDER-DEVRIENT, Wilhelmine (1804-1860)

La célèbre cantatrice fut admirée de Beethoven aussi bien que de Weber et de Wagner. Réputée pour son talent dramatique plus que pour ses qualités vocales, elle s'illustra aussi bien dans l'opéra italien (Rossini, Bellini et Donizetti) que dans l'opéra allemand (elle fut pour Wagner la créatrice des rôles d'Adriano, de Senta et de Vénus). Wagner fait de l'audition de *Fidelio* chanté par la Schröder-Devrient l'un des événements fondateurs de sa vocation artistique, même s'il est probable qu'il l'ait entendue pour la toute première fois dans le rôle de Roméo d'*I Capuleti e i Montecchi* de Bellini (l'opéra était alors connu en Allemagne sous le titre *Romeo und Julia*). Elle fut attachée à l'Opéra de Dresde entre 1823 et 1847 et dut interrompre momentanément sa carrière à cause de son implication dans les événements de 1849.

SCHUMANN, Robert (1810-1856)

Il y a de nombreux points communs entre Schumann et Wagner : leur passion pour la littérature (romantique en particulier), le choix de sujets proches, voire identiques pour leurs projets d'opéras (*Genoveva* et *Lohengrin*, les *Nibelungen*), la conviction que la musique est une forme d'expression poétique, l'importance qu'ils accordent l'un comme l'autre à l'activité essayistique, et même l'aversion qu'ils nourrissent à l'égard de Meyerbeer. Et pourtant les deux artistes n'ont jamais su se comprendre, ni s'apprécier réellement, ce qui explique pourquoi Schumann reste un personnage marginal dans l'autobiographie de Wagner.

SCRIBE, Eugène (1791-1861)

Auteur de quelque quatre cent vingt-cinq pièces de théâtre et livrets d'opéra, promoteur, avec Auber, Meyerbeer et Halévy, du Grand Opéra historique français, Scribe fut l'un des

auteurs les plus joués et les plus en vue du XIXᵉ siècle. Maître
de la «pièce bien faite», il fut courtisé par de nombreux
musiciens — dont Wagner — pour lesquels la collaboration
avec le librettiste des *Huguenots* était une garantie de succès.
Dans *Opéra et Drame*, le compositeur vilipenda ensuite l'artifice et la vacuité qui caractérisaient selon lui la dramaturgie
de Scribe.

SEIFRIZ, Max (1827-1885)
    Chef d'orchestre à la cour de Stuttgart.

SEMPER, Gottfried (1803-1879)
    Professeur d'architecture à Dresde, il construisit en 1841 le
    Königliches Hoftheater où furent créés *Rienzi* et *Tannhäuser*.
    Sa participation au soulèvement révolutionnaire l'obligea à
    quitter l'Allemagne en 1849. Dans les années 1860, il tra-
    vailla à un projet de théâtre pour Wagner à Munich, mais se
    brouilla avec le compositeur, qui s'adressa finalement à
    l'architecte Otto Brückwald (1841-1917) pour construire le
    Festspielhaus de Bayreuth.

SEROV, Alexandre Nikolaïevitch (1820-1871)
    Critique musical et compositeur russe, il fut le premier pro-
    pagateur du wagnérisme en Russie.

SPOHR, Louis (1784-1859)
    Compositeur et chef d'orchestre allemand. Auteur d'un
    Singspiel sur *Faust* (1813) dans lequel il développe un système
    de réminiscences musicales annonçant le principe du leit-
    motiv, Spohr dirigea avec succès *Le Vaisseau fantôme* et
    Tannhäuser à Kassel, où il était Hofkapellmeister. S'il soutint
    beaucoup Wagner, ce fut plus par désir de promouvoir un
    Grand Opéra allemand, qu'il appelait de ses vœux depuis le
    début des années 1820, que par adhésion inconditionnelle à
    l'esthétique musicale de son cadet.

SPONTINI, Gaspare (1775-1851)
    Compositeur italien, chef d'orchestre à la cour de Napo-
    léon Iᵉʳ (à partir de 1805), puis Generalmusikdirektor à l'Opéra
    de Berlin (1820-1841), ses opéras monumentaux (*Fernand
    Cortez*, *Agnes von Hohenstaufen*) annoncent l'esthétique du
    Grand Opéra français. Il a certainement joué un rôle de

modèle dans l'évolution artistique de Wagner, à la fois par l'importance qu'il accordait au fondu sonore de l'orchestre et par l'attention portée aux récitatifs, savamment orchestrés et utilisés aussi bien pour faire progresser l'action que pour exprimer les sentiments des personnages.

STANDHARTNER, Joseph (1818-1892)
Médecin personnel de l'impératrice Élisabeth d'Autriche, il se lia d'amitié avec le compositeur au début des années 1860.

TAUSIG, Carl (1841-1871)
Pianiste virtuose, élève de Liszt, proche ami de Wagner, pour qui il réalisa une réduction pour piano des *Maîtres chanteurs de Nuremberg*, il créa en 1871 une association de donateurs pour soutenir le projet de festival à Bayreuth, avant de mourir prématurément de la fièvre typhoïde.

TEDESCO, Fortunata (1826-1875)
Contralto italien, elle créa la version française du rôle de Vénus dans *Tannhäuser* et se retira de la scène en 1866.

TICHATSCHEK, Joseph Alois (1807-1886)
Chanteur d'origine tchèque, considéré comme le premier ténor wagnérien (créateur des rôles-titres de *Rienzi* et de *Tannhäuser*), il débuta à Graz en 1834. Doté d'une voix brillante et versatile, admirée de Wagner et de Berlioz, il fut attaché au Hoftheater de Dresde de 1838 à 1851, où il chanta 67 rôles différents au cours de 1 445 représentations.

TIECK, Ludwig (1773-1853)
Auteur d'une œuvre littéraire d'une grande variété, Tieck a également rédigé, en collaboration avec Wilhelm Heinrich Wackenroder, deux essais fondateurs du romantisme allemand : les *Épanchements d'un moine épris des arts* (1796) et les *Fantaisies sur l'art* (*Phantasien über die Kunst*, 1799). C'est dans ces textes que sont théorisées pour la première fois la métaphysique de la musique instrumentale qu'on retrouvera chez Hoffmann, puis dans les premiers textes de Wagner, ainsi que la notion de «religion de l'art», chère à l'auteur de *Parsifal*. Son récit *Le Fidèle Eckart et le Tannhäuser* (1799) est l'une des sources du *Tannhäuser* wagnérien.

TRUINET: pseudonyme de Charles Nuitter (voir la notice le concernant).

UHLIG, Theodor (1822-1853)
Violoniste, compositeur et critique musical. Fils illégitime du roi de Saxe Frédéric-Auguste II, il renonça à composer en entendant Richard Wagner diriger la *Neuvième Symphonie* de Beethoven et se consacra ensuite au journalisme, œuvrant avec beaucoup d'énergie à défendre la musique de Wagner.

WAGNER, Adolf (1774-1835)
Essayiste, traducteur et homme de lettres particulièrement érudit, l'oncle de Richard Wagner contribua de manière décisive à la formation littéraire du compositeur en lui faisant découvrir les œuvres de Dante, Shakespeare, Goethe, Gozzi, ou encore celles de son ami E.T.A. Hoffmann.

WAGNER, Cosima (née de Flavigny) (1837-1930)
Fille cadette de Franz Liszt et de Marie d'Agoult, elle se maria avec Hans von Bülow en 1857, dont elle divorça en 1870 pour épouser Wagner, avec qui elle entretenait une relation depuis 1864. Ils eurent trois enfants : Isolde, Eva et Siegfried. Si *Ma vie* ne relate que les débuts des amours entre Wagner et Cosima von Bülow, la jeune femme y joue un rôle beaucoup plus important qu'il n'y paraît, puisque c'est elle qui rédige le texte sous la dictée de son époux. Le *Journal de Cosima* (1869-1883) peut être considéré comme la suite de *Ma vie*. On a souvent dit que Cosima devint, après la mort de Wagner, la gardienne du temple qui n'eut de cesse de forger le mythe wagnérien, mais on ne peut nier qu'en contrôlant la rédaction de son autobiographie, elle est entrée dans ce rôle dès le début des années 1860.

WAGNER-JACHMANN, Johanna (1828-1894)
C'est Wagner qui lança la carrière de sa nièce Johanna (fille de son frère Albert) en l'engageant à Dresde pour chanter Elisabeth lors de la création de *Tannhäuser*. Après une importante carrière qui la conduisit notamment à Hambourg, Berlin et Londres, elle chanta Schwertleite et la première Norne lors du premier festival de Bayreuth en 1876.

WAGNER, Minna (née Planer) (1809-1866)

La première épouse de Wagner est l'un des personnages centraux de *Ma vie*. Après leur séparation définitive en novembre 1862, elle vécut à Dresde, assez amère mais, contrairement à certaines rumeurs qu'elle eut à cœur de faire taire, son mari continua de la soutenir financièrement. Elle mourut le 25 janvier 1866 des suites de la maladie de cœur dont elle souffrait depuis plusieurs années. Wagner était alors à Marseille et ne put assister à ses funérailles.

WEBER, Carl Maria VON (1786-1826)

Fin connaisseur du romantisme littéraire, le compositeur du *Freischütz* et d'*Oberon* est considéré dans l'Allemagne de la première moitié du XIXe siècle comme le second grand musicien romantique national, juste derrière Beethoven. Marqué dès sa jeunesse par le caractère fantastique du *Freischütz*, Wagner avait le sentiment d'être l'héritier de Weber et de devoir achever la mission que ce dernier n'avait pu mener à bien : construire un Grand Opéra allemand (c'est-à-dire un opéra entièrement mis en musique). Au soir de sa vie, il disait encore : « Je me sens tellement proche de lui, cela vient sans doute du fait que toute mon enfance est liée à lui » (*Journal de Cosima*, 9 mars 1878).

WEINLIG, Christian Theodor (1780-1842) (orthographié « Weinlich » par Wagner)

Nommé cantor à la Thomaskirche en 1823 sur recommandation notamment de Carl Maria von Weber, il y joua avec beaucoup de soin les œuvres de Bach, Haendel et Haydn. Compositeur peu marquant, il fut avant tout un pédagogue renommé et eut parmi ses élèves Clara Schumann et Richard Wagner, auquel il apprit l'essentiel de la technique de composition. Ce dernier lui resta toujours reconnaissant et, en 1843, il dédia à sa veuve *La Cène des Apôtres*.

WEISSHEIMER, Wendelin (1838-1910)

Compositeur, chef d'orchestre et musicographe.

WEITZMANN, Karl Friedrich (1808-1880)

Chef d'orchestre et théoricien de la musique, il fut l'un des premiers à reconnaître l'importance de Wagner dans l'histoire de l'harmonie occidentale.

WERDER, Karl Friedrich (1806-1893)
Poète et philosophe allemand, disciple de Hegel, il fut l'un des premiers soutiens de Wagner à Berlin.

WESENDONCK, Mathilde (1828-1902)
On ne sait pas si les relations entre Wagner et Mathilde, dont il dit, plusieurs années après leur séparation, «elle est et restera mon premier et unique amour» (lettre à Eliza Wille du 5 juin 1863), restèrent platoniques, comme le compositeur le laisse entendre. Ils firent connaissance en 1852, devinrent voisins au début de l'année 1857 et durent s'éloigner l'un de l'autre en 1858 à la suite d'un éclat de Minna. Mathilde Wesendonck est considérée comme l'inspiratrice de *Tristan et Isolde* et est l'auteur de cinq poèmes mis en musique par Wagner en 1857, connus sous le titre de *Wesendonck-Lieder*.

WESENDONCK, Otto (1815-1896)
Négociant et mécène allemand. Malgré le scandale déclenché par Minna en 1858 à propos de la liaison présumée entre sa femme Mathilde et Wagner, Otto Wesendonck resta en contact avec le compositeur, continua de le soutenir financièrement et assista à la création parisienne de *Tannhäuser* (1861), à celle des *Maîtres chanteurs de Nuremberg* à Munich (1868) puis, en 1876, à l'ouverture du festival de Bayreuth, dont il fut l'un des premiers souscripteurs.

WILLE, Eliza (1809-1893)
Femme de lettres allemande dont Wagner fréquenta souvent la demeure à Mariafeld, près de Zurich, dans les années 1850-1860. Elle fut l'amie proche et la confidente du compositeur lors de sa liaison avec Mathilde Wesendonck. Ses *Quinze lettres de Richard Wagner, accompagnées de souvenirs et d'éclaircissements* (Bruxelles, 1894) sont un document précieux pour la compréhension de la biographie intellectuelle du compositeur.

WINKLER, Karl Gottfried Theodor (1775-1856)
Connu sous le pseudonyme Theodor Hell, journaliste, écri-

vain et traducteur, il est l'auteur de la version allemande du livret d'*Oberon, or The Elf King's Oath* (1826) réalisée à la demande de Carl Maria von Weber. Il fut nommé vice-directeur du Hoftheater de Dresde en 1841.

BIBLIOGRAPHIE SUCCINCTE

USUELS

Bouteldja, Pascal et Barioz, Jacques, *Bibliographie wagnérienne française*, Paris, L'Harmattan, 2008.

Brandenburg, Daniel (*et al.*, dir.), *Das Wagner-Lexikon*, Laaber, Laaber Verlag, 2012.

Lütteken, Laurenz (dir.), *Wagner-Handbuch*, Stuttgart, Metzler, 2012.

Millington, Barry (dir.), *Wagner, guide raisonné* [*The Wagner Compedium*, 1992], Paris, Fayard, 1996.

Picard, Timothée (dir.), *Dictionnaire encyclopédique Wagner*, Arles, Actes Sud, 2011.

CORRESPONDANCE ET ÉCRITS AUTOBIOGRAPHIQUES

Correspondance de Richard Wagner et de Franz Liszt, trad. de L. Schmidt et J. Lacant, avant-propos de G. Samazeuilh, Paris, Gallimard, 1943.

L'Enchanteur et le roi des ombres. Choix de lettres entre Richard Wagner et Louis II de Bavière, traduites et présentées par Blandine Ollivier, Paris, Perrin, 1976.

Gautier, Judith, *Auprès de Richard Wagner, souvenirs (1861-1882)*, Paris, Mercure de France, 1943.

Lettres de Richard Wagner à Minna Wagner, trad. de Maurice Rémon, avant-propos de G. Samazeuilh, Paris, Gallimard, 1943.

Richard et Cosima Wagner et Charles Nuitter, correspondance réunie et annotée par Peter Jost, Romain Feist et Philippe Reynal, Bruxelles, Mardaga, 2002.

Richard Wagner à Mathilde Wesendonck, journal et lettres,
   1853-1871, Paris, Éditions Parution, 1986.

Richard Wagner. Lettres à Otto Wesendonck, 1852-1870, Paris,
   Calmann-Lévy, 1924.

WAGNER, Cosima, *Journal, 1869-1883*, trad. de Michel-François Demet, 4 vol., Paris, Gallimard, 1977-1979.

WAGNER, Richard, *The Diary of Richard Wagner. The Brown
   Book, 1865-1882* [1re parution, en allemand, 1975], Londres,
   Victor Gollancz, 1980.

WAGNER, Richard, *Ma vie*, trad. de N. Valentin et A. Schenk,
   revue par Dorian Astor, Paris, Perrin, 2012.

WAGNER, Richard, *Un musicien étranger à Paris. Précédé d'une
   «Esquisse autobiographique» (1818-1842)*, Paris, Petite
   bibliothèque des ombres, 2012.

WAGNER, Richard et Cosima, *Lettres à Judith Gauthier*, présentées et annotées par Léon Guichard, Paris, Gallimard, 1964.

BIOGRAPHIES

DE DECKER, Jacques, *Wagner*, Paris, Gallimard, coll. «Folio
   biographie», 2010.

GREGOR-DELLIN, Martin, *Richard Wagner* [*Richard Wagner*,
   1980], Paris, Fayard, 1981 [la biographie de référence, traduite de l'allemand].

GREGOR-DELLIN, Martin, *Wagner au jour le jour* [*Wagner-Chronik*, 1972], Paris, Gallimard, coll. «Idées», 1976.

HILMES, Oliver, *Cosima Wagner. La maîtresse de la colline*,
   Paris, Perrin, 2012.

NEWMAN, Ernest, *The Life of Richard Wagner*, 4 vol., New York,
   Alfred A. Knopf, 1933-1947.

LE THÉÂTRE MUSICAL ET LES LIVRETS

[Tous les numéros de *L'Avant-Scène Opéra* proposent le
livret en édition bilingue, accompagné de précieux documents
et commentaires.]

Le Crépuscule des dieux, *L'Avant-Scène Opéra*, n° 230, 2005.

Lohengrin, *L'Avant-Scène Opéra*, n° 272, 2013.

Les Maîtres chanteurs de Nuremberg, *L'Avant-Scène Opéra*,
   n° 116/117, 1989.

Les Opéras imaginaires, éd. et trad. de P. Godefroid, Paris, Séguier / Archimbaud, 1989 [comprend l'essentiel des œuvres scéniques inachevées].

L'Or du Rhin, *L'Avant-Scène Opéra*, n° 227, 2005.

Parsifal, *L'Avant-Scène Opéra*, n° 213, 2003.

Rienzi, *L'Avant-Scène Opéra*, n° 270, 2012.

Siegfried, *L'Avant-Scène Opéra*, n° 229, 2005.

Tannhäuser, *L'Avant-Scène Opéra*, n° 63-64, 2003.

Tristan et Isolde, *L'Avant-Scène Opéra*, n° 34-35, 2011 ; trad. et édition d'André Miquel, préface de Pierre Boulez, éd. bilingue, Paris, Gallimard, coll. « Folio théâtre », 1996.

Le Vaisseau fantôme, *L'Avant-Scène Opéra*, n° 30, 2010.

La Walkyrie, *L'Avant-Scène Opéra*, n° 228, 2005.

LES ÉCRITS DE RICHARD WAGNER

Œuvres complètes

Œuvres en prose, trad. de Jacques-Gabriel Prod'homme, F. Caillé, F. Holl, L. van Vassenhove, Paris, Delagrave, 13 vol., 1907-1925 (réédition : Paris, Éditions d'Aujourd'hui, 1976) [la seule édition complète des écrits de Wagner en français, comportant malheureusement de nombreuses erreurs de traduction].

Sämtliche Schriften und Dichtungen, 16 vol., Leipzig, Breit-kopf & Härtel / C. F .W. Siegel, 1914.

Œuvres en édition séparée

Beethoven, trad. de Jean-Louis Crémieux, Paris, Gallimard, 1937.

Beethoven, trad., introduction et notes par Jean Boyer, Paris, Aubier, 1948.

Caprices esthétiques. Extraits du journal d'un musicien défunt [trad. d'H. J. M. Duesberg], *Revue et Gazette musicale*, avril 1841.

De l'ouverture, trad. d'H. J. M. Duesberg, *Revue et Gazette musicale*, janvier 1840.

De la musique allemande, trad. d'H. J. M. Duesberg, *Revue et Gazette musicale*, juin 1840.
Dix écrits de Richard Wagner, avant-propos d'Henri Silège, Paris, Fischbacher, 1898.
Du métier de virtuose et de l'indépendance des compositeurs, trad. d'H. J. M. Duesberg, *Revue et Gazette musicale*, juin 1840.
Le Freischütz, trad. d'H. J. M. Duesberg, *Revue et Gazette musicale*, mai 1841.
Le Judaïsme dans la musique, [traducteur inconnu], Bruxelles, J. Sannes, 1869.
Quatre poèmes d'opéras, traduits en prose française, précédés d'une *Lettre sur la musique* [à Frédéric Villot, Paris, 15 septembre 1860], trad. de Paul Challemel-Lacour, Paris, A. Bourdillat, 1861.
Un musicien étranger à Paris, trad. d'H. J. M. Duesberg, *Revue et Gazette musicale*, janvier-février 1841 (réédition : Paris, Édition des Cendres, 1989).
Une soirée heureuse, fantaisie sur la musique pittoresque, trad. d'H. J. M. Duesberg, *Revue et Gazette musicale*, octobre-novembre 1840.
Une visite à Beethoven, épisode de la vie d'un musicien allemand, trad. d'H. J. M. Duesberg, *Revue et Gazette musicale*, novembre-décembre 1840.

LECTURES ET EXÉGÈSES

Adorno, Theodor W., *Essai sur Wagner*, Paris, Gallimard, 1966.
Bauer, Oswald Georg, *Richard Wagner geht ins Theater*, Bayreuth, Bayreuther Festspiele, 1996 [propose un panorama complet des spectacles auxquels Wagner a assisté].
Badiou, Alain, *Cinq leçons sur le «cas» Wagner*, Caen, Éditions Nous, 2010.
Bermbach, Udo, *Der Wahn des Gesamtkunstwerks. Richard Wagners politisch-ästhetische Utopie*, Stuttgart, Metzler, 2004.
Borchmeyer, Dieter, *Das Theater Richard Wagners. Idee, Dichtung, Wirkung*, Stuttgart, Reclam, 1982.
Borchmeyer, Dieter, *Richard Wagner. Ahasvers Wandlungen*, Frankfurt a. M., Insel, 2002.
Boucher, Maurice, *Les Idées politiques de Richard Wagner,*

exemple de nationalisme mythique, Paris, Aubier-éditions Montaigne, 1948.

CANDONI, Jean-François, *La Genèse du drame wagnérien*, Bern, Peter Lang, 1998.

—, *Penser la musique au siècle du romantisme*, Paris, PUPS, 2012.

DAHLHAUS, Carl, *Les Drames musicaux de Richard Wagner* [*Richard Wagners Musikdramen*, 1971], Bruxelles, Margada, 1994.

DAHLHAUS, Carl, *Wagners Konzeption des musikalischen Dramas*, Regensburg, Bosse, 1971 [contient l'analyse la plus pertinente du système du leitmotiv].

KATZ, Jacob, *Wagner et la question juive*, Paris, Hachette, 1986.

LACOUE-LABARTHE, Philippe, *Musica ficta, figures de Wagner*, Paris, Christian Bourgois, 1991.

LICHTENBERGER, Henri, *Richard Wagner, poète et penseur*, Paris, C. Tchou, 2000 (1re éd., 1898).

MERLIN, Christian, *Le Temps dans la dramaturgie wagnérienne. Contribution à une étude dramaturgique des opéras de Richard Wagner*, Bern, Peter Lang, 2001.

NATTIEZ, Jean-Jacques, *Wagner androgyne : essai sur l'interprétation*, Paris, Christian Bourgois, 1990.

NATTIEZ, Jean-Jacques, *Les Esquisses de Richard Wagner pour «Siegfried's Tod» (1850) : essai de poïétique*, Paris, Société française de musicologie, 2004.

NEWMAN, Ernest, *Wagner as Man and Artist*, Londres, J. M. Dent and sons, 1914.

PICARD, Timothée, *L'Art total. Grandeur et misère d'une utopie (autour de Wagner)*, Rennes, PUR, 2006.

PICARD, Timothée, *Wagner, une question européenne. Contribution à une étude du wagnérisme, 1860-2004*, Rennes, PUR, 2006.

TAGUIEFF, Pierre-André, *Wagner contre les juifs*, Paris, Berg international, 2012.

WAGNER, LES ÉCRIVAINS ET LES ARTISTES

BAUDELAIRE, Charles, « Richard Wagner et *Tannhäuser* à Paris », dans *Sur Richard Wagner*, Paris, Les Belles Lettres, 1994.

BOULEZ, Pierre, *Points de repères*, Paris, Christian Bourgois, 1981.

CHAMPFLEURY, «Richard Wagner», dans *Sur Richard Wagner*, Paris, Les Belles Lettres, 1994.

CLAUDEL, Paul, *Richard Wagner. Rêverie d'un poète français*, Paris, Les Belles Lettres, 1970.

DUJARDIN, Édouard, «Richard Wagner et la poésie française contemporaine», dans *Revue de Genève*, 1886.

GAUTIER, Théophile, *Sur «Tannhäuser»*, dans *Sur Richard Wagner*, Paris, Les Belles Lettres, 1994.

LISZT, Franz, *Trois opéras de Richard Wagner considérés de leur point de vue musical et poétique*, présenté par Nicolas Dufetel, Arles, Actes Sud, 2013.

MALLARMÉ, Stéphane, *Richard Wagner. Rêverie d'un poète français* [1885], dans *Œuvres complètes*, Paris, Gallimard, Bibliothèque de la Pléiade, t. II, 2003, p. 153-159.

MANN, Thomas, *Wagner et notre temps*, textes réunis par Georges Liébert, Paris, Le Livre de Poche, 1977.

NERVAL, Gérard de, «*Lohengrin*», dans *Sur Richard Wagner*, Paris, Les Belles Lettres, 1994.

NIETZSCHE, Friedrich, *Le Cas Wagner*, suivi de *Nietzsche contre Wagner*, trad. de J.-C. Hémery, Paris, Gallimard, 1974.

ROLLAND, Romain, *Musiciens d'aujourd'hui (Berlioz, Wagner, Saint-Saëns, Vincent d'Indy, Claude Debussy, Hugo Wolf, Richard Strauss, le renouveau de la musique française depuis 1870)*, Paris, Hachette, 1908.

SCUDO, Paul, SCHURÉ, Édouard et WAGNER, Richard, *La Controverse Wagner. Tannhäuser à Paris en 1861*, choix de textes présentés par Eryck de Rubercy, Paris, Pocket, 2012 [rassemble des textes publiés dans la presse française lors de la création parisienne de *Tannhäuser*].

SHAW, George Bernard, *Le Parfait Wagnérien*, dans *Écrits sur la musique*, choix de textes, présentation et notes par Georges Liébert, Paris, Robert Laffont, coll. «Bouquins», 1994.

SUARÈS, André, *Wagner*, Paris, Éditions de la revue dramatique, 1896.

NOTES

Première partie
1813-1842

Page 43.

1. La Bataille de Leipzig, ou Bataille des Nations (16-19 octobre 1813), marque une victoire décisive de la coalition antinapoléonienne, composée de la Prusse, de l'Autriche, de la Suède et de la Russie, contre l'envahisseur français ; elle est restée dans la mémoire collective allemande comme un moment décisif de la prise de conscience nationale.

Page 44.

1. Friederike Wilhelmine Hartwig (1777-1849), actrice allemande, créatrice du rôle-titre de *La Pucelle d'Orléans* de Schiller.

Page 45.

1. C'est dans ce même Hoftheater (théâtre de cour) de Dresde que Wagner sera nommé Hofkapellmeister en 1843. On y représente en alternance, comme il était alors de coutume en Allemagne, des pièces de théâtre parlé et des opéras — d'où peut-être la volonté, affirmée très tôt par Wagner, de réunir l'opéra et le drame. Le théâtre de Dresde est alors l'une des institutions les plus prestigieuses de la Saxe, qui se concevait comme un « État culturel ». Les Wettin, famille régnante, misait en effet beaucoup sur sa politique culturelle pour compenser la relative perte d'influence politique du royaume, entamée depuis le dernier quart du XVIIIᵉ siècle. En s'attachant des personnalités artistiques marquantes (Weber, Wagner, et plus

tard Richard Strauss), Dresde, ville de cour, tente de rivaliser non seulement avec Leipzig, sa concurrente bourgeoise, mais aussi avec Vienne ou Munich.

Page 47.

1. Christian Ephraim Wetzel (1776-1823) : pasteur protestant.

Page 48.

1. «*Üb' immer Treu' und Redlichkeit*» («Sois toujours fidèle et honnête») est un célèbre chant populaire sur un poème de Ludwig Hölty (1748-1776) intitulé *Der alte Landmann an seinen Sohn* (*Paroles d'un vieux paysan à son fils*), la mélodie reprend celle de Papageno dans *La Flûte enchantée* de Mozart («Ein Mädchen oder Weibchen...»).

Page 49.

1. Wagner avait deux frères et cinq sœurs : Albert (1799-1874), chanteur et régisseur ; Rosalie (1803-1837), actrice ; Julius (1804-1862), orfèvre ; Luise (1805-1871), actrice mariée à l'éditeur Friedrich Brockhaus ; Clara (1807-1875), cantatrice, et Ottilie (1811-1883), mariée au philologue Hermann Brockhaus. Cäcilie Geyer (1815-1893) était sa demi-sœur, elle épousa le libraire Eduard Avenarius en 1840. Né en 1813, (Wilhelm) Richard était donc l'avant-dernier de la fratrie. Voir l'arbre généalogique des Wagner, p. 464-465.

Page 51.

1. Le *Freischütz* de Weber jouissait alors d'une immense popularité en Allemagne et en Autriche. Sa création en 1821 au Schauspielhaus de Berlin fut présentée par la presse allemande comme le triomphe de l'opéra national et l'opéra fut opposé symboliquement à l'*Olimpia* de Gaspare Spontini, jouée peu avant au théâtre de cour. Si Weber était considéré comme l'artiste allemand par excellence, Spontini faisait quant à lui figure de compositeur de l'aristocratie internationale — c'est par décision arbitraire du roi que ce compositeur franco-italien, lié au régime napoléonien, fut engagé à Berlin. Dans ses *Lettres de Berlin*, Heinrich Heine ironise sur la popularité du «Chœur des demoiselles d'honneur» que l'on entend partout, jusqu'à l'écœurement : «toujours la même sempiternelle mélodie, le chœur "Nous te tressons la couronne"» (22 mars 1822).

2. La *Valse d'Ypsilanti* fut composée par un auteur inconnu

502   *Notes*

en hommage à Alexandre Ypsilantis (1792-1828), héros
national grec.

Page 52.

1. Les corporations étudiantes constituèrent, pendant les
années 1820-1830, l'un des principaux mouvements d'opposition politique allemands. Les étudiants firent entendre leurs
revendications — unité politique de l'Allemagne, liberté d'expression, instauration d'une monarchie constitutionnelle, abo-
lition du servage et des privilèges conférés par la naissance
— lors de la «fête de la Wartburg» le 18 octobre 1817. Cette
première grande cérémonie politique allemande moderne fut
organisée à l'occasion du 300ᵉ anniversaire du début de la
Réforme, sur le lieu même où Luther avait traduit le Nouveau
Testament, et en commémoration de la «Bataille des Nations»
d'octobre 1813. La teneur contestataire du *Tannhäuser* de
Wagner prend toute sa dimension si l'on met l'opéra en perspective avec cette manifestation politique, qui avait marqué de
manière indélébile l'esprit des intellectuels libéraux. Toutefois,
la fête de la Wartburg, qui s'acheva par un autodafé de livres,
a également révélé des aspects plus obscurs du nationalisme
de certains étudiants (fanatisme politique, antisémitisme).
L'événement suscita ce commentaire de Heinrich Heine : «à la
Wartburg, on a entendu le croassement obscur des corbeaux
du passé et, à la lumière des flambeaux, on a dit et fait des
bêtises dignes du Moyen Âge le plus arriéré» (*Ludwig Börne.
Nécrologe*).

Page 53.

1. *Wallenstein* (1799) est un drame historique en trois
parties de Friedrich Schiller mettant en scène la destinée du
général Albrecht von Wallenstein pendant la Guerre de Trente
Ans.

Page 58.

1. *Sappho* (1818) de Franz Grillparzer met en scène la
passion amoureuse non réciproque de la poétesse Sappho pour
le jeune Phaon. Grillparzer est l'auteur de plusieurs drames
antiquisants sur des sujets tirés de la mythologie classique.

Page 64.

1. Le comte Jan Joseph Pachta (1756-1834) était alors direc-

teur du Conservatoire de Prague. Il possédait un château baroque à Pavonín, près de Prague, où Wagner fut hébergé à l'automne 1832.

Page 67.

1. Le «costume de l'Allemagne ancienne» («*altdeutsche Tracht*») était porté par les étudiants nationalistes depuis les «guerres de libération» (1813-1815). On peut le voir sur certains tableaux de Caspar David Friedrich (longue redingote étroite, chemise à large col et grande cravate, béret de velours). C'est certainement en référence à ce costume que Wagner se fit souvent portraiturer avec un béret de velours.

Page 73.

1. Amadeus Wendt (1783-1836): philosophe allemand.

Page 76.

1. Johann Aloys Mieksch [Miksch] (1765-1845): professeur de chant de Wilhelmine Schröder-Devrient et d'Anton Mitterwurzer à Dresde.

Page 81.

1. Dans *L'Œuvre d'art de l'avenir*, Wagner écrit à propos de cette *Septième Symphonie en la majeur* (op. 92): elle «est l'apothéose de la danse: elle est la danse dans son essence la plus élevée, l'acte bienheureux du mouvement du corps incarné de façon idéale par les sons».

2. Christian Gottlieb Müller (1800-1863), compositeur et chef d'orchestre allemand, dont les œuvres étaient particulièrement estimées par Robert Schumann.

Page 82.

1. Le conseiller Krespel est un personnage fantasque et excentrique imaginé par E.T.A. Hoffmann dans *Les Frères de Saint-Sérapion*, qui achète et fabrique les meilleurs violons imaginables, puis les démonte pour tenter de découvrir leur secret. Le Kapellmeister Johannes Kreisler apparaît à la fois dans les *Kreisleriana* (ensemble de textes qui mêle des nouvelles et des développements esthétiques, 1813-1815) et dans le roman *Considérations sur la vie du chat Murr* (1819-1821). Il fait partie de ces artistes romantiques «qui sont étrangers en ce monde, parce qu'ils appartiennent à une essence supé-

rieure» (le *Chat Murr*). Le personnage permet surtout à Hoffmann, à travers des stratégies fictionnelles complexes, d'exposer sa conception romantique de la musique.

Page 83.

1. Le «chalet Kintschy» était un café situé dans le grand parc du Rosental de Leipzig, haut lieu de la vie intellectuelle locale. C'est là que fut exécutée pour la première fois en public une œuvre de Wagner.

Page 86.

1. Il a été démontré par Oswald Georg Bauer (*Richard Wagner geht ins Theater*, Bayreuth, 1996) que Wilhelmine Schröder-Devrient ne s'est probablement pas produite dans *Fidelio* à Leipzig avant 1832. L'événement décrit ici n'est d'ailleurs pas mentionné dans l'*Esquisse autobiographique* de 1843. C'est probablement dans *I Capuleti e i Montecchi* (*Les Capulet et les Montaigu*) de Bellini que Wagner entendit pour la première fois cette artiste, lors d'une tournée de l'Opéra de Dresde en 1830 ou 1831.

Page 87.

1. L'opposition entre la tyrannie politique et le «purement humain» est un thème récurrent de la pensée wagnérienne. Il est exposé dans *Opéra et Drame* (notamment dans les pages consacrées au conflit entre Antigone et Créon) et sous-tend toute la dramaturgie de *L'Anneau du Nibelung*.

Page 88.

1. L'idée que la révolution de Juillet rachèterait les excès de celle de 1789 est très présente chez les intellectuels allemands du *Vormärz* (la période qui s'étend du Congrès de Vienne en 1815 à la révolution de 1848), notamment Ludwig Börne et Heinrich Heine.

2. L'«Ouverture politique» (répertoriée dans le catalogue des œuvres de Wagner sous le numéro WWV 11) est aujourd'hui perdue. On ignore si Wagner en avait achevé la composition.

Page 89.

1. Le *Gaudeamus igitur* est une sorte d'hymne international des étudiants, très prisé en Allemagne depuis la fin du xviiie siècle.

2. Le *Collegium Paulinum* était un ancien cloître gothique qui abritait l'université de Leipzig (près de l'Augustusplatz), il fut rasé en 1830 pour faire place à un bâtiment plus imposant.

Page 91.

1. En réalité, Weinlig a étudié à Bologne auprès de Stanislao Mattei (1750-1825), théoricien de la musique qui était lui-même élève du célèbre Padre Giovanni Battista Martini (1706-1784).

Page 92.

1. La *Sonate en si majeur* (WWV 21), publiée en décembre 1831, fut effectivement rééditée en 1862, après que des extraits en eurent été présentés dans la *Deutsche Musikzeitung* sous forme d'énigme, les lecteurs étant invités à deviner quel compositeur contemporain célèbre était l'auteur de cette si modeste partition.

2. La *Fantaisie en fa dièse mineur* (WWV 22) est construite à partir de thèmes empruntés aux *Fées*.

Page 93.

1. L'*Ouverture en ré mineur* (WWV 20) fut créée le 25 décembre 1831, probablement sous la direction de Heinrich Dorn.

Page 95.

1. L'acteur et metteur en scène Heinrich Moritz (1800-1868) était un vieil ami de la famille Wagner.

2. La *Chevalerie et l'Époque des chevaliers* (*Ritterzeit und Ritterwesen*, 1823) est le titre d'un cours publié par l'historien et philologue Johann Gustav Gottlieb Büsching (1783-1829).

Page 100.

1. Ludwig Börne (1786-1837) : écrivain et journaliste allemand, l'un des chefs de file du mouvement contestataire de la « Jeune Allemagne ». Ses *Lettres de Paris* (1830-1831) tentent de gagner l'Allemagne à la cause de la révolution de Juillet 1830.

2. *Zeitung für die elegante Welt* : *Gazette pour le monde élégant*.

Page 101.

1. La *Symphonie en ut majeur* (WWV 29) avait été créée au Conservatoire de Prague en novembre 1832 sous la direction de Dyonis Weber.

Page 102.

1. Tadeusz Kościuszko (1746-1817) : général polonais qui prit la tête du soulèvement contre la Russie en 1794.

Page 105.

1. Kaspar Hauser était un jeune homme d'environ seize ans, découvert sur une place de Nuremberg en mai 1828, ne sachant pas parler, qui aurait vécu jusque-là sans aucun contact humain. Ses origines réelles donnèrent lieu à de nombreuses spéculations, mais l'énigme ne fut jamais résolue.

Page 106.

1. Ferdinando Paër : compositeur italien (1771-1839). Il fut Hofkapellmeister à Dresde (1803-1807) et succéda à Spontini au poste de chef d'orchestre du Théâtre-Italien de Paris (1812-1827). À Dresde, il composa *Leonore, ossia L'amore coniugale* (1804) sur le livret de Jean-Nicolas Bouilly qui servit ensuite de support au *Fidelio* de Beethoven. L'opéra *Camilla* a été composé pour Vienne (1799).

Page 107.

1. Conçu en juin 1834 et mars 1836, *La Défense d'aimer* (WWV 38) est le deuxième opéra achevé par Wagner. Il sera créé le 29 mars 1836 à Magdebourg sous le titre *La Novice de Palerme* : la représentation devant avoir lieu pendant la Semaine sainte, Wagner supprima la première partie du titre pour prévenir tout problème de censure.

2. Le roman *Ardinghello et les îles bienheureuses* de Wilhelm Heinse (1746-1803) expose la vision d'une humanité émancipée des contraintes sexuelles, morales et politiques. Il a trouvé un écho tout particulier auprès des écrivains de la Jeune Allemagne (Laube notamment).

Page 108.

1. Wagner fait ici allusion au soulèvement des Siciliens contre la domination française en 1282. L'opéra composé par Verdi sur le sujet ne fut créé qu'en 1855. — *La Muette de Portici* : opéra d'Auber.

Page 112.

1. Heinrich Laube fut l'un des principaux représentants du mouvement libertaire de la Jeune Allemagne, qui s'opposait à

la politique réactionnaire menée depuis 1815 par le chancelier autrichien Metternich et les princes de la Confédération germanique. Par un décret du Parlement de Francfort en date du 10 décembre 1835, les écrits des «Jeunes Allemands», qui «ruin[aient] la discipline et la moralité» et «s'en pren[aient] à la religion chrétienne avec une impudence extrême», furent interdits. Le décret citait nommément Heinrich Heine, Carl Gutzkow, Heinrich Laube, Ludolf Wienbarg et Theodor Mundt.

2. Theodor Apel (1811-1867): auteur dramatique allemand engagé dans le mouvement libéral nationaliste.

Page 113.

1. *Le Mauvais Esprit Lumpazivagabundus*: farce merveilleuse en trois actes de Johann Nestroy, créée en 1833, sur une musique d'Adolf Müller. Les pièces du théâtre populaire viennois, dont Nestroy est alors le plus fameux représentant, sont entrecoupées de nombreux passages chantés.

Page 118.

1. Il s'agit de l'*Otello* de Rossini (1816) et d'*I Capuleti e i Montecchi* (*Les Capulet et les Montaigu*) de Bellini (1830).

Page 119.

1. L'*Ouverture en mi bémol majeur* (WWV 37a) fut composée pour *Columbus* (vers 1835), drame historique de Theodor Apel. La musique de scène réalisée pour cette pièce est perdue.

Page 125.

1. Le Königsstädtisches (ou Königsstädter) Theater (1824-1851) peut être considéré comme le premier théâtre «bourgeois» de Berlin. La survie de cette institution privée dépendait largement des recettes de caisse. Situé à l'Alexanderplatz, il défendait un répertoire varié: opéra italien, opéra-comique français, *Singspiele*, mélodrames, pantomimes, etc.

Page 127.

1. Le *Singspiel* où, sur le modèle de l'opéra-comique français, alternent dialogues parlés et pièces musicales, est alors généralement considéré comme une forme mineure. L'ambition de Wagner et de la plupart des musiciens et musicologues de la première moitié du XIXᵉ siècle est de réaliser un «grand opéra» entièrement mis en musique, mettant en scène des

sujets nobles (tragiques et historiques), qui permettrait à l'Allemagne de rivaliser avec les modèles français et italien. L'*Euryanthe* (1823) de Carl Maria von Weber est souvent perçue comme une tentative malheureuse dans ce sens.

Page 136.

1. Schwabe était un commerçant rencontré à Berlin, qui avait fait la cour à Minna peu auparavant.

Page 138.

1. On ne dispose de pratiquement aucune information sur Abraham Möller, commerçant et amateur d'art de Königsberg.

Page 142.

1. L'épisode choisi par Wagner est la 194ᵉ nuit.

Page 144.

1. *Les hommes sont plus rusés que les femmes. Ou L'Heureuse Famille de l'ours.* Opéra-comique en deux actes d'après *Les Mille et Une Nuits* (WWV 48). Wagner a composé deux numéros, aujourd'hui perdus, pour cet opéra dont la dimension autobiographique est évidente (Julius Wagner, le frère du compositeur, était orfèvre ; dans le livret, l'ours s'appelle Richard Wander).

2. Karl Holtei (1798-1880) : écrivain et homme de théâtre allemand, directeur du théâtre de Riga de 1821 à 1825.

Page 146.

1. Étienne Nicolas Méhul (1763-1817) : compositeur français, auteur de nombreux opéras-comiques dans lesquels il tenta de mettre en application les principes de la réforme de Gluck en faveur de la vérité dramatique, ce qui lui valut l'estime d'E.T.A. Hoffmann et de Wagner.

Page 153.

1. La traduction française de *Rienzi* réalisée par Wagner à l'aide de son professeur a été publiée dans *Dokumente und Texte zu « Rienzi, der Letzte der Tribunen »*, éd. Reinhard Strohm, dans Richard Wagner, *Sämtliche Werke*, éd. Carl Dahlhaus, vol. 23, Mainz, Schott, 1976.

Page 158.

1. Le navire, un deux-mâts de vingt-cinq mètres de long, était effectivement un bâtiment de petite taille. Il sombra en mer au cours d'une tempête, neuf ans après la traversée relatée par Wagner.

Page 160.

1. En réalité, la version originale du livret du *Vaisseau fantôme* se déroulait en Écosse. Ce n'est qu'en 1842 que le compositeur transplanta l'action en Norvège, ce qui laisse à penser que ce récit de l'inspiration initiale pourrait être une fiction poétique élaborée *a posteriori*.

2. Sandvika, sur l'île de Borøya.

Page 166.

1. Henri Duponchel (1794-1868) : directeur du Grand Opéra entre 1835 et 1841 (fonction partagée à certaines périodes avec Édouard Monnais et Léon Pillet).

2. François Habeneck (1781-1849) : chef d'orchestre, directeur de la Société des Concerts du Conservatoire, il a œuvré à la diffusion en France des symphonies de Beethoven.

3. En français dans le texte.

4. Ignaz Moscheles (1794-1870) : pianiste et compositeur allemand.

5. Marie Leopoldine Blahetka (1811-1885) : pianiste et compositrice autrichienne.

Page 167.

1. Le compositeur logeait au 3, rue de la Tonnellerie. Cette rue a disparu lors de la construction des Halles. L'indication sur le lieu de naissance de Molière était erronée.

Page 169.

1. Théophile Marion Dumersan (1780-1849) : auteur de vaudevilles et chansonnier.

2. *La Descente de la Courtille* (1841) : chœur en *si majeur* (WWV 65).

3. *Dors, mon enfant* : mélodie pour voix et piano en *fa majeur* (WWV 53), l'auteur du texte est inconnu.

4. *L'Attente* : mélodie pour voix et piano en *sol majeur* (WWV 55). Wagner composa à l'automne 1839 deux autres

mélodies sur des poèmes de Victor Hugo : *Extase* (WWV 54) et *La tombe dit à la rose* (WWV 56).

5. *Mignonne* : mélodie pour voix et piano en *mi majeur* (WWV 57) sur le célèbre poème de Ronsard.

Page 170.

1. Luigi Lablache (1794-1858) : célèbre basse franco-italienne. La composition évoquée ici est répertoriée dans le catalogue des œuvres de Wagner sous le titre : *Air pour voix de basse en fa majeur*, «*Norma il predisse*», *avec chœur d'hommes* (WWV 52) (l'auteur du texte est inconnu).

Page 171.

1. *Les Deux Grenadiers* : mélodie pour baryton et piano en *la mineur*, WWV 60, version française du poème de Heine par François-Adolphe Loève-Veimars (premier traducteur des contes et récits d'E.T.A. Hoffmann).

2. Pauline Viardot (1821-1910) : célèbre cantatrice française, sœur de Maria Malibran. Proche de Berlioz, de Gounod et de Saint-Saëns, elle créa le rôle de Fidès dans *Le Prophète* de Meyerbeer (1849).

Page 181.

1. La nouvelle relate la visite rendue à Vienne à Beethoven par un musicien (appelé R.) venu recueillir pieusement les paroles du maître. Le jeune homme se voit concurrencé par un Anglais vénal et matérialiste qui place Rossini sur le même plan que le compositeur de la *Neuvième Symphonie*. La traduction française du récit est due à Henri-Joseph-Maria Duesberg.

2. Dans cette «nouvelle d'artiste» écrite à la manière d'E.T.A. Hoffmann, le narrateur raconte, sur le ton de l'ironie, comment un jeune compositeur naïf venu s'installer à Paris va constamment se heurter, au cours de sa brève existence, aux intrigues de ses confrères, à la partialité de la presse et à la frivolité du public. La tonalité de ce récit est, on le devine, fortement autobiographique.

Page 185.

1. *Les Huguenots* (1836) de Giacomo Meyerbeer et d'Eugène Scribe constituent le paradigme du Grand Opéra historique français en cinq actes. Le scénario, qui combine une intrigue privée et une action politique, et s'achève de façon spectacu-

laire par le massacre de la Saint-Barthélemy, repose sur de grandes scènes-tableaux, sur des effets spectaculaires et sur le rôle moteur de la foule. Dans *Opéra et Drame,* Wagner dénonce dans cette œuvre un goût prononcé pour l'extériorité pompeuse et l'effet gratuit ainsi qu'une recherche du caractéristique totalement anecdotique.

Page 186.

1. En recoupant les différents textes de Wagner, on découvre qu'en réalité il a vu au moins les sept spectacles suivants au Grand Opéra : *Les Huguenots, Robert le diable, La Favorite, La Juive, La Reine de Chypre, Le Freischütz* (dans une adaptation avec ballet et récitatifs) et *Guillaume Tell,* sans parler des ballets.

2. Les opéras en langue italienne sont donnés à Paris par la troupe du Théâtre-Italien, installée à partir d'octobre 1841 salle Ventadour, là même où aurait dû avoir lieu la représentation de *La Défense d'aimer* par la troupe du Théâtre de la Renaissance.

3. Léon Pillet : codirecteur du Grand Opéra de 1840 à 1847.

Page 187.

1. Édouard Monnais (1798-1868) : avocat, journaliste et administrateur, il partage avec Henri Duponchel puis Léon Pillet la direction du Grand Opéra de Paris de 1839 à 1847.

Page 188.

1. Paul Foucher rédigea le livret définitif en collaboration avec Bénédict-Henry Revoil (on sait qu'ils utilisèrent également d'autres sources). *Le Vaisseau fantôme ou le Maudit des mers,* opéra fantastique en deux actes sur une musique de Louis Dietsch, fut créé le 19 novembre 1842 et tomba dans l'oubli après onze représentations.

Page 190.

1. C'est un essai du philologue Christian Theodor Ludwig Lucas (1796-1854) paru en 1838, *À propos de la guerre de la Wartburg,* qui a donné à Wagner l'idée de combiner dans *Tannhäuser* deux modèles littéraires, *La Guerre des chanteurs* d'E.T.A. Hoffmann et *Le Fidèle Eckart et le Tannhäuser* de Tieck. En revanche, le poème populaire anonyme (*Volksbuch*) auquel le compositeur fait ici allusion n'existe sans doute pas

et relève de son fantasme de la recherche de sources populaires authentiques dont les textes littéraires ne seraient qu'une version affaiblie.

Deuxième partie

1842-1850

Page 196.

1. Le Hörselberg est la montagne à l'intérieur de laquelle s'est réfugiée Vénus dans *Tannhäuser*.

Page 197.

1. Le théâtre construit par Gottfried Semper en 1841 a été détruit par un incendie en 1869. Le parterre était disposé en un amphithéâtre dans lequel les spectateurs de la bourgeoisie étaient assis côte à côte. Au-dessus du parterre, on trouvait deux étages de loges (symboles de l'ordre social aristocratique), elles-mêmes surmontées de deux balcons. Semper avait ainsi conçu une salle dans laquelle presque toutes les places bénéficiaient d'une bonne visibilité. Elle était en outre réputée pour son acoustique exceptionnelle. L'édifice que nous connaissons aujourd'hui sous le nom de « Semperoper » a été reconstruit en 1985 d'après les plans du second théâtre conçu par Semper, achevé en 1878.

Page 207.

1. *Le Roi des Aulnes* est une ballade composée en 1824 (donc neuf ans après la version de Franz Schubert) par Carl Loewe (1796-1869) sur le célèbre poème de Goethe.

Page 211.

1. Frédéric-Auguste II, qui accéda au trône en 1836, avait bénéficié d'une formation musicale approfondie et possédait une remarquable voix de basse. Il attachait une grande importance à la politique culturelle de la Saxe, ce dont témoigne cette déclaration faite devant le Parlement en 1839 : « L'art dramatique a joué un grand rôle dans toutes les nations appartenant à une grande civilisation... Il ne saurait être ni dans l'intérêt ni dans les intentions de la nation d'être distancée dans ce domaine par d'autres nations dont la situation finan-

cière est moins favorable» (*Landtags-Acten von den Jahren 1839-1840*).

Page 213.

1. Le Zwinger est un palais baroque qui sert de lieu de représentation pour les rois de Saxe.

Page 214.

1. La gravure du peintre nazaréen Peter von Cornelius (1783-1867) représente, selon le principe de la polyfocalité, six scènes de la *Chanson des Nibelungen* en se référant explicitement à Albrecht Dürer. Depuis le début du xixe siècle, le texte médiéval anonyme (écrit vers 1200) fit l'objet de nombreuses discussions et tentatives de modernisation (traductions, adaptations pour le théâtre et les arts plastiques), toujours sous-tendues par la volonté d'en faire la grande épopée nationale germanique.

2. Le contenu de la bibliothèque, aujourd'hui propriété du musée et des Archives nationales Wagner de Bayreuth, a été inventorié par Curt von Westernhagen dans *Richard Wagners Dresdner Bibliothek 1842 bis 1849* (Wiesbaden, éd. Brockhaus, 1966).

3. Il s'agit d'un ensemble de neuf volumes (publiés entre 1836 et 1842), réunissant des romans médiévaux inédits, notamment *Li Romans de Garin le Loherain*.

Page 215.

1. Les représentations du *Vaisseau fantôme* n'eurent pas lieu au théâtre de cour sur l'avenue Unter den Linden, l'édifice ayant brûlé en août 1843, mais au Schauspielhaus sur le Gendarmenmarkt, là même où avait eu lieu la création triomphale du *Freischütz* de Weber en 1821.

Page 217.

1. Ces remarques contrastent avec le ton des lettres, assez serviles, envoyées à Mendelssohn à la même époque : Wagner espérait sans doute tirer profit de l'énorme influence que ce dernier exerçait sur la vie musicale berlinoise.

Page 218.

1. Le spectacle, mis en scène par Ludwig Tieck et accompagné par une musique de Felix Mendelssohn-Bartholdy, fut l'un des événements culturels les plus marquants de l'époque.

2. Il est probable également que Ludwig Rellstab, qui préparait alors un livret d'opéra pour Meyerbeer (*Un camp en Silésie*), destiné à la réouverture solennelle de la salle d'Unter den Linden, ait considéré l'œuvre de Wagner comme une concurrence potentielle.

Page 223.

1. Les pages consacrées à Spontini reprennent en partie l'hommage au compositeur italien publié par Wagner à sa mort en 1851 (*Souvenirs sur Spontini*).

2. Spontini venait d'être remplacé au poste de Generalmusikdirektor de l'opéra de cour de Berlin par Giacomo Meyerbeer (sur ordre du roi de Prusse), ce qui explique peut-être en partie la sollicitude de Wagner à son égard.

Page 224.

1. Les propos de Spontini figurant en italique, ici et dans les pages qui suivent, sont en français dans le texte.

Page 231.

1. Wagner a tiré de ses nombreuses expériences de chef d'orchestre un goût prononcé pour la fusion des différents groupes d'instruments. La fusion des timbres, élément caractéristique de son orchestration, est accentuée par l'acoustique du théâtre de Bayreuth, où les sons ne parviennent dans l'auditorium qu'après s'être mélangés dans la fosse couverte.

Page 233.

1. Le texte original est : « Il vivra ! »

Page 238.

1. *Les deux juifs errants* : on est en droit de se demander si cette allusion d'un goût douteux à Meyerbeer et à Mendelssohn est réellement due à Spontini.

Page 239.

1. Il s'agit de l'*Antigone* de Sophocle avec une musique de scène de Felix Mendelssohn-Bartholdy (créée à Potsdam en 1841).

2. La Sing-Akademie de Berlin est un chœur mixte fondé en 1791, connu notamment pour avoir permis la redécouverte de la musique de Jean Sébastien Bach au XIXe siècle grâce à

l'exécution de la *Passion selon saint Matthieu* en 1829 sous la direction de Mendelssohn, qui fut un événement culturel considérable.

Page 241.

1. *Musique funèbre sur des thèmes d'*Euryanthe *de Carl Maria von Weber* (WWV 73). Pour la même occasion, Wagner avait également composé un chœur pour voix d'hommes intitulé *An Webers Grabe* (*Sur la tombe de Weber*) (WWV 72).

Page 252.

1. Wagner fait allusion à l'article intitulé « Sur l'exécution de *Tannhäuser*. À l'intention des chefs d'orchestre et des interprètes » (1852).

Page 253.

1. On apprend au troisième acte de l'opéra que le pape a refusé d'absoudre Tannhäuser à cause de son séjour au Venusberg et lui a annoncé qu'il serait damné tant que la crosse qu'il tient à la main ne reverdirait pas. Dans la toute dernière scène, des pèlerins brandissent la crosse du pape couverte de verdure, ce qui est une manière de signifier visuellement à la fois que le héros est sauvé et que l'Église a été désavouée par Dieu Lui-même. La mise en avant de l'élément visuel lors des moments clefs de l'action est typique de l'esthétique du Grand Opéra français.

Page 255.

1. Johannes Ronge (1813-1887) et Johann Czerski (1813-1893) étaient des prêtres catholiques initiateurs du « Catholicisme allemand » (*Deutschkatholizismus*), mouvement religieux qui protestait dans les années 1840 contre la tyrannie de la hiérarchie ecclésiastique romaine et défendait des idées relevant d'une forme de libéralisme social.

Page 260.

1. Dans cet article de 1846, intitulé « À propos de la *Neuvième Symphonie* de Beethoven », Wagner développe le topos romantique de la supériorité du langage des sentiments (la musique) sur le langage des mots.

Page 263.

1. « Que tous les êtres s'enlacent » / « Frères, au plus haut des cieux / Doit résider un Père bon ». Le texte de la *Neuvième Symphonie* de Beethoven est emprunté à l'ode *À la joie* de Friedrich Schiller (1785), avec quelques petites modifications.

2. « Mes amis, cessons ces plaintes ! » (Ce vers n'est pas de Schiller.)

3. Niels Gade (1817-1890) : compositeur danois, il fut introduit par Felix Mendelssohn au Gewandhaus de Leipzig, où il dirigea les saisons de concerts 1844-1845 et 1847-1848.

Page 265.

1. Johann Gustav Droysen (1808-1884), historien et helléniste allemand.

Page 266.

1. Le *Heldenbuch* (*Livre des héros*) est un recueil de textes médiévaux. Wagner en possédait dans sa bibliothèque une version publiée en 1811 par le médiéviste Friedrich Heinrich von der Hagen.

2. Franz Josef Mone (1796-1871) était un archiviste et historien. Ses *Untersuchungen zur Geschichte der deutschen Heldensage* (*Recherches sur l'histoire des légendes héroïques allemandes*) furent publiées en 1836.

Page 270.

1. La guerre civile du Sonderbund (1847) opposa en Suisse les cantons catholiques séparatistes aux cantons protestants partisans d'un renforcement du pouvoir central.

2. En janvier 1848 commença en Sicile un soulèvement contre le pouvoir des Bourbons établis dans le royaume des Deux-Siciles. Il aboutit à l'indépendance provisoire de l'île.

Page 271.

1. *Martha, ou le marché de Richmond* (1847) est un « opéra-comique romantique » de Friedrich von Flotow qui connut un très grand succès dans le monde germanique de la seconde moitié du XIXᵉ siècle.

Page 274.

1. Les couleurs noir, rouge et or sont associées au mouvement nationaliste allemand depuis les guerres contre Napo-

léon de 1813 (mais elles rappellent également le blason du Saint-Empire romain germanique, dissous par Napoléon en 1806). Elles furent utilisées par les étudiants lors de la fête de la Wartburg en octobre 1817 puis par les révolutionnaires de 1848 avant d'être déclarées couleurs nationales officielles (1848-1866) par le Parlement de Francfort.

Page 275.

1. Le poème complet est aujourd'hui perdu. Le thème de l'ennemi venu de l'Est peut être considéré comme une allusion à la Russie tsariste, oppresseur de la Pologne et artisan de la politique réactionnaire de la Sainte-Alliance (1815-1825). Ce motif du danger venu de l'Est sera repris au troisième acte de *Lohengrin.*

2. Berthold Auerbach (1812-1882): écrivain allemand dont l'œuvre annonce le réalisme littéraire.

3. Émanation des mouvements révolutionnaires de 1848, le Parlement de Francfort est la première assemblée nationale démocratiquement élue en Allemagne. Il se réunit dans l'église Saint-Paul de Francfort en mai 1848. Après avoir élaboré une Constitution libérale obéissant au principe de la monarchie constitutionnelle et avoir proposé la couronne d'empereur au roi de Prusse Frédéric-Guillaume IV (qui la refusa au motif qu'elle sentait «la canaille révolutionnaire»), il fut dissous en mai 1849, ce qui marqua le triomphe de la réaction.

4. La Légion académique était un groupe d'étudiants ayant pris les armes pendant la révolution de 1848-1849. Il y en eut de semblables dans toutes les grandes villes universitaires de la Confédération germanique.

Page 278.

1. Il s'agit d'un essai intitulé *Comment les tendances républi- caines se situent-elles face à la royauté?*, paru le 14 juin 1848. Wagner y expose sa conception d'une monarchie constitution- nelle qui écarterait l'aristocratie du pouvoir et dans laquelle le souverain serait la représentation parfaite de l'intérêt général. L'essai développe également une critique du capitalisme et appelle de ses vœux un monde où «le démon de l'argent, avec son effroyable cortège d'usure publique ou clandestine, d'es- croqueries, d'intérêts et de spéculation banquière, s'écartera de nous tel un mauvais esprit nocturne». Le compositeur s'y montre en revanche sceptique envers le communisme et son projet de «répartition mathématique du travail et des biens».

Page 281.

1. La critique du mariage, institution sociale incompatible selon Wagner avec les lois de l'amour et la notion de «purement humain», était l'un des thèmes favoris de la Jeune Allemagne et joue un rôle déterminant dans *La Walkyrie*.

Page 283.

1. Il s'agit d'un texte de vastes dimensions, intitulé *Projet d'organisation d'un théâtre national allemand pour le Royaume de Saxe* et présenté au ministre de l'Intérieur de Saxe le 15 mai 1848. Wagner y propose une réforme générale du théâtre de cour de Dresde (et de l'ensemble des théâtres allemands), qu'il veut transformer en théâtre national organisé de façon démocratique selon un principe d'autogestion collective. Il prône la création d'un collectif réunissant non seulement le personnel des théâtres, mais aussi les poètes et compositeurs de la nation, et auquel il reviendrait d'élire les directeurs et chefs d'orchestre. Le compositeur établit enfin une comparaison entre la fonction des individus dans l'organisation de l'institution artistique et la fonction des différentes formes d'art dans l'œuvre d'art totale.

2. Le soulèvement de Vienne le 6 octobre 1848 est causé par la volonté du pouvoir d'écraser une révolte hongroise. Le 7 octobre, la cour impériale est contrainte de quitter Vienne et fait ensuite assiéger la ville, aux mains des révolutionnaires, par l'armée. La révolte est écrasée dans un bain de sang le 31 octobre, d'où l'allusion à la «monarchie rouge». Robert Blum, député à Francfort et l'un des meneurs du mouvement, est exécuté le 9 novembre, malgré son immunité parlementaire. Le député Julius Fröbel, lui aussi condamné à mort pour sa participation aux événements, est ensuite gracié. L'impuissance de l'Assemblée nationale de Francfort est alors patente.

Page 287.

1. Dans la première version du livret du *Crépuscule des dieux*, intitulée *La Mort de Siegfried* (1848), Brünnhilde reçoit sur son rocher la visite de huit walkyries venues déplorer la déchéance de leur sœur (acte I, scène III). Cette scène est remplacée dans la version définitive de l'opéra par un long dialogue entre Brünnhilde et sa sœur Waltraute.

Page 293.

1. Le congrès panslave de Prague en juin 1848 préluda au «soulèvement de Pentecôte» contre le pouvoir impérial autrichien.

Page 296.

1. *Jesus von Nazareth* (WWV 80) est une ébauche de livret d'opéra en cinq actes — il en existe deux versions, datées de 1849. Le projet semble vouloir combiner l'esthétique du Grand Opéra historique français avec une réinterprétation des Évangiles à la lumière des théories des premiers socialistes français. Wagner s'inspire notamment de la critique de la propriété privée exposée par Proudhon en 1840 dans *Qu'est-ce que la propriété?*

Page 300.

1. La Constitution de Francfort (*Reichsverfassung*), adoptée par le Parlement de Francfort le 27 mars 1849, fut la première Constitution démocratique allemande.

Page 303.

1. Friedrich Ferdinand von Beust (1809-1886) était alors ministre des Affaires étrangères de Saxe. Il fut le principal artisan de l'écrasement du soulèvement de Dresde.

Page 306.

1. *Achilleus* (WWV 81) est un bref fragment, rédigé en 1849-1850 en vue d'un opéra en trois actes, où Wagner expose l'idée que l'homme serait le parachèvement du divin.

Page 309.

1. Les *Liedertafeln* étaient des associations chorales masculines qui réunissaient des personnes de professions diverses à des fins de sociabilité et de pédagogie musicale. La première du genre fut fondée en 1808 à Berlin par Carl Friedrich Zelter, proche de Goethe et alors directeur de la Sing-Akademie.

Page 313.

1. Otto Leonhard Heubner (1812-1893): député au Parlement de Francfort et proche de Robert Blum. Il devint membre du gouvernement provisoire lors du soulèvement de Dresde de

1849. Condamné à mort en 1850, il fut gracié, puis libéré en 1859.

2. Eduard Genast (1797-1866) : régisseur, chanteur et acteur rattaché au Hoftheater de Dresde.

Page 316.

1. L'annonce suivante est publiée le 19 mai 1848 dans le *Dresdner Anzeiger* : « Avis de recherche. Le Kapellmeister Richard Wagner, décrit plus précisément ci-dessous, doit faire l'objet d'une instruction judiciaire en raison de sa participation active aux mouvements séditieux qui ont eu lieu dans notre ville. Il est actuellement introuvable. Toutes les autorités policières sont chargées de le rechercher et, si elles le trouvent, de l'arrêter et de nous en informer dans les plus brefs délais. Dresde, le 16 mai 1840. Le responsable de la police de la ville de Dresde, von Oppell. Wagner est âgé de 37-38 ans, de taille moyenne, il a les cheveux bruns et porte des lunettes. »

Page 317.

1. Fondée en 1815, la Confédération germanique (*Deutscher Bund*) regroupe tous les États allemands, y compris l'Autriche. Elle prévoit notamment que les différents princes des États qui la composent se prêtent assistance mutuelle. La Suisse et les États du nord de l'Italie sous contrôle autrichien n'en font pas partie.

Page 319.

1. Meyerbeer a éconduit Wagner, prétextant son départ pour Paris, alors qu'il restait en fait à Berlin.

Page 322.

1. *L'Œuvre d'art de l'avenir* (1850) est un long essai conçu dans la perspective du matérialisme philosophique de Ludwig Feuerbach : Wagner y défend l'idée que la nature sensible de l'homme doit toujours l'emporter sur l'esprit et sur l'abstraction. C'est surtout le texte où il théorise la notion d'œuvre d'art totale (*Gesamtkunstwerk*), le projet d'une réunion des différentes formes d'art (la musique, la danse et la poésie) dans une totalité qui les dépasse toutes et s'adresse à l'ensemble de la communauté humaine : le drame.

Page 328.

1. *Wieland der Schmied* (WWV 82) est une ébauche d'« opéra héroïque en trois actes », publiée en annexe de *L'Œuvre d'art de l'avenir*. Le livret met en scène la lutte de Wieland le forgeron contre les forces de la tyrannie et s'achève par le triomphe de la liberté sur l'exploitation de l'homme par l'homme.

Page 329.

1. Röckel, Bakounine et Heubner furent tous trois graciés.

Troisième partie

1850-1861

Page 337.

1. Fondée en 1834 par Robert Schumann, la *Neue Zeitschrift für Musik* devint rapidement, ne serait-ce que par le prestige des plumes qui lui apportèrent leur collaboration (Schumann, Brendel, Liszt, Wagner, Bülow…), la plus fameuse revue musicale allemande du XIXᵉ siècle. Le projet de Schumann était de « reconnaître l'importance du passé et des œuvres anciennes, d'attirer l'attention sur le fait que de nouvelles beautés artistiques ne peuvent puiser leur force que dans cette source si pure […], et enfin [de] préparer et [d']accélérer l'avènement d'une nouvelle ère poétique » (*NZfM* 1835). Le musicographe Franz Brendel succéda à Schumann en 1845 et mit la revue au service de la propagande en faveur du parti du progrès, baptisé en 1859 « Nouvelle École allemande » (Liszt, Wagner et… Berlioz). Elle devint ainsi l'un des principaux espaces de développement du wagnérisme en Allemagne.

Page 338.

1. Wagner fait sans doute allusion à un article à forte connotation antisémite de Theodor Uhlig, paru dans la *Neue Zeitschrift für Musik* du 23 juillet 1850 sous le titre « Considérations actuelles ». On y lit notamment : « Dans la musique de nombreux compositeurs juifs, il y a des passages que presque tous les musiciens non juifs qualifient couramment, en se référant à la façon de parler bien connue des juifs, de musique juive, de baragouinage yiddish. »

2. *Le Judaïsme dans la musique* est signé « K. Freigedank »

(qu'on pourrait traduire par : K. Libre-Pensée). On notera que la publication d'articles anonymes ou bien signés d'un pseudonyme était une pratique parfaitement banale dans la presse musicale de l'époque. Le pamphlet de Wagner souleva, à juste titre, une vague d'indignation. Brendel, dont une dizaine de collègues du conservatoire de Leipzig réclamèrent la démission, essaya maladroitement d'en justifier la publication, tout en essayant de prendre ses distances par rapport à son contenu. L'argumentation développée par Wagner dans cet essai ne laisse d'étonner et de choquer de la part d'un créateur de son importance : au fil d'un raisonnement passablement confus, l'auteur affirme que la production des artistes juifs serait totalement artificielle, privée de toute originalité ainsi que de toute unité stylistique, et dénuée de chaleur humaine ; il les rend en outre responsables de la décadence supposée du théâtre musical et parle d'une «judaïsation de l'art moderne». Il lance enfin un appel aux juifs pour qu'ils renoncent à leur identité religieuse et culturelle.

Page 339.

1. Le concept de «musique de l'avenir» était devenu l'objet de nombreuses polémiques et moqueries de la part des adversaires de Wagner, si bien que le compositeur ne l'emploie qu'entre guillemets.

Page 347.

1. Dans ses *Quinze lettres de Richard Wagner, accompagnées de souvenirs et d'éclaircissements* (1894), Eliza Wille affirme que le compositeur aurait découvert la pensée de Schopenhauer dès 1852, ce qui implique, si elle dit vrai, que le livret de *La Walkyrie* aurait été rédigé à la lumière de sa philosophie.

Page 349.

1. Dans une lettre à Röckel du mois de janvier 1854, le compositeur interprète l'attitude de Wotan dans *Siegfried* à travers la pensée schopenhauerienne du renoncement : «Après ses adieux à Brünnhilde, Wodan [*sic*] n'est plus à la vérité qu'une âme errante ; selon son désir le plus cher, il ne peut plus avoir d'autre dessein que de laisser faire, de laisser les choses se dérouler comme elles se déroulent, mais il ne peut plus intervenir dans leur cours, c'est pourquoi il s'est transformé en "voyageur"».

Page 350.

1. Selon Eliza Wille, les propos de Schopenhauer (qui furent rapportés au compositeur par son époux François Wille), furent légèrement différents : « Remerciez votre ami Wagner de ma part pour l'envoi de ses *Nibelungen*, mais dites-lui aussi de mettre sa musique au rebut : il a plus de génie comme poète. Moi, Schopenhauer, je reste fidèle à Rossini et à Mozart » (*Richard Wagner an Eliza Wille*, Berlin/Leipzig, Schuster & Loeffler, 1908, p. 79).

Page 355.

1. Wagner fait ici allusion à la théorie romantique de l'inspiration, exposée notamment dans les *Épanchements d'un moine épris des arts* de Tieck et Wackenroder (1797). Il donne ici de Berlioz une vision caricaturale : il en fait un personnage incapable de comprendre sa vision idéaliste de l'art et qui réduit le processus de création artistique à une triviale réaction physiologique.

Page 356.

1. David Garrick (1717-1779) : acteur britannique. Wagner, qui lui consacre quelques pages dans son essai *Acteurs et Chanteurs* (1872), voyait en lui le modèle de l'acteur shakespearien capable de s'identifier totalement à son rôle.

Page 358.

1. Franz Lachner (1803-1890) : chef d'orchestre, directeur général de la musique au Hoftheater de Munich entre 1852 et 1865.

Page 359.

1. C'est en grande partie à travers l'*Introduction au buddhisme indien* [*sic*] (1844) d'Eugène Burnouf (1801-1852) que Wagner s'est familiarisé avec la pensée et la littérature de l'Inde ancienne.

2. *Les Vainqueurs* (WWV 89), projet d'opéra mettant en scène un épisode de la vie du Bouddha, a occupé Wagner entre 1856 et 1882, mais n'a jamais dépassé le stade de brèves esquisses.

3. Le compositeur fait ici allusion au leitmotiv, qu'il appelle en fait *Grundmotiv* (motif fondamental), et qui devient, à partir de *L'Or du Rhin*, le principe structurant de ses compositions.

C'est un procédé qui n'a rien à voir avec la fonction de «poteau indicateur» (Debussy) auquel on a parfois voulu le réduire pour polémiquer. Le principe du leitmotiv, extrêmement complexe, vise en premier lieu à sémantiser la musique en associant des idées, des sentiments ou des événements à des cellules musicales simples que l'on peut ensuite varier et combiner à l'infini. En outre, le leitmotiv confère au discours musical une dimension épique, car il permet au compositeur de commenter l'action à la façon d'un narrateur. Enfin, il propose une sorte d'équivalent musical de la structure temporelle du mythe, puisque sa fonction est d'actualiser dans le présent un acte fondateur situé dans un passé lointain.

Page 365.

1. Cette longue lettre à Mathilde Wesendonck (en date du 7 avril 1858), dans laquelle Wagner laisse libre cours à sa jalousie, causée par les fréquentes visites à sa jeune voisine de Francesco De Sanctis (1817-1883), alors professeur d'italien à Zurich, a été conservée par Minna jusqu'à sa mort. La lecture de ce document ne laisse guère de doute quant à la nature des relations entre le compositeur et Mathilde. En voici les dernières lignes, dont le ton n'est pas sans rappeler celui du duo d'amour du deuxième acte de *Tristan et Isolde* :

> Mais quand je vois ton regard, je ne peux plus parler ; tout ce que je pourrais dire me semble vain ! Pourtant, lorsque ce regard merveilleux, sacré, se pose sur moi et que je m'abîme en lui, tout me paraît indiscutablement vrai, et je suis alors si sûr de moi. Il n'y a alors plus d'objet ni de sujet ; tout n'est plus qu'un, une harmonie profonde, incommensurable ! C'est là qu'est le repos, et dans ce repos se trouve la vie parfaite, la plus élevée ! Quel insensé celui qui veut atteindre le monde et le repos à l'extérieur. Aveugle, il n'aurait reconnu ni ton regard, ni son âme qui est en lui ! Ce n'est que dedans, à l'intérieur, ce n'est que dans ses profondeurs que réside le salut ! — Je ne peux te parler et m'expliquer que lorsque je ne te vois pas, ou lorsqu'il m'est interdit de te voir. Pardonne-moi mes «enfantillages» d'hier, tu as trouvé le mot juste ! — Le temps semble doux. Je viendrai aujourd'hui dans le jardin ; j'espère que, dès que je te verrai, je trouverai un instant sans que tu sois dérangée ! — — Prends toute mon âme en guise de salut du matin ! — —

Page 371.

1. Fanny Elssler (1810-1884) : célèbre danseuse autrichienne.

Page 373.

1. Dans son *Journal du voyage en Italie* (1786), Goethe écrit à propos de la pièce de Goldoni : « C'est surtout l'auteur qu'il faut louer : à partir de rien, il a offert à son peuple un divertissement des plus plaisants, on devine une plume d'une habileté infinie. » *Le Baruffe chiozzotte* [*Barouf à Chioggia*, 1762] fut également l'ultime spectacle vu par Wagner à Venise en janvier 1883.

Page 377.

1. Le spectacle dont Wagner a oublié le nom était *Il duca di Scilla* (1859) d'Errico Petrella.

2. La salle Herz : salle de concert située au 48, rue de la Victoire, non loin du Grand Opéra, construite en 1842 et détruite en 1874.

3. *Alla breve* signifie ici « décomposer à la croche » (pratique usuelle à l'orchestre), au lieu de battre à la noire pointée, unité de temps que Wagner veut marquer pour obtenir une plus grande précision rythmique. Le compositeur revient sur cette question technique dans l'essai *De la direction d'orchestre* (*Über das Dirigiren*, 1869).

Page 384.

1. Il s'agit d'un article intitulé « Un souvenir sur Rossini » (1868). Wagner y prétend notamment que le compositeur italien lui aurait confessé : « [j'aurais] pu arriver à quelque chose [si j'étais] né dans votre pays ».

Page 385.

1. Le journaliste et librettiste Alphonse Royer (1803-1875) fut directeur de l'Opéra de 1856 à 1862.

2. Le chanteur amateur Richard Lindau (1831-1912) était le frère de l'écrivain Paul Lindau (1839-1919), célèbre pour son compte rendu sur le premier festival de Bayreuth (*Nüchterne Briefe aus Bayreuth*, 1876).

Page 387.

1. Louis Alexandre de Foucher Careil (1826-1891) : homme politique, écrivain et philosophe spécialiste de philosophie alle-

mande. — Émile Perrin (1814-1885): directeur de l'Opéra-
Comique (1848-1857), puis du Grand Opéra (1862-1866).

Page 389.

1. Achille Fould (1800-1867): homme politique, ministre
des Finances de Napoléon III, ami intime de Meyerbeer selon
Wagner (lettre à Otto Wesendonck du 12 février 1860).

Page 395.

1. Alexandre Walewski (1810-1868): ministre d'État de
Napoléon III.

Page 402.

1. Les trois représentations de *Tannhäuser* eurent lieu les
13, 18 et 24 mars 1861 dans la salle Le Peletier (près du boule-
vard des Italiens), qui abrita le Grand Opéra entre 1821 et
1873.

Page 403.

1. Il s'agit d'une longue lettre du 27 mars 1861, intitulée
«Compte rendu de la représentation de *Tannhäuser*» [«Bericht
über die Aufführung des *Tannhäuser*»]. Elle a été publiée le
7 avril dans la *Deutsche Allgemeine Zeitung*, puis le 12 avril
dans la *Neue Zeitschrift für Musik*. Wagner y oppose de façon
systématique le «véritable public», prompt à prendre la défense
de l'œuvre, à ses ennemis, qui cherchent à la faire tomber par
tous les moyens: la presse et les membres du Jockey-club. La
première représentation est présentée comme un quasi-succès
puisque, selon lui, les éclats de rire forcés des journalistes à la
fin du deuxième acte et pendant le troisième acte ne seraient
pas parvenus à refroidir l'enthousiasme du public. C'est ce qui
aurait incité les Jockeys à redoubler d'efforts pour chahuter
l'opéra lors de la deuxième représentation. La lettre a été
récemment rééditée en français dans *La Controverse Wagner*
(Paris, Pocket, 2012).

Page 405.

1. «Schwein[e]hund»: «ordure».

Page 406.

1. En français dans le texte.

Quatrième partie

1861-1864

Page 413.

1. L'Assemblée des musiciens (*Tonkünstler-Versammlung*), instituée par Liszt et Brendel, eut lieu à partir de la seconde moitié du XIXᵉ siècle à des dates irrégulières et en des lieux variables. Le but était d'offrir aux musiciens l'équivalent de ce que représentaient les grandes expositions pour les peintres, et de leur permettre de présenter les œuvres de la tendance progressiste. La première assemblée eut lieu à Leipzig en 1859 pour célébrer les vingt-cinq ans d'existence de la *Neue Zeitschrift für Musik* (c'est là que fut proclamée la naissance de la «Nouvelle école allemande»), la deuxième en 1861 à Weimar : c'est celle-ci qui est décrite ici.

Page 416.

1. En français dans le texte.

2. Ces initiales renvoient à «k[aiserlich]» (impérial) et «k[öniglich]» (royal) ; l'abréviation «k. u. k.» sera employée à partir du Compromis austro-hongrois (1867) pour désigner le Théâtre impérial-royal devenu impérial et royal.

Page 421.

1. La description des effusions excessives et grotesques de Hanslick est sans doute une façon d'ironiser sur celui qui réfutait l'idée que la musique puisse être l'expression de sentiments (dans l'essai *Du beau musical*, le musicologue condamne l'«esthétique des sentiments vermoulue»).

Page 424.

1. De fait, dans les deux esquisses du livret datées de 1861, le personnage de Beckmesser, tourné en ridicule par l'auteur, s'appelle encore Veit Hanslich. La fin de l'opéra peut être lue comme le triomphe de l'esthétique des sentiments (incarnée par Walther von Stolzing) sur le formalisme absurde défendu par Eduard Hanslick.

Page 427.

1. Née Charlotte de Wurtemberg (1807-1873), la grande-

duchesse Hélène réunissait tous les jeudis un salon d'intellectuels et artistes; elle fut également la conseillère du tsar
Alexandre II.

Page 430.

1. En français dans le texte.

Page 436.

1. Franz Mrazek (1828-1874) restera au service de Wagner
jusqu'en 1867.

Page 437.

1. La lettre dans laquelle Wagner fait cette proposition à
Mathilde Maier date en réalité du 4 janvier 1863, plus de
quatre mois avant cet emménagement.

Page 444.

1. Depuis le début de l'année 1863, le soulèvement des Polonais contre l'oppresseur russe avait pris la forme d'une gué-
rilla et s'étendait en 1864 bien au-delà de la Pologne,
notamment en Ukraine.

Page 446.

1. *Une épitaphe humoristique :* le texte de l'épitaphe est le
suivant : « Ci-gît Wagner, qui n'a pas réussi à devenir quelqu'un,/ Pas même chevalier de l'ordre de plus misérable ;/ Il
n'a même pas réussi à faire sortir un chien de derrière le poêle/
Et n'est même pas docteur d'une université ». Le chien caché
derrière le poêle (tout comme l'évocation du titre de docteur)
est une allusion au premier *Faust* de Goethe, où Méphisto-
phélès surgit sous l'apparence d'un barbet (*Cabinet d'étude I*).

Page 451.

1. Meyerbeer est mort le 2 mai 1864.

COLLECTION FOLIO

Dernières parutions